SOB A PELE DAS PALAVRAS

Celso Cunha

Sob a pele das palavras

Organização, introdução e notas de

Cilene da Cunha Pereira

Dispersos

Editora Nova Fronteira

Ad immortalitatem
Academia Brasileira

Editora Nova Fronteira S.A.
Rua Bambina, 25 – Botafogo – 22251-050
Rio de Janeiro – RJ – Brasil
Tel.: (21) 2131-1111 – Fax: (21) 2537-2659
http://www.novafronteira.com.br
e-mail: sac@novafronteira.com.br

Academia Brasileira de Letras
Av. Presidente Wilson, 203 – 4° andar
Castelo – 20030-021 – Rio de Janeiro – RJ – Brasil
Tel.: (21) 3974-2500 – Fax: (21) 2220-6695
http://www.academia.org.br
e-mail: publicacoes@academia.org.br

CIP-Brasil. Catalogação-na-fonte
Sindicato Nacional dos Editores de Livros, RJ.

C977s Cunha, Celso, 1917-1989
Sob a pele das palavras / Celso Cunha ; Cilene da Cunha Pereira, organização, introdução e notas. – Rio de Janeiro : Nova Fronteira : Academia Brasileira de Letras, 2004.

ISBN 85-209-1640-6

1. Lingüística. 2. Filologia. 3. Literatura. I. Pereira, Cilene da Cunha. II. Título.

CDD 110
CDU 81'1

Chega mais perto e contempla as palavras.
Cada uma
tem mil faces secretas sob a face neutra
e te pergunta, sem interesse pela resposta,
pobre ou terrível, que lhe deres:
Trouxeste a chave?

Carlos Drummond de Andrade, "Procura da poesia".

Sob a pele das palavras há cifras e códigos.

Carlos Drummond de Andrade, "A flor e a náusea".

Sumário

Introdução 9

Cronologia da vida de Celso Cunha 15

Bibliografia de Celso Cunha 19

Medievalística

1. Sentido e forma da poesia trovadoresca 33
2. Sobre o texto e a interpretação das cantigas de Martin Codax 39
3. Uma carta de Joaquim de Vasconcelos sobre o *Cancioneiro da Ajuda* 57
4. Significância e movência na poesia trovadoresca 67
5. Ouvir Martin Codax 99
6. Amor e ideologia na lírica trovadoresca 109
7. Sobre a evolução ortoépica das formas *ledo* e *leda* 123
8. Valor das grafias *-eu* e *-eo* do século XIII ao século XVI 139

Camonística

1. Camões e a unidade da língua 155
2. Confissões de um malogrado editor de *Os lusíadas* 159
3. Sobre a pronúncia camoniana de alguns antropônimos 179

Lexicografia

1. Guirlanda & grilanda 189
2. Bacharelado ou bacharelato? 191
3. Rio de Janeiro (para a história de um topônimo) 193
4. Para o estudo da poética dos nomes próprios 205
5. A magia da palavra 217

Filologia e lingüística

1. Em torno dos conceitos de gíria e calão 237
2. Um texto acaloado 263
3. Lingüística e pedagogia: o exemplo Mobral 273
4. Presença de Antenor Nascentes 289
5. D. Ramón Menéndez Pidal e a Escola Lingüística Espanhola 303
6. A obra filológica da Academia Brasileira de Letras 321
7. Sobre a tipologia dos erros ou variantes em crítica textual 329
8. O ofício de filólogo 341
9. A contribuição de Lindley Cintra aos estudos scriptológicos 361

Memorialística

1. Sobre a evolução literária de Guerra Junqueiro 373
2. Jornalismo e universidade 399
3. O ensino do português 407
4. Filologia e vida 419
5. Posse na Academia Brasileira de Letras 431

Índice onomástico 445

Introdução

A publicação de *Sob a pele das palavras*, título idealizado por Celso Cunha, a partir de um verso drummondiano, surge com o propósito de reunir em volume as comunicações e conferências apresentadas em congressos; os estudos estampados em miscelâneas em honra de consagrados filólogos e lingüistas brasileiros e estrangeiros; os artigos saídos em revistas especializadas de rara circulação entre nós; bem como as palestras proferidas em solenidades marcantes de sua vida.

Não inserimos os trabalhos de Celso Cunha sobre o português do Brasil, pelo fato de virem a incorporar-se a outro volume intitulado *Para uma história da língua portuguesa no Brasil*.

Entendemos por bem não editar os artigos aparecidos na década de 1940, na *Revista de Cultura*, e no *Almanaque da Revista de Cultura*, trabalhos breves em consonância com o espírito de tais publicações dirigidas a um público eclético.

Também não figuram os ensaios reunidos nas três coletâneas por ele organizadas: *Estudos de poética trovadoresca: versificação e ecdótica* (1961), *Língua e verso* (1963-1984) e *Estudos de versificação portuguesa: século XIII a XVI* (1982).

Os trabalhos que integram a presente coletânea revelam a trajetória intelectual de Celso Cunha, abrangendo o período de 1941, com a publicação do seu primeiro ensaio "Em torno dos conceitos de gíria e calão", até o último texto escrito, poucos meses antes de falecer, "A contribuição de Lindley Cintra aos estudos scriptológicos" (1988). Nesses ensaios nota-se a sensível inclinação que sentia pelo estudo das fases remotas de nossa língua e literatura, concedendo especial atenção à poesia trovadoresca e à crítica textual.

A indicação do percurso dos trinta ensaios aqui selecionados encontra-se no rodapé de cada um deles precedido de asterisco (*).

Buscamos uniformizar as notas, deslocando-as do corpo ou do final do texto para o rodapé da referida página. Entretanto foram rigorosamente mantidas, obedecendo à vontade do autor. As informações bibliográficas de alguns trabalhos inéditos não foram recuperadas até o momento. Por isso, em alguns casos, sai apenas com a numeração referente a elas.

Os ensaios, agrupados em cinco seções por afinidades temáticas, distribuem-se em ordem cronológica de elaboração, exceção feita ao texto "Sobre a evolução literária de Guerra Junqueiro", que encabeça a seção Memorialística.

A) Medievalística – A temática trovadoresca sempre foi a grande preocupação de Celso Cunha até os últimos anos da sua vida, notadamente em estudos relacionados com a métrica e a poética. Desenvolveu minuciosas análises fonológicas e grafemáticas. Em sucessivos trabalhos — com inevitáveis alterações de forma, exigência de seu estilo apurado —, voltou sempre ao tema, ampliando ou reformulando idéias, com fartas notas, em que remete o leitor às fontes de consulta, com o intuito de complementar suas considerações. Aborda também problemas com que se defronta o estudioso da poesia medieval que procura inserir os textos poéticos no contexto literário, social e cultural, para definir a ideologia do amor cortês. Fazem parte desta seção: "Sentido e forma da poesia trovadoresca" (1952); "Sobre o texto e a interpretação das cantigas de Martin Codax" (1981); "Uma carta de Joaquim de Vasconcelos sobre o *Cancioneiro da Ajuda*" (1983); "Significância e movência na poesia trovadoresca" (1985); "Ouvir Martin Codax" (1986); "Amor e ideologia na lírica trovadoresca" (1987); "Sobre a evolução ortoépica das formas *ledo* e *leda*" (1988); "Valor das grafias *-eu* e *-eo* do século XIII ao século XVI" (1991).

B) Camonística – Nesta seção destacam-se o depoimento pessoal e afetivo sobre os motivos que levaram Celso Cunha a desistir da preparação da edição crítica de *Os lusíadas* e o estudo da pronúncia que teriam, no século XVI, alguns antropônimos de origem grega empregados por Camões. Incluem-se aqui: "Camões e a unidade da língua" (1957); "Confissões de um malogrado editor de *Os lusíadas*" (1975); "Sobre a pronúncia camoniana de alguns antropônimos" (1982).

C) Lexicografia – Os cinco estudos pertencentes a esta seção guardam certa afinidade. As incursões neste campo foram motivadas pelo seu interesse pela ecdótica: "Guirlanda & grilanda" (1956); "Bacharelado ou bacharelato?" (1962); e pelo poder simbólico e criador da palavra: "Rio de Janeiro (para a história de um topônimo)" (1965); "Para o estudo da poética dos nomes próprios" (1970); "A magia da palavra" (s.d.).

D) Filologia e Lingüística – Sem estabelecer os limites entre essas duas ciências, mostra que tanto os filólogos quanto os lingüistas estão "empenhados em procurar o agente das realidades palpitantes da vida através do estudo das grandes línguas de civilização, dos dialetos, dos mais humildes falares, da palavra conservada num texto atual ou remoto". Nesses ensaios, mistura afetividade com reflexões profundas sobre o legado de importantes filólogos com quem conviveu: "Em torno dos conceitos de gíria e calão" (1941); "Um texto acaloado" (1956); "Lingüística e pedagogia: o exemplo Mobral" (1978); "Presença de Antenor Nascentes" (1980); "D. Ramón Menéndez Pidal e a Escola Lingüística Espanhola" (1982); "A obra filológica da Academia Brasileira de Letras" (1985); "Sobre a tipologia dos erros ou variantes em crítica textual" (1985); "O ofício de filólogo" (1987); "A contribuição de Lindley Cintra aos estudos scriptológicos" (1988).

E) Memorialística – Nesta seção reúnem-se alguns discursos proferidos por Celso Cunha em ocasiões marcantes de sua vida profissional. Neles faz um balanço da sua trajetória intelectual, ao mesmo tempo em que discute questões extremamente relevantes sobre o ensino, a universidade, a missão do jornalista e da Academia: "Jornalismo e universidade" (1950); "O ensino do português" (1952); "Filologia e vida" (1987); "Posse na Academia Brasileira de Letras" (1987). Inserimos também aqui o ensaio "Sobre a evolução literária de Guerra Junqueiro" (1951), por julgarmos de importância particular, dado que o leitor conhecerá mais uma faceta de Celso Cunha. O trabalho traz o frescor das análises estilísticas produzidas na passagem da década de 1940 para 1950.

Com a coletânea de ensaios — *Sob a pele das palavras* —, colocamos em circulação os trabalhos de Celso Cunha até o momento inéditos ou dispersos em publicações de difícil acesso.

Certos de que, pela importância deles, estaremos não só prestando uma homenagem ao saudoso Mestre, mas também mostrando a contribuição deixada por ele aos estudos filológicos e lingüísticos.

Num percurso atribulado de encruzilhadas não se caminha só. Tivemos ao nosso lado companheiros de estrada a quem desejamos estender uma palavra de reconhecimento. Agradecemos à Academia Brasileira de Letras o apoio que nos ofereceu para que esta obra viesse a lume. À Editora Nova Fronteira, em especial a Carlos Augusto Lacerda e Carlos Barbosa, que acreditaram neste empreendimento antes mesmo de ele existir.

Um agradecimento especial a Paulo Roberto Pereira, meu permanente interlocutor, estimulador constante, pelas preciosas sugestões; e a minha mãe, animadora desta obra, pelo penoso trabalho de ajuda no confronto dos textos e na revisão das provas tipográficas. E aos meus filhos, Fernanda Elisa e Paulo Celso, que acompanharam, cada um a seu modo, o percurso deste livro.

A Joram Pinto de Lima, amigo fraterno, pela sua leitura rigorosa e estimulante. A Antônio Martins de Araújo pelo exame atento dos originais. À equipe de Produção da Editora Nova Fronteira, em especial Daniele Cajueiro, pelo esmerado cuidado na publicação.

Também uma palavra de agradecimento a Ivo Castro e Maximiano de Carvalho Silva, que me ajudaram a localizar alguns originais.

Rio de Janeiro, maio de 2004
Cilene da Cunha Pereira

Cronologia da vida de Celso Cunha

1917 — Nasceu em 10 de maio, na cidade de Teófilo Otoni, Minas Gerais. Filho de Tristão Ferreira da Cunha e Júlia Versiani da Cunha.

1921 — Sua família transfere-se para a cidade do Rio de Janeiro.

1935 — Professor contratado de Português do Colégio Pedro II, Rio de Janeiro.

1938 — Bacharel em Ciências Jurídicas e Sociais pela Faculdade Nacional de Direito da Universidade do Brasil, hoje Universidade Federal do Rio de Janeiro.

1939 — Professor do quadro permanente de Português, por concurso, do Colégio Pedro II.

1940 — Licenciado em Letras Clássicas pela Faculdade Nacional de Filosofia da Universidade do Brasil.

1942 — Casou-se com Cinira Figueiredo com quem teve cinco filhas.

1947 — Doutor em Letras e Livre-docente em Literatura Portuguesa pela Faculdade Nacional de Filosofia da Universidade do Brasil, com a tese *O cancioneiro de Paay Gómez Charinho, trovador do século XIII*.

1948 — Professor Regente de Português e Literatura do Curso de Jornalismo da Faculdade Nacional de Filosofia da Universidade do Brasil.

1951 — Assistente Técnico do Gabinete do Ministro de Educação e Saúde do Brasil, Simões Filho.

1952 — Leitor de "Études Brésiliennes et de Philologie Portugaise" na Universidade de Paris-Sorbonne.

Professor Titular de Português do Colégio Pedro II, por concurso público de provas e títulos, com a tese *O cancioneiro de Joan Zorro.* Aspectos lingüísticos. Texto crítico. Glossário.

1956 — Diretor da Biblioteca Nacional do Rio de Janeiro.
Prêmio José Veríssimo — Ensaio e Erudição — da Academia Brasileira de Letras pela obra *O cancioneiro de Martin Codax*.

1957 — Professor Titular de Língua Portuguesa, por concurso público de provas e títulos, da Faculdade Nacional de Filosofia da Universidade do Brasil, com a tese *O cancioneiro de Martin Codax*.
Membro do Conselho do Instituto Nacional do Livro, do Brasil.
Membro da Comissão Machado de Assis, encarregada de elaborar a edição crítica das obras do escritor.
Membro da Comissão, instituída pelo ministro da Educação e Cultura, Clóvis Salgado, para fixação da Nomenclatura Gramatical Brasileira.

1958 — Prêmio Paula Brito — O Homem Público e o Livro — da Prefeitura do antigo Distrito Federal.

1959 — Doutor *Honoris Causa* pela Universidade de Granada, Espanha.
Fundador e diretor da *Revista Ibérida*, juntamente com Antônio Houaiss, publicada no Rio de Janeiro de abril de 1959 a dezembro de 1961.

1960 — Secretário-geral de Educação e Cultura do Estado da Guanabara.
Membro da Delegação Brasileira à Assembléia Geral da Unesco.

1962 — Membro do Conselho Federal de Educação do Brasil.

1964 — Diretor da Enciclopédia Internacional *Focus*, em quatro volumes, publicada em Lisboa, de 1964 a 1968.

1966 — Professor Visitante de Lingüística Portuguesa (*Gastprofessor*) da Universidade de Colônia, Alemanha.

1969 — Professor Titular de Língua Portuguesa da Faculdade de Humanidades Pedro II.
Decano do Centro de Letras e Artes da Universidade Federal do Rio de Janeiro.
Sub-reitor de Ensino para Graduados e Pesquisa da Universidade Federal do Rio de Janeiro.
Sub-reitor de Ensino, Graduação e Corpo Discente da Universidade Federal do Rio de Janeiro.
Sub-reitor de Patrimônio, Finanças e Serviços Gerais da Universidade Federal do Rio de Janeiro.
Diretor da Faculdade de Humanidades Pedro II.

1970 — Professor Associado de "Linguistique et Littérature Ibero-Americaine", nos cursos de pós-graduação, da Universidade de Paris-Sorbonne.

1971 — Chefe do Departamento de Letras Vernáculas da Faculdade de Letras da Universidade Federal do Rio de Janeiro.
Aposentado como Professor Titular de Português do Colégio Pedro II.

1972 — Coordenador-geral no Brasil do Projeto de Estudo Coordenado da Norma Lingüística Urbana Culta (Projeto Nurc), pesquisa que abarca as cidades do Rio de Janeiro, São Paulo, Porto Alegre, Recife e Salvador.

1974 — Orientador de teses de doutorado e dissertações de mestrado na Universidade Federal do Rio de Janeiro, na Universidade de Paris-Sorbonne e na Universidade Clássica de Lisboa.

1976 — Presidente do Grupo de Trabalho, criado pelo ministro da Educação e Cultura, Ney Braga, destinado a apresentar sugestões objetivando o aperfeiçoamento do ensino de Português nos níveis de 1°, 2° e 3° graus.

1979 — Coordenador do Núcleo de Patologia do Livro do Prodelivro, no Rio de Janeiro.

1980 — Professor Emérito do Colégio Pedro II.
Pesquisador do Conselho Nacional de Pesquisa (CNPq).
Membro da Comissão Internacional de Lingüistas encarregada pelo Centro de Estudos Lingüísticos da Universidade de Lisboa para dar parecer a respeito dos resultados da pesquisa sobre o Português Fundamental, com vista à elaboração de métodos de ensino de Língua Portuguesa para estrangeiros.
Coordenador do "Projeto de Estudo da Fala dos Pescadores na Região dos Lagos/RJ" (Projeto Faperj).

1982 — Professor Associado de Lingüística Portuguesa e Literatura Brasileira nos cursos de pós-graduação da Universidade de Paris-Sorbonne.

1983 — Prêmio Moinho Santista de Filologia, São Paulo, Brasil.

1985 — Título de Cidadão Carioca conferido pela Câmara dos Vereadores do Município do Rio de Janeiro.

1986 — Orientador de seminários sobre História da Língua Portuguesa do século XIII ao século XVI no curso de pós-graduação em Letras da Universidade Clássica de Lisboa.
Coordenador do "Atlas Etnolingüístico dos Pescadores do Estado do Rio de Janeiro" (Projeto Aperj).
Membro do Conselho Federal de Cultura do Brasil.

1987 — Aposentado, pela compulsória, como Professor Titular de Língua Portuguesa da Universidade Federal do Rio de Janeiro.
Professor Emérito da Faculdade de Letras da Universidade Federal do Rio de Janeiro.
Eleito membro da Academia Brasileira de Letras.

1988 — Revisor do texto da atual Constituição do Brasil, a convite do Congresso Constituinte, eleito em 1987.

1989 — Faleceu no Rio de Janeiro em 14 de abril, deixando mulher, cinco filhas e 11 netos.

Bibliografia de Celso Cunha

1941

1. Em torno dos conceitos de gíria e calão. In: *Miscelânea de estudos em honra de Antenor Nascentes*. Rio de Janeiro [s.ed.] 1941, p. 65-97.

1944

2. Nuno FernandezTorneol. *Revista de Cultura*. Rio de Janeiro: XVIII, 215 e 216, novembro e dezembro de 1944, p. 245-247. Republicado no *Almanaque da Revista de Cultura*. 6º ano. Rio de Janeiro, 1945, p. 33-35.

1945

3. *O cancioneiro de Paay Gómez Charinho, trovador do século XIII. Aspectos literários. Texto crítico.* Rio de Janeiro, 1945. 105 p.
   Republicado, totalmente revisto e ampliado, em *Cancioneiros dos trovadores do mar*. Lisboa: Imprensa Nacional/Casa da Moeda, 1999. 533 p.
4. Revisão crítica das *Obras do barão do Rio Branco. Questões de limites — República Argentina*. Rio de Janeiro: Ministério das Relações Exteriores, 1945.
5. Revisão crítica das *Obras do barão do Rio Branco. Questões de limites — Guiana Britânica*. Rio de Janeiro: Ministério das Relações Exteriores, 1945.
6. Revisão crítica das *Obras do barão do Rio Branco. Questões de limites — Guiana Francesa* (2ª *memória*). Rio de Janeiro: Ministério das Relações Exteriores, 1945.
7. D. Denis. *Revista de Cultura*. Rio de Janeiro, XIX, 217, janeiro de 1945, p. 44-46, e 218, fevereiro de 1945, p. 64-67.
8. Pedro A. Correia Garção. *Revista de Cultura*. Rio de Janeiro, XIX, 220 e 221, abril e maio de 1945, p. 172-175; XIX, 222, junho de 1945, p. 233-234.

9. Nuno Fernandez Torneol. *Almanaque da Revista de Cultura*. 6º ano. Rio de Janeiro, 1945, p. 33-35.

1947

10. Revisão crítica das *Obras do barão do Rio Branco. Questões de limites — Exposição de motivos*. Rio de Janeiro: Ministério das Relações Exteriores, 1947.
11. Revisão crítica das *Obras do barão do Rio Branco. Bibliografias*. Rio de Janeiro: Ministério das Relações Exteriores, 1947.
12. Revisão crítica das *Obras completas de Joaquim Nabuco. Minha formação*. São Paulo: Ipê, 1947.

1948

13. Revisão crítica das *Obras do barão do Rio Branco. Estudos históricos*. Rio de Janeiro: Ministério das Relações Exteriores, 1948.
14. Revisão crítica das *Obras do barão do Rio Branco. Discursos*. Rio de Janeiro: Ministério das Relações Exteriores, 1948.
15. *Português elementar*. 1. ed. São Paulo: Ipê, 1948. 138 p.
    2. ed. São Paulo, Ipê, 1949.
    Republicado com ampliação sob o título *Manual de Português: Curso de Admissão*. São Paulo: Companhia Editora Nacional, 1958. 142 p.

1949

16. As "fiindas" das Cantigas de Paay Gómez Charinho. *Revista Cultura*, 2, p. 134-144. Rio de Janeiro: MEC, 1949.
    Republicado em *Estudos de poética trovadoresca*. Rio de Janeiro: MEC/INL, 1961, p. 221-233 e em *Estudos de versificação portuguesa: século XIII a XVI*. Paris: Fondation Calouste Gulbenkian, 1982, p. 219-232.
17. *O cancioneiro de Joan Zorro*. Aspectos lingüísticos. Texto crítico. Glossário. Rio de Janeiro [Imprensa Nacional], 1949. 97 p.
    Republicado, totalmente revisto e ampliado, em *Cancioneiros dos trovadores do mar*. Lisboa: Imprensa Nacional/Casa da Moeda, 1999. 533 p.
18. *Português elementar*. 2. ed. São Paulo, Ipê, 1949. Republicado com ampliação sob o título *Manual de Português: Curso de Admissão*. São Paulo: Companhia Editora Nacional, 1958. 142 p.
19. Revisão crítica das *Obras completas de Joaquim Nabuco. Balmaceda e a intervenção estrangeira*. São Paulo: Ipê, 1949.
20. Revisão crítica das *Obras completas de Joaquim Nabuco. O abolicionismo*. São Paulo: Ipê, 1949.

21. Revisão crítica das *Obras completas de Joaquim Nabuco. O direito do Brasil*. São Paulo: Ipê, 1949.
22. Revisão crítica das *Obras completas de Joaquim Nabuco. Escritos literários*. São Paulo: Ipê, 1949.

1950

23. *À margem da poética trovadoresca: o regime dos encontros vocálicos interverbais.* Rio de Janeiro [Imprensa Nacional], 1950. 93 p.
    Republicado com o título "Hiato, sinalefa e elisão na poesia trovadoresca" em *Estudos de poética trovadoresca*. Rio de Janeiro: MEC/INL, 1961, p. 15-92 e em *Estudos de versificação portuguesa: século XIII a XVI*. Paris: Fondation Calouste Gulbenkian, 1982, p. 1-82.

1954

24. *Defesa da filologia*. Coimbra [Atlântida Editora], 1954. 29 p.
25. *Jornalismo e universidade*. Rio de Janeiro: Serviço de Documentação do MEC, 1954. 17 p.
26. *O ensino de português*. Rio de Janeiro: Serviço de Documentação do MEC [1954], p. 18-37.

1955

27. Amostra de uma edição comentada da "Prosopopéia", de Bento Teixeira. *Revista Filológica*, 1(4): 33-37. Rio de Janeiro [s. ed.] ago./set. 1955.
28. Sobre o "dobre" e o seu emprego nas cantigas de Paay Gómez Charinho. *Revista Brasileira de Filologia*, 1(2): 161-174. Rio de Janeiro, 1955.
    Republicado com o título "O Dobre e o seu emprego nas cantigas de Paay Gómez Charinho", em *Estudos de poética trovadoresca*. Rio de Janeiro: MEC/INL, 1961, p. 201-219 e em *Estudos de versificação portuguesa: século XIII a XVI*. Paris: Fondation Calouste Gulbenkian, 1982, p. 199-218.

1956

29. Guirlanda & grilanda. *Revista Brasileira de Filologia*, 2(2): 205-206. Rio de Janeiro, 1956.
30. *O cancioneiro de Martin Codax*. Rio de Janeiro: Imprensa Nacional, 1956. 198 p.
    Republicado, totalmente revisto e ampliado, em *Cancioneiros dos trovadores do mar*. Lisboa: Imprensa Nacional/Casa da Moeda, 1999. 533 p.
31. Um texto acaloado. *Revista Brasileira de Filologia*, 2(1):19-26. Rio de Janeiro, 1956.

1957

32. Branca e vermelha (Sobre um passo da "Cantiga da garvaya"). In: *Miscelânea de estudos em honra do professor Hernâni Cidade*. Lisboa: Faculdade de Letras de Lisboa, 1957, p. 100-118.
 Republicado em *Língua e verso*. (Ensaios) 1. ed., Rio de Janeiro: São José, 1963, p. 11-25.
33. *Camões e a unidade da língua*. Rio de Janeiro: MEC/Biblioteca Nacional, 1957.
34. Expressão literária de Camões. In: *Boletim do MEC*, 5, p. 14-17. Rio de Janeiro, maio/junho de 1957.

1958

35. *Manual de Português. Curso de Admissão*. 1. ed., São Paulo: Companhia Editora Nacional, 1958. 142 p.
 14. ed. Rio de Janeiro: Distribuidora de Livros Escolares, 1971. 237 p.

1959

36. Bibliografia de d. Ramón Menéndez Pidal. In: *Ibérida*, 1, p. 164-212. Rio de Janeiro, 1959.
37. O movimento simbolista em Portugal e no Brasil. Relatório. In: *Actas do III Colóquio Internacional de Estudos Luso-brasileiros*, 1, p. 545-557. Lisboa, 1959.
 Republicado com o título "Sobre o decassílabo de Camilo Pessanha" em *Língua e verso*. (Ensaios) 2. ed. rev. e aum. Rio de Janeiro: São José, 1968, p. 123-138.

1960

38. Artigos sobre o Lirismo Medieval Português, publicados com a sua assinatura no *Dicionário das literaturas Portuguesa, Galega e Brasileira*. (Dirigido pelo Professor Jacinto do Prado Coelho, da Universidade de Lisboa.) Porto: Livraria Figueirinhas [1960].
39. Ni "em" = em casa de. In: *Ibérida*, 4, p. 152-156. Rio de Janeiro, 1960.
 Republicado nos *Anais do Primeiro Simpósio de Filologia Românica*. Rio de Janeiro: MEC/Biblioteca Nacional, 1970, p. 223-230.
40. Novas observações sobre o hiato na antiga versificação galego-portuguesa. *Ibérida*, 4, p. 23-100. Rio de Janeiro, 1960.
 Republicado em *Estudos de poética trovadoresca*. Rio de Janeiro: MEC/INL, 1961, p. 93-172 e em *Estudos de versificação portuguesa: século XIII a XVI*. Paris: Fondation Calouste Gulbenkian, 1982, p. 83-168.
41. Projeto de um Atlas Lingüístico-etnográfico do Brasil: por regiões. (Em colaboração com Serafim da Silva Neto.) In: *Actas do III Colóquio de Estudos Luso-Brasileiros*, 2, p. 405-412. Lisboa, 1960.

42. Projeto de um Catálogo Geral Luso-Brasileiro. (Em colaboração com Antônio Houaiss.) In: *Actas do III Colóquio de Estudos Luso-Brasileiros*, 2, p. 389-391. Lisboa, 1960.
43. Regularidade e irregularidade na versificação do primeiro "Auto das Barcas", de Gil Vicente. In: *Studia Philologica, Homenaje ofrecido a Dámaso Alonso*, 1, p. 459-479. Madri, Gredos, 1960.
    Republicado em *Língua e verso*. (Ensaios). 2. ed. Rio de Janeiro: São José, 1968, p. 49-76 e em *Estudos de versificação portuguesa: século XIII a XVI*. Paris: Fondation Calouste Gulbenkian, 1982, p. 273-298.

1961

44. A linguagem poética portuguesa na primeira metade do século XVI: Bernardim Ribeiro e Cristóvão Falcão. In: *Actas do IXe Congrès International de Linguistique Romane*, 2, p. 113-129. Lisboa: Centro de Estudos Filológicos, 1961 (*Boletim de Filologia*, 19, 1960). Republicado com o título "A linguagem poética portuguesa na primeira metade do século XVI: hiato, sinalefa e elisão nas églogas de Bernardim Ribeiro e no Crisfal" em *Língua e verso*. (Ensaios.) Rio de Janeiro: São José, 1963, p. 27-48 e em *Estudos de versificação portuguesa: século XIII a XVI*. Paris: Fondation Calouste Gulbenkian, 1982, p. 299-319.
45. *Estudos de poética trovadoresca*. Rio de Janeiro: MEC/INL, 1961. 259 p.

1962

46. Bacharelado ou bacharelato? In: *Documenta*, 10, p. 7-9. Rio de Janeiro: MEC/Conselho Federal de Educação, dezembro de 1962, p. 7-9.
47. *Manual de Português:* 1ª e 2ª séries ginasiais. 1. ed., Rio de Janeiro: São José, 1962. 397 p.
    8. ed. rev. Rio de Janeiro: São José, 1968.

1963

48. *Língua e verso*. (Ensaios) 1. ed., Rio de Janeiro: São José, 1963. 94 p.
    2. ed. rev. e aum. Rio de Janeiro: São José, 1968. 142 p.
    3. ed. rev. e aum. Lisboa: Sá da Costa, 1984. 161 p.
49. O ensino da língua nacional (Para uma política do idioma). In: *Documenta*, 21(2). Rio de Janeiro: MEC/Conselho Federal de Educação, dezembro de 1963. Republicado com ampliação, com o título *Uma política do idioma*. Rio de Janeiro: São José, 1964. 52 p.

1964

50. *Manual de Português*. 3ª e 4ª séries ginasiais. 1. ed. Rio de Janeiro: São José, 1964. 541 p.

51. *Manual de Português*: 3ª série ginasial. 1. ed. Rio de Janeiro: Editora Distribuidora de Livros Escolares, 1969. 303 p.
5. ed. Rio de Janeiro: Distribuidora de Livros Escolares, 1969. 303 p.
52. *Manual de Português*: 4ª série ginasial. 1. ed. Rio de Janeiro: Distribuidora de Livros Escolares, 1964. 335 p.
5. ed. Rio de Janeiro: Distribuidora de Livros Escolares, 1969. 335 p.
53. O ensino superior da língua espanhola no Brasil. In: *Presente y futuro de la lengua española*. Madri: Instituto de Cultura Hispânica, 1964.
54. *Uma política do idioma*. 1. ed. Rio de Janeiro: São José, 1964. 52 p.
2. ed. (com Prefácio de Aires da Mata Machado Filho). Rio de Janeiro: São José, 1968. 52 p.
5. ed. atualizada. Rio de Janeiro: Tempo Brasileiro, 1984. 79 p.

1965

55. Rio de Janeiro. Para a história de um topônimo. In: *Miscelânea filológica em honra à memória do professor Clóvis Monteiro*. Rio de Janeiro: Editora do Professor, 1965, p. 47-60.

1967

56. Sobre o "E" paragógico na épica e na lírica. In: *Estudos filológicos. Homenagem a Serafim da Silva Neto*. Rio de Janeiro, 1967, p. 291-319.
Republicado em *Língua e verso* (Ensaios). Rio de Janeiro: São José, 1963, p. 77-121 e em *Estudos de versificação portuguesa: século XIII a XVI*. Paris: Fondation Calouste Gulbenkian, 1982, p. 233-272.

1968

57. *Língua portuguesa e realidade brasileira*. 1. ed. Rio de Janeiro: Tempo Brasileiro, 1968. 109 p.
2. ed. (atualizada e aum.) Rio de Janeiro: Tempo Brasileiro, 1970.
9. ed. (atualizada e aum.) Rio de Janeiro: Tempo Brasileiro, 1986. 124 p.
58. *Língua e verso* (Ensaios). 2. ed. rev. e aum. Rio de Janeiro: São José, 1968. 142 p.
59. Para uma eficaz colaboração de brasileiros e portugueses na realização das tarefas inerentes ao estudo, cultivo e difusão da língua portuguesa. In: *Actas do I Simpósio Luso-Brasileiro sobre a Língua Portuguesa Contemporânea*. Coimbra, 1968, p. 265-287.
60. Projeto de um Centro de Documentação e Informação da Língua Portuguesa Contemporânea. In: *Actas do V Colóquio Internacional de Estudos Luso-Brasileiros*, 5, p. 360-362, Coimbra, 1968.

61. *Uma política do idioma*. 2. ed. (com prefácio de Aires da Mata Machado Filho). Rio de Janeiro: São José, 1968. 52 p.
5. ed. atualizada. Rio de Janeiro: Tempo Brasileiro, 1984. 79 p.

1969

62. *Manual de português do vestibular*. Rio de Janeiro: Edild, 1969. 540 p.
63. Sobre o "E" chamado "paragógico" na versificação dos trovadores galego-portugueses. In: *Actas del XI Congreso Internacional de Lingüística y Filología Románicas*. Madri, 1969, p. 1613-1614.
Republicado em *Estudos de versificação portuguesa: século XIII a XVI*. Paris: Fondation Calouste Gulbenkian, 1982, p. 233-272.

1970

64. *Gramática moderna*. 1. ed. Belo Horizonte: Bernardo Álvares, 1970. 302 p.
3. ed. Belo Horizonte, Bernardo Álvares, 1971. 302 p.
65. *Gramática do português contemporâneo*. Belo Horizonte: Bernardo Álvares, 1970. 510 p.
10. ed. Rio de Janeiro: Padrão, 1983. 510 p.
66. *Língua portuguesa e realidade brasileira*. 2. ed. (atualizada e aum.) Rio de Janeiro: Tempo Brasileiro, 1970. 125 p.
9. ed. Rio de Janeiro: Tempo Brasileiro, 1986. 142 p.
67. Para o estudo da poética dos nomes próprios. In: *Estudos em homenagem a Cândido Jucá (filho)*. Rio de Janeiro: Organizações Simões [s. d.], p. 47-62.
68. *Português através de textos: 1ª série colegial*. (Em colaboração com Wilton Cardoso.) 1. ed. Belo Horizonte: Bernardo Álvares, 1970.
3. ed. Belo Horizonte: Bernardo Álvares, 1971.
Republicado, com ampliações, com o título *Estilística e gramática histórica*. Rio de Janeiro: Tempo Brasileiro, 1978. 317 p.

1972

69. *A "Prosopopéia", de Bento Teixeira*. Edição crítico-interpretativa. (Em colaboração com Carlos Durval.) Rio de Janeiro: MEC/INL, 1972. 143 p.
2. ed. São Paulo: Melhoramentos/INL, 1977. 182 p.
70. *Gramática da língua portuguesa*. Rio de Janeiro: MEC/Fename, 1972. 655 p.
15. ed., Rio de Janeiro: MEC/Fename, 1994. 655 p.

1974

71. Le Polymorphisme du Portugais du Brésil et ses causes: les cas du /s/ implosif. In: *Cultura Neolatina, XXXIV.* Modena, 1974, p. 327-335.

1975

72. Confissões de um malogrado editor de "Os lusíadas". In: *Romanitas*, 12-13, p. 231-256. Rio de Janeiro, 1975.
73. Presença de Antenor Nascentes. In: *Romanitas*, 12-13, p. 43-54. Rio de Janeiro, 1975.
    Republicado, com alterações, em *Studia*, 10, p. 137-149. Rio de Janeiro: MEC/ Colégio Pedro II, 1980.

1978

74. *Estilística e Gramática Histórica*. (Em colaboração com Wilton Cardoso.) Rio de Janeiro: Tempo Brasileiro, 1978. 317 p.
75. Lingüística e pedagogia: o exemplo Mobral. In: *Actas del IV Congresso de Alfal (Asociación de Linguística y Filología de la América Latina)*. Lima, 1978.

1979

76. Problemas e falsos problemas dos textos medievais galego-portugueses. In: *Anais* do VII Encontro Nacional de Professores Brasileiros de Literatura Portuguesa. Belo Horizonte: Universidade Federal de Minas Gerais, 1979, p. 75-82.
    Republicado com alterações e acréscimos em *Significância e movência na poesia trovadoresca*. Rio de Janeiro: Tempo Brasileiro, 1985, p. 61-76.
77. A situação lingüística de Cabo Verde e Guiné-Bissau: português e crioulo frente a frente. In: *Studia*, 9, p. 39-53. Rio de Janeiro: Colégio Pedro II, 1979.
    Republicado em *Língua, nação e alienação*. Rio de Janeiro: Nova Fronteira, 1981, p. 73-93.
78. O protocrioulo português: sua formação e sua universalidade nos séculos XVI, XVII e XVIII, publicado no *Boletim do Instituto Menezes e Bragança*, n. 122, Bastora — Goa, 1979, p. LVII-LXXXIII.
    Republicado em *Língua, nação e alienação*. Rio de Janeiro: Nova Fronteira, 1981, p. 37-72.
79. *Gramática de base*. 1. ed. Rio de Janeiro: MEC/Fename, 1979. 371 p.
    5. ed. Rio de Janeiro: MEC/Fename, 1987.
80. Política e cultura do idioma. In: *Expressão*, 2, p. 5-20. Rio de Janeiro, 1979.
    Republicado em *Língua, nação e alienação*. Rio de Janeiro: Nova Fronteira, 1981, p. 11-36.
81. Linguagem e condição social do Brasil. In: *Revista de Letras*. Fortaleza 1(3): 55-78, Universidade Federal do Ceará, 1979.

1980

82. Alguns aspectos da prosódia camoniana. *Boletim do Clube da Medalha do Brasil*, ano III, nº 6, ago. 1980, p. 11-18. (Número dedicado a Luís de Camões.)

83. O protocrioulo português e sua universalidade nos séculos XVI, XVII e XVIII. In: *Miscelânea em honra de Rocha Lima*, organizada por Raimundo Barbadinho Neto. Rio de Janeiro: Colégio Pedro II, 1980.
Republicado em *Língua, nação e alienação*. Rio de Janeiro: Nova Fronteira, 1981, p. 37-72.

1981

84. *Língua, nação e alienação*. Rio de Janeiro: Nova Fronteira, 1981. 110 p.
85. Poética e onomástica em "Os lusíadas". In: *Arquivos do Centro Cultural Português*. 16, p. 297-310. Paris: Fundação Calouste Gulbenkian, 1981.
86. Sobre a leitura de um verso camoniano. In: *Studia*, 11, p. 49-54. Rio de Janeiro: Colégio Pedro II, 1981.

1982

87. *Estudos de versificação portuguesa: século XIII a XVI*. Paris: Fondation Calouste Gulbenkian, 1982. 336 p.
88. Sobre a pronúncia camoniana de alguns antropônimos. In: *Studia*, 12, p. 33-39. Rio de Janeiro: Colégio Pedro II, 1982.
89. Tradução da *Histoire de la langue portugaise*, de Paul Teyssier. Lisboa: Sá da Costa, 1982. 113 p.
2. ed. Lisboa: Sá da Costa, 1984.
90. Será o crioulo de Cabo Verde um "continuum"? In: *Omnia*, 1, p. 55-62. Rio de Janeiro: Sepe/Sespa, 1982. Publicado em *Língua, nação e alienação*. Rio de Janeiro: Nova Fronteira, 1981, p. 95-106.
91. D. Ramón Menéndez Pidal e a Escola Lingüística Espanhola. *Revista de Cultura Lingüística*, n. 1, 2º semestre de 1982. Ano 1, p. 17-29.

1983

92. Uma carta de Joaquim de Vasconcelos sobre o "Cancioneiro da Ajuda". *Boletim de Filologia*, 28, p. 317-327. Lisboa: Centro de Lingüística da Universidade de Lisboa, 1983.
93. *Língua e verso*. 3. ed. rev. e aum. Lisboa: Sá da Costa, 1984. 161 p.
94. *Nova gramática do português contemporâneo*. (Em colaboração com Luís Filipe Lindley Cintra.) 1. ed. portuguesa. Lisboa: João Sá da Costa, 1984. 734 p.
16. ed. Lisboa: João Sá da Costa, 2000.

1985

95. *A questão da norma culta brasileira*. Rio de Janeiro: Tempo Brasileiro, 1985, 91 p.

96. *Breve gramática do português contemporâneo*. (Em colaboração com Luís Filipe Lindley Cintra.) Lisboa: João Sá da Costa, 1985. 486 p.
    12. ed. Lisboa: Sá da Costa, 2000.
97. Breves considerações sobre a tipologia dos erros ou variantes em crítica textual. *Bracara Augusta*, 39, p. 415-427. Braga: Câmara Municipal de Braga, 1985.
98. Ligeiras observações sobre a tipologia dos erros ou variantes em crítica textual *In memoriam* Vandick Londres da Nóbrega. Rio de Janeiro, Sepe, 1985, p. 47-58.
99. *Nova gramática do português contemporâneo*. (Em colaboração com Luís Filipe Lindley Cintra.) 1. ed. brasileira. Rio de Janeiro: Nova Fronteira, 1985. 724 p.
    2. ed., 32ª impressão. Rio de Janeiro: Nova Fronteira, 2000. 748 p.
100. O projeto Nurc e a questão da norma culta brasileira. In: *Actas do Congresso sobre a situação actual da língua portuguesa no mundo*. v. 1. Lisboa: Instituto de Cultura e Língua Portuguesa, 1985, p. 140-166.
101. O valor dos grafemas "-eu" e "-eo" na língua portuguesa do século XVI. In: *Actes du XVIIème. Congrès International de Linguistique et Philologie Romaines*, v. 3, Aix-en-Provence–Marseille, 1985, p. 271-278.
102. *Significância e movência na poesia trovadoresca*. Rio de Janeiro: Tempo Brasileiro, 1985. 95 p.

1986

103. A língua portuguesa no Brasil. *Correio da Unesco* (número especial sobre o Brasil), 1986. (Traduzido em 56 línguas.)
104. Conservação e inovação no português do Brasil. *O eixo e a roda: Revista de Literatura Brasileira*, 5, p. 199-230 (volume em Homenagem ao Professor Wilton Cardoso). Belo Horizonte: Faculdade de Letras da UFMG, nov. 1986.
105. Problemas da editoração de textos galego-portugueses da Idade Média. In: *Actas do I Congresso Internacional da língua galego-portuguesa na Galiza*. Ourense: Agal, 1986, p. 617-645.
    Publicado com alterações em *Significância e movência na poesia trovadoresca*. Rio de Janeiro: Tempo Brasileiro, 1985, p. 61-76.
106. Sobre o texto e a interpretação das cantigas de Martin Codax. In: *Actes du Colloque de Critique Textuelle Portugaise*. Paris: Fondation Calouste Gulbenkian/Centre Culturel Portugais, 1986, p. 65-83.

1987

107. Em torno do conceito de "brasileirismo". In: *Arquivos do Centro Cultural Português*, 23, p. 3-29. Lisboa-Paris: Fundação Calouste Gulbenkian, 1987.

Republicado com alterações em *Que é um brasileirismo?* Rio de Janeiro: Tempo Brasileiro, 1987.

108. *Que é um brasileirismo?* Rio de Janeiro: Tempo Brasileiro, 1987. 68 p.

1988

109. José Lins do Rego. In: *Littérature Latino-Americaine et des Caraïbes du XXe Siècle. Théorie et pratique de l'édition critique.* Roma: Bulzoni, 1988, p. 287-294.
110. *Discurso de posse na Academia Brasileira de Letras*. Rio de Janeiro: Nova Fronteira, 1988, p. 5-30.
111. Sobre a evolução ortoépica das formas "ledo" e "leda". In: *Homenagem a Joseph M. Piel por ocasião do seu 85º aniversário.* Editado por Dieter Kremer, Tübingen: Max Niemeyer Verlag, 1988, p. 221-236.

1989

112. Amor e ideologia na lírica trovadoresca. In: *Anais do I Congresso Internacional da Faculdade de Letras da Universidade Federal do Rio de Janeiro*, realizado de 14 a 18 de setembro de 1987, p. 11-26.

1991

113. Valor das grafias "-eu" e "-eo" do século XIII ao século XVI. In: *Estudos portugueses; homenagem a Luciana Stegagno Picchio*. Lisboa: Difel, 1991, p. 913-927.

1992

114. Pronúncia brasileira e pronúncia quinhentista. In: *Scripta Philologica* in honorem *Juan M. Lope Blanch*. v. II. México: Universidad Nacional Autónoma de México, 1992, p. 363-371.

1996

115. *Minigramática do português contemporâneo*. Edição organizada por Cilene da Cunha Pereira. Rio de Janeiro: Nova Fronteira, 1996. 563 p.

1999

116. *Cancioneiros dos trovadores do mar.* Edição preparada por Elsa Gonçalves. Apresentação de Ivo Castro. Lisboa: Imprensa Nacional/Casa da Moeda, 1999. 533 p.

MEDIEVALÍSTICA

1
Sentido e forma da poesia trovadoresca*

Em análise do artigo que, sobre Jaufré Rudel, publicou Grace Frank nas *MLN* de outubro de 1942, faz Leo Spitzer algumas observações quanto ao sentido da poesia trovadoresca e aproveita a oportunidade para criticar não só a discípula de Jeanroy, mas também o eminente provençalista francês e outros estudiosos, como Appel, Foulet e Voretzsch, por julgarem os poetas medievais com preconceitos modernos e por se aterem, em seus trabalhos, essencialmente ao aspecto formal das canções.

Considerando a necessidade, já salientada por Anatole France, de que o historiador seja, ao mesmo tempo, o homem antigo e o homem moderno e viva, por estranho desdobramento, sobre dois planos diferentes, reconhece no entanto o filólogo alemão que o contrário é o que geralmente sucede: "Nada de vida perigosa sobre dois planos ao mesmo tempo", diz ele, "nada de desdobramento nem de extravagância entre nossos medievistas: eles vivem chãmente, resolutamente, indissimuladamente sobre o plano moderno."[1]

É uma verdade. Criticam-se de regra os trovadores pelo que não fizeram, nem podiam fazer. Estabelecem-se com freqüência comparações entre a sua poesia e a dos românticos, para concluir pela superioridade da última. Jeanroy, por exemplo, incrimina-os de versarem o amor, e versarem-no de modo exclusivo, mas se esquece de estender a mesma crítica aos petrarquistas. Estranha não serem eles "ecos sonoros do universo", como Vitor Hugo, e lamenta não encontrar em

---

* Publicado inicialmente no suplemento literário do *Diário Carioca* em abril de 1952; republicado em *Defesa da filologia*. Coimbra, 1954, p. 7-14.

[1] *L'Amour lointain de Jaufré Rudel et le sens de la poésie des troubadours*. Chapel Hill, 1944, p. 42.

suas obras alguns temas essencialmente poéticos — a brevidade da vida, a fragilidade das coisas, a indiferença da natureza a nossas dores e a nossas alegrias —, não se lembrando de que o último, tal como aparece no soneto *Aquela triste e leda madrugada*, de Camões, ou no soneto *Lamento*, de Antero, só poderia ocorrer ao homem no momento em que ele se sentiu estranho à criação. Na Idade Média, porém, o universo não era concebido como um cosmos panteísta, e o indivíduo sentia-se integrado em um mundo homogêneo-harmônico e uno.

A esses anacronismos grosseiros responde Spitzer com ironia:

> Que tragicomédia da modernidade: o neoprimitivo de sentimentos mesquinhos, de visão limitada, incapaz (tanto em poesia como em história) de reconhecer uma idéia ativa em época diferente da sua, e que se julga superior aos grandes criadores da sensibilidade e do pensamento ocidental — que tragicomédia do historismo, que parte para a conquista da verdade histórica "objetiva" e traz apenas como fruto da pilhagem uma *indigesta moles* viscosa do subjetivismo do historiador, que, decapitando as épocas históricas e desconhecendo-lhes a *forma mentis*, torna tudo relativo, exceto os *a priori* da própria época.[2]

Também, na análise do acervo poético deixado pelos trovadores galego-portugueses, certos estudiosos têm padecido dessa incapacidade de transportar-se ao passado e apreciar alguns dos gêneros cultivados e dos temas desenvolvidos segundo os conceitos estéticos medievais.

Cita-se, a propósito, o juízo emitido, a respeito das *cantigas de amor*, pela mestra de todos nós, a sábia incomparável que foi dona Carolina Michaëlis. Esta mulher genial, a quem a literatura portuguesa deve pelo menos a metade do que lhe conhecemos de exato (como há tempos nos lembrava com justeza Otto Maria Carpeaux), filóloga e crítica na mais alta acepção do termo, cujas pesquisas sobre a obra de Sá de Miranda, de Camões, de Gil Vicente, de Bernardim Ribeiro, de Cristóvão Falcão, de Pero de Andrade Caminha, de Uriel da Costa e, principalmente, sobre os cancioneiros profanos e o romanceiro português não encontram similares pela erudição e agudeza na crítica interna, esta mulher-milagre, habituada a lidar com os próprios textos literários e não com os dos críticos, que geralmente retificava, tinha suas preferências, e sobrepunha as cantigas de amigo às de amor. Admirava intensamente as primeiras, mormente as doces paralelísticas autóctones; julgava as segundas, modeladas ao gosto provençal, "artificiosas, convencionais e frias canções senhorilmente aristocráticas"[3] . Essa opinião, advirta-se,

---

[2] Op. cit., p. 43.

[3] *Cancioneiro da Ajuda*, II, Halle, 1904, p. 939.

perfilhada por quase todos os que se dedicam ao estudo da primitiva lírica peninsular, justifica-se não só pelo fato de estarem as *cantigas de amigo* mais de acordo com o gosto moderno mas principalmente porque elas representam a parte mais original da contribuição portuguesa à literatura européia da Idade Média. Aubrey Bell, o distinto crítico inglês, que tão compreensivas e entusiásticas obras escreveu sobre as literaturas hispânicas, também sentia nas paralelísticas — "flores singelas, agrestes" — um "perfume delicioso", e considerava as cantigas de amor "corretamente frias".

Modernamente, porém, Rodrigues Lapa procurou reabilitar a desprezada cantiga de amor e mostrar que "nem tudo é joio na seara abundante do nosso lirismo cortês". Embora Lapa tenha provado à saciedade o valor literário desses poemas, que, na época, eram considerados as formas mais altas da expressão artística, comete ele, no ardor da justificação, a injustiça de atribuir a dona Carolina falta de sensibilidade artística por não apreciá-los devidamente. Estas as suas palavras, que transcrevemos na íntegra, para que não sejam desvirtuadas e generalizadas errônea ou malevolamente, como já se pretendeu fazer:

> E já D. Carolina Michaëlis, laborando no mesmo erro e mesmo preconceito (de Cesare de Lollis) *dissera das cantigas d'amor* [o grifo é nosso]: 'artificiosas, convencionais e frias canções senhorilmente aristocráticas'[4].
>
> A deficiência da grande filóloga está justamente na análise estética do produto literário. Possivelmente o imenso volume do seu saber histórico e filológico mareou nela, como é natural, a delicadeza da sensibilidade artística. Prova desta incapacidade estética está na sua incompreensão de Fernão Lopes e nisto que diz a respeito da famosa cantiga de Pai Soares de Taveirós, *Como morreu quen nunca ben*: "é um primor de lirismo e de vibração poética, segundo a opinião dos entendidos"[5]. Quere isto dizer que vai sendo tempo de considerar os nossos trovadores como artistas, e não ver apenas nas suas cantigas pasto filológico. Fazer para eles, para os maiores de entre eles, aquilo que Vossler fez para Ventadorn, Marcabru e Cardenal. E um dos primeiros problemas a tratar, *entrevisto lucidamente por D. Carolina Michaëlis* [o grifo é nosso] em 1895, é o de averiguar as razões que levaram os nossos trovadores àquela "propositada indiferença pela riqueza e variedade do pensamento, e uma tendência predileta para a repetição e monotonia"[6].

---

[4] Id., ibid., p. 939.

[5] *Lições práticas de português arcaico*, p. 99.

[6] *Lições de literatura portuguesa — época medieval*. 2. ed., Coimbra, 1943, p. 95.

Citado filologicamente, isto é, na íntegra, o trecho anterior torna-se mais claro e impede que dele se tire a ilação absurda de que já existem bases materiais necessárias para a elaboração de estudos de caráter exclusivamente estético. Lapa escreveu que não se deve "ver apenas nas suas cantigas pasto filológico", e houve quem lhe entendesse desta forma o pensamento: a literatura trovadoresca, como afirma o crítico português, *sempre* constituiu "pasto filológico". Talvez para quem estude literatura como "literatura" seja a mesma coisa. Para um filólogo, porém, conhecedor da língua e cauteloso no interpretar o sentido das palavras — porque sabe que "a expressão não é uma veste, mas o próprio corpo do pensamento" —, não *apenas* tem significado diverso de *sempre*. E que essa cautela dos criticados filólogos é indispensável aos estudos sérios prova-se com o exemplo vertente. Deturpando-se um passo, dissociado do contexto, chega-se à conclusão de que as tarefas preparatórias, elementares e mecânicas (?) já estão praticamente realizadas. É no entanto o próprio medievalista português quem se encarrega de responder a tal absurdo, erro que só o desconhecimento completo da literatura medieval portuguesa e dos problemas que ela encerra pode explicar. Quem tenha lido, mesmo por alto, as obras de Lapa, sabe que ele vive a lamentar a falta de bons textos dos autores antigos. Em o *Livro de falcoaria de Pero Menino*, p. 41, escreveu: "Em Portugal se necessita, quanto antes, de organizar um grupo de conscienciosos editores de textos." E, depois de enumerar os males de um texto infiel, acrescenta: "É urgente pois a revisão cuidadosa de todas as edições de textos arcaicos; sem esse indispensável trabalho de depuração, não serão possíveis, em bases rigorosamente científicas, nem o Dicionário do português arcaico nem a almejada História da língua."[7] Como fazer análises literárias, puramente estéticas, de obras cujos textos não estão ainda fixados? Como estudar a literatura trovadoresca como "literatura" quando não há uma edição crítica do *Cancioneiro da Vaticana*, quando só agora está saindo, parceladamente, a primeira edição íntegra do *Cancioneiro da Biblioteca Nacional*? E, note-se, sendo como que a reprodução do manuscrito, a edição de Elza Pacheco Machado e de José Pedro Machado só pode ser consultada com proveito por filólogos especializados.

Quando Spitzer critica certos provençalistas por se aterem exclusivamente às questões lingüísticas que o texto dos poetas occitânicos sugere, faz uma objeção procedente, porque ele sabe que os fatos lingüísticos e métricos que se observam em suas obras já estão em grande parte esclarecidos. E sabe, mais, que existem primorosas edições críticas dos mais importantes trovadores, como a de Guilherme IX, feita por Jeanroy; a de Bernart de Ventadorn, por C. Appel; as de Jaufré Rudel,

---

[7] Rodrigues Lapa. *Livro de falcoaria de Pero Menino*, p. 43.

por A. Stimming e por Jeanroy; as de Arnaut Daniel, por A.U. Cannello e por R. Lavaud; a de Bernart Marti, por E. Hoepffner; a de Arnaut de Mareuil, por R.C. Johnston; a de Guiraut de Borneil, por A. Kolsen; a de Guilhem da Cabestanh, por A. Längfors; a de Marcabru, por Dejeanne; a de Peire d'Auvergne, por R. Zenker; a de Peire Vidal, por J. Anglade; a de Folquet de Marseille, por S. Strönski; as de Bertran de Born, por A. Stimming e por A. Thomas; as de Cercamon, por A. Jeanroy e por Appel; a de Alegret, por Jeanroy; a de Gavaudan, por A. Jeanroy; a de Guiraut de Calanson, por Jeanroy; a de Marcoat, por A. Jeanroy; as do monge de Montaudon, por E. Philippson, por C. Klein e por De la Salle de Rochemaure e R. Lavaud; a de Daude de Pradas, por A.H. Schutz; a de Rigaut de Barbezieux, por Anglade; as de Cerveri de Girona, por F. A. Ugolini e por Martín de Riquier; a de Aimeric de Belenoi, por Dumitrescu; a de At de Mons, por W. Bernhart; a de Bertran d'Alamanon, por Salverda de Grave; a de Bartolomé Zorzi, por E. Levy; a de Boniface de Castellane, por A. Parducci; a de Bonifacio Calvo, por M. Palaez; a Cadenet, por C. Appel; a de Eble, Elias, Gui e Peire d'Ussel, por J. Audiau; a de Elias de Barjols, por Strönski; a de Gausbert de Puycibot, por W.P. Shepard; a de Granet, por A. Parducci; a de Guilhem Figueira, por E. Levy; a de Guilhem Magret, por Naudieth; a de Guilhem de Montanhagol, por J. Coulet; a de Guiraut Riquier, por H. Pfaff; a de Peire Bremon de Ricas Novas, por J. Boutière; a de Perdigon, por Chaytor; a de Pistoleta, por E. Niestroy; a de Raimom Jordan, por H. Kjelmann; a de Sordelo, por C. de Sollis; a de Uc de Saint-Circ, por Jeanroy e Salverda de Grave etc. etc.

Quando, porém, se estende semelhante crítica aos estudiosos do trovadorismo galego-português, não se comete propriamente uma injustiça, mas uma leviandade.

Só assim podem explicar-se certas considerações que se fazem sobre a desnecessidade de minuciosas pesquisas tendentes a esclarecer os fatos métricos e o desprezo que se dá ao valor dos levantamentos estatísticos.

Será o caso de lembrar-se, a propósito, o pensamento, tão diverso, de Oskar Nobiling, o mais arguto conhecedor dos fenômenos formais da primitiva poesia galego-portuguesa, que, em certa ocasião, escreveu: "o trabalho a fazer parece-me ser por enquanto puramente estatístico"[8] .

Nada de levantamentos estatísticos, nada de estudos eruditos, literatura só pode ser estudada como "literatura"...

Erudição, só musical. Se se chamavam *cantigas é* porque esses poemas eram cantados, raciocinaria o Senhor de la Palisse, premissa que o levaria a concluir ser impossível estudar a poesia trovadoresca dissociada da música para a qual foi feita e sem um conhecimento dos rudimentos da arte musical.

---

[8] *As cantigas de d. Joan Garcia de Guilhade*. Erlangen, 1907, p. 10.

Descoberta notável!

Pena que os estudiosos não se possam aproveitar dela, levando-a às últimas conseqüências, por uma razão inocente: perderam-se as notações musicais das cantigas profanas galego-portuguesas. Apenas o *Pergaminho Vindel*, que contém as sete barcarolas de Martin Codax, e os códices das *Cantigas de Santa Maria*, de carácter religioso, as conservaram.

Com esse escasso material podem-se fazer conjecturas mais ou menos engenhosas, mas que costumam esboroar-se até com a crítica de estudiosos desprovidos dos conhecimentos musicais, como se verificou com as teorias de d. Julián Ribera ao receberem os impactos do raciocínio lúcido de Rodrigues Lapa.

E foi provavelmente por isso, desencantado com as leviandades dos críticos que, desapercebidos dos conhecimentos necessários e com a ousadia que só a ignorância dá, se aventuram a pontificar sobre obras que não conhecem, porque não lhes podem entender o espírito, já que não lhes entendem a letra, que Bertoni escreveu em uma de suas últimas páginas:

> Digo desde já que não há em mim presunção alguma, nenhuma pretensão; mas só o desejo e a ânsia de conduzir a um ulterior aperfeiçoamento alguns processos de crítica úteis ao progresso dos nossos estudos e sobretudo ao exame da expressão dos escritores e à discriminação da língua da cultura, da poesia e da arte, exame e discriminação que constituem o objeto da história literária, domínio já hoje indiscutível da filologia. Esta discriminação é uma operação que exige uma forte preparação erudita, sem a qual não há crítica de arte. A verdadeira crítica está até nesta discriminação. Os meios para este exame só a filologia pode dar.[9]

---

[9] *Introdução à filologia*, trad. de G.C. Rossi, p. 9-10.

2
Sobre o texto e a interpretação das cantigas de Martin Codax*

Crítica filológica prévia

A crítica textual sempre se beneficiou dos progressos da lingüística, sendo de admitir a recíproca, principalmente no que se refere à lingüística diacrônica.

Ainda há poucos anos, Paul Valentin, em sua excelente *Phonologie de l'allemand ancien: les systèmes vocaliques*[1], advertia: "*Il faut être philologue avant d'être linguiste*"[2], pois, em verdade, as principais tarefas da filologia se identificam com as da lingüística histórica.

Sabemos todos que Roman Jakobson, o lingüista de horizontes infinitos e o filólogo da magistral edição crítica do *Slovo* ("La Geste du Prince Igor"), gosta de repetir a sua paráfrase do *Homo sum*, de Terêncio: "*Linguista sum; linguistici nihil a me alienum puto*".

Este deve ser o lema do bom lingüista e do bom filólogo, ao mirarem-se nos exemplos edificantes.

Saussure é o fundador da lingüística moderna e também o filólogo dos anagramas. Gilliéron inaugura a cartografia lingüística e é um excelente editor da *Claire Fontaine*. A Lachmann atribui-se todo um método de crítica textual tipica-

---

* Comunicação apresentada no Colloque International "Critique Textuelle Portugaise", patrocinado pelo Centre Culturel Portugais de la Fondation Calouste Gulbenkian, realizado em Paris entre 20 e 25 de outubro de 1981. Publicado nas *Actes du Colloque de Critique Textuelle Portugaise*. Paris: Fondation Calouste Gulbenkian/Centre Culturel Portugais, 1986, p. 65-83.

1 Paris, 1969.

2 Op. cit., p. 297.

mente estruturalista, de um estruturalismo sem o saber, lembra Contini, tal como *monsieur* Jourdain fazia a sua prosa[3]. A aceitarmos que não lhe cabe de direito o pioneirismo da estemática, método de representação genealógica que só se teria corporificado realmente em 1872, na edição de *La Vie de Saint Alexis* de G. Paris e L. Pannier[4], forçoso será admitirmos o relacionamento de tal método com o biologismo de Schleicher e a sua figuração arborescente. Na crítica textual de Pasquali estão presentes concepções lingüísticas de Meillet, Bartoli, Trubetzkoy e Jakobson, como demonstrou D'Arco Silvio Avalle, que, por sua vez, faz parte dessa admirável escola italiana, em que ecdótica, semiótica, lingüística e teoria literária se interpenetram. E Gianfranco Contini vê até nessa interligação de certos princípios da crítica textual com a lingüística a possibilidade de emprego na disciplina de metáforas glotológicas do tipo: *a*) *estratigrafia ecdótica*, a lembrar a *estratigrafia lingüística* de Paul Aebischer; *b*) *substância textual*, à semelhança da *substância lingüística*, de Hjelmslev; c) *patologia textual*, pelo modelo da *patologia verbal* de Gilliéron[5]. Justo é, pois, que se introduzam na crítica textual dos nossos dias certos enfoques da lingüística contemporânea, como a teoria da variação, os conceitos de norma, os níveis de língua, de registro, de diassistema, de geovariantes, de cronovariantes, etc.

Cremos que foi Gianfranco Folena, no colóquio sobre o tema *Gli Atlanti Linguistici* (*Problemi e resultati*), realizado em Roma em 1967, e, logo a seguir, no XII Congresso Internacional de Lingüística e Filologia Românicas, realizado em Bucareste em 1968, o primeiro a chamar a atenção sobre a conveniência de aplicar-se à crítica textual o conceito de diassistema de Uriel Weinreich e a metodologia lingüística e filológica que ele pressupõe.

São suas palavras:

> As tradições manuscritas dos textos românicos fornecem deste ponto de vista, com a produção contínua de "geovariantes", além de "cronovariantes" e a formação de sistemas integrados, riquíssima matéria de estudo à comparação estrutural no campo geográfico e histórico: as tradições manuscritas levam freqüentemente à formação das *koinés* escritas, em que oposições geográficas se inserem e se neutralizam no interior de um diassistema.[6]

---

[3] Cf. Gianfranco Contini, La critica testuale come studio di strutture, in *La critica del testo*, I. Firenze: Olschki, 1971, p. 12.

[4] Paris, A. Frank, 1872.

[5] Op. cit., p. 19-21.

[6] Gianfranco Folena, "Diasistema, koinè e lingua letteraria", in *Actele celui de-al XII-lea Congrès International de Linguisticǎ si Filologie Romanicǎ*, II. Bucareste: Academiei Republicii Socialista Romania, 1971, p. 419.

Mas Folena se apressou em distinguir as proliferações polimórficas das *koinés*, cujas motivações e conotações nem sempre se percebem com facilidade, dos fatos de polimorfismo, invariavelmente motivados, da língua literária, pois que o grau de funcionalidade desta está condicionado pelo relevo que nela assumem os valores "conotativos" em confronto com os "denotativos".

É certo que os progressos da scriptologia nos obrigam a ter uma maior circunspecção no relacionar grafias com realizações fônicas.

Sabemos, ademais, que na Idade Média, pelo exemplo do Norte da França, geralmente

> *quand on écrivait un dialecte, on ne cherchait pas à écrire le dialecte, mais à le cacher. Surtout pour les textes littéraires, car le texte littéraire devait avoir une plus grande diffusion, il pouvait être lu par un Parisien, par un Normand, etc. Pour cela, il fallait essayer d'estomper le plus possible le dialecte sous la graphie.*[7]

Com relação aos textos dos cancioneiros medievais galego-portugueses, vemos que tanto as *CSM* e o *CA* como o *CBN* e o *CV* apresentam uma língua literária bastante normalizada, o que levou Herculano a dizer, em carta a Varnhagen, que

> o cancioneiro [referia-se ao *CA*] não é escrito em português, isto é, no português falado; mas numa língua *imóvel*, convencional e puramente literária.[8]

Embora este pensamento tenha sido repetido por medievalistas posteriores — e ainda esteja latente em alguns dos atuais — carece ele de qualquer apoio lingüístico.

Ninguém escreve como fala; escreve (ou procura escrever) como os outros escrevem, já advertia Vendryès, que acrescentava:

> as pessoas menos cultas, desde que peguem da pena, têm o sentimento de que usam uma certa linguagem, que não é idêntica à linguagem falada.[9]

E quando se trata de uma língua literária, a distância entre o oral e o escrito há de aumentar forçosamente.

Considerada a língua como um diassistema, e representando a língua literária, como regra geral, o ideal idiomático, só muito raramente ela coincidirá com

---

7 *Atti del Convegno Internazionale sul tema: Gli Atlanti Linguistici* (Problemi e Resultati). Roma: Academia dei Lincei, 1969, p. 227.

8 *Trovas e cantares de um códice do XIV século: ou antes, mui provavelmente, "O livro das cantigas" do conde de Barcellos.* Madrid, 1849, p. 347.

9 *Le Langage. Introduction linguistique à l'histoire.* Paris: Albin Michel, 1950, p. 389.

um dos sistemas parciais do diassistema. Tradicional por definição, a exigir um aprendizado, uma iniciação, a língua literária costuma ser extradiassistemática, exterior a cada um dos subsistemas das diversas áreas do idioma, mesmo os de nível culto. É ela um "sistema em si mesmo", excessivamente codificado, de que podem mais ou menos aproximar-se os registros diatópicos altos, sem, contudo, se lhe ajustarem perfeitamente, pois que a sua característica fundamental é ser supra-regional, melhor dizendo, atópica.[10]

Compreende-se que, na Idade Média, quando a individualidade do artista mais se exercia na variação do transmitido do que na criação integral (para nos valermos de uma feliz comparação de Ernst Robert Curtius), o ideal literário se cifrasse no perfeito domínio da técnica comum: o poeta seria tanto melhor quanto maior virtude canônica revelasse no uso dos processos, conteúdos e formas correntes.[11]

Mas, justamente por isso, as manifestações divergentes dos quadros formalizados valem como testemunhos objetivos de uma realidade e definem o perfil de um escritor.

É o caso de Martin Codax.

A tradição manuscrita

As sete cantigas de Martin Codax foram conservadas por três códices, o Cancioneiro da Vaticana, o Cancioneiro da Biblioteca Nacional de Lisboa (antigo Colocci-Brancuti) e o chamado Pergaminho Vindel.

O texto de V e de B. Nos apógrafos italianos as composições de Codax vêm dispostas entre as de Martin de Giinzo e as de Ayras Páez; em ambos obedecem à mesma seqüência e, se ocupam os números 884 a 890 em *V* e 1278 a 1284 em *B*, tal discordância provém da diferente numeração dos dois manuscritos, que não abarcam idêntico acervo de poemas.

V 884, v. 3:	*B* 1278, v. 3:
cay de[9] se uerra çedo	E ay de[9] se ueira cedo[12]

---

[10] Cf. José Pedro Rona. Relación entre la investigación dialectológica y la ensenanza de la lengua materna, In Pilei, *El Simposio de Cartagena*. Bogotá: Instituto Caro y Cuervo, 1965, p. 334.

[11] Leia-se o que, a propósito, dissemos em *O cancioneiro de Joan Zorro*. Rio de Janeiro: Imprensa Nacional, 1949, p. 3-4.

[12] Reduzido a *cay dus*, no v. 6, e a *cay d's*, nos vv. 9 e 12 de *V*, este refram se enuncia também abreviado, sob a forma *E ay ds*, nos vv. 6, 9 e 12 de *B*.

V 885:

Mandade comigo
ca uen meu amigo
hirey madre uyuo

Comigue mandado
cauen meu amade
hirey

Cauen meu amigo
euen sane uyuo
hirey.

Cauen meu amado
euen uyue senõ
hirei

Cauen sane uyuo
edel rey amigo
hirey

Cauen uyue sano
e del rey priuado
hirey.

B 1279:

Mandadey comigo
Ca uẽ meu amigo
E hirey madre vyuo

Comigue mandado
E uẽ sane vyuo
hirey: ~

Ca uẽ meu amado
E uẽ uyue sano
hi.: ~

Cauẽ sane vyuo
E del Rey amigo
hirey: ~

Cauẽ vyue sano
E del Rey priuado
hirey

V 888, vv. 2 e 5:

creydes comig alo mar deuigo
creydes u^{9}migo ao mar leuado[13]

B 1282, vv. 2 e 5:

Treydes comig a lo mar de vigo
Treydes u^{9}migo ao mar leuado

V 889, v. 13:

Que ouũa amigo

B 1283, v. 13:

Que nũca ouu'a amigo

V 890, v. 5:

Ay (d)õnas q̃ eu uin uirar[14]

B 1284, v. 5:

Ay ondas q̃ eu +

Discordâncias textuais de menor monta apresentam ainda os dois códices.[15]

---

[13] Advirta-se, no entanto, que nos vv. 7 e 10 se lê também *Treydes* em *V*.

[14] O *d*, que colocamos entre parênteses, vem cortado no texto.

[15] Veja-se o aparato crítico das cantigas em nosso *O cancioneiro de Martin Codax*. Rio de Janeiro: Imprensa Nacional, 1956.

O texto do PV. Em 1914, Pedro Vindel, livreiro-antiquário de Madri, chamou a atenção dos estudiosos da primitiva lírica românica[16] para nova cópia das cantigas de Martin Codax, descoberta por ele num rolo membranáceo que servia de capa a um códice trecentista, in-4°, do *De Officiis*, de Cícero. No ano seguinte, auxiliado pelo erudito catedrático da Universidade Central, d. Victor Said Armesto, resolveu o feliz descobridor publicar, em tiragem limitadíssima, a fotogravura da preciosa vaqueta, acompanhada de outras parciais, restauradas nas lacunas do texto, e de interpretação crítica, não muito escrupulosa, das sete cantigas[17].

O pergaminho, que veio a receber — muito justamente — o nome de Vindel, é igual aos que se empregavam nos Privilégios e Forais dos séculos XII e XIII e, não raro, nas transcrições de obras literárias, como a *Crônica Troyana*, as *Crônicas Gerais* e os *Cancioneiros*. Mede 34 centímetros de altura por 46 de largura, ocupando a parte do texto, incluído o vazio do centro, 27x39cm. Escrito por uma ou duas mãos[18], em clara minúscula gótica francesa, a *letra formada*, segundo a terminologia medieval, o manuscrito apresenta os versos dispostos em quatro colunas e, à semelhança dos códices *E*, *T* e *Tol* das *Cantigas de Santa Maria*, a notação musical acompanha a primeira estrofe de cada cantiga, com exceção da VI, de que só há o texto. Identifica-se também o *PV* com os códices das *CSM* — e com o do *CA* — na utilização, por parte do *scriptor*, de tinta preta para o texto continuado, de vermelha para a estrofe em que se contém a notação musical, e de vermelha e azul, alternadamente, para as iniciais maiúsculas.[19]

Se a essas concordâncias entre o *PV* e os códices das *CSM*, que sabemos grafados e iluminados no tempo de Afonso X e de Sancho IV,[20] acrescentarmos outras mais, como o uso das mesmas abreviaturas, a analogia de sistema ortográfico, a

---

[16] D.L. D'Orvenipe, *Las siete canciones de la enamorada, poema musical por Martin Codax*, juglar del siglo XIII, In *AE*, III, p. 27-31.

[17] Martin Codax. *Las siete canciones de amor, poema musical del siglo XII,* publicado... por Pedro Vindel, Madrid, MCMXV.

[18] Diz Vindel (op. cit., p. 7) que "*toda la escritura parece de la misma mano*". Supomos, no entanto, com d. Carolina Michaëlis (*RFE*, II, p. 261) que a última cantiga, aparentemente acréscimo apressado, pode ter sido inserida por outro copista.

[19] Valem-nos, na descrição dessas particularidades, do que afirma Pedro Vindel (*AE*, III, p. 27; *SCA*, p. 7), que pôde apreciá-las no próprio pergaminho. A fotocópia que dele possuímos não nos permite distinguir-lhe as características cromáticas.

[20] Descrição minuciosa dos códices *E* (= *J. b.* 2. da Biblioteca do Escorial), *T* (= *T. j.* 1. da Biblioteca do Escorial) e *Tol* (= n. 10.039 da Biblioteca Nacional de Madrid) das *CSM* encontra-se em *Cantigas de Santa Maria de don Alfonso el Sabio.* Las publica la Real Academia Española, I, Madrid, 1889, p. 33-48. Leia-se também, a propósito, Afonso X, o Sábio, *Cantigas de Santa Maria*, editadas por Walter Mettmann, I. Coimbra: Acta Universitatis Conimbrigensis, 1959, p. VII-XXIV.

igualdade na forma das letras e, principalmente, na disposição do texto musical em pentagramas de *notæ quadratæ*, é lícito concluirmos, com Oviedo y Arce[21], que o nosso manuscrito deve ascender a época muito próxima de 1300. De tal antiguidade, que o faz contemporâneo do movimento trovadoresco, não se pode, no entanto, inferir que represente o original de Codax. É provavelmente cópia direta dele, um rótulo, daqueles que, segundo o pensamento de d. Carolina Michaëlis, "os príncipes mandaram colecionar como matéria-prima dos Cancioneiros Gerais"[22]. E isso se depreende da natureza de certos erros e lacunas que os amanuenses deixaram passar em seu contexto, erros e lacunas, em suma, freqüentes nos apógrafos, como:

a) inversão da ordem dos versos (cf. cantiga III, vv. 7-8 e 10-11, e cantiga VI, 7-8 e 10-11);
b) elisões indevidas (cf. cantiga VI, vv. 8, 11, 13 e 16);
c) manutenção de vogais excrescentes (cf. cantiga II, v. 16, e cantiga III, vv. 5 e 7);
d) omissão de letras e palavras (cf. cantiga II, v. 4; cantiga V, v. 11, e cantiga VII, vv. 7 e 8);
e) interpolação de palavra (cf. cantiga IV, v. 9);
f) substituição de uma forma por outra equivalente (cantiga V, v. 10);
g) falta da notação musical (cantiga VI).

Lacunas há também oriundas de destruição de partes do pergaminho, de esmaecimento da tinta, e de borrões supervenientes.

Vejamos agora os caracteres lingüísticos do texto.

Do ponto de vista ortográfico, o *PV* assemelha-se, como dissemos, aos códices das *CSM* e ao do *CA*. Por outro lado, estrema-se dos apógrafos italianos:

a) em simbolizar por *ll* e *nn* (cf. *nullas*, *ollos*, *bannar*, *manno* e *senneira*) — e, não, por *lh* e *nh* (cf. *nulhas*, *olh*^{9}, *banhar*, *manho* e *senlheyra*, *sẽlheira* ou *senlheira*, grafias de *B* e *V*) — o *l* e o *n* palatais;
b) em não encorpar com *h-* os advérbios *i* e *u*, que transcreve *ý* e *u* e, não, *hy* ou *hi* e *hu*, como *B* e *V*;
c) na falta do apêndice labial do *g*: *[C]omig ei*, em contraste com *Comigue*, de *B* e *V*;
d) no sistemático emprego de *i* pela subjuntiva do ditongo quando a vogal base é *e*, do ý, quando ela é *a* (cf.: *ei*, *irei*, *rei*, *treides*, *senneira*, *aý* e *baýlaua*, forma uma vez grafada *Bailaua*), enquanto *B* e *V* escrevem *y* nos dois casos (*irey*, *baylaua,* etc.).

---

[21] *BAG*, XI, 1916, p. 60, 62 e 70.

[22] *RFE*, II, 1915, p. 261.

Características da escrita do *PV*, que a distinguem da de *B* e *V*, são ainda: o uso de um ponto para indicar o final dos versos (salvo na cantiga VII, onde inexiste qualquer pontuação); a separação vocabular absoluta, mesmo quando há elisão da vogal final de uma palavra, caso em que os apógrafos quinhentistas preferem ligar a palavra elidida à seguinte; e, finalmente, a transcrição integral do refram depois de cada dístico (apenas na cantiga V, vv. 6, 9 e 12, e na cantiga VII, vv. 7-8, algumas palavras dele vêm reduzidas à inicial), o que *B* e *V* geralmente só fazem em relação ao primeiro.

Outras divergências, aparentemente gráficas, que se observam entre a versão do rolo membranáceo e as dos apógrafos italianos, são, em verdade, de ordem fonética ou morfológica, e serão objeto de nossa análise. É o caso das oposições *coidado (PV)* — *cuydado* (*B* e *V*), *gardas (PV)* — *guardas (B e V)*, *senneira (PV)* — *sẽlheira (B)* — *senlheyra* ou *senlheira* (*V*), *me (PV)* — *mi* (*B* e *V*), *mĩ (PV)* — *mi* (*B* e *V*) e *Mia (PV)* — *Mha* (*B* e *V*). Problema da fonética e sintática é a oposição *miraremos las (PV)* — *miraremolas* (*B* e *V*).

Enfim, discordâncias de natureza sintática entre os códices há nos vv. 8 e 13 da cantiga IV. Nos vv. 1 e 4 da cantiga II, a lição *mandade*, de *V*, é erro evidente, pois não ocorre no v. 1 de *B*, que coincide com a boa lição do *PV*: *mandad ei*. Não assistia, pois, razão a Oviedo y Arce[23], que, induzido pela interpretação de T. Braga — *mandad' é*[24] — queria ver, também aí, substancial diferença de construção entre os manuscritos.

De um modo geral, porém, no que concerne à língua, a lição do *PV* é muito superior à dos apógrafos italianos. Não obstante as lacunas e os erros de transcrição que encerra, dá uma idéia mais fiel da língua de Codax, o que vale dizer, na linguagem poética do tempo, ou melhor, de algumas possibilidades afetivas que o galego-português do século XIII colocava à disposição dos que o tinham por idioma.

A descoberta do *PV*[25] privilegiou, pois, no quadro da lírica trovadoresca profana a personalidade de Martin Codax, e nos trouxe uma série de ensinamentos.

---

23 *BAG*, XII, 1917, p. 156.

24 *Cancioneiro portuguez da Vaticana*. Lisboa: Imprensa Nacional, 1878, n. 885.

25 Ao descrever os manuscritos que conservaram as cantigas de Martin Codax, a professora Barbara Spaggiari refere-se à venda e ao destino do *PV* em termos que pedem uma justificação. Baseando-se num trecho da carta enviada por Menéndez Pidal a Silvio Pellegrini, em 18 de maio de 1928, e por este publicado em seu *Repertorio bibliografico della prima lirica portoghese*, a ilustre filóloga conclui que "*il codice sarebbe stato venduto dal figlio di Vindel a un certo Rafael Mitjana, e sarebbe successivamente scomparso alla morte di questi; nonostante le ricerche di Menéndez Pidal, era dunque giá irreperibile prima dello scopio della guerra civile che ha disperso tanta parte del patrimonio manoscritto iberico*" (op. cit, p. 371).

É ele, como dissemos, o exemplo de um rótulo, matéria-prima para copilações maiores, como a dos cancioneiros, que representam o verdadeiro livro medieval.

Além do seu valor musical, deve ser sublinhado o do seu texto poético, que documenta um estágio lingüístico muito mais avançado do que o das *CSM* e do *CA*, bem como o que retratam os apógrafos italianos, dos quais se distancia cerca de dois séculos.

Finalmente, o *PV* deixa claro que o antígrafo de *B* e de *V*, que enfeixou os *rotuli*, sofreu uma normalização lingüística dentro de princípios conservadores de um registro alto.

É o que tentaremos demonstrar.

As edições

Em nosso *Cancioneiro de Martin Codax* tivemos a preocupação de elencar todas as edições anteriores, totais ou parciais, indicando minuciosamente as características de cada uma.

Nestes 25 anos que medeiam entre aquela edição e a presente comunicação, alguns estudos importantes se publicaram sobre a personalidade poética do can-

---

Não foi o filho de Pedro Vindel quem vendeu o códice a d. Rafael de Mitjana — que não pode ser considerado "um certo Rafael Mitjana", dada a sua importância como estudioso e editor de textos poéticos e musicais, inclusive do precioso *Cancioneiro de Upsala* (México: El Colégio de México, 1944). Nem se deve esquecer que foi d. Rafael Mitjana y Gordón (Málaga 1869 — Estocolmo 1921) o autor do verbete "La musique en Espagne — Art religieux et art profane" da *Encyclopédie de la musique et dictionnaire du conservatoire* (Paris, 1920). Sua bibliografia musical consta de vinte títulos, alguns muito importantes.

A história da descoberta e da venda do códice musical está escrita pelo próprio Pedro Vindel no *Registrum peccatorum* — onde anotava, ao lado das compras, as reações, a psicologia dos seus clientes —, registro esse que foi em parte publicado por seu filho Francisco Vindel, sob o pseudônimo PAVL CID NOE (= Paco Vindel), no livro *Pedro Vindel. Historia de una librería* (1865-1921). Madrid, 1945.

Aí se lê o relato do descobrimento do pergaminho, que encapava um manuscrito trecentista (não do século XVII ou XVIII, como diz a professora Barbara Spaggiari. Op. cit., p. 370) do *De officiis* de Cícero, da sua luta para que o códice permanecesse na Espanha e, finalmente, da venda em 1918 a d. Rafael Mitjana.

São palavras do próprio Pedro Vindel: "*En octubre de 1918 me visitó D. Rafael Mitjana, Diplomático español, por entonces con destino en Suecia, interesándose por todo cuanto tratase sobre música, pues dijo estaba haciendo el catálogo de obras existentes de esta disciplina en la Biblioteca de Upsala, y allí deseaban adquirir lo que no tenían sobre esta materia. Me compró en 6.000 pesetas las* Canciones de Amor...; *y así, por 6.000 pesetas, salió de España el documento de más valor histórico-literario de cuantos he poseído*" (op. cit., p. 79-80). As palavras são claras. D. Rafael de Mitjana adquiriu o códice para a Biblioteca de Upsala, onde ainda deve encontrar-se.

tor de Vigo, sendo de ressaltar, pela ressonância que teve, o sugestivo ensaio de Roman Jakobson, escrito em forma de carta a Haroldo de Campos.[26]

Não podemos dizer o mesmo com referência às contribuições para o aperfeiçoamento do texto crítico que apresentamos em 1956, considerado pela crítica especializada, até o aparecimento da edição de Barbara Spaggiari, como exemplar.

Esta a razão por que nos ateremos aqui ao exame da nova proposta crítica que oferece a filóloga italiana.

A edição de Barbara Spaggiari

Em 1980, a professora Barbara Spaggiari enriqueceu a não pequena bibliografia codaciana com duas contribuições relevantes:

a) uma minuciosa análise da estrutura poética das cantigas do jogral galego, com vista a estabelecer uma tipologia das cantigas de amigo paralelísticas[27];

b) uma edição crítica das suas sete cantigas[28], fundada em princípios que merecem uma cuidadosa análise.

Em virtude do limite de tempo imposto a esta comunicação, não nos deteremos em examinar a monografia sobre a organização poética dos textos, digna, a nosso ver, dos maiores encômios. Pretendemos, em outra oportunidade, dedicar-lhe especial atenção.

Já a lição crítica que propõe para as cantigas de Codax não nos parece aceitável pelos motivos que passamos a expor na seqüência a que obedece a sua edição.

A característica fundamental da edição da professora Barbara Spaggiari é a preexcelência concedida às lições dos *Cancioneiros da Vaticana* e *da Biblioteca Nacional de Lisboa* e a marginalização da do *Pergaminho Vindel*, postura exatamente diversa da que adotamos na nossa edição de 1956.

As razões que invoca para tal procedimento crítico são, em resumo, as seguintes:

1ª O *PV*, ao contrário do que afirma Tavani[29], não influenciou na tradição cancioneiresca, não pode ser considerado o antígrafo de *V-B*, nem deve ser colocado nos ramos altos do *stemma*; os cancioneiros quinhentistas e o pergaminho se distribuem por duas ramificações distintas.

---

[26] *Questions de poétique*. Paris: Seuil, 1973, p. 293-298.

[27] *Un esempio di struttura poetica medievale: las cantigas de amigo di Martin Codax*. Separata dos *Arquivos do Centro Cultural Português*, XV, Paris, 1980, p. 749-839. A separata tem numeração própria.

[28] *Il canzioniere di Martin Codax*. Separata dos *Studi Medievali*, 3ª serie, XXI, I, 1980, p. 367-409.

[29] Giuseppe Tavani. *Poesia del duecento nella Penisola Iberica: problemi della lirica galego-portoghese*. Roma: Ateneo, 1969, p. 154.

2ª *V* e *B* pertencem a um mesmo ramo e provêm do mesmo antígrafo; o *PV* constitui um elemento isolado, que conserva apenas cinqüenta por cento da tradição.

3ª À luz dos dados que emergem de uma comparação entre os três manuscritos não há, pois, nenhuma razão objetiva para privilegiar o *PV* como o melhor manuscrito, baseando-se apenas em sua maior antiguidade com relação aos códices italianos.

Este, segundo ela, teria sido o fundamento da preexcelência concedida ao *PV* por nós e, mais recentemente, por Tavani[30].

Sabemos todos que a norma consubstanciada no velho adágio ecdótico *lectio antiquior potior* sofre inúmeras exceções. Mas, em princípio, ela é válida, pois um manuscrito mais antigo tem logicamente mais probabilidade de se aproximar do original ou do arquétipo do que outro mais moderno. Só razões objetivas muito fortes podem alterá-la, e essas, a nosso ver, não foram apresentadas pela ilustre filóloga.

Senão, vejamos.

Grafia e fonética

A professora Barbara Spaggiari nem sempre distingue com nitidez os fatos gráficos dos fonéticos.

Uma preliminar deve ser estabelecida antes de tratarmos dessa questão.

Martin Codax é um poeta galego, e a escrita galega propriamente dita nunca conheceu as grafias provençalizantes *lh* e *nh* para o *l* e o *n* palatais, introduzidas em Portugal depois de 1265.[31] Logo o *PV*, simbolizando esses fonemas com *ll* (*ollos*, *nullas*) e *nn* (*bannar*, *manno*, *senneira*), enquadra-se no sistema ortográfico anterior à reforma portuguesa, adotado também pelos códices ducentistas do *CA* e das *CSM*. O antígrafo dos apógrafos italianos sofreu, pois, uma remodelação gráfica ao incorporar as folhas volantes dos trovadores singulares.

As outras variantes propriamente gráficas — a alternância de ý / *i* e a presença ou omissão do *h* inicial — não são de monta, como bem lembra a professora italiana, embora a falta sistemática do *h-* no *PV* coloque um problema de ordem scriptológica.

---

30 Giuseppe Tavani. "Paralelismo e iterazione. Appunti in margine al criterio di pertinenza". *Cultura Neolatina*, XXXIII, 1973, p. 24.

31 Luis Filipe Lindley Cintra. "Observations sur l'orthographe et la langue de quelques textes non littéraires galiciens-portugais de la seconde moitié du XIIᵉ siècle", in *Les Anciens textes romans non littéraires*. Paris: Klincksieck, 1963, p. 192-194.

Também de caráter secundário é a omissão no *PV* do apêndice labial do *g* de *comigo*, que a professora Barbara Spaggiari equipara ao da queda da semivogal [w] em *garda*.[32]

Não há como comparar o fenômeno de fonética intravocabular, o da perda da semivogal [w] de *guarda*, ao da dupla solução que enseja o encontro intervocabular da vogal final de *comigo* com a da forma verbal *ey*, vale dizer, ou a elisão da primeira vogal, ou a sua ditongação com a seguinte.

A forma *garda*, proveniente de *guarda*, está suficientemente documentada em textos do século XIII e XIV, como mostramos em nossa edição do poeta.[33] A sua freqüência em textos galegos do tempo, como *Os miragres de Santiago*, em que é a forma normal, aconselha-nos a ver nela uma geovariante de Além-Minho, ou mesmo a cronovariante, mais moderna, usada em registros menos formais.

Aliás, é curioso que a professora Barbara Spaggiari, a propósito da forma *quantas* da Cantiga 5 (*B* 1282 — *V* 888 — *P* 5), tenha citado um passo de Oviedo y Arce que se refere exatamente à antiga perda em galego da semivogal de *quando* e *quanto*[34].

Já no encontro intervocabular de *comigo ey*, a vogal final do pronome podia passar a [w], ditongando-se com a vogal seguinte (sinalefa), ou simplesmente perder-se na pronúncia (elisão), conservando o *-u* na grafia como apêndice labial do *g*.

A acreditar na letra dos códices, a sinalefa seria aparentemente rara na linguagem trovadoresca, que, desenganadamente, preferiria a elisão.

Como os fenômenos não são antagônicos, antes a sinalefa deve ser considerada uma etapa para se chegar à elisão, que representa a perda total do fonema, é provável que, na maioria dos casos, coexistissem os dois estágios, sendo a diferença entre a forma ditongada e a elidida apenas de registro, mais culta a primeira, mais popular a segunda.

Mas a interpretação paleográfica dos fenômenos de sinalefa e elisão está a exigir estudos mais acurados já que é profundamente estranho que na área dos encontros interverbiais tenha havido regressões tão violentas, quais sejam as da vogal átona *-o* [u] + vogal tônica *e-* (tipo *dereit'é*, *muyt'é*, *cuyd'é*, etc.) e da vogal átona *e* + *a* átona (em encontro como *dized'amiga*, *sempr'assi*, *viss'andar*, etc.). Encontros esses pronunciados hoje com sinalefa: [direy'twɛ], [muy'twɛ] [kuy'dwɛ], [dizedya'miga], [sẽprya'si], [visyã'dar].

---

[32] *Ed. cit.*, p. 375.

[33] Op. cit., p. 121-122.

[34] "(...) *en la segunda mitad del siglo XIV ya se iniciara la transformación que dió por resultado* cando *y* canto" (Oviedo y Arce, *El genuíno M.C.*, p. 97, cit. por Barbara Spaggiari, op. cit., p. 399).

Cada vez mais nos convencemos de que a omissão na escrita da prepositiva do encontro nem sempre representaria a sua queda real, mas a perda da sua autonomia silábica pela passagem a [w] ou a [y].

Com relação à leitura *comig*[*u*]*ey* do v. 4 da cantiga II (*PV* 2 = *B* 1279 = *V* 885), cabe ponderar ainda o seguinte:

A professora Barbara Spaggiari prefere no caso a lição do *PV*, mas procura justificar a forma *é* por *ey* (*Comigue*) dos apógrafos italianos de uma maneira não convincente:

> si potrebbe interpretare anche come un riduzione della forma è < *ei* < *habeo*, attestata tuttora a livello dialettale; infatti il ditongo *ei* de qualunque provenienza si riduce ad *e* davanti a consonante (mentre si mantiene davanti a vocale) nel Trás-os-Montes, nella Beira-Baixa, e in tutto il Sud; cfr. J. Leite de Vasconcelos. *Esquisse d'une dialectologie portugaise*. Lisboa, 1970, p. 93.[35]

A redução de [ey] a [e] não se dá em final absoluta, como seria o caso da evolução da forma verbal em exame, mas antes de consoante [primero]. Nas próprias áreas em que há tal redução, ouve-se um [y] enfraquecido, quando o ditongo está em final de vocábulo.[36]

Os dois exemplos de *e* por *ey* dos apógrafos italianos são erros óbvios, como está a mostrar a lição concordante *Mandad'ey comigo* no v. 1 de *B* e *PV*.

Diverge a filóloga italiana de nossa leitura fundamentalmente em preferir:

1º as formas concordantes de *V* e *B cuydado*, *guardas*, *mi* e *senlheyra* às documentadas pelo *PV*: *coydado*, *gardas*, *mĩ* e *senheyra*;

2º a leitura *virar*, depreensível do texto de *V*, à *mirar*, lição do *PV*;

3º a lição concordante *miraremolas ondas*, de *V* e *B*, à *miraremos las ondas* do *PV*;

4º forçar uma leitura para o verso 11 da cantiga I não autorizada por nenhum dos manuscritos.

Examinemos cada uma dessas divergências.

1º As formas *coydado* e *gardas* eram já no século XIII as preferidas na região de Além-Minho, como documentam exuberantemente os textos galegos em prosa, mencionados no glossário de nossa edição[37].

Já a coexistência de *senlheyra* e *senheyra* nos textos medievais pede um comentário mais desenvolvido.

---

[35] Op. cit., p. 396.

[36] J. Leite de Vasconcelos. *Esquisse d'une dialectologie portugaise*. 2. ed. Lisboa: Centro de Estudos Filológicos, 1970, p. 93.

[37] Op. cit., p. 109-112 e 120-123.

Senlheyra é forma anterior a *senheyra*, mais próxima, por conseguinte, do latim *sing(u)laria*, e os medievalistas não são concordes em explicar a área de emprego de cada uma.

D. Carolina Michaëlis de Vasconcelos considerava *senheyra* forma portuguesa, e *senlheyra*, peculiar à Galiza, opinião radicalmente contrária à de Oviedo y Arce, que tinha *senlheyra* por um lusismo.[38]

Uma cuidadosa análise dos textos medievais escritos nas duas bandas do Minho mostra a inconsistência de ambas as afirmações e nos aconselha a buscar outras razões para explicar a concorrência das duas formas.

Se se comprova com facilidade o predomínio de *senlheyra* sobre *senheyra* em textos galego-portugueses medievais, neles não se verifica a mesma supremacia de *senlhos(-as)* sobre *senhos(-as)*. Pelo contrário. As *Cantigas de Santa Maria* — que só abonam *senlleiro* (cant. 131, 189, 281, *passim*), *senlleira* (cant. 43, 78, 90 e 100, *passim*), *senlleros* (cant. 243) e *senleiro* (cant. 65, forma que talvez se deva emendar para *senlleiro*, como aconselha a variante do códice toledano) — trazem *senllos* e *senllas* (cant. 294), mas também *sennas* (Advert., v. 27). Cortesão colheu apenas *senlheyros* (ou *senlheiros*) nos *Inéditos de Alcobaça*, onde, no entanto, encontrou *senhas* (*Subsídios*, s.v. *Sénhos*), e não *senlhas*, como distributivo. *Senhos* e *senhas* são as formas que documenta o *Graal* (cf. Magne, *Graal-Gloss.*, s.v.). Nos *Textos arcaicos*, publicados por Leite de Vasconcelos, há *senhas* e *senhos*, em uma lei do século XIII; e *senllas*, num título de emprazamento do século XIV (cf. p. 36, 37 e 110). A versão ducentista do *Fuero Real* de Afonso X atesta somente *senhas* e *senos* (= *seños*, p. 91). Ora, a predominância de *senhos* e *senhas* sobre as formas com *lh* e, também, a ocorrência quase que exclusiva de *unha* (<*unlha* < *ung(u)la*), em textos do século XIII, evidenciam que, por esse tempo, já se completara a evolução *-nlh-*> *-nh-*. A língua viva da época devia servir-se unicamente das formas mais modernas, que, por vulgares, eram não raro evitadas na prosa dos clérigos e dos notários e na arcaizante linguagem poética. De emprego mais raro que o distributivo, o adjetivo conservaria melhor, na língua escrita, a forma tradicional, mas na língua corrente seria emitido, como aquele, com a palatal nasalizada. O texto do *Pergaminho Vindel* parece-nos precioso no particular. *Senheyra* está, pois, no mesmo caso de *ergas* e *gardas*. Era um vulgarismo na linguagem trovadoresca, talvez normal na jogralesca, mas certamente a forma viva da palavra ao tempo e como ainda se conserva na Galiza.

Estas as razões que alegamos em 1956.[39] Hoje admitiríamos que as duas formas poderiam conviver na própria língua oral, pertencendo *senlheyra* à norma

---

[38] Id., ibid., p. 166.

[39] Op. cit., p. 167.

culta, a um registro mais alto que *senheyra*, embora esta, com o tempo, viesse a predominar.

Quanto à lição *mĩ* do *PV* em contraste com *mi* dos apógrafos italianos, acolhemo-la em nossa edição não apenas por ser a letra clara do nosso manuscrito de base, mas porque era a forma nasalizada a mais freqüente no final dos versos trovadorescos, mesmo em rima com *i* oral, fato já observado por dona Carolina Michaëlis de Vasconcelos[40] e, depois do que dissemos em *O Cancioneiro de Joan Zorro*[41], reconhecido também por Rodrigues Lapa[42].

2º Todos os que trabalhamos no campo movediço e aliciante da ecdótica, cedo aprendemos que *lectio difficilior potior*, mas é preciso dominar a tentação de forçar a *lectio difficilior* onde ela não existe.

É o que faz a professora Barbara Spaggiari, na sua faina de justificar, pela ancianidade de certas formas, a versão concordante *V-B* contra a do *PV.* Ora ela aceita *lectiones faciliores* dos códices italianos, como *senlheyra* e *guardas*, ora procura convencer-nos, com exemplos dicionarizados que nada provam, de que a boa lição para o verso 5 da cantiga VII (*PV* 7 = *B* 1284 = *V* 890) não é *mirar*, como se lê claramente no *PV*, mas *virar*, leitura depreendida de *V* e que não tem o respaldo de *B*, lacunoso neste passo. Situando-se a palavra em seu contexto, vemos que *mirar* funciona aí como alternante sinonímico de *veer*:

Ay ondas, que eu vin *veer*,	Ay ondas, que eu vin *mirar*,
se me saberedes dizer	se me saberedes contar
porque tarda meu amigo	porque tarda meu amigo
sen min?	sen min?

Nada, pois, mais normal numa paralelística. Para substituir esta lição esperada, e avalizada pelo *PV*, seria essencial um argumento de peso, que não foi apresentado. Ao revés, outras razões ponderáveis, além da de ferir a estruturação típica das paralelísticas, militam contra a leitura proposta.

Em primeiro lugar, o próprio *usus scribendi* de Codax. *Mirar* e não *virar* as ondas é o que também nos diz no refram da cantiga III (*PV* 3 = *B* 1280 = *V* 886).

E miraremos las ondas.

Em segundo lugar, a lição de *V* não é claramente *uirar*, pois falta ao *i* o seu pingo, que, no códice, aparece sobreposto à vogal em questão nas demais palavras

---

40 Glossário do *Cancioneiro da Ajuda*. *Revista Lusitana*, XXIII, 1920, p. 56.

41 Op. cit., p. 7-20.

42 *Cuadernos de Estudios Gallegos*, IX, 1954, p. 14.

da cantiga que a possuem: *uin*, *mi*, *dizer*, *amigo*. Finalmente, erros paleográficos do tipo *ui* por *m*, e vice-versa, *nu* por *mi* ou *im*, *m* por *in* são comuns nos apógrafos italianos, como podem atestar todos os que estão habituados a com eles lidar. Constam até da *Tavola dei principali errori che si osservano nella scrittura del codice*, Appendice II de *Il canzoniere portoghese della Biblioteca Vaticana* messo a stampa da Ernesto Monaci. Halle, Niemeyer, 1875, p. XXVII-XXVIII e XXX. Em síntese: como nem ao menos ficou provada a possibilidade de uma alternância sinonímica de *virar* com *veer*, não há porque aceitar a *lectio difficilior* sugerida pela estudiosa italiana.

3º A assimilação do *-s* de formas verbais ao *l-* de *lo* e *la*, artigo ou pronome, e o seu conseqüente desaparecimento já se documentam nos começos do idioma. Na linguagem poética, entretanto, mantenedora da tradição, a consoante final permaneceu mais tempo, e do fato há provas sobejas não só nas paralelísticas, mas nas cantigas de textura erudita. Se no verso 8 da cantiga V (*PV* 5 = *B* 1282 = *V* 888) os três manuscritos oferecem a mesma lição:

e veeremo'lo meu amigo,

no refram da cantiga III (*PV* 3 = *B* 1280 = V 886), as lições discordantes:

E miraremos las ondas (*PV*)
E miraremo' las ondas (*B*, *V*)

podem ser consideradas adiáforas, embora a do *PV* represente, no caso, um estágio lingüístico mais antigo.

4º O *PV* apresenta uma lição mais coerente das cantigas e metricamente muito mais satisfatória.

Assim o corpo da cantiga I (*PV* 1 = *B* 1278 = *V* 884) é constituído de hexassílabos graves e o refram, de um heptassílabo, também grave.

Ora, o verso 11, do quarto dístico, na lição concordante de *B* e *V*, é um heptassílabo:

o por que ey gran cuydado?

Desnecessário ao sentido e metricamente excrescente, o pronome *o* aparece nos códices quinhentistas sem dúvida por influência do verso 8:

O por que eu sospiro?

paralelo natural dele e presente no espírito dos escribas. A lição de *B* e *V* é, pois, a *lectio facilior*.

O *PV* omite o pronome e oferece a lição que nos parece perfeita:

por que ey gran coydado?

A professora Barbara Spaggiari, para manter o pronome de *B-V*, elimina o adjetivo *gran*, lição concordante dos três códices.

Martin Codax é um excelente poeta, que não obedece rigorosamente às leis do paralelismo. Em nossa edição quisemos mostrar isso. Apenas em dois casos — na cantiga III, versos 7-8 e 10-11, e na cantiga VI, versos 7-8 e 10-11 —, levando em conta a rigidez da concatenação dos dísticos nas paralelísticas, alteramos a ordem apresentada no *PV* para a que seria normal, e estava documentada nas lições de *B* e *V*.

Eugenio Asensio[43], na substanciosa crítica ao nosso trabalho, sugeriu que melhor seria deixar como estavam mais estas infringências de Codax aos cânones formais do paralelismo.

Hoje temos nossas dúvidas sobre se agimos mal ou bem.

Sintetizando, para concluir:

A professora Barbara Spaggiari apresentou uma proposta de edição crítica de caráter conservador, com base na lição de *B* e, principalmente, na de *V*.

Como esses códices, tardios no geral, representam um estágio lingüístico mais antigo do que o do *PV*, manuscrito contemporâneo dos trovadores, temos de admitir que o seu antígrafo recebeu, ao incorporar os rótulos dos trovadores singulares, uma violenta normalização pelos padrões cultos tradicionais com o que se neutralizaram muitas formas, eliminando-se a maioria dos efeitos das variáveis inerentes a qualquer língua, os quais só uma sistemática análise filológica, precedida de minuciosos estudos scriptológicos e codicológicos, deixará um dia perceber. Então poderemos talvez ter uma maior segurança na fixação dos textos críticos da poesia trovadoresca.

Mas para isso sempre haverá de concorrer a feliz descoberta de Pedro Vindel, que, se de um lado trouxe luzes, de outro levantou novos problemas no permanente *in fieri* da nossa ciência, a filologia, no dizer de Cesare Segre, sempre eminentemente, fascinantemente problemática.

Ainda bem.

---

[43] *RFE*, XLI, 1957, p. 429-434.

3
Uma carta de Joaquim de Vasconcelos sobre o *Cancioneiro da Ajuda**

O Códice manuscrito n. 3.419 da Bibliothèque Sainte-Geneviève, de Paris[1], contém, entre documentos autógrafos e apógrafos pertencentes ao acervo de Ferdinand Denis, uma carta datada de 12 de maio de 1878, na qual Joaquim de Vasconcelos fornece ao prestigioso lusófilo francês uma série de informações sobre o *Cancioneiro da Ajuda* e a edição crítica do códice que sua mulher, dona Carolina Michaëlis de Vasconcelos, trazia então praticamente terminada.

A carta, escrita numa folha de papel almaço sem pauta, hoje dividida,[2] ocupa o retro e o verso das fls. 93 e 94 do mencionado Códice n. 3.419. Cada uma mede 37x26,50cm. O texto termina abruptamente em meio de uma palavra, faltando-lhe assim a parte final, que conteria a assinatura do autor. A identificação deste não traz, porém, maiores dificuldades: para os entendidos, o conteúdo da carta é suficientemente esclarecedor; para os que não o são, a existência, entre os papéis de Ferdinand Denis, de outra carta de Joaquim de Vasconcelos[3], esta completa, facilita, pelo confronto da letra, a atribuição de autoria.

---

* Publicado originalmente no *Boletim de Filologia*, 28:317-327. Lisboa: Centro de Lingüística da Universidade de Lisboa, 1983.

1 Cf. *Catalogue des manuscrits de la Bibliothèque Sainte-Geneviève*, Suplément par Charles Kohler, administrateur de la Bibliothèque. Paris: Typographie Plon-Nourit et Cie — Rue Garancière, 8, 1913 (in-fol.) Lettres et notices diverses, provenant des papiers de M. Ferdinand Denis et en majeure partie à lui adressées — Autographes et copies. Com relação ao n. 31 (fl. 93), diz: "*Lettre de M.... à M. Ferdinand Denis, sur le Cancioneiro d'Ajuda; Porto, 12 mai 1878. La fin de la lettre manque.*"

2 Não devia sê-lo quando do envio, pois Joaquim de Vasconcelos, ao se referir em nota a *folhas inteiras*, dá como exemplo a que está usando: "*J'entends par feuilles entières une feuille, comme celle-ci, de 4 pages* (lado a lado)."

3 Veja-se o seu texto publicado em apêndice.

O interesse da carta em exame reside principalmente em dois pontos:

1º na descrição que faz das 16 miniaturas do códice, especialmente no que se refere aos instrumentos musicais nelas representados;[4]

2º no estado em que se encontrava, naquela data, a edição que do seu texto literário preparava d. Carolina Michaëlis de Vasconcelos.

Quanto ao segundo ponto, afirma Joaquim de Vasconcelos que a edição crítica do *CA* elaborada por d. Carolina devia entrar no prelo dentro de mais ou menos 15 dias.

Como seria tal edição?

Esclarece o missivista que era "uma edição crítica com uma introdução bastante extensa, numerosas notas, fac-símiles, etc.". Das suas informações conclui-se também que d. Carolina teve um trabalho imenso em reordenar as folhas do códice, eliminando as numerosas transposições que passaram despercebidas a Carlos Stuart e Francisco Adolfo Varnhagen.

Evidentemente tal edição em nada se pareceria com a monumental publicação aparecida 26 anos depois.

Ouçamos a respeito o que diz dona Carolina na Advertência preliminar do volume I do *Cancioneiro da Ajuda*, datada do Porto, fevereiro de 1904:

> A obra que — finalmente — vou dar a lume foi planeada e iniciada ha mais de um quarto de século no próprio dia em que, hóspeda ainda em tudo quanto se refere á língua, á literatura e á civilização do Portugal antigo, abri pela primeira vez, na Biblioteca da Ajuda, o códice vetusto e venerando que encerra os monumentos primevos da arte lírica peninsular.
>
> Meses felizes e saudosos (de Maio a Setembro de 1877) gastei na empresa de decifrar e copiar, com paixão e paciência, essas pájinas seis vezes seculares.[5]

A darmos crédito no que afirma Joaquim de Vasconcelos, exatamente um ano depois de ter folheado pela primeira vez o códice da Ajuda, dona Carolina já teria a edição crítica concluída.

Mas é ela própria quem o contradiz, pois assim continua a sua exposição de 1904:

> A ideia tomou corpo quando, por ocasião do Centenário de Camões, o mais vasto dos Cancioneiros galego-portugueses começou a espalhar luz sôbre as cantigas anónimas do fragmento membranáceo. Então permutei cartas e troquei

---

4 A descrição que aí faz Joaquim de Vasconcelos, especialista na história da música, é o que melhor se escreveu sobre a importância das miniaturas do *CA*.

5 *Cancioneiro da Ajuda*. Edição crítica e commentada por Carolina Michäelis de Vasconcelos, v. 1. Halle: Max Niemeyer, 1904, p. V.

impressões com o ilustre sábio ao qual devemos as edições diplomáticas fundamentaes dos dois apógrafos que se conservam na Itália[6].

Quer dizer: a idéia só tomou realmente corpo em 1880, depois da publicação da edição parcial do *Cancioneiro Colocci-Brancuti* por Enrico Molteni[7], que completava, dentro da mesma rigorosa transcrição diplomática, a do *Cancioneiro da Vaticana*, do seu mestre Ernesto Monaci[8].

Passam-se os anos, acumulam-se os materiais, iluminados por pesquisas que se estendem, infatigavelmente, por novas áreas. E dessa investigação filológica exemplar temos este sóbrio e eloqüente depoimento, que devia ser lido e meditado pelos que, hoje, tão afoita e pressurosamente, editam textos medievais:

> Anos decorreram — muito além dos clássicos nove do poeta — sem que pudesse realizá-lo [o que prometia num prospecto distribuído em 1880], dando por concluídos os indispensáveis trabalhos preparatórios, tanto no campo lingüístico e literário como no da história política e da civilização neolatina. Quanto maior número de factos apurava, tantos mais problemas surjiam, reclamando soluções. Versos, á primeira vista muito sinjelos, reveladores de verdades desconhecidas, exijiam comentários extensos. Nomes próprios, aparentemente sem grande significação, referiam-se a personajens de vulto, obrigando a indagar a sua vida e os seus feitos. Obras novas, nacionais e estranjeiras, fizeram mudar de aspecto mais de uma vez fenómenos galego-portugueses, sobre os quaes derramavam luz.
>
> Para apresentar a primeira época da literatura portuguesa com cores vivas, na plenitude das suas manifestações artísticas, determinando as orijens da canção de amor, dos dizeres de *escarnho* e dos lindos cantares de amigo, e deslindando com acerto o influcso da civilização francesa, tive de restituir o texto, em parte deturpadíssimo, não só das 310 composições, de que consta o códice membranáceo, mas o de todas as mil e tantas, de cento e tantos autores de diversas nacionalidades, que constituem o *Cancioneiro Jeral* peninsular da idade-média.
>
> Compreende-se que não pudesse terminar rapidamente a empresa[9].

Notícias se renovavam da próxima publicação da obra, feitas por personalidades respeitáveis: Teófilo Braga, em 1881; o marquês de Valmar, em 1889. Mas o

---

6 Id., ibid.

7 *Il canzoniere portoghese Colocci-Brancuti*, publicato nelle parti che completano il codice vaticano 4803. Halle: Max Niemeyer, 1880.

8 *Il canzoniere portoghese della Biblioteca Vaticana*. Halle: Max Niemeyer, 1875.

9 Op. cit., p. V-VI.

apuramento continuava. E só em 1895 começou a impressão do volume I, e em 1900 o do II.

Restaria uma indagação final.

Por que dona Carolina não entregou para a impressão, em maio de 1878, os originais de sua leitura crítica do *Cancioneiro da Ajuda*?

A nosso ver, o fato explica-se pela descoberta, justamente nesse ano, do *Cancioneiro Colocci-Brancuti*. Carteando-se com Ernesto Monaci, por ele seria informada da riqueza do novo códice; e, imediatamente, se teria dado conta da importância que o conhecimento de suas variantes assumia para maior segurança textual da edição crítica que preparava.

Com a publicação do *CCB* em 1880, as suas previsões concretizaram-se. Começou então a arrepender-se de não haver organizado, preliminarmente, uma edição diplomática do *CA* para fazer corpo com as dos apógrafos italianos. Com base nos textos dos três códices, fielmente reproduzidos, poderia seguir um caminho mais ambicioso e empreender a edição crítica de todo o Cancioneiro Galego-Português.[10]

Porém já era tarde. A edição crítica do *CA* foi desde o início uma obra destinada a ser um permanente *in fieri*, mas que à sua autora parecia sempre às vésperas de concluir-se. E devemos agradecer-lhe essa ansiada busca de precisão, porque foi ela que lhe permitiu levantar à lírica medieval galego-portuguesa esse monumento até hoje insuperado. E permitiu-lhe também legar-nos o plano do que não pôde realizar, plano que está à espera de alguém que junte saber e garra para executá-lo.

Feitas estas considerações, passamos a transcrever diplomaticamente a carta de Joaquim de Vasconcelos. Eis o seu texto:

> *Monsieur,*
>
> *Porto, 12 Mai 1878.*
>
> *Je mets aujourd'hui à la poste les fac-similes du* Cancioneiro da Ajuda *et vous prie d'excuser le retard de l'envoi; mais je n'ai pu faire autrement pour répondre avec exactitude à votre demande. J'ai dû recourir à mes notes que j'ai tirées à Ajuda. Madame a dû aussi fouiller ses manuscripts car elle est sur le point de publier chez M*r*. Niemeyer (libraire de Halle qui a édité le* Cancioneiro da Vaticana) *une nouvelle édition du dit* Canc.ro d'Ajuda, *une édition* critique *avec une Introduction assez étendue, des notes nombreuses, des fac-similes etc.; les éditions d'ailleurs très-méritables de Lord Stuart et de M*r*. de Varnhagen ne pouvant se soutenir aujourd'hui en face de la critique. Il suffit de vous dire que ces*

---

[10] Id., ibid., p. VII.

Messieurs ne se sont pas aperçus des nombreuses transpositions de feuilles du codex d'Ajuda, du manque de feuilles, d'aucune des centaines de notes et corrections *marginales de trois siècles différents (assez difficiles à lire, il est vrai) etc. etc. Presque tout est à refaire et Madame a eu une peine immense à préparer son manuscript qui entrera sous presse dans quinze jours, tant-au plus.*

Le codex a été peut-être écrit par un espagnol, car on trouve dans le texte une quantité considérable d'erreurs: hispanismes, *qui n'admettent point d'autre explication. La lettre et plus encore les miniatures accusent la première moitié du XIV siècle (1320-1340). Je vais jusqu'à affirmer que le codex appartient à l'époque du roi Alphonse X, le Sage, car le style des miniatures accuse une certaine affinité avec celles du* Libro del juego de las tablas[1] *qui a été écrit à Seville sur l'ordre d'Alphonse X éra de 1321 (1283). C'est le même style pour le dessin, le même caractère des figures, le même costume. Les personnages (il y en a presque toujours trois: le maître et deux disciples nobles, l'un d'eux parte une couronne figure Pl-A, homme et femme) sont disposés par groupes sous des arcades gothiques (l'arc en est toujours ou de trois ou de cinq lobes) comme dans le* Libro del juego; *seulement le codex d'Ajuda ne présente qu'*une seule *arcade en tête de chaque nouvelle division des poésies de chaque troubadour, au lieu d'une série d'arcades occupant toute la largeur de la feuille, comme dans le* Libro del juego. *L'encadrement architectonique appartient par le style au commencement du XIV siècle; on y trouve encore les traces de l'influence romane telles qu'on les voit sur les monuments*[2].

Le codex d'Ajuda a seize *miniatures (vignettes) de 10-12 centim. carrés. Les artistes (le* scriptor *aussi bien que le* pictor *qui ont été dans ce cas probablement une même personne) n'ont pas achevé leur tâche; aucune des seize miniatures n'a été tout-à-fait finie. Elles devaient être d'ailleurs bien plus nombreuses, car on voit dans le codex une quantité d'espaces (têtes de divisions) qui auraient dû être comblés par des vignettes, et d'autres espaces plus petits qui étaient destinés à des lettres richement ornées. L'artiste n'en a aussi executé que quelques unes (un trait, sans ombres ni couleurs) c'est-à-dire autant qu'il y a des vignettes*[3].

Outre ces grandes lettres ornées placées immediatement sous les vignettes il y a quatre cathégories[4] *de lettres majuscules de différente grandeur*[5] *à une et à deux couleurs (rouge et bleu).*

---

1 V. Rada y Delgado. *Museo de español de antigüedades, v. III — 225 avec fac-simile.* On peut signaler la même ressemblance dans l'écriture (gothique monachale).

2 Op. cit., *passim.*

3 Voy. Pl. A lettre ornée de la vignette 1.

Vol. Pl. B lettre ornée de la vignette 2.

4 Au commencement des Cantigas, Estribillos, Voltas, et Estrophes.

5 Voy. Pl. C.

La notation musicale — hélas! fait défaut partout. Aucune note, aucun signe musical. On n'y voit que des espaces en blanc pour la portée. La notation aurait été celle des temps d'Alphonse X. Les mélodies des troubadours espagnols et provençaux se ressemblent tout comme la poésie de ces deux littératures. Leur notation est tout-à-fait identique à celle des trouveurs français; le caractère même de l'écriture et le style des initiales in[d]iquent une même origine. Le savant W. Ambros[6] *qui constate ce fait cite à propos de la musique des chansons d'Alphonse X ce passage de Estevan de Terreros: "Por ellas se vé, que el ayre y gusto de aquellas tonadas y canciones es el mismo que dura hasta oy (son livre a paru en 1738) en los Paysanos de Galicia y Portugal"* (Paleografia Española, *p. 81*).

Je ne connais pas assez la Galicie et nos provinces du Nord pour confirmer ce fait aujourd'hui.

Le codex est fort bien écrit[7]*. Quelques unes des vignettes seraient fort belles si elles étaient finies. Les draperies surtout sont quelques fois d'une exécution très-soignées. Vous remarquerez le maintien gracieux et les poses élégantes des figures (p. ex. de la dame de la fig.* n *Planche A). Les traits de la physiognomie ne sont qu'indiqués; on n'y trouve rien de national si ce n'est la fig g Pl. A. Vous apercevrez dans l'encadrement architectonique des essais de perspective (voy. la toiture de l'espèce de basilique dans la partie supérieure de l'encadrent. vign. 1 Pl. A).*

Les instruments de musique representés sur les vignettes sont de six espèces; vous les voyez tous sur la Pl. A:

1°) Instruments de percussion:
- *espèce de* pandeiro..... *fig. 6*[*]
- tambour .... *lettre P de la vignette 1.*

2°) Instruments à cordes pincées:
= *différents espèces de* psalteria .... *fig.* b. *avec le* plectrum
fig. c.d.e. *sans le"*

3°) Instruments à cordes tirées:
– *l'ancienne guitarre*[8] .... *fig.* f.g.
– *l'ancienne harpe* .... *fig.* k.1.

---

6 *Geschichte der Musik. Breslau, 1864. II-233. M. I. Flores Laguna a publié une étude très-intéressante sur les anciennes notations espagnoles.* Cuadro sinoptico-historico musical. Madrid, 1862. 8° 38 p. de texte et un grand tableau. L'exemple 34 de ce tableau présente une partie de la 1re Cántiga de Alphonse le Sage (Loor de Santa Maria). Un autre exemple dans Ambros, op. cit., II–233.

7 Les fac-similes donnés par Mr. de V. sont très-mal réussis.

* O 6 é provável engano. Devia ser a.

8 *Probablement la* Cithara hispana *du Pe Mersenne Harmonicum* Instrumentum Libri IV. Lutetiae Parisior. 1636 fol. Lib. I-27.

4°) *Instruments à cordes posées:*
—*Vielle à archet* .... *fig.* h.i.j.
5°) *Instrument inconnu (espèce de castagnette?)* .... *fig.* m.n.

La guitarre *ainsi que la* vielle *présentent quelques différences (les* psalteria *avaient des formes très-variées) mais la plupart représentent plutôt les caprices du* pictor *que des variétés de construction d'une même espèce. Ils se souciaient en général peu des détails*[9].

La vielle à archet était l'instrument favorit des troubadours pour l'accompagnement. En Portugal ils s'accompagnaient encore en 1367 de la symphonie *(vielle à manivelle) d'après ce qu'en dit un passage très curieux de la* Chronique de Bertrand du Gueschi[10] *par Cuvelier, trouvère du XIV siècle.*

Je vous ai déjà dit au commencement que le Codex d'Ajuda est incomplet. Et Madame a trouvé qu'il n'y manquent pas moins de 76 ou 80 feuilles entières[11] *reparties par 31 lacunes, dont* cinq *représentent des cahiers entiers de 16 pag. chacun e[t]* vingt-six *des manques d'une ou plusieurs feuilles. Le codex est donc incomplet de plus de moitié. Les feuilles éparses qui existaient à Evora ont été transportées à Ajuda, mais elles ne remplissent que* deux *des lacunes principales. On dit encore comme au temps de Mr. de V. qu'il existent d'autres feuilles éparses à Coimbra. Madame a trouvé que* sept *des lacunes existaient déjà avant que le volume fût relié (en Italie, selon le style des ornements pareils à ceux des reliures italiennes du XVI siècle); toutes les autres lacunes sont l'oeuvre de quelque bibliomane ignorant.*

Il faut que je vous dise que la numération des vignettes telles que je l'ai faire sur la Pl. A n'est pas celle du Codex; *d'ailleurs celle-ci est très-embarassée à cause des lacunes que je viens de signaler; ni Lord Stuart ni Mr. de Varnhagen, ni Mr. Th. Braga (qui étant à deux pas d'Ajuda, à Lisbonne, ne s'est jamais donné la peine d'aller une seule fois à Ajuda et ne parle du Codex que d'après l'édition défectueuse de Mr. de V., même dans sa dernière édition critique du* Cancioneiro da Vaticana, *Lisbonne, 1878. 8º gr. Impr. nationale) se sont donnés la peine de remettre les feuilles en ordre et de vérifier exactement les lacunes du Codex. Le* Nobiliario *relié dans le même volume avec le* Cancioneiro *est d'une autre main; Mr. de V. s'est trompé en l'attribuant au même* scriptor. *Il est moins bien écrit et n'a aucune vignette, ni grande lettre ornée. Vous saurez peut-être que le* Nobiliario *est encore plus mutilé que le* Cancioneiro. *L'édition du* Portugalliae Monumenta *pourrait être plus soignée.*

---

9 V.A. Vidal, *Les Instruments à archet.* Paris, 1876. I, p. 30, 33.

10 Publiée par E. Charrière. Paris, 1839, 2 v. V. I-354, citée apud Vidal. I-21 et 22.

11 *J'entends par feuilles entières une feuille, comme celle-ci, de 4 pages* (lado a lado).

Voilà un petit extrait des travaux de Madame; je n'ai fait à Ajuda qu'étudier les miniatures sous le point de vue de l'histoire de la musique. Si vous désirez d'autres renseignements, veuillez m'en préciser la nature. Je pourrais vous fournir p. ex. deux ou trois pages seulement au sujet des lacunes et leur distribution, d'autres pages sur les notes marginales etc. etc.

Revenant à votre lettre du 9 Avril je dois vous dire que les ms. de Hollanda existent bien à Madrid (Bibl. de l'Académia de S. Fernando) et à l'Escorial. M^r. Tubino en parle longement dans le Museo español (*Vol. VII 1876 p. 493-527 avec 2 fac-similes*). *M^r.* Crujada *Villaamil a déjà signalé le ms. de l'Escorial en 1863* (El Arte en España *vol. II p. 113*) *et en a reproduit des dessins et le frontispice. Voyez aussi l'*Academia *de M^r. Tubino 1er vol. Le ms. de l'Academia de S. Fernando est bien celui que Monsenhor Gordo a vu et copié pour l'Acad. r. des Sc. de Lisbonne* (Dialogos *etc.*). *Celui de l'Escorial se compose de dessins de monuments d'Italie. Celui d'Ajuda (N° 3* Da Fabrica que falece, *autogr.*) *a aussi été copié pour l'Acad. de Lisbonne par Marrocos. C'est celui que je vais pu-*

Apêndice

Monsieur

Porto, le 5 Juin 1876.

J'ai à vous donner une bien triste nouvelle: M[r]*. Innocencio da Silva est mort il y a quelques jours à Lisbonne d'une phtisie; il était malade depuis deux mois à peu près et on ne conservait aucune espérance de le sauver. La mort est une perte sensible pour nos lettres; c'était un travailleur acharné et savant bibliographe; ses jugements litéraires étaient malheureusement faits le plus souvent de parti pris surtout en ce qui regarde la jeune école qui de son côté ne le menagait non plus, il faut le dire. Je suis d'autant plus faché de vous apprendre cette nouvelle que je sais que M*[r]*. Silva était en train de publier votre biographie détaillée. J'en ai vu le premier article dans le journal* Artes e Lettras, *1874 n° 5 pag. 76-78 orné de votre portrait pas trop ressemblant. Ce journal est mort aussi il y a quelques mois à la suite d'une faillite des éditeurs; ce n'est rien de perdu; si vous voulez en savoir d'avantage veuillez relire ma biographie du C*[te]*. de Raezysiski, pag. 34 et notes.*

Je tiens à vous dire, au sujet de votre biographie, que je serais charmé de vous rendre le service que M[r]*. Innocencio avait pris à sa change; je choisirai le meilleur journal, le plus sérieux, um qui soit digne d'une pareille distinction. D'après les paroles de M*[r]*. Inncio dans son premier article je vois que vous lui avez fourni des notes inédites, des faits qui ne se trouvent pas dans les livres — c'est bien précieux. Voulez vous en faire autruit* pour moi? En tout cas je sais bien ou trouver les éléments épars si vous dites: non; en outre j'ai sur M*[r]*. Inn*[cio]* l'avantage de vous avoir connu, de vous avoir vu chez vous, au milieu de vos** livres, de vos** manuscripts, de vos souvenirs; j'ai le souvenir de bien de choses intéressantes que j'ai entendues chez vous; je ferai votre portrait un peu mieux que dans les* Artes e Lettras, *pas en bois, mais taillé sur le vif. L'idée de faire votre biographie m'était venu depuis que je vous ai connu et soyez en sur que je la ferai malgré tout.*

Voilà une autre nouvelle qui va surprendre M[r]*. de Varnhagen; son édition du Montoya devient inutile en face du travail annoncé sur la page imprimé ci-jointe.*

Maintenant, Adieu; celle-ci c'est ma première lettre pour l'étranger depuis mon arrivée il y a quinze jours. Nous vous saluons tous les deux cordialement.

Joaquim de Vasconcelos

---

* (No original não consta a nota.)

** Nos dois casos está *vous*.

4
Significância e movência na poesia trovadoresca*

Para Elsa Gonçalves, sábia, discreta e, sobretudo, amiga.

L'écriture demeure et stagne; la voix foisonne. L'une s'appartient et se conserve; l'autre s'épanche et se détruit. La première convainc; la seconde appelle. L'écriture capitalise ce que la voix dissipe; elle élève des remparts contre la mouvance de l'autre. Dans son espace clos, elle comprime le temps, le lamine, le force à s'étirer en direction du passé et de l'avenir: du paradis perdu, et de l'utopie.

Paul Zumthor

L'operazione filologica é un atto eminentemente e fascinosamente problematico.

Cesare Segre

Un expérimentateur qui voit son idée confirmée par une expérience, doit douter encore...

Claude Bernard

Polissemia e sentido literal

Edição pressupõe interpretação. Daí ser (ou dever ser) o objetivo primeiro de quem edita uma obra o esclarecimento satisfatório da crucial questão pertinente a todo texto literário — a sua polissemia.

---

* Uma primeira versão deste texto foi publicada com o título "Problemas e falsos problemas dos textos medievais galego-portugueses", nas *Atas* do VII Encontro nacional de professores universitários brasileiros de literatura portuguesa, Belo Horizonte, 1979, p. 75-82. Posteriormente, o texto foi apresentado com alterações na Sessão Plenária do I Congresso Internacional da Língua Galego-Portuguesa na Galiza, realizado em Ourense entre 23 e 27 de setembro de 1984, com o título: "Problemas da editoração de textos galego-portugueses da Idade Média". A versão que ora publicamos, saída no Rio de Janeiro: Tempo Brasileiro, 1985 (Coleção *Diagrama*; n. 12), representa uma visão mais completa da questão central de que se ocupou Celso Cunha durante toda a sua vida, qual seja, a edição de textos medievais, na qual os dois textos anteriores constituem apenas uma das partes.

Nenhum filólogo digno deste nome teve jamais dúvida sobre o caráter polissêmico das obras literárias que estudou e editou. Principalmente os filólogos medievalistas, habituados a conviver não só com a ambigüidade dos textos religiosos e profanos, mas também com a doutrina dos tratados de retórica e poética em que essa ambigüidade é a todos os momentos ressaltada.

Infelizmente, de uma maneira geral, temos de reconhecer que são poucos os estudiosos da lírica trovadoresca de Galiza e Portugal — e menos ainda os editores de seus textos — que se valem dos ensinamentos das retóricas e poéticas medievais, razão por que esta e outras questões importantes sugeridas por eles costumam ficar sem resposta.

Num mundo de religiosidade intensa, a permanente convivência com os "quatro sentidos" das Escrituras já predisporia os eruditos a exegeses diversificadas dos textos profanos.

No Tratado II de *Il Convivio*, ao comentar a Canção Primeira, declara Dante que a interpretação deve ser literal e alegórica e que toda obra pode entender-se em quatro sentidos. O primeiro chama-se *literal*, e é aquele que não vai além da letra das palavras fictícias, como são "*le favole de li poeti*". O segundo, denominado *alegórico*, esconde-se sob o "*manto di queste favole*", e é uma verdade envolta em bela mentira, como no passo das *Metamorfoses* (XI, 1) em que Ovídio diz que Orfeu, com a sua cítara, amansava as feras e movia as árvores e as pedras, passo que, alegoricamente, significa que "o homem sábio, com o instrumento da sua voz, consegue abrandar e humilhar os cruéis corações e reger à sua vontade aqueles que não participam da vida de ciência e de arte, pois os que não têm nenhuma vida intelectual são como pedras".[1] Reconhece Dante que os teólogos interpretariam o episódio de Orfeu em outro sentido, mas a ele interessa, no caso, apenas o alegórico dos poetas.[2]

Ao terceiro sentido, o *moral* para o tratadista, outros preferem chamar *tropológico*. É o que os leitores devem procurar descobrir nas obras com vista à utilidade de costumes, a um determinado comportamento. Serve-lhe de exemplo o relato do Evangelho da transfiguração de Cristo, quando Ele se dirige ao Monte acompanhado somente de Pedro, João e Tiago o Maior, aqueles discípulos em que "*fè più carezza*", como diz na *Divina comédia* (*Parad.*, XXV, 33). Conclui Dante que, moralmente, do entendimento deste passo decorre que nas coisas secretíssimas devemos ter pequena companhia, ou, por outras palavras, que nelas a poucos cabe o acesso.

---

1 *Il Convivio*. Ridotto a miglior lezione e commentato da G. Busnelli e G. Vandelli, con introduzione di Michele Barbi. V. I, 2. ed. Firenze: Felice Le Monnier, 1954, p. 97-98.

2 Id., ibid., p. 98-99.

O quarto sentido, a que se dá o nome de *anagógico*, o que vale dizer *supra-sentido*, é aquele que atribuímos à interpretação espiritual. Dante admite para as Escrituras um sentido literal verdadeiro, o que nega à poesia, em que o sentido literal já é "*menzogna*", coisa *ficta* pelo poeta. Ao lado deste, as Escrituras comportam um supra-sentido para as coisas divinas, "*le superne cose de l'etternal gloria*". E ele ilustra-o com o Salmo 113, no qual diz o Profeta que, com a saída do povo israelita do Egito, a Judéia se tornou santa e livre. Isto, que representa a verdade histórica segundo a letra do texto bíblico, não é menos verdadeiro quando se interpreta espiritualmente, ou seja que, desvinculada do pecado, a alma ficou santa e livre em sua potestade.

Depois de dissertar sobre os quatro sentidos passíveis de assumir um determinado texto, Dante conclui que, preliminar e necessariamente, temos de estabelecer o sentido literal, pois nele estão latentes os demais. Sem esclarecê-lo, acrescenta, "seria impossível e irracional entender os outros, principalmente o alegórico. E impossível porque, se em cada coisa há dentro e fora, não se pode chegar dentro sem vir de fora".[3]

É provável que Dante, assim como outros escritores da Baixa Idade Média, tenha assimilado tais distinções do ensinamento dos continuadores de Orígenes, o fundador da exegese bíblica, que via nas Escrituras três sentidos: *o literal* (ou *gramático-histórico*), o *moral* (ou *trópico*) e o *místico* (ou *pneumático*).

Seria, pois, desnecessário alongarmo-nos com largas citações de *Las Leys d'Amors*, a *Summa* do saber e do fazer poético dos trovadores occitânicos, ou de outros tratados medievais que estudam não só os tipos de ambigüidade, mas também os enfoques semânticos de um mesmo texto.

Entre os trovadores occitânicos, como se sabe, distinguiam-se três maneiras de *trobar*: *trobar leu*, *trobar ric* e *trobar clus*, formas que se podem documentar, sem maiores dificuldades, nas cantigas dos trovadores peninsulares[4].

Do hermetismo dos textos em *trobar clus* dá-nos testemunho um dos seus mais exímios cultores, o trovador Marcabru, que nos diz na canção *Per savi. l tenc ses doptanssa*:

Per savi. l tenc ses doptanssa
Cel qui de mon chant devina

---

[3] Id., ibid., p. 100. Em seu comentário a este passo do tratadista, G. Busnelli e G. Vandelli escrevem: "*nella poesia volgare, concepita a quel modo che l'intende Dante nel* Convivio, *il senso letterale non esprime altro che la favola poetica, la rappresentazione imaginaria, il manto fittizio del vero. La verità fittizia non è la prima intesa dal poeta, ma si la verità seconda, nascosta sotto quella bella menzogna, ond'è coperta e sotto cui va ricercata*" (Op. cit., p. 242).

[4] Lembre-se que a característica fundamental da cantiga d'escarnho era o de ser construída sobre o equívoco e de permitir duas interpretações, como expressamente declara a "Arte de trovar" do *CBN*.

So que chascus motz declina,
Si cum la razos despleia,
Qu'ieu mezeis sui en erranssa
D'esclarzir paraul' escura.[5]

ou, traduzindo:

Eu tenho por sagaz, sem nenhuma dúvida, aquele que em meu canto adivinhe o que cada palavra significa, de que maneira o tema se desenvolve, porque eu mesmo sou capaz de errar no esclarecer uma palavra obscura.

Na área da "langue d'oïl" o mesmo se observava. Marie de France apóia-se em Prisciano para mostrar que o gosto da obscuridade tinha raízes antigas. Leiam-se estes versos do Prólogo dos *Lais*:

Custume fu as ancïens,
Ceo testimoine Precïens,
Es livres ke jadis feseient,
Assez oscurement diseient
Pur ceus ki a venir esteient

E ki aprendre les deveient,
K'i peüssent gloser la lettre
E de lur sen le surplus mettre.[6]

A mesma preocupação de advertir o leitor sobre os sentidos profundos do texto ocorre nos poetas da Península Ibérica, não importando o conteúdo das mensagens, como é o caso de Berceo[7] e do Arcipreste de Hita.[8]

---

5 *Poésies complètes du troubadour Marcabru*. Publiées avec tradution, notes et glossaire par le Dr. J.-M.-L. Dejeanne. Toulouse: Privat, 1909, p. 178.

6 *Les Lais de Marie de France*. Publiés par Jean Rychner. Paris: Champion, 1971, p. 1.

7 Cf. *Milagros de Nuestra Señora*. Edición y notas de A.G. Solalinde. 3. ed. Madrid: Espasa-Calpe, 1944, p. 5.

"Sennores e amigos, lo que dicho avemos,
Palabra es oscura, esponerla queremos:
Tolgamos la corteza, al meollo entremos,
Prendamos lo de dentro, lo de fuera dessemos."
(Estr. 16)

8 Cf. *Libro de Buen Amor*. Edición crítica por Manuel Criado de Val y Eric W. Naylor. Madrid: C.S.I.C., 1965, p. 552:

"que sobre cada fabla se entyende otra cosa,
syn la que se a-lega en -la Rason fermosa."
(Ms. S, estr. 1631)

Em estudo agudíssimo sobre Juan Ruiz, escreve Leo Spitzer:

> Assim como o mundo sempre novo e em eterna renovação é, entretanto, somente a glosa do texto escrito um dia por Deus na Bíblia, assim também o livro humano, cópia do divino, há de ser mutável em sua interpretação: a glosa do leitor pertence igualmente ao texto da obra poética, tal como a vida terrestre de todas as criaturas pertence ao mundo criado por Deus. O texto original contém todos os possíveis sentidos e interpretações posteriores: contar com esses sentidos e interpretações significa compreender a ambigüidade polimórfica do mundo e sua ubérrima força vital em perpétuo e deleitoso desenvolvimento.[9]

Essa ambigüidade polimórfica está patente ainda na poesia dos trovadores, que foram, em seu tempo, verdadeiros malabaristas da expressão verbalizada.

Roger Dragonetti acentua, com razão, que, "no poeta cortês, há o saltimbanco e o mágico capazes de suscitar todas as maravilhas que dormem nas palavras"[10] e que o seu texto costuma derrogar "a regra de interpretação fundada sobre o referente do real ou do vivido"[11].

A polissemia é, pois, como temos insistido, inerente ao texto poético de qualquer época. E ninguém o disse melhor que Paul Valéry nestas breves palavras:

> *Mes vers ont le sens qu'on leur prête. Celui que je leur donne ne s'ajuste qu'à moi, et n'est opposable à personne. C'est une erreur contraire à la nature de la poésie, et qui lui serait même mortelle, que de prétendre qu'à tout poème correspond un sens véritable, unique, et conforme ou identique à quelque pensée de l'auteur.*[12]

À vista do exposto, foi naturalmente um tanto surpresos que filólogos e críticos forrados de cultura humanística, como o apolíneo Marcel Bataillon[13], leram no livro *Pourquoi la nouvelle critique*[14], de Serge Doubrovsky, a afirmação de que o sentido literal das obras-primas do passado francês era "*chose acquise, connue, trop connue, rebattue*" e que urgia superar este estágio com uma pesquisa sistemática dos sentidos mais ocultos.

---

[9] *Lingüística e historia literaria*. Madrid: Gredos, 1955, p. 122-123.

[10] *Le Gai savoir dans la rhéthorique courtoise: Flamenca et Joufroi de Poitiers*. Paris: Seuil, 1982, p. 18.

[11] Id., ibid., p. 24.

[12] Commentaires des *Charmes*. In *Oeuvres*, I, Paris: Gallimard (Pléiade), 1957, p. 1509.

[13] Cf. *Défense et illustration du sens littéral*. The Presidential Address of the Modern Humanities Research Association. London: Modern Humanities Research Association, 1967, p. 2.

[14] *Pourquoi la nouvelle critique*. *Critique et objectivité*. Paris: Mercure de France, 1966, p. 46.

Escritas estas palavras numa hora em que, acesa, corria a polêmica entre Roland Barthes e Raymond Picard, passou-se a atribuir à Nouvelle Critique francesa a descoberta da polissemia do texto literário e, conseqüentemente, o reconhecimento da legitimidade de qualquer interpretação ou leitura por ele sugerida.

Tal atitude crítica teve imediato reflexo no ensino da literatura, que deixou de perseguir o objetivo de "formar o gosto" do educando, como ainda pretendia Eliot[15], e tornou-se um trampolim para exercícios de lingüística, de semiologia, de psicanálise, etc.

Resumindo. Ao filólogo cabe, preliminarmente, procurar estabelecer o sentido literal, sabendo-o rico em suas potencialidades, porque é ele que vai conduzi-lo na fixação de um texto que tenha maiores probabilidades de se avizinhar do pensar e do sentir do autor no momento da eclosão artística.

Daí a importância do conhecimento aprofundado por parte do editor da cultura da época em que se situa o autor escolhido. Só esse conhecimento lhe permitirá estabelecer as fontes diretas da obra e os casos de intertextualidade ocorrentes, de relevância óbvia para se alcançar aquele sentido.

Um exemplo apenas.

Muitos críticos e historiadores da literatura medieval têm louvado — e merecidamente — o sirventês em que Paay Gómez Charinho compara as inconstâncias do comportamento do rei de Castela e de León, possivelmente Sancho IV, com as flutuações do mar, cujo texto é o seguinte:

De quantas cousas eno mundo son,
non vej' eu ben qual pod' en semelhar
al Rey de Castela e de León
se [non] ũa qual vos direy: o mar!
O mar semelha muyt' aqueste Rey,
e d' aqui en deante vos direy
en quaes cousas, segundo razon:

O mar dá muyt' e creede que non
se pod' o mundo sen el governar,
e pode muyt', e [á] tal coraçon
que o non pode ren apoderar.
Des i ar [é] temudo, que non sey
quen no non tema; e contar-vos-ey
ainda mays, e judga[de]-m' enton.

[15] *Sulla poesie e sui poeti*, trad. ital. Milano, 1960, p. 128s.

Eno mar cabe quant' i quer caber,
e mantén muytos, e outros i á
que x' ar quebranta e que faz morrer
enxerdados; e outros á que dá
grandes erdades e muyt' outro ben.
E tod' esto que vos conto avén
al Rey, se o souberdes conhocer.

Da mansedume vos quero dizer
do mar: non á cont', e nunca será
bravo nen sanhudo, se lh' o fazer
outro non fezer; e sofrer-vos-á
tôdalas cousas; mays, se en desdén
ou per ventur' algun louco o ten,
con gran tormenta o fará morrer.

E estas manhas, segund'o meu sen,
que o mar á, á el-Rey, e por én
se semelhan quen no ben entender.
(*CA* 256)

Alguns, porém, como Costa Pimpão, se exageram ao ver aí uma "assombrosa metáfora" do trovador,[16] porque tal comparação era na época um *topus*, que foi até incorporado ao código das *Sete partidas* do rei d. Afonso o Sábio, onde, depois de se declarar:

> Pusierõ los sabios antiguos, semejança de la mar, a la corte del Rey: ca bien assi, como la mar es larga, e grãde, e cerca toda la tierra, e ay pescados de muchas naturas, otrosi la corte del Rey, deue ser en espacio, para caber e sofrir, e dar recabdo, a todas las cosas, que a ella vinieren, de qualquier natura que sean[17],

estabelece-se minuciosamente uma série de paralelos semelhantes aos apontados pelo trovador de Pontevedra.

---

[16] Cf. *História da literatura portuguesa*: Idade Média. 2. ed. Coimbra, 1959, p. 120.

[17] *Las siete partidas del sabio Rey don Afonso el nono, nueuamente glosadas por el Licenciado Gregorio Lopez del Consejo Real de Indias de su Magestad*. Salamanca: Andrea de Portonaris, Impressor de Su Magestad, 1555. Segunda Partida, título IX, ley XXVIII, fl. 29 *r.* e *v.* É justo se ressalte que Henry R. Lang já havia apontado esta fonte de Charinho em *Old Portuguese Sea Lyrics*. Extrait de *Revue Hispanique*, 77: 187-200, especialmente p. 196-198. New York/Paris, 1929.

A "assombrosa metáfora", que via Costa Pimpão, confunde-se, no caso, com o sentido literal, já que por *literal* — ainda uma vez o repetimos — não se deve entender o sentido ingênuo, primário, puramente sintagmático que as palavras do texto podem oferecer. Ele já é coisa *ficta*, produto do *fingimento* dos poetas, como diziam os críticos dos séculos XVI e XVII e como voltou a dizer, em nossos dias, Fernando Pessoa.

Assim também, quando, nas cantigas de Pero Môogo, vemos o cervo representar sempre o "namorado", o "amigo", não estamos diante de um sentido alegórico, mas literal, pois era o esperado pelos leitores e ouvintes da época. Foi o que bem sentiu Méndez Ferrín, ao escrever:

> Ao noso xuicio parez evidente que na mente do autor, e seguramente na dos seus auditores medievás, o cervo era un trasunto do namorado, ou un animal intencionalmente identificado coil, de xeito que cada vegada que o cervo se nomea a presencia do amado fica suxerida ou lembrada.[18]

Em sua edição do trovador, Méndez Ferrín estuda largamente o cervo como símbolo erótico, masculino e feminino, procurando chegar às origens de tal simbolismo. Enumera e discute as contribuições anteriores para o seu aclaramento: entre outras, a de Eugênio Asensio, para quem "o cervo, símbolo fálico, pertence à mais típica herança do paganismo hispânico"[19] ; a de Filgueira Valverde, que sugere a influência do Salmo 41:

> Quemadmodum desiderat cerva rivos aquarum,
> ita desiderat anima mea te, Deus;[20]

e a de Luciana Stegagno Picchio, que vê aí uma presença clara da poesia hebraica, documentada não só no Velho Testamento mas também nas carjas moçárabes, a exemplo de uma do poeta hispano-judeu Yosef ibn Saddiq, que transcrevemos na tradução espanhola de J.M. Sola-Solé:

---

[18] Cf. *O cancioneiro de Pero Meogo.* Vigo: Galaxia, 1966, p. 63.

[19] Eugenio Asensio. *Poética y realidad en el cancionero peninsular de la Edad Media*, 2. ed. Madrid: Gredos, p. 52.

[20] *Nuevo salterio latino-español* por el R.P. Juan Prado, Redentorista. Madrid: Edit. El Perpetuo Socorro, 1948, p. 235. Filgueira Valverde, em *A paisaxe no Cancioneiro da Vaticana* (Cruña: Nos, 1927), cita o Salmo 41 pela antiga versão do Saltério, a que vigorava quando escreveu seu livrinho.

Un día a su puerta acecha un cervatillo y golpea con cierta violencia. Desde la habitación en donde ella estaba, levantó la voz y, apoyandose en su madre, (dijo): "no puedo contenerme..."[21]

Méndez Ferrín não relaciona, porém, entre as fontes desse motivo literário e iconográfico tão vulgarizado na Idade Média e no Renascimento, uma fundamental: o episódio da *Eneida* (IV, 66-73) em que Virgílio compara o ardor da paixão amorosa de Dido a vagar enlouquecida pelas ruas de Cartago ao sofrimento da cerva, ferida de morte pela flecha do pastor, a correr desorientada através dos bosques de Creta.

Ou com suas palavras:

......................est mollis flamma medulas
interea et tacitum vivit sub pectore volnus.
Uritur infelix Dido totaque vagatur
urbe furens, qualis coniecta cerva sagitta,
quam procul incautam nemora inter Cresia fixit
pastor agens telis liquit que volatile ferrum
nescius: illa fuga silvas saltusque peragrat
Dictaeos, haeret lateri letalis harundo.[22]

que podem ser assim traduzidas:

Branda chama devora suas entranhas, e sob o peito vive a silenciosa chaga. Arde a infeliz Dido e vagueia enlouquecida por toda a cidade, assim como a cerva, alcançada de longe pela flecha do pastor que a perseguia através dos bosques de Creta, traz consigo, sem que ele o saiba, o ferro alado. Em sua fuga, ela percorre as selvas e os montes dicteus, mas em seu flanco leva cravado o arpão letal.

O motivo do cervo flechado que busca a fonte onde possa dessedentar-se ou morrer é um dos preferidos da iconografia medieval. Freqüentemente o animal vem figurado com uma erva na boca — vã esperança de cura, como se diz na costumeira legenda *malum immedicabile*, "mal incurável", porque mal de amante.

---

21 *Corpus de poesia mozárabe*, Barcelona: Hispam, 1973, p. 252. Luciana Stegagno Picchio cita a carja pela tradução francesa de Stern. Cf. *Le Poesie d'amore di Vidal, giudeo di Elvas*. Separata de *Cultura Neolatina* 22, 1962, p. 21; reproduzido em *A lição do texto* (*Filologia e literatura. I — Idade Média*). Lisboa: Edições 70, 1979, p. 82.

22 Cita-se pela edição crítica de Remigio Sabbadini. *P. Vergili Maronis Opera*. V. II: *Aeneis*. Impressio altera. Roma: Regia Officina Polygraphica, 1937, p. 107.

O halo erótico que marca a intervenção do cervo na lírica dos trovadores galego-portugueses — e que se revela particularmente intenso na poesia de Pero Môogo — continua a envolvê-lo nas formas peninsulares tradicionais, cultivadas por Garcilaso, Camões, San Juan de la Cruz e tantos outros. Provém ele essencialmente da conexão de três fontes: a pena de amor da *Eneida*,[23] a sede de Deus do Salmo 41 e a poesia erótica hebraica, que continua nas carjas hebraico-andaluzas, onde o cervo já se identifica com o amante.

Mas o cancioneiro de Pero Môogo permitiria também, dentro do diassistema simbólico medieval, uma interpretação alegórica e mesmo anagógica, na qual o cervo figuraria o Cristo e a enamorada a alma, que, depois de superar empecilhos vários para liberar-se dos pecados, purificada com a água, acaba por atender ao seu apelo. O irresistível bramar, rouco e selvagem, do cervo a chamar uma companheira tem sido comparado, desde tempos antigos, ao Cristo a invocar a alma-esposa,[24] e a alma-esposa a buscá-lo. "O cervo simboliza tanto o *Esposo-divino*, sempre pronto e infatigável no encalço das almas, suas esposas, como a própria alma em busca da fonte divina onde se desalterar."[25]

A movência

Outro pressuposto que, associado ao aspecto polissêmico, deve estar presente no espírito do editor de um texto medieval é a sua movência (*mouvance*).

Um dos maiores progressos nos estudos literários nesses últimos anos, com reflexos diretos no processo editorial, deve-se ao refinamento dos conceitos de *mouvance* e de crítica genética, que implicam uma visão *in fieri* da obra.

É certo que os resultados mais eloqüentes de tais enfoques e da metodologia que eles pressupõem se referem a obras contemporâneas pela existência de fases pré-textuais, por vezes abundantes[26], e pela criação, em França, de um órgão oficial e especializado, o Institut des Textes et Manuscrits Modernes, ligado ao CNRS e dirigido pela competência do professor Louis Hay. Mas, se raros são os exemplos de obras medievais que permitem um objetivo estudo genético pela angus-

---

[23] Leia-se, a propósito, María Rosa Lida. Transmisión y recreación de temas grecolatinos en la poesía lírica española. *Revista de Filología Hispánica*, 1: 20-63, especialmente p. 31-52. Buenos Aires/New York, 1939.

[24] Veja-se Jean Chevalier-Alain Gheerbrant. *Dictionnaire de symboles*. Edition revue et augmentée. Paris: Robert Laffont/Jupiter, 1982, p. 198. *Esposa* está aí no sentido etimológico de "a prometida", "a noiva".

[25] Id., ibid.

[26] É o caso, por exemplo, da obra de Marcel Proust e, principalmente, de Émile Zola.

tiosa carência de textos autógrafos, em particular dos que conteriam momentos anteriores da versão ou versões conservadas, a movência lhes é inerente.

"*Le texte bouge*", diz Paul Zumthor.[27] E, pelo menos, dois fatores concorreriam para isso: *a*) a indiferença dos escritores medievais pela propriedade e pela originalidade da obra, que estimavam ver alterada ou acrescida, como, entre outros, declara o Arcipreste de Hita[28] ; *b*) a transmissão oral, com a "falsa reiterabilidade"[29] que a caracteriza.

Esse permanente fazer-se da obra medieval naturalmente subiria de ponto na poesia trovadoresca, difundida sob a forma cantada, com *performances* distintas, em que acréscimos, supressões, banalizações se iriam avolumando de realização em realização.

A literatura oral circula através de intérpretes (no nosso caso os jograis), o que a estrema da poesia escrita e a aproxima da função social do teatro. E esse fato reveste importância capital antes da descoberta da imprensa e numa época em que era reduzidíssimo o número dos que sabiam ler e escrever. Daí a relevância cultural dos notários na sociedade medieva e, conseqüentemente, na literatura do tempo. Deles se exigia o domínio da língua latina e da vulgar e, também, a capacidade de ler traduzindo de uma para outra.[30] Entre os tabeliães poetas, como Giacomo da Lentini, certamente não faria má figura o nosso Pero Môogo, que tudo faz crer tenha sido um deles.

"O texto oral exige uma interpretação, que é também movente."[31] De uma maneira geral, porém, os estudiosos da lírica trovadoresca, presos à letra dos cancioneiros, tratam-na como uma poesia escrita. A própria advertência — aliás óbvia — que costumam fazer de que nela música e letra estavam interligadas não lhes tem permitido tirar maiores ilações.

E, no entanto, durante os 150 anos de sua produção, esta poesia viveu cantada. É justo supor que nesse longo período as variações crescessem. Mas, num

---

[27] Cf. Intertextualité et mouvance. *Littérature*, 41:12. Paris, 1981.

[28] Cf. op. cit., p. 552:

> *"qual quier omne que -lo oya, sy byen trobar sopiere,*
> *mas ay añadir E emendar si quisiere,*
> *ande de mano em mano a -quien quier quel pydiere,*
> *como pella a -las dueñas, tomelo quien podiere."*
> (*Ms. S, estr. 1629*)

[29] Veja-se Paul Zumthor. *Introduction à la poésie orale*. Paris, 1983.

[30] Antonino Pagliaro. Lingua parlata e lingua scritta. *Bollettino del Centro di Studi Filologici e Linguistici Siciliani*, 11: 7-47, especialmente p. 25-26. Palermo, 1970.

[31] Paul Zumthor. *Introduction à la poésie orale*, p. 259.

dado momento da sua história, entre a segunda metade do século XIII e a primeira do século seguinte, ela começa a ser coligida. Os compiladores valem-se de *rotuli* de poetas singulares, como o de Codax, mas também da tradição oral, o que se comprova do caráter fragmentário de alguns poemas e do estado precário em que outros foram recolhidos[32]. E, como ainda hoje, a *mise en archive* — por escrito ou por registro eletrônico — fixa em dado momento uma determinada *performance* de uma canção, também na poesia trovadoresca a sua recolha nos cancioneiros fez parar o fluxo recreativo de cada cantiga.

Do que foi dito decorre que, nos textos conservados dos trovadores galego-portugueses, devemos ver não somente a existência de *variantes*, atribuíveis aos copistas, mas, principalmente, de *variação*, provocada por *performances* diversas de uma poesia que se difundiu durante um século e meio sob a forma cantada.

Numa cultura oral há, necessariamente, um desenvolvimento maior das faculdades da memória, o que constitui uma força conservadora da coesão do texto, mas essa força centrípeta é sempre contrabalançada, e mesmo superada, pelas inovações introduzidas por cada realização. Sirva de exemplo a acentuada corruptela poligenética dos chamados "cancioneiros de mão" dos séculos XVI e XVII, quase sempre transcritos de memória.

A variação, efeito do recriar, do inovar permanente das cantigas trovadorescas, corresponde a uma diversidade na ordenação horizontal do texto, cujo eixo vertical é o *modelo*, "virtualidade que manifesta o funcionamento da tradição"[33]. Não se torna fácil, pois, elaborar uma edição em que se configurem com nitidez os espaços produzidos pelos eixos da movência e do modelo.

Uma tentativa animadora nesse sentido representa a edição das canções de Jaufré Rudel por Rupert T. Pickens.[34]

Ao contrário dos outros editores da obra do gentil-homem de Blaia — Alfred Jeanroy, Ernesto Monaci, Mario Casella e Salvatore Battaglia,[35] que procuraram

---

[32] Um bom testemunho desse tipo de recolha é a afirmação do compilador que encima as lacunosas cantigas de Vidal, judeu de Elvas:

> "Estas duas cantigas fez hũu judeu d'Elvas, que avia nome Vidal, por amor d'ũa judia dessa vila que avia nome Dona. E pero que é ben que o ben que home faz se non perça, mandamo-lo screver; e non sabemus mays d'ela[s] mays de duas cobras, a primeyra cobra de cada hũa."
>
> (*CBN* 1605 — *CV* 1138)

[33] Massimo Bonafin. In *Medioevo Romanzo*, 9 (1): 121. Bologna, 1984.

[34] *The songs of Jaufré Rudel*. Edited by Rupert T. Pickens. Toronto: Pontifical Institute of Mediaeval Studies, 1978.

[35] Vejam-se: *Les Chansons de Jaufré Rudel*. Editées par Alfred Jeanroy. 2ème édition revue. Paris: Champion, 1924; Ernesto Monaci. *Trovatori provenzali: Jaufre Rudel*. Roma, 1903 (Testi romanzi

apresentar o texto das canções sob uma forma única tida por autêntica —, Pickens abandona o conceito de autenticidade, que estaria condicionado a uma rigorosa reconstrução textual lachmanniana, e reconhece a existência de várias famílias de manuscritos, cada uma capaz de fornecer um determinado tipo coerente de lição. Assim: *a*) a Canção I (*Quan lo rossinhols el folhos*) apresenta estados de movência que permitem o estabelecimento de três versões diversas, uma de cinco estrofes e duas de seis, além de duas variantes destas, uma de quatro e outra de cinco estrofes; *b*) a Canção II (*Quan los rius de la fontana*) admite cinco versões diferentes, oscilantes entre cinco e seis estrofes, e quatro lições mais, uma em dependência da primeira e três em relação com a segunda; *c*) a Canção V (*Lanquan li jorn lonc en may*) oferece nove versões e mais duas variantes possíveis, dispostas em seqüência de quatro a sete estrofes. E a essa oscilação estrófica deve acrescer-se uma movência no verso e, principalmente, na expressão lingüística.

É claro que uma edição nesta base só pode ser feita quando existe um satisfatório número de manuscritos com lições divergentes. A obra de Jaufré Rudel, por exemplo, foi conservada por 16 cancioneiros medievais e algumas cópias renascentistas.[36]

A tradição manuscrita da poesia dos trovadores galego-portugueses é, porém, muito pobre em número de códices, sendo que dois deles, o *CBN* e o *CV*, derivam provavelmente de um mesmo antígrafo, donde serem em geral mínimas as divergências que apresentam nos textos comuns.[37] O *CA* distingue-se dos códices italianos quanto a certos aspectos gráficos, particularmente no que se refere à transcrição das palatais [ʎ] e [ɲ], mas deles também não se estrema de modo sensível quanto à forma poético-lingüística[38]. Resta, pois, como elemento de valor contrastivo o *Pergaminho Vindel*, cujas lições, se comparadas às do *CBN-CV*, principalmente no que concerne a cronovariantes e a geovariantes (e talvez a registros),

---

per uso delle scuole); Jaufre Rudel. *Liriche a cura di M. Casella*. Firenze, 1946; Jaufre Rudel e Bernardo di Ventadorn. *Liriche*. Napoli: Speculum, 1949. Em verdade, só a de Jeanroy pode ser considerada uma edição crítica; as demais são antes edições escolares.

36 Cf. Rupert T. Pickens. Op. cit., p. 44-49.

37 Leia-se o que dizemos adiante com relação ao *stemma codicum* proposto por Giuseppe Tavani e as ponderações de Jean-Marie d'Heur e Anna Ferrari. Sobre as variantes dos dois códices, veja-se Jole Ruggieri. Le varianti del canzoniere portoghese Colocci-Brancuti nelle parti comuni al Codice Vaticano 4803. *Archivum Romanicum*, 11: 459-510. Genève, 1927.

38 Quanto às relações do *CA* com o *CBN* e o *CV*, leia-se Carolina Michaëlis de Vasconcelos. *Cancioneiro da Ajuda*. Edição crítica e commentada. V. II. Halle: Max Niemeyer, 1904, p. 180-226.

permitem elaborar uma edição com dois estágios de movência, o que pretendemos deixar claro na nova redação que estamos dando ao nosso *Cancioneiro de Martin Codax*[39].

Edições de compilações e de autores singulares

Uma edição crítica reconstrutiva é o coroamento de um paciente trabalho de aproximação do original. Com relação aos textos medievais de poetas singulares, esse trabalho "será gravemente incompleto se não for precedido de um conhecimento mais aprofundado do caráter e do significado histórico das compilações" que os conservaram. E isso se aplica "não só à lírica, mas também aos outros gêneros como a poesia épica, a poesia didático-religiosa, satírica e burlesca, e até a tratadística em prosa"[40].

As compilações (miscelâneas, antologias ou "summae") eram, por excelência, o livro medieval. Conhecê-las nas características de sua articulação e de sua estrutura fundamental é o caminho mais aconselhável para se saber das técnicas editoriais da época, do funcionamento dos *scriptoria*, da correlação entre os manuscritos, tudo a subsidiar dados codicológicos básicos para as edições críticas de autores individuais. Cite-se em abono do que acabamos de dizer a magistral monografia de Anna Ferrari: *Formazione e struttura del Canzoniere Portoghese della Biblioteca Nazionale de Lisbona* (Cod. 10991: *Colocci-Brancuti*); *premesse codicologiche alla critica del testo (materiali e note problematiche)*[41]. Esperamos para breve um trabalho similar sobre o *Cancioneiro da Ajuda*, elaborado pela professora Maria Ana Ramos.

Desde o século passado, os estudiosos da lírica trovadoresca de Galiza e Portugal deram-se conta da importância de publicar em sua integridade os códices que a conservaram. E isso naturalmente sem prejuízo da publicação de autores isolados. Recordem-se, a propósito, as edições do *CA* de Carlos Stuart[42], de Francisco

---

39 Aí discutiremos a questão de estarmos diante de duas tradições ou de uma só. Na última hipótese teremos de reconhecer que o texto do *PV* foi reescrito na base de um registro alto para alcançar a forma por que se apresenta no *CBN-CV.*

40 Veja-se D'Arco Silvio Avalle. La critica testuale. In *Grundriss der romanischen Literaturen des Mittelalters.* V. I. Heidelberg: Carl Winter, 1972, p. 546.

41 Separata especial do v. XIV dos *Arquivos do Centro Cultural Português.* Paris: Fondation Calouste Gulbenkian, 1979.

42 *Fragmentos de um cancioneiro inedito que se acha na Livraria do Colegio dos Nobres de Lisboa.* Impresso à custa de Carlos Stuart, sócio da Academia Real de Lisboa. Em Paris, no Paço de Sua Magestade Brittanica, MDCCCXXIII.

Adolfo Varnhagen[43], de Carolina Michaëlis de Vasconcelos[44] e de Henry H. Carter[45]; as do *CV* de Ernesto Monaci[46], de Teófilo Braga[47] e de Luís Filipe Lindley Cintra[48]; as do *CBN* de Enrico Molteni (parcial)[49], de Elza Pacheco Machado e José Pedro Machado[50], e de Lindley Cintra, de que saiu até agora apenas o primeiro volume, que contém o fac-símile do códice[51].

Evidentemente, a forma adequada para a edição de códices desta natureza é a fac-similar, que nos apresenta o livro medieval em sua concreta realidade. Além das edições do *CV* e do *CBN* a que acabamos de fazer referência, publicaram-se recentemente nessa linha uma reprodução do Códice Escorialense T. I. 1 das *Cantigas de Santa Maria*[52] e, fora do âmbito galego-português, mas de interesse capital para a lírica occitânica, a do *Canzoniere Provenzale Estense*[53].

---

43 *Trovas e cantares de um codice do XIV seculo: ou antes, mui provavelmente, "O livro das cantigas" do conde de Barcellos* (com dois fac-similes). Madrid, MDCCCXLIX.

44 Veja-se a nota 38.

45 *Cancioneiro da Ajuda*. A Diplomatic Edition. New York: Modern Language Association of America/ London: Oxford University Press, 1941.

46 *Il canzoniere portoghese della Biblioteca Vaticana*. Messo a stampa da Ernesto Monaci. Halle: Max Niemeyer, 1875.

47 *Cancioneiro portuguez* da *Vaticana*. Edição critica restituida sobre o texto diplomatico de Halle, acompanhada de um glossario e de uma introducção sobre os trovadores e cancioneiros portuguezes por Theophilo Braga. Lisboa: Imprensa Nacional, MDCCCLXXVIII.

48 *Cancioneiro português da Biblioteca Vaticana* (*Cód. 4803*). Reprodução fac-similada. Lisboa: Centro de Estudos Filológicos, MCMLXXIII.

49 *Il canzoniere portoghese Colocci-Brancuti*. Pubblicato nelle parti che completano il Codice Vaticano 4803 da Enrico Molteni. Halle: Max Niemeyer, 1880.

50 *Cancioneiro da Biblioteca Nacional, antigo Colocci-Brancuti*. Leitura, comentários e glossário por Elza Pacheco Machado e José Pedro Machado. 8 v. Lisboa: Edição da *Revista de Portugal*, 1949-1964.

51 *Cancioneiro da Biblioteca Nacional* (*Colocci-Brancuti*). *Cod. 10991*. V. 1. Reprodução fac-similada. Lisboa: Biblioteca Nacional/Imprensa Nacional/Casa da Moeda, 1982.

52 Cf. *El "Códice Rico" de las Cantigas de Alfonso X el Sabio: Ms T. I.1 de la Biblioteca de El Escorial*. 2 tomos. Madrid: Edilan, 1971. O primeiro tomo contém o fac-símile do Códice. O segundo traz um estudo codicológico por Matilde López Serrano; um estudo sobre o texto das cantigas por José Filgueira Valverde, com um apêndice de Ramón Lorenzo sobre a "língua das Cantigas"; uma análise das miniaturas do Códice e seu valor arqueológico por José Guerrero Lovillo; e, por fim, um trabalho sobre a música das Cantigas, com transcrição em notação moderna pelo padre José Maria Lloréns Cisteró, acompanhado de dois discos fonográficos LP, gravados especialmente para esta edição.

53 Riprodotto per il centenario della nascita di Giulio Bertoni. Con introduzione di D'Arco Silvio Avalle e Emanuele Casamassima. 2 v. Modena: STEM Mucchi, 1979-1982.

Ao lado, porém, dessas impressões, por vezes de difícil leitura e nem sempre acessíveis pelo alto preço (é o caso da reprodução do Códice Escorialense T. I. 1), certos editores têm procurado encontrar uma solução que harmonize o caráter autônomo do manuscrito com as exigências da crítica textual.

É óbvio que, tratando-se de *codex unicus*, não se pode pretender reconstituir o original ou o arquétipo à semelhança da obra de um autor. O códice é o próprio original. E isso nos obriga a reformular a noção de erro, pois o que se deve querer, no caso, é a reprodução exata da língua do manuscrito. Como se visa a elaborar uma edição mais documentada do que crítica, não cabe pensar-se na aplicação de método diverso do de Bédier, qual seja o de ater-se às lições do manuscrito, ainda que corrupto ou banalizado, "procurando entender as razões dessas anomalias, ou, no máximo, registrando-as como tais e só intervindo ali onde não é possível descobrir um sentido exato do texto"[54].

Mas não seria indiscreta a pergunta: devemos qualificar como crítica uma edição feita segundo o método de Bédier?

Cesare Segre chega a ironizar tal processo de editoração ao dizer que com Bédier a inteligência se concedeu umas férias.[55] Para muitos é o método da preguiça, enquanto para outros — entre os quais se incluem quase todos os filólogos franceses[56] e anglo-saxões — continua a ser aceito como o único que se baseia numa realidade, isto é, numa forma verdadeiramente assumida pelo texto em determinado momento da sua história.

Advirta-se, no entanto, que nem todos os filólogos adotam o qualificativo crítica para designar edições elaboradas sobre um só manuscrito. Antônio García Solalinde, por exemplo, ao editar a primeira parte da *General estoria*, de d. Afonso X, o Sábio, elegeu, entre os vários códices conservados, o manuscrito *A*, e o reproduziu, "*corrigiéndolo el menor número de veces posible y tendiendo a respetarlo, siempre que sus errores no destruyesen el sentido de las frases*"[57]. Mas teve o cuidado de declarar na *Introducción*: "*Esta edición no es crítica*", pois argumentou: "*Limitarme a la transcripción de A quiere decir que no me propuse ningún problema de crítica textual*"[58].

---

54 D'Arco Silvio Avalle. Op. cit. na nota 40, p. 548.

55 Veja-se Cesare Segre. *La tradizione della "Chanson de Roland"*. Milano — Napoli: Riccardo Ricciardi, 1974, p. 194.

56 Concorreu muito para isso o fato de ter sido o processo editorial de Bédier oficialmente adotado em 1933 pela prestigiosa École de Chartes.

57 Alfonso el Sabio. *General estoria*. Primeira parte. Edición de Antonio G. Solalinde. Madrid: Centro de Estudios Históricos, 1930, p. XLIX.

58 Id., ibid., p. XLVIII.

Para Gianfranco Contini a objeção fundamental que se deve fazer "aos bédierianos de estreita observância é que a 'realidade' física do códice único não dá maior garantia de 'verdade' de um sistema documentariamente misto"[59], do que decorre que uma edição conservadora, assim como uma edição reconstrutiva não passam de uma "hipótese de trabalho". Resta saber se, entre inovar e conservar criticamente, a última hipótese é a mais satisfatória[60].

A nosso ver, tanto a ortodoxia bédieriana como a lachmanniana são incompatíveis com a concepção que temos hoje da natureza variável de uma obra medieval, pois que ambos os métodos, no seu rigorismo, pressupõem um conceito estático de texto crítico.

A propósito — e com a sua costumeira argúcia — escreve Bernard Cerquiglini:

> O impressionante método alemão e o elegante empirismo francês almejam o mesmo fim: reduzir e estabilizar a torrente aluvional que é a tradição manuscrita. Nesse sentido, o acordo entre os defensores da movência e os discípulos de Bédier resulta de um singular equívoco, já que os últimos colhem da diversidade textual um instantâneo (como se diz de uma foto), preferível sem dúvida à reconstrução positivista, mas que à sua semelhança deixa o excesso da língua no lugar que lhe convém: nas margens.[61]

Tradição quiescente e tradição viva

O estudo atento que vimos fazendo ultimamente da vasta e aliciante obra de Bédier, um estilista de raça, fortaleceu-nos a convicção de que, no fundo, teve ele em vista não propriamente destruir os fundamentos do lachmannismo, mas criar um método de editoração condizente com a especificidade dos textos românicos e dissociado dos princípios seguidos pelos filólogos clássicos, princípios que ele conhecia profundamente e a que obedeceu com o maior rigor até a sua edição do *Lai de l'Ombre* de 1913.[62]

---

59 La critica testuale come studio di strutture. In *La critica del testo.* Atti del Secondo Congresso Internazionale della Societá Italiana di Storia del Diritto. V. I. Firenze: Leo S. Olschki, 1971, p. 15.

60 Gianfranco Contini. *Un anno di letteratura.* Firenze, 1942. Citado por Giuseppe Tavani. *Méthodologie et pratique de l'édition critique des textes littéraires contemporains.* Paris, 1984, p. 10 (texto policopiado).

61 Eloge de la variante. *Langages*, 69: 33. Paris, 1983.

62 Sobre as razões que o moveram à campanha antilachmannista, leia-se o que diz em *La Tradition manuscrite du Lai de l'Ombre. Reflexions sur l'art d'éditer les anciens textes.* Extrait de la *Romania*, avril-juillet-octobre 1928 (com numeração própria). Paris, 1929, especialmente p. 3-22.

O filólogo clássico trabalha com a tradição quiescente, dos *scriptoria*, enquanto o filólogo românico lida normalmente com a tradição viva[63], embora se encontre por vezes diante de uma tradição scriptorial. Sirvam de exemplo os códices das *Cantigas de Santa Maria*, copiados no *scriptorium* real de Toledo, onde provavelmente foi também transcrito o nosso *Cancioneiro da Ajuda*.

Para o filólogo clássico a tradição é sempre posterior ao arquétipo, que, por ser o representante mais alto de toda uma família de manuscritos, deve espelhar, pelo menos em potência, "a rede de corruptelas comuns à tradição inteira"[64]. Extrair de uma tradição corrupta um arquétipo sem erro é negar o próprio conceito de arquétipo, pois que ele se justifica exatamente pelos erros conjuntivos que apresentam os manuscritos.

Temos de convir, no entanto, que, em sua maioria, os nossos editores de textos medievais (e não só medievais, o que não é consolo) incorrem nesse engano por confundirem lição autêntica com lição exata ou correta. Ora, uma lição perfeitamente autêntica pode ser totalmente inexata. E o desconhecimento desse fato, elementar em crítica textual, tem levado muitos a construir arquétipos com a eliminação das variantes na base exclusiva do *judicium*, substituindo pelos seus o gosto e o saber do autor.

A preferência dada a uma entre as lições que oferece um *locus variorum* da obra que se edita deve ser determinada substancialmente por dois fatores: *a*) "a posição estemática do manuscrito relativamente ao complexo da tradição", o que Alberto Vàrvaro chama *competência*[65]; *b*) "a qualidade intrínseca da lição do contexto", a *plausibilidade*, na terminologia do filólogo italiano. Numa rigorosa reconstrução lachmanniana, a competência prepondera sobre a plausibilidade, isto é, o valor de um testemunho depende, em primeiro lugar, do estado da tradição e só secundariamente do *judicium*.

Daí a necessidade de um prévio estudo diplomático-codicológico de qualquer manuscrito que se queira colacionar com outros. Sem esta precaução, ele não pode participar produtivamente de um *stemma*, que é — como se sabe — um esquema probabilístico de classificação dos manuscritos de um mesmo texto, segundo as relações de derivação e de conexão existentes entre eles. Apresenta, assim, dois aspectos: o encadeamento e a orientação.

---

63 Veja-se Alberto Vàrvaro. Critica del testi classica e romanza: problemi comuni ed esperienze diverse. Estratto dal v. XLV dei *Rendiconti dell'Academia di Archeologia, Lettere e Belle Arti di Napoli*, 1970, p. 86-90.

64 Alberto Vàrvaro. Op. cit., p. 93, nota 61.

65 Id., ibid., p. 96.

Estabelecer a parte baixa, o rés-do-chão do *stemma*, não oferece problema, pois é ela constituída pelas variantes, as diferenças que estão à nossa vista. A dificuldade maior reside na forma de suspender o esquema e de direcioná-lo na parte mais alta, operação que só pode ser feita na base de erros significativos. Por isso, não se deve tentar construir um *stemma* com lições adiáforas, trivializações poligenéticas e outros elementos secundários. Não teria sentido, por exemplo, levantar um esquema em meio de uma altamente contaminada recensão aberta, pois lhe faltaria orientação.

Desses fatos decorre uma outra diferença entre o trabalho ecdótico do filólogo clássico e o do romanista, que se vê normalmente diante de uma "relativa abundância de erros separativos" em contraste com uma "relativa raridade de erros conjuntivos em nível de arquétipo", erros estes que se caracterizam sobretudo pelo "débil grau de sua força conjuntiva".[66]

A abundância de erros separativos é efeito natural da movência.

Embora seja uma questão preliminar fundamental, não nos estenderemos em conjeturas sobre os estados intermediários dos códices trovadorescos que chegaram até nós e, conseqüentemente, sobre a posição que devem ocupar no *stemma*.

Diremos apenas que, entre os esquemas propostos, sobreleva, pela sólida argumentação com que foi elaborado, o sugerido por Giuseppe Tavani[67], embora forçoso nos seja reconhecer que numa questão desta natureza cada proposta tenha caráter um tanto provisório. Particularmente dignas de atenção nos parecem certas restrições feitas ao esquema tavaniano por Elsa Gonçalves, quanto à exata posição que nele deve ocupar a *Tavola Colocciana* (*C*)[68], por Jean-Marie d'Heur[69] e, principalmente, por Anna Ferrari[70], sobre o delicado problema dos *codices interpositi* entre o suposto arquétipo e as versões do *CBN* e do *CV*.

A propósito, acrescentaríamos ainda que o fato de todas as menções à existência de códices trovadorescos anteriores aos apógrafos italianos serem feitas à sua localização em bibliotecas de nobres (como a do conde de Barcelos, a de d. Afonso XI, a de d. Duarte, a da avó do marquês de Santillana, a de um Grande

---

66 Id., ibid., p. 94.

67 *Poesia del duecento nella Penisola Iberica; problemi della lirica galego-portoghese*. Roma: Ateneo, 1969, p. 89-179; A propósito della tradizione manoscritta della lirica galego-portoghese. *Medioevo Romanzo*, 6 (2-3): 372-418. Napoli, 1979.

68 Elsa Gonçalves. La Tavola Colocciana "Autori portoghesi". *Arquivos do Centro Cultural Português*, 10: 98-105 e 434-448. Paris, 1976.

69 Sur la tradition manuscrite des chansonniers galiciens-portugais. *Arquivos do Centro Cultural Português*, 7: 14-43. Paris, 1974.

70 Op. cit. na nota 41, especialmente p. 75-80.

de Espanha), parece justificar que os autores dessas compilações, endereçadas a um público refinado, não se houvessem atido a transcrever as cantigas como as recolhiam dos rótulos ou da tradição oral, mas se tivessem permitido reelaborá-las dentro de um registro lingüístico alto, em obediência a uma norma culta tradicionalista e coercitiva. E isso se depreende de uma simples comparação desses tardios apógrafos quinhentistas com o *PV*, manuscrito contemporâneo dos trovadores e que, no entanto, apresenta um estágio lingüístico posterior.

Com essa violenta normalização pelos padrões cultos arcaizantes, neutralizaram-se muitas formas, tendo-se eliminado a maioria dos efeitos das variações diatópicas, diastráticas e, mesmo, diafásicas, inerentes a qualquer língua, os quais só uma análise filológica mais sistemática e mais profunda, precedida de minuciosos estudos scriptológicos e codicológicos, deixará um dia perceber. Ela poderá mostrar-nos, subjacente ao formalismo superficial, a língua liberta no seu concreto operar, e então, sim, teremos uma segurança maior na fixação dos textos críticos da nossa poesia trovadoresca.

Problemas e falsos problemas textuais

Aos problemas textuais de difícil solução, provocados pelas inovações ocorridas no acidentado percurso histórico de uma obra medieval, devemos acrescentar os falsos problemas, criados por editores modernos imbuídos de certos preconceitos lingüísticos e literários.

Examinemos, preliminarmente, alguns fenômenos relacionados com a versificação, no estudo dos quais nos permitimos repetir considerações feitas em outras oportunidades.[71]

De todos os metricistas do século XIX nenhum teve a projeção de Edmund Stengel, o celebrado autor da *Romanische Verslehre*, incluída no *Grundriss der romanischen Philologie*, de Gustav Gröber[72]. Esta obra insuflou tal rigorismo nos estudos de versificação, que até hoje a ciência de língua alemã, francesa, inglesa e, mesmo, portuguesa não se tem rendido à evidência dos argumentos de Menéndez Pidal e Pedro Henriquez Ureña com respeito à versificação amétrica e à acentual, tipicamente hispânicas.

E o resultado é este abusivo sistema de calafetações no verso para torná-lo regular, tão do agrado da grande maioria dos editores contemporâneos.

---

[71] Cf. *Estudos de versificação portuguesa (século XIII a XVI)*. Paris: Fundação Calouste Gulbenkian, 1982, p. XIV-XVIII.

[72] II. Band. 1. Abteilung. Strassburg: Karl J. Trübner, 1902, p. 1-96.

De nada valem as críticas, que se faziam a certos trovadores e jograis, de não saberem igualar os versos nem rimá-los com perfeição. Tudo é resolvido pelo moderno editor-intérprete, implacável restaurador dos rígidos princípios stengelianos, a que os compiladores dos cancioneiros, mesmo adotando uma norma culta, não souberam ou não julgaram necessário obedecer.

Cabe-nos lembrar, a propósito, a irônica auto-indagação de U.T. Holmes em face de igual comportamento de editores de textos franceses medievais: "Por que é que era um ignorante descuidado cada escriba menos o primeiro, e cada autor um manejador perfeito da métrica e da flexão casual do francês antigo?"[73]

Ora, as cantigas trovadorescas documentam, à saciedade, a luta entre a corrente inovadora de versificação silábica, a seguir modelos occitânicos, e a corrente tradicional, seja a da versificação *amétrica*, em que os versos não têm medida fixa, antes flutuam dentro de certos limites, seja a da versificação puramente *acentual*, "onde as sílabas flutuam, mas a acentuação produz efeitos bem definidos, relacionados com a música ou com a origem lírica dos versos"[74]. É esta a versificação típica das paralelísticas e dos refrans.

As dificuldades de acomodação dos dois sistemas podemos ver, com nitidez, nos primeiros trovadores, como Paay Soárez de Taveyrós e Martin Soárez.[75]

Além disso, há um fato que parece passar despercebido a alguns estudiosos — a interferência da melodia com que estes poemas eram cantados e que, com alongar ou reduzir a duração das sílabas, igualaria o tempo do verso.

Ainda no século XVI, João de Barros, ao tratar da acentuação e da quantidade silábica, atesta o fenômeno nas palavras dactílicas do tipo *Bárbora*, em que as duas átonas podiam equivaler à tônica, à semelhança da prática dos músicos, "os quais tanto se detêm no ponto desta primeira figura *bár*, como nas derradeiras, *bo*, *ra*".

E acrescenta:

> E, dado que em algũa maneira nos podéramos estender com regras pera a cantidade e acento das nossas sílabas, leixamos de o fazer, por que pera se bem exemplificar as suas regras houvera de ser em trovas, que tem medida de pés e cantidade de sílabas.[76]

---

[73] Citado por Edward B. Ham. Crítica textual e senso comum. Tradução de Antônio Houaiss. *Revista do Livro*, 29-30: 22. Rio de Janeiro, 1966.

[74] Pedro Henríquez Ureña. *Estudios de versificación española.* Buenos Aires: Eudeba, 1961, p. 16.

[75] Veja-se Celso Ferreira da Cunha. Op. cit., p. 133-138 passim.

[76] *Grammatica da lingua portugueza.* Olyssipone. Apud Ludouicum Rotorigiu Typographum, 1540, fl. 4 e 4 *v*.

O texto de João de Barros se nos afigura precioso, por tocar numa questão delicada: a correlação entre o ritmo do verso e o ritmo da melodia, documentada nas trovas do seu tempo.

Infelizmente, da quase totalidade da poesia trovadoresca profana nada sabemos quanto ao acompanhamento musical, mas o desconhecimento da melodia por que era cantada não nos impede de reconhecer que, feita para o canto, o seu ritmo deveria conformar-se ao deste. Os fatos são, aliás, bastante claros para que disso possamos duvidar.

Recursos como transposições de acento no interior e, principalmente, no fim dos versos, que percebemos na poesia cantada de nossos dias, é de crer que seriam freqüentes nos cantares trovadorescos. Em última análise, a chamada Lei de Mussafia, ou seja, a correspondência de versos metricamente distintos mas aritmeticamente iguais quanto ao número de sílabas, não passa de uma subordinação da estrutura rítmica à estrutura musical.

Por exemplo, no dístico de Afonso, o Sábio:

Eno nome de Maria
cinque letras, no-mays, i á,
(*CSM* 70)

a alternância de setissílabo com octossílabo desapareceria no canto pela pronúncia *Ma-ri-á*.

É claro que, poeta de largos recursos, o Rei-Sábio deveria ter visado, no caso, a um fim estilístico: o nome da Virgem, por ele usado em centenas de versos com a acentuação normal, paroxítona, seria aqui enunciado como oxítono para marcar nitidamente os sons que o compõem, já que a intenção é analisar o valor de cada um, como se depreende da simples leitura do texto:

[E]sta é de loor de Santa Maria, das cinque leteras que á no seu nome e *queren dizer:*
Eno nome de Maria
cinque letras, no-mays, i á.

M mostra MADR' e MAYOR
e mays MANS', e mays MELHOR
de quant' al fez Nostro Senhor
nen que fazer poderia.
Eno nome de Maria...

A demostra AVOGADA,
APOSTA e AORADA,
e AMIGA e AMADA
da muy santa compan[h]ia.
Eno nome de Maria...

R mostra RAM' e RAIZ
e REINH' e Emperadriz,
ROSA do mund': e fiiz
quena visse ben seria.
Eno nome de Maria...

I nos mostra IESU-CRISTO
JUSTO JUIZ, e por isto
foy por ela de nós visto,
segun disso Isaía.
Eno nome de Maria...

A ar diz que AVEREMOS
e que tod' ACABAREMOS
aquelo que nós queremos
de Deus, poys ela nos guia.
Eno nome de Maria...[77]

Se nessa cantiga de Afonso, o Sábio, podemos sentir uma intenção expressiva, em outros passos de sua obra e da de alguns trovadores encontramos as respectivas correspondências de heptassílabos e eneassílabos femininos com octossílabos e decassílabos masculinos sem que outra razão pareça haver do que a musical.

E transposições de acento semelhantes documentam-se na poesia cantada de todos os tempos na Península Ibérica e mesmo em formas transplantadas para regiões distantes, como as que ocorrem na poesia tradicional dos judeus espanhóis.[78]

Sirva de exemplo o velho cantarcilho inserto por Gil Vicente na deliciosa canção do *Auto dos quatro tempos*:

En la huerta nasce la rosa:
quiérome ir allá
por mirar al ruiseñor
como cantavá.[79]

---

[77] Afonso X, o Sábio. *Cantigas de Santa Maria*. Editadas por Walter Mettmann, I. Coimbra: Acta Universitatis Conimbrigensis, 1959, p. 208.

[78] Leiam-se, a propósito, as observações de Paul Bénichou em *Romances judeo-españoles de Marruecos*. Separata da *Revista de Filología Hispánica*. Buenos Aires, 1946, p. 178; Manuel Alvar. *Poesía tradicional de los judíos españoles*. México: Editorial Porrúa, 1966, p. XVII-XVIII.

[79] *Copilaçam de todalas obras de Gil Vicente*. Lisboa: Joan Alvarez Impressor, 1562, fl. XVII. Cita-se pela edição fac-similar publicada pela Biblioteca Nacional de Lisboa em 1928.

Exigência melódica, segundo o testemunho de Nebrija e do musicólogo Salinas, era também o emprego do *-e paragógico* nos romances quatrocentistas e quinhentistas, vogal epitética que aparece na história da poesia cantada de vários povos românicos, inclusive na dos trovadores galego-portugueses, como tivemos oportunidade de estudar demoradamente.[80]

Em nosso estudo mostramos que d. Ramón Menéndez Pidal, depois de examinar o seu uso em trabalhos que se estenderam por sessenta anos, chegou à conclusão de que o *-e* paragógico, abundantemente documentado nos romances quinhentistas, acompanharia invariavelmente as finais agudas desde as origens das gestas espanholas. Por isso, embora o apógrafo do *Cantar de Mío Cid* só lhe oferecesse os dois exemplos da vogal epitética contidos nos versos 335 (*alaudare*) e 2.370 (*Trinidade*), julgou-se ele autorizado, na sua magistral e até hoje insuperada edição do poema, a adicionar a referida vogal aos versos cuja final fosse masculina.

Seguindo o seu raciocínio e arrimando-nos nos exemplos conservados pelos códices nas cantigas de Estêvan Coelho (*CBN* 721 — *CV* 322), Fernán Soárez (*CBN* 1553), Joan Zorro (*CBN* 1153 — *CV* 755) e Roi Fernández (*CBN* 903 — *CV* 488), em número bem maior do que os do manuscrito do *Mío Cid* — e também no fato de ser ainda hoje recurso rítmico dos cantos tradicionais da Galiza e de Portugal —, podemos aceitar que igual paragoge se acrescentaria às nossas cantigas paralelísticas sempre que os seus versos terminassem em sílaba tônica. A barcarola de Meendinha, por exemplo, deveria ser cantada com finais graves e não agudos:

Sedia-m'eu na ermida de San Simeon*e*
e cercaron-my-as ondas que grandes son*e*.
Eu atendend'o meu amigo!
Eu atendend'o meu amigo![81]

Estando na ermida ant'o altar*e*
cercaron-my-as ondas grandes do mar*e*.
Eu atendend'o meu amigo!
Eu atendend'o meu amigo!

E cercaron-my-as ondas que grandes son*e*;
non ey barqueyro nem remador*e*.

---

[80] Op. cit., p. 233-272.

[81] Giuseppe Tavani (*Grundriss der romanischen Literaturen des Mittelalters.* V. II. *Les Genres lyriques.* Tome I, fascicule 6, p. 84) propõe para o refram a leitura monóstica:
Eu atendend'o meu amigu'! E verrá?

Eu atendend'o meu amigo!
Eu atendend'o meu amigo!

E cercaron-my-as ondas do alto mar*e*;
non eu barqueyro nem sey remar*e*.
Eu atendend'o meu amigo!
Eu atendend'o meu amigo!

Non ey barqueyro nen remador*e*:
morrerey, fremosa, no mar mayor*e*.
Eu atendend'o meu amigo!
Eu atendend'o meu amigo!

Non ey barqueyro nen sey remar*e*:
morrerey, fremosa, no alto mar*e*.
Eu atendend'o meu amigo!
Eu atendend'o meu amigo!
(*CBN* 852 — *CV* 438)

para conformar-se ao ritmo típico da poesia peninsular.

Mas não queremos alongar-nos na análise dessas e de outras interferências palpáveis do esquema da melodia na estrutura do verso.

Que concluir desses fatos?

Que a análise musical nos dará um dia a explicação do ritmo poético das cantigas trovadorescas, o que muitos acreditaram e alguns ainda acreditam?

"*Les espoirs fondés sur les travaux des musicologues ont été déçus*", escreve Daniel Poirion, na sua admirável tese *Le Poète et le prince*[82], com referência à versificação dos "*trouvères*", especialmente no período compreendido entre Guillaume Machaut e Charles d'Orléans. Fizeram-se progressos no conhecimento da rítmica musical, da transição entre a *ars antiqua* e a *ars nova*, mas nada disso, acentua ele, explica o ritmo poético.

E realmente convida-nos à meditação o fato de servir um mesmo esquema musical a grupos de palavras diversamente estruturados.

Até um progresso maior desses estudos, convém continuarmos a admitir, como para outras épocas, que "o movimento global imposto pela estrutura de cada gênero lírico à criação poética se precisa e se diversifica no nível do próprio verso.

---

[82] *Le Poète et le prince. L'évolution du lyrisme courtois de Guillaume de Machaut à Charles d'Orléans*. Paris: PUF, 1965, p. 439.

A estética do gênero e a estética do verso se combinam sem se confundirem", observa Daniel Poirion, que acrescenta: "A metamorfose do pensamento em palavra poética encontra, na medida do verso, a moldura e o suporte que determinam o ritmo. O estudo da versificação é, pois, uma etapa essencial da investigação crítica".[83]

Os problemas métricos confundem-se, porém, em sua grande maioria, com os problemas lingüísticos. É o caso, por exemplo, dos que incidem sobre a contagem silábica, necessariamente condicionada ao estágio da língua do tempo.

Lamentavelmente, é ainda bastante reduzida a bibliografia sobre a matéria, razão por que muitos poetas — inclusive alguns dos maiores, como o próprio Camões[84] — continuam a ser editados e reeditados sem que existam estudos prévios não só a respeito das normas pelas quais se pautavam, na época, os encontros vocálicos intra e interverbais, mas principalmente, sobre as possibilidades de escolha que tinham os poetas para resolver tais concorrências vocálicas.

Como escrevemos em outra ocasião, não estabelecida satisfatoriamente esta preliminar, isto é, não configurado o terreno em que era lícita a opção do poeta, será sempre aventurado adiantar conclusões sobre a regularidade ou a irregularidade de um verso.

É claro que não basta a completa elucidação do regime dos encontros vocálicos para se chegar ao integral conhecimento da contagem silábica do verso português. Para isso, necessário se torna pesquisar, também exaustivamente, o comportamento das sílabas átonas, certos fonetismos peculiares a determinados períodos do idioma e um sem-número de fenômenos, aparentemente insignificantes mas, na verdade, de alta relevância, pois que incidem sobre o suporte fônico, modificam a própria estrutura da massa sonora ritmada, que é o verso[85].

Permitimo-nos, neste ponto, personalizar.

Quando preparávamos, nos idos de 40, as edições das cantigas de Paay Gómez Charinho[86] e de Joan Zorro[87], vimo-nos naturalmente diante destes graves pro-

---

[83] Op. cit., p. 427.

[84] Em carta que nos dirigiu em 25 de junho de 1965, reclamava o exímio camonista Emanuel Pereira Filho um estudo sobre este assunto nos seguintes termos: "Você já pensou, inclusive num estudo sobre encontros vocálicos interverbais nos *Lusíadas*, principalmente voltando-se para a estilística do hiato e da sinalefa? Já pensou [...] a falta que ele faz? Que *N* problemas da lírica e de tudo estariam resolvidos, ou pelo menos melhor equacionados, se se pudesse dispor de um tal instrumento?"

[85] Cf. o nosso estudo mencionado na nota 71, p. 85.

[86] Celso Ferreira da Cunha. *O cancioneiro de Paay Gómez Charinho, trovador do século XIII*. Rio de Janeiro, 1945 (texto policopiado).

[87] *O cancioneiro de Joan Zorro: aspectos lingüísticos, texto crítico, glossário*. Rio de Janeiro: Imprensa Nacional, 1949.

blemas, arbitrariamente resolvidos pelos editores mais prestigiosos ao tempo: dona Carolina Michaëlis de Vasconcelos e José Joaquim Nunes.

Foi então que conhecemos dois trabalhos, cujo pioneirismo na matéria deve ser ressaltado: a monografia de Jules Cornu sobre a fonética sintática do *Cancioneiro geral*[88], inexplicavelmente muito pouco citada, e o artigo crítico de Óskar Nobiling sobre a edição do *Cancioneiro da Ajuda* de dona Carolina Michaëlis de Vasconcelos[89], no qual dedicava quatro de suas substanciosas 46 páginas ao fenômeno que mais nos preocupava, ou seja, o regime dos encontros vocálicos interverbais, especialmente daqueles em que a prepositiva era a vogal de monossílabos[90].

Embora Nobiling tenha chegado a estabelecer, no particular, certas normas gerais, as suas conclusões baseavam-se fundamentalmente no texto do *CA* e algumas delas pareciam contrariar passos dos trovadores que editávamos, do que demos conta no *Cancioneiro de Joan Zorro*[91].

Decidimos então investigar os fenômeno de elisão, sinalefa e dialefa do ponto de vista sincrônico e diacrônico, estendendo a investigação, com finalidade comparativa, a outras áreas da România.

Os resultados dessa pesquisa consubstanciaram-se em alguns ensaios, dois dos quais dedicados à poesia trovadoresca.[92] E conforta-nos comprovar que vêm prestando serviços aos editores de textos medievais, que, se por vezes discordaram de algumas afirmações neles contidas, o fizeram em questões de somenos. Rodrigues Lapa[93] e Giuseppe Tavani[94], no entanto, foram um pouco além, ao ne-

---

[88] Phonologie syntactique du "Cancioneiro geral". *Romania*, 12: 243-292. Paris, 1883.

[89] Zu Text und Interpretation des "Cancioneiro da Ajuda". *Romanische Forschungen*, 23: 339-385, 1956. Em três outros artigos, Nobiling analisou a edição do *CA* de dona Carolina, mas em nenhum deles o assunto em questão foi estudado de forma sistemática como neste.

[90] Id., ibid., p. 345-349.

[91] Cf. Op. cit., p. 60.

[92] Cf. *À margem da poética trovadoresca: o regime dos encontros vocálicos interverbais.* Rio de Janeiro: Imprensa Nacional, 1950; Novas observações sobre o hiato na antiga versificação galego-portuguesa. *Ibérida*, 4: 23-100. Rio de Janeiro, 1960. As duas monografias acham-se incluídas na obra mencionada na nota 71, p. 1-168.

[93] Cf. *Nueva Revista de Filología Hispánica*, 8: 81-86. México, 1954; *Lições de literatura portuguesa: época medieval*, 8. ed. Coimbra Editora, 1973, p. 209-210.

[94] Cf. *Le Poesie di Ayras Núnez: edizione critica, con introduzione, note e glossario.* Milano: Ugo-Merendi Editore, 1964, p. 48 e 51-53; *Poesie del duecento nella Penisola Ibérica*, p. 278-280. O único exemplo aduzido por Tavani contrário ao rigorismo do hiato é o de um verso do refram de uma bailada de Joan Zorro (*CBN* 1158 — *CV* 761):

se amig'amar,

comum ao de outra de Ayras Núnez (*CBN* 879 — *CV* 462).

garem caráter coercitivo à norma do hiatismo sistemático dos encontros cuja prepositiva era a vogal das conjunções *e*, *se* ou a do pronome e da conjunção *que*. Para eles, teríamos comprovado apenas uma tendência, e não uma norma.

Neste ponto não podemos concordar com os eminentes filólogos, porque a nossa conclusão é de que em tais casos o trovador não tinha como escolher: a língua compelia-o ao hiato por uma razão de natureza mecânica, ou seja, a apreciável tonicidade que esses monossílabos possuíam na época. Assim sendo, deviam conservar sua plena autonomia silábica antes de palavras de início vocálico, fato que ocorria, ao tempo, em outras línguas românicas.

Se, no caso, rigorismo há, é da parte dos dois sábios medievalistas, que, com forçadas elisões e sinalefas, procuram obter a regularidade de versos em que os manuscritos se recusam a comprová-la.

Ainda e sempre a poderosa presença de Stengel...

Mas há outros fatos lingüísticos do galego-português cujo esclarecimento se nos afigura de necessidade inadiável para que possamos elaborar com maior segurança edições dos trovadores peninsulares.

Questões scriptológicas

Em qualquer estudo que se proponha fazer de um texto do passado, o filólogo terá de enfrentar de plano o problema crucial das línguas escritas da Idade Média, que é o de depreender da análise do material grafemático à sua disposição o subsistema fonológico-fonético, dentro do diassistema do tempo, a que obedeceria o autor.

É justo que se ressalte a importância das contribuições que, para um melhor conhecimento da relação grafema/fonema na língua medieval, se encontram nos trabalhos pioneiros de Pedro de Azevedo, Martínez Salazar, Leite de Vasconcelos, José Joaquim Nunes, Joseph Huber e, também, nos de autores modernos, como Leif Sletsjöe, Ruth Domincovich, Lindley Cintra, Avelino de Jesus Costa, Wolfgang Börner e Ramón Lorenzo. Cumpre reconhecer, no entanto, que ainda há muito que lavrar neste campo, especialmente no que se refere à descrição dos sistemas ortográficos adotados nos *scriptoria* da Península, pois temos de conhecer as convenções existentes para delas extrairmos informações lingüísticas[95].

---

[95] O aspecto ortográfico infelizmente não foi tratado na importante monografia de António Cruz: *Santa Cruz de Coimbra na cultura portuguesa da Idade Média*. V. I: *Observações sobre o "scriptorium" e os estudos claustrais*. Porto, 1964. O estudo de Carlos Roma Fernandes sobre o *scriptorium* de Alcobaça continua inédito.

Depois das reveladoras pesquisas scriptológicas de Louis Remacle[96], Carl Theodor Gossen[97] e Hans Goebl[98], respectivamente, sobre documentos do valão, do picardo e do normando antigos, já não se nota entre os filólogos aquela mesma confiança na reconstrução de estados pretéritos da língua, e até de áreas dialetais, pela interpretação grafemática de manuscritos da época. Uma prudência cada vez maior orienta-os no estabelecer relações entre os sistemas grafemáticos e fonológico-fonéticos, não só pela relativa autonomia dos dois sistemas, mas, principalmente, porque hoje se sabe que só raramente a escrita de um documento medieval representa o idiógrafo[99] de um copista; normalmente ela reflete uma tradição seguida num *scriptorium* regional ou local. Por exemplo: num estudo grafemático-fonológico do *CA* é imperiosa a comparação com os códices toledanos das *CSM*, já que tudo faz crer provenham todos do mesmo *scriptorium*.

E aqui chegamos a um ponto extremamente delicado, gerador de polêmicas: que ortografia seguir na apresentação das cantigas trovadorescas?

Os editores galegos, com exceção de José Luís Rodríguez[100], adotam uma forma da vacilante ortografia do galego contemporâneo[101]; os portugueses, a portuguesa atual; os brasileiros, a brasileira; os italianos, uma própria.

Nenhum acordo foi possível até agora e, pelo radicalismo de certas posições, não cremos seja conseguido tão cedo. Mas ainda não desesperamos de que o bom senso nos venha mostrar a todos ser uma ortografia convenção, e que uma convenção pode chegar a um sistema fechado ou mais ou menos aberto. O que nos deve mover no caso concreto é conseguir aliar o aspecto científico ao econômico.

---

96 *Le Problème de l'ancien wallon*. Liège: Faculté do Philosophie et Lettres, 1948.

97 Cf. *Grammaire de l'ancien picard*, 2. ed. refundida. Paris: Klincksieck, 1970; *Französische Scriptastudien. Untersuchungen zu den nordfranzösischen Urkundensprachen des Mittelalters*. Wien: Osterreichische Akademie der Wissenschaften, 1967, além de numerosos artigos sobre a relação grafema/fonema no domínio do francês do Norte.

98 *Die normandische Urkundensprache. Ein Beitrag zur Kenntnis der nordfranzösischen Urkundensprachen des Mittelalters*. Wien: Österreichische Akademie der Wissenschaften, 1970. Posteriormente a esta sua tese, Goebl publicou uma série de artigos capitais sobre scriptologia, em alguns deles enveredando pelos aspectos teóricos da disciplina.

99 Empregamos aqui o termo no sentido de escrita particular de um copista, em paralelo com *idioleto* "forma individual de uma língua", sabendo embora que ele é usado em crítica textual para designar o manuscrito que, não sendo autógrafo, teve a sua elaboração controlada pelo autor, equivalendo, pois, a um original.

100 Cf. *O cancioneiro de Joan Airas de Santiago: edición y estudio*. Santiago de Compostela, 1980. Anexo 12 da *Verba*.

101 Recentemente a Real Academia Gallega e o Instituto da Lingua Gallega publicaram umas *Normas ortográficas e morfolóxicas do idioma galego*. 1. ed., 1982; 2. ed., 1983.

O primeiro obriga-nos a alcançar um sistema suficientemente maleável para que sejam resguardadas as variações fonológicas, especialmente as de natureza diatópica e diastrática; o segundo aconselha-nos a chegar a uma superior unidade, necessária para a maior difusão da lírica trovadoresca, que, pelo seu valor intrínseco e pela sua posição privilegiada no alvorecer das literaturas vulgares do Ocidente, não deve ser considerada apenas uma alta expressão da cultura medieval galego-portuguesa, mas um patrimônio artístico da humanidade.

Relacionada com a ortografia esteve sempre a pontuação, de cuja finalidade nos documentos medievais, até bem pouco, nada ou quase nada se sabia. Hoje, congressos se sucedem sobre a matéria, e um, pelo menos, foi dedicado exclusivamente à pontuação nos manuscritos medievais da Península Ibérica.[102]

É de toda a conveniência que os editores da poesia trovadoresca se assenhoreiem dos progressos que se têm feito nesta área, pois que eles já são suficientes para nos mostrar que, numa edição crítica, não nos podemos reservar o direito de pontuar de acordo com os nossos hábitos modernos, porque a pontuação medieval não obedecia à sintaxe, mas ao ritmo.

A propósito, escreve Jacques Chaurand:

> *Le lecteur moderne a besoin d'une ponctuation pour une lecture muette. Le lecteur médiéval attend davantage un soutien pour une lecture à haute voix, semble-t-il. A cela s'ajoute que les copistes ont des habitudes différentes suivant qu'il s'agit de textes en prose ou d'oeuvres en vers. Le poème a une dynamique propre que prend forme dans un schéma rythmique. Rien n'est plus génant que de le rompre par une ponctuation à la moderne.*[103]

Mais uma vez devemos bendizer a feliz descoberta de Pedro Vindel, pois o pergaminho que leva o seu nome é, também neste ponto, um documento de alta importância, como pretendemos brevemente deixar claro.

Conclusão

Muitos problemas lingüísticos mereceriam ainda um exame particular, mormente os que se relacionam com a sintaxe — a eterna filha abandonada da filologia medieval — e com os aspectos semânticos do léxico, o que torna cada dia mais

---

[102] Cf. *Phrases, Textes et Ponctuation dans les Manuscrits Espagnols et dans les Editions de Texte*. Colloque organisé par le Séminaire d'Etudes Médiévales Hispaniques (Paris, 20-21 novembre 1981). Actes publiés par Jean Roudil. *Cahiers de Linguistique Hispanique Médiévale*, n. 7 bis. Paris: Klincksieck, 1982.

[103] Id., ibid., p. 237.

imperiosa a formação de uma equipe especializada, com o fim expresso de elaborar o grande dicionário da lírica medieval galego-portuguesa.

E, antes de concluir, permitimo-nos uma sugestão.

Nestes últimos anos a crítica textual muito se beneficiou da eficácia dos precisos métodos da informática. Não se poderá dizer o mesmo com referência à aplicação a suas tarefas de algumas enriquecedoras noções da lingüística atual, o que lhe evitaria por certo continuar seguindo, internamente, uma deriva que só tende a levá-la à esterilidade.

Nos últimos Congressos de Lingüística e de Filologia Românicas, principalmente no derradeiro, que se realizou em 1983 em Aix-en-Provence, a tradicional sessão plenária dedicada à especialidade foi de melancólica sonolência. Esperava-se, pelo menos, um acirrado debate entre os bédierianos da Escola Francesa e os neolachmannianos da Escola Italiana. Mas nem isso houve, embora de ambos os grupos estivessem presentes alguns dos seus mais qualificados representantes.

E o que estamos sugerindo não é nada de novo.

A filologia, mesmo entendida na acepção restrita de crítica textual, sempre se beneficiou dos progressos da lingüística, sendo de admitir a recíproca, principalmente no que se refere à lingüística diacrônica.

Ainda há poucos anos, Paul Valentin, em sua excelente *Phonologie de l'allemand ancien: les systèmes vocaliques*, advertia:

Il faut être philologue avant d'être linguiste[104],

já que as principais tarefas da filologia se identificam com as da lingüística histórica.

No mais recente tratado dessa disciplina — o de Theodora Bynon — reconhece-se que sem textos fidedignos não se podem elaborar estudos diacrônicos e que o inglês, por possuí-los, é uma língua privilegiada no particular.[105]

Justo é, pois, que se introduzam na crítica textual de nossos dias certos enfoques da lingüística contemporânea, como a teoria da variação, os conceitos de norma, de níveis de língua, de registro, de diassistema, de geovariantes, de cronovariantes e outros mais.

A aplicação desses conceitos e da metodologia que eles pressupõem nos auxiliaria a diminuir o campo do *ignoramus* em nossa disciplina e a melhor resolver alguns dos intrincados problemas que nos oferecem os textos.

E queremos terminar completando o que dissemos no início deste estudo.

Se, sob certos aspectos, o filólogo é um guardião da fidelidade das obras do passado, um conservador da memória textual de uma nação, sob outros, ele não

---

[104] Paris, 1969, p. 297.

[105] *Historical Linguistics.* Cambridge University Press, 1979.

passa de um hedonista, que, como os sábios do Renascimento, vive a fruir o prazer de desvendar as intenções do autor, de deslindar os sentidos literais e os mais recônditos de sua palavra escrita.

O seu estatuto assemelha-se ao do crítico, já que nenhuma reconstituição, nenhuma fixação textual é possível "fora ou antes de uma compreensão total, de uma interpretação no sentido mais amplo e preciso do termo"[106].

Ambas as atividades só podem ser bem exercidas — como todas as demais — com amor, idéia que está presente no elemento *filo* de filólogo.

Daí d. Miguel de Unamuno definir a filologia como

Amor a la palabra creadora.[107]

[106] Luciana Stegagno Picchio. *A lição do texto. Filologia e literatura: I — Idade Média*. Tradução de Alberto Pimenta. Lisboa: Edições 70, p. 212.

[107] *Cancioneiro; diário poético.* Edición y prólogo de Federico de Onis. Buenos Aires: Losada, 1953, p. 300.

5
Ouvir Martin Codax*

A personalidade de um trovador nem sempre é facil de caracterizar, pois, em regra, a individualidade do artista na Idade Média mais se exercia na variação do transmitido do que na criação integral.[1] O ideal literário, na maioria das vezes, restringia-se ao perfeito domínio da técnica comum, ao uso dos processos, conteúdos e formas correntes.

Justamente por isso, as manifestações divergentes dos quadros formalizados valem como testemunhos objetivos de uma realidade e definem o perfil de um escritor.

É o caso de Martin Codax, cujas cantigas despertaram a atenção dos estudiosos desde que o conhecimento do *Cancioneiro da Vaticana* permitiu que elas chegassem a público.[2] Admirada por seu valor poético, a obra do cantor de Vigo assumiu,

---

* Prefácio à obra *O som de Martin Codax*, de Manuel Pedro Ferreira. Lisboa: Unisys/Imprensa Nacional-Casa da Moeda, 1986, p. IX-XIV. Republicado parcialmente no *JL* de Lisboa, de 15/12/86, p. 13, com o título "Ouvir Martin Codax".

1 Sobre a individualidade do artista medieval, leiam-se especialmente Ernst Robert Curtius. *Zur Literarästhetik des Mittelalters* I, II, III. *Zeitschrift für Romanische Philologie*, 58:1-50, 129-232, 433-479, Halle a. S., 1938; *Literatura europea y Edad Media latina*, trad. de Margit Frenk Alatorre y Antonio Alatorre, 2 v. México-Buenos Aires, 1955; Camille Bérubé. *La Connaissance de l'individuel au Moyen Age*. Montréal/Paris: PUM/PUF, 1964; Peter Dronke. *Poetic individuality in the Middle Ages*: New departures in poetry, 1000-1150. Oxford: Clarendon Press, 1970.

2 Embora algumas cantigas de Martin Codax tenham sido publicadas anteriormente por inclusão em obras de W. Gruzmacher (1865), F.A. Varnhagen (1870) e E. Monaci (1873), o seu cancioneiro completo só foi conhecido a partir de 1875, ano em que este último filólogo deu à estampa a sua edição diplomática do *CV*: *Il canzoniere portoghese della Biblioteca Vaticana*. Halle a. S., Max Niemeyer.

porém, uma relevância excepcional a partir de 1915, quando o livreiro espanhol Pedro Vindel reproduziu, em edição limitada[3], o texto de um pequeno códice pergamináceo em que a letra dos poemas se fazia acompanhar da notação musical.

O pergaminho, que veio a receber o nome do seu feliz descobridor, apresentava não só a singularidade de ter conservado a música de seis das sete cantigas — caso único no trovadorismo galego-português de caráter profano —, mas também a de trazer uma versão textual com algumas formas sem dúvida mais modernas do que as conservadas no *Cancioneiro da Vaticana* e no *Cancioneiro da Biblioteca Nacional de Lisboa* (antigo *Colocci-Brancuti*), códices copiados na Itália em princípios do século XVI.[4]

Os paleógrafos são acordes em considerar o *Pergaminho Vindel* de fins do século XIII ou princípios do século XIV, e Manuel Pedro Ferreira, com argumentos convincentes, admite mesmo que a sua elaboração possa ascender ao terceiro quartel do século XIII, época de plenitude da poesia trovadoresca na Galiza e em Portugal.

O fato, aparentemente estranho, de um texto redigido cerca de duzentos anos antes de dois outros retratar um estágio lingüístico mais recente do que estes explica-se — pensamos nós — por terem os autores da primitiva compilação (ou compilações) de que derivam os apógrafos italianos reelaborado, dentro de um registro lingüístico alto, obediente a uma norma culta tradicional, as cantigas que recolhiam das folhas volantes, dos rolos ou da tradição oral, enquanto o *PV* espelha a língua comum, inovadora, do tempo.

Com essa violenta normalização pelos padrões cultos arcaizantes, neutralizaram-se muitas formas, tendo-se eliminado a maioria dos efeitos das variações diatópicas, diastráticas e, mesmo, diafásicas, inerentes a qualquer língua, os quais só uma análise filológica mais sistemática e mais profunda, precedida de minuciosos estudos scriptológicos, codicológicos e musicológicos (como no caso vertente), deixará um dia perceber.[5]

O texto das cantigas de Martin Codax foi objeto de várias edições e transcrições, cujo elenco, até 1956, registramos e comentamos em nossa edição crítica[6].

---

3 Martin Codax. *Las siete canciones de amor, poema musical del siglo XII*. Publícase en facsímil, ahora por primera vez, con algunas notas recopiladas por Pedro Vindel. Madrid, 1915.

4 O *Cancioneiro da Biblioteca Nacional de Lisboa* só começou a ser conhecido — e assim mesmo parcialmente — depois da edição de Enrico Molteni. *Il canzoniere portoghese Colocci-Brancuti*, pubblicato nelle parti che completano il codice vaticano 4803. Halle a. S.: Max Niemeyer, 1880.

5 Celso Cunha. *Significância e movência na poesia trovadoresca; questões de crítica textual*. Rio de Janeiro: Tempo Brasileiro, 1985, p. 59-60.

6 *O Cancioneiro de Martin Codax*. Rio de Janeiro: Imprensa Nacional, 1956, p. 26-35.

De lá para cá saíram outras edições e algumas dezenas de estudos literários, em geral repetitivos, principalmente quanto a formarem as sete cantigas um só poema, como já pensava T. Vesteiro Torres, o seu primeiro editor[7].

Quatro desses estudos e uma das edições merecem, no entanto, um realce particular: *a*) Roman Jakobson. Lettre à Haroldo de Campos sur la texture de Martin Codax. *Change*, 6: 53-59, Paris, 1970; *b*) Giuseppe Tavani. Parallelismo e iterazione. Appunti in margine al criterio di pertinenza. *Cultura Neolatina*, 33: 9-32, Roma 1973; *c*) Barbara Spaggiari. Un esempio di struttura poetica medievale: las cantigas de amigo di Martin Codax. *Arquivos do Centro Cultural Português*, 15: 749-839, Paris, 1980; *d*) Barbara Spaggiari. Il canzoniere de Martin Codax. *Studi Medievali*, 3ª série, 21(1): 367-409, Spoleto, 1980; *e*) Ismael Fernández de la Cuesta. Les cantigas de amigo de Martín Codax. *Cahiers de Civilisation Médiévale*, 99-100:179-185, 25ᵉ année, Poitiers, 1982.

O artigo de Jakobson, aplicação à cantiga *Quantas sabedes amar amigo* dos seus princípios de gramática da poesia, teve uma repercussão enorme e serviu, com o prestígio do seu nome, para valorizar "*ces créations merveilleuses d'une époque vraiment surprenante dans l'histoire de l'art verbal européen*"[8]. A par de resenhas altamente elogiosas, recebeu ele uma crítica acre de Giuseppe Tavani, centrada principalmente em dois pontos: *a*) o fato de ater-se Jakobson à análise de uma só cantiga, quando ela faz parte de um discurso poético serial que compreende as sete cantigas do lírico; *b*) a relevância dada pelo sábio lingüista às formas recorrentes, às iterações fônicas e vocabulares da cantiga em apreço, quando elas não passam da conseqüência inevitável do próprio mecanismo paralelístico, não representando, pois, uma vontade do autor. Afigura-se a Tavani que os efeitos estilísticos relevantes só podem ser depreendidos de uma leitura global que, privilegiando o princípio da máxima regularidade, dê uma atenção particular aos acentos fortes que evidenciam os ritmemas.

> Esses elementos — escreve ele —, privilegiados ao nível de estruturas rítmicas, terão verosimilmente particular relevância também ao nível de significado e podem, portanto, fornecer a chave para uma tentativa de interpretação do "texto".[9]

---

[7] A primeira edição exclusivamente do cancioneiro de Martin Codax é a de T. Vesteiro Torres. Martin Codax. *Heraldo Gallego*, n. 147, p. 345-347. Orense, 7 de junio de 1876. Este estudo foi reproduzido, com ligeiras alterações, nas *Monografias de Vigo*. Vigo, 1878, p. 12-20. Lê-se aí na página 17: "*Estas siete canciones parecen que en rigor deben ser una sola, ya que es uno el asunto, por mas que las estrofas presenten variadas muestras de la antigua* maestria mayor y maestria menor."

[8] Roman Jakobson. Art. cit. *Change*, 6:53. Paris: Seuil, 1970. Veja-se também do autor *Questions de poétique*. Paris: Seuil, 1973, p. 293.

[9] Art. cit. *Cultura Neolatina*, 33: 30. Citamos pela tradução de Manuel Simões, incluída em *Poesia e ritmo*. Lisboa: Sá da Costa, 1983, p. 158.

O princípio da máxima regularidade rítmica, no qual, para Tavani, se esteia a distribuição dos acentos fortes nos dísticos que formam o corpo das cantigas, bem como o "controle sintagmático", invocado por ele para corrigir os resultados daquele princípio, são postos sob caução por Manuel Pedro Ferreira no capítulo VIII, onde observa que "'*unidades acentuais*' supostamente incindíveis como *amar amigo*, *amar amado*, *lo mar levado*, etc., são efetivamente cindíveis e podem de fato comportar dois acentos igualmente fortes". E acrescenta: "o recurso ao 'nível da expressão lingüístico-literária' para determinar os acentos principais dos refrães é contrariado pela morfologia sintagmática, não acentual, por estes exibida."

Dos trabalhos de Barbara Spaggiari o primeiro é uma minuciosa análise da estrutura poética das cantigas de Martin Codax, com vista a estabelecer uma tipologia das cantigas de amigo paralelísticas; o segundo, uma edição crítica das sete cantigas do jogral, em que a filóloga italiana concede preexcelência às lições do *CV* e do *CBN*, marginalizando as do *PV*, postura exatamente contrária à que adotamos em nossa edição de 1956. As razões que nos levam a não aceitar a sua leitura crítica, expusemo-las na comunicação *Sobre o texto e a interpretação das cantigas de Martin Codax*, apresentada ao Colloque International Critique Textuelle Portugaise, realizado em Paris entre 20 e 25 de outubro de 1981, cujas Atas serão brevemente* publicadas pelo Centre Culturel Portugais da Fundação Calouste Gulbenkian.

O estudo de Ismael Fernández de la Cuesta, de natureza musical, baseia-se no próprio texto do *PV*[10], cujo destino era ignorado desde quando o musicólogo e diplomata espanhol d. Rafael de Mitjana y Gordón o adquiriu de Pedro Vindel[11]. Um dos méritos do trabalho de Fernández de la Cuesta reside justamente no fato de haver levado ao conhecimento dos medievalistas a atual localização do códice na Pierpont Morgan Library de New York. Comunicação que foi a um colóquio de

---

* Já se encontram publicadas: Actes du Colloque Critique Textuelle Portugaise. Paris: Fondation Calouste Gulbenkian / Centre Culturel Portugais, 1986. A comunicação "Sobre o texto e a interpretação das Cantigas de Martin Codax" está publicada nesta coletânea, p. 39-55.

10 Veja-se a descrição que faz do manuscrito no artigo citado dos *Cahiers de Civilisation Médiévale*, 99-100: 180-181

11 Leia-se o que, a propósito, declara o próprio Pedro Vindel: "*En octubre de 1918 me visitó D. Rafael Mitjana, Diplomático español, por entonces con destino en Suecia, interesándose por todo cuanto tratase sobre música, pues dijo estaba haciendo el catalogo de obras existentes de esta disciplina en la Biblioteca de Upsala, y allí deseaban adquirir lo que no tenían sobre esta materia. Me compró en 6000 pesetas las* Canciones de Amor (...); *y así, por 6000 pesetas, salió de España el documento de más valor histórico-literario de cuantos he poseído*" (Paul Cid Noe. Pedro Vindel. *Historia de una librería*, 1865-1921. Madrid, 1945, p. 79-80).

música medieval[12], limitada portanto quanto ao número de páginas, teve Fernández de la Cuesta de restringir-se nela a uma sumária interpretação da parte melódica do manuscrito, confrontando-a apenas com a de um dos seus predecessores, d. Higinio Anglés[13].

A obra com que Manuel Pedro Ferreira ingressa no reduzido quadro de medievalistas portugueses dedicados ao estudo das artes verbal e musical, onde passa a ocupar um lugar de honra, é dessas que, pela riqueza de informações e sugestões que encerram, não podem ser bem analisadas nos estreitos limites de um prefácio. É ela a corporificação de anos de pesquisa de alguém especialmente indicado para levá-la a bom termo pelo seu sólido conhecimento da música medieval e dos recursos rítmicos e retóricos do tempo.

Não julgando bastante o cuidadoso exame procedido no que a bibliografia codaciana apresenta de fundamental, o jovem musicólogo português trasladou-se a New York com a finalidade de consultar o próprio manuscrito pergamináceo. A minuciosa descrição que dele aqui nos oferece, na qual se mencionam importantes particularidades codicológicas que a reprodução de Pedro Vindel e Said Armesto não deixa perceber, obrigará forçosamente os editores do cancioneiro do jogral de Vigo a refazerem em certos pontos as lições por eles propostas.

Antecipando-se a essa necessária revisão textual, Manuel Pedro Ferreira procura infirmar ou confirmar leituras anteriores com base na estreita correlação que estabelece entre a sua interpretação musical e a lingüística. Essa conjugação sistemática do texto musical com o texto poético torna a sua contribuição sempre valiosa, mesmo quando se possam fazer restrições à versão que adota.

Entre as novas leituras que sugere para a letra do texto codaciano, merecem, a nosso ver, um comentário especial a extensão concedida ao emprego do *-e* paragógico; o condicionamento maior da pontuação ao ritmo da melodia; a possibilidade de hiatizarem-se ditongos já consolidados não só no galego-português, mas no próprio latim; a reautonomia dada a duas vogais contraídas por crase; e a conservação da ordem das palavras e dos dísticos que contrariam os princípios, supostamente inflexíveis, que comandavam a estruturação paralelística.

---

12 *IIe Journées Musicologiques de Poitiers*, 7-8 mai 1982, sobre o tema: L'Amour et la musique: La chanson d'amour aux XIIe–XIIIe siècles. Troubadours et trouvères. As atas do colóquio foram publicadas nos *Cahiers de Civilisation Médiévale*, n. 99-100, XXVe année, juillet-décembre 1982.

13 Higinio Anglés. *La música de las Cantigas de Santa María del Rey Alfonso el Sabio*. Transcripción y estudio crítico. III, 2. *Las melodías hispanas y la monodía lírica europea de los siglos XII-XIII*. Barcelona: Biblioteca Central, 1958, p. 447-453 e 589-591.

É particularmente importante a comprovação, pelo testemunho da música, do que vínhamos afirmando desde 1949[14] com relação à obrigatoriedade do *-e* paragógico nos versos das paralelísticas terminados ou cesurados em palavras agudas. Manuel Pedro Ferreira assinala a existência da vogal epentética não só nos dísticos da cantiga VII, a única finalizada em palavras oxítonas:

Ay ondas, que eu vin veere,
se me saberedes dizere

Ay ondas, que eu vin mirare,
se me saberedes contare

mas também no interior destes versos das cantigas I:

Ondas do mare de Vigo
Ondas do mare levado

e V:

Quantas sabedes amare amigo
treydes comig'a lo mare de Vigo

Quantas sabedes amare amado
treydes comig'a lo mare levado.

Havendo entre a base e a coda "uma verdadeira cesura poético-musical", é justificável que a sílaba *mar*, término da base em posição forte nas duas cantigas, receba o *-e* paragógico.

Quanto à pontuação, o musicólogo português sugere que assim se transcreva o refram da cantiga I:

E ai Deus! Se verrá cedo?

pois que o tônus exclamativo se esgota na primeira parte, devendo a segunda parte, que no *PV* aparece "musical e paleograficamente demarcada daquela exclamação", terminar com entoação interrogativa.

No refram da cantiga IV — E vou namorada! — propõe ele a substituição do ponto de exclamação por reticências, argumentando que, "se considerássemos, no

---

[14] Leiam-se *O cancioneiro de Joan Zorro: aspectos lingüísticos, texto crítico, glossário*. Rio de Janeiro: Imprensa Nacional, 1949, p. 20-30; *Língua e verso*, 3. ed. Lisboa: Sá da Costa, 1984, p. 25-65; *Significância e movência na poesia trovadoresca*, p. 69-71.

refrão, apenas o seu texto, haveria que convir, com Celso Cunha, que 'o tônus afectivo do estribilho é, sem a menor dúvida, de natureza exclamativa'; justificar-se-ia, portanto, um ponto de exclamação final. Mas a música finaliza de uma forma tão pouco afirmativa, tão terna, tão suspensiva, que só as reticências se adequam à expressividade que veicula". Igual raciocínio aplica ao refram da cantiga VI — Amor ey! — da qual não se conservou a música.

Cremos que, nos dois casos, as características da curva melódica seriam melhor indicadas na escrita, apondo-se, no fim desses versos, o ponto de exclamação seguido de reticências, prática freqüente em escritores modernos[15].

Proposta realmente inovadora, para não dizermos revolucionária, no que se refere ao regime dos encontros vocálicos intraverbais na poesia trovadoresca, é a da emissão dissilábica dos pronomes *eu* e *meu* na cantiga I, onde por eles se distribuem duas figuras musicais. E isso em contraste com a leitura monossilábica, normal, das mesmas palavras nas cantigas II, IV e VII. Estamos, pois, diante de mais uma singularidade da versificação de Codax, que, na cantiga III, atribui duas sílabas ao pronome *mia* em próclise e usa a forma verbal *treides* ora como dissílabo (cantiga V), ora como trissílabo (cantiga III).

Para explicar dois versos de Codax que têm marginado controvérsias, Manuel Pedro Ferreira recorre à prática scriptorial — que se estendeu à imprensa dos primeiros séculos — de representar por uma só letra dois sons sucessivos que têm a mesma simbolização gráfica, o que nos obriga a desenvolvê-la, como fez, por exemplo, José Maria Rodrigues[16] relativamente ao verso camoniano, que na edição *princeps* se transcreve:

Vendo rosto o ferreo cano erguido.
(*Lus.*, IX, 74, 3)

Sua correta interpretação exige que se subentenda na vogal final de *vendo* um duplo *o*:

Vendo [o] rosto o ferreo cano erguido,
Vendo [ao] rosto o ferreo cano erguido.

isto é:

---

[15] Veja-se Celso Cunha e Lindley Cintra. *Nova gramática do português contemporâneo*, 2. ed. Lisboa: João Sá da Costa, 1985, p. 654 e 657.

[16] Estudos sobre os "Lusíadas", IX: Annotações à 2. ed. do prof. Epiphanio Dias. *Revista de Língua Portuguesa*, 33: 82, Rio de Janeiro, janeiro de 1925. O grande camonista português tratou em outras obras do assunto, que foi também objeto de reflexões do professor Sousa da Silveira em *Fonética sintática*. Rio de Janeiro: Simões, 1952, p. 79-80 e 167-170.

Aconselha o musicólogo português que se veja prática semelhante na lição que nos dá o *PV* para os versos 7 e 8 da cantiga I:

Se vistes meu amado,
por que ei gran coidado.

Na vogal final de *amado* estaria contido o demonstrativo *o*, que inicia o verso seguinte, de acordo com a lição dos apógrafos italianos e com a exigência da notação musical:

Se vistes meu amado,
[o] por que ei gran coidado.

Fusão vocálica do mesmo tipo encontra ele nos versos 8 e 11 da cantiga III para os quais, baseado no *PV*, mas em discordância com outros editores, propusemos as leituras, posteriormente acolhidas por Tavani:

e verrá i mia madr' e o meu amigo
e verrá i mia madr' e o meu amado.

Manuel Pedro Ferreira fortalece a nossa interpretação de 1956 com o desdobramento a que submete o *-e* de *madre*:

e verrá i mia madre [e] o meu amigo
e verrá i mia madre [e] o meu amado.

Com essa leitura, pedida pela melodia, os dois versos passam a ter 14 sílabas, uma vez que neles *mia* e *meu* são dissílabos.

Também merecem ser realçadas as considerações que se fazem neste livro sobre a não obediência aos cânones do paralelismo por parte de Codax, seja na ordenação das palavras dos versos 5 e 10 da cantiga IV, seja na disposição dos dísticos das cantigas III (vv. 7-8 e 10-11) e IV (vv. 7-8 e 10-11).

Levando em conta a aparente rigidez na concatenação estrófica das paralelísticas, alteramos em nossa edição a ordem desses dísticos para a que seria normal, e estava documentada nas lições do *CBN* e do *CV*. A Eugenio Asensio[17], porém, se afigurou que melhor seria termos deixado como estavam na folha volante mais essas infringências de Codax às regras formais do paralelismo, crítica que hoje nos parece justa. Manuel Pedro Ferreira acha que poderíamos até ver nesses casos discordantes da norma a presença de um recurso retórico.

[17] Sobre Ferreira da Cunha, Celso. *O cancioneiro de Martin Codax*. Rio de Janeiro, 1956. *Revista de Filologia Española*, 41: 429-434, especialmente p. 432-433. Madrid: CSIC, 1958.

Não queremos silenciar, por outro lado, palavras de louvor aos sólidos argumentos com que justifica a autoria codaciana da cantiga VII, posta em dúvida por alguns estudiosos, entre os quais Barbara Spaggiari.

Além dessas e de outras contribuições relevantes para a fixação do texto crítico do cancioneiro do jogral de Vigo, o ilustre musicólogo português não se esquece de relembrar que as cantigas trovadorescas, antes de serem preservadas em antologias, tiveram uma longa vida oral, difundidas pelos jograis, que as conservavam de memória. E tem razão de acentuar que a estrutura rítmica e musical desses cantares representava uma resistência, uma contra-regra à tendência à variação por "sua importância enquanto auxiliar mnemônico".

Terminando, diremos que a reflexão melancólica de Daniel Poirion relativamente à contribuição dos musicólogos para o aclaramento de questões básicas da versificação medieval[18], começa a perder sentido à vista de trabalhos como este, cujas conclusões — é fácil de prever — não serão aceites pacificamente. Nem seria desejável que o fossem. O livro não é polêmico, mas instiga a controvérsia.

Em lugar da desilusão de Poirion, devemos fortalecer a ilusão de chegarmos, em dia não distante, a um conhecimento pleno das relações interativas entre o texto poético e o texto musical dos trovadores. E nesse caminhar a obra de Manuel Pedro Ferreira marca uma etapa significativa, pois abre uma nova era nos estudos sobre o cancioneiro de Martin Codax, que, a par da riqueza musical, contém sete "*de ces orfèvreries verbales du XIIIe siècle*", no dizer de Roman Jakobson.

Rio de Janeiro, outubro de 1986

---

18 Com referência à contribuição dos musicólogos para um melhor conhecimento da versificação dos *trouvères*, particularmente no período compreendido entre Guillaume Machaut e Charles d'Orléans, escreve Daniel Poirion: "*Les Espoirs fondés sur les travaux des musicologues ont été déçus*" (*Le Poète et le prince. Evolution du lyrisme courtois de Guillaume de Machaut à Charles d'Orléans*. Paris: PUF, 1965, p. 439).

6
Amor e ideologia na lírica trovadoresca*

Crítica prévia

Partindo do pressuposto de que o amor cortês occitânico era uma sublimação do sentimento amoroso entre o trovador-amante e a dama, de situação superior e sempre casada, um amor adúltero, portanto, ao passo que os trovadores galego-portugueses, nas suas cantigas de amor e, principalmente, de amigo, celebravam em regra o amor ingênuo, um simples namoro entre um cavaleiro ou infanção e a dona-virgo, os estudiosos de nossa literatura medieval costumam conceder a esses textos uma pureza de sentimentos que a maioria está longe de possuir.

Um texto poético medieval é, por princípio, ambíguo, presta-se a mais de um entendimento, como o de toda poesia digna desse nome. No entanto, preceito

---

* Texto apresentado como conferência de abertura do I Congresso Internacional — Discurso e Ideologia —, do qual Celso Cunha foi o patrono, realizado de 14 a 18 de setembro de 1987, na Faculdade de Letras da UFRJ, e publicado nos *Anais* do referido Congresso, Rio de Janeiro, 1989, p.11-26.
O texto sai publicado sem a última revisão de Celso Cunha. Como as notas não foram encontradas, manteve-se apenas a numeração. Não se acrescentaram referências bibliográficas uma vez que o autor, na sua metodologia de trabalho, costumava elaborar exaustivas notas que dialogavam com o estudo.
Cotejou-se o texto datilografado com a gravação magnetofônica. Nas passagens em que houve discrepância entre a versão escrita e a falada, optou-se por aquela. Entretanto no parágrafo "Há sobre a mesura uma bibliografia enorme... um pouco a desejar no particular", registrou-se a versão falada, por acreditar que ela traduz melhor o pensamento do autor.

crítico tão elementar, repetido insistentemente pelos poetas e tratadistas do tempo, não tem informado as cândidas interpretações que, não raro, encontramos em grandes estudiosos do trovadorismo galego-português, como d. Carolina Michaëlis de Vasconcelos, Aubrey Bell, José Joaquim Nunes, Costa Pimpão e outros.

Mesmo Rodrigues Lapa, que, com sua respeitabilidade, prestou o relevantíssimo serviço de editar as cantigas de escárnio e maldizer (é bem verdade que fora da influência repressora da rígida moral salazarista), mesmo o sábio Rodrigues Lapa enreda-se na enganosa inocência das cantigas de amigo.

É claro que na poesia de um Pero Moogo, de um Vidal, judeu de Elvas, de um Estêvan Coelho, por exemplo, os temas do cervo ferido que busca dessedentar-se, da enamorada que vai a fonte encontrar-se com o amigo, do convite ao banho de amor, feito pela "fremosinha" que, desnuda, aguarda o amante, esses motivos líricos, tradicionalmente eróticos, têm sido, por sua evidência, assim caracterizados pelos estudiosos.

Mas — e para nos atermos a um só exemplo de ingenuidade interpretativa muito generalizada —, lembremos o caso de Martin Codax, um dos melhores e mais republicados líricos medievais da Península, cuja mensagem poética tem sido examinada apenas na superfície, naquilo que nos diz o sentido literal: uma enamorada que, lamentosa, espera junto às ondas a volta do amado.

Entretanto, essa poesia, analisada à base da função desempenhada pelas águas nas literaturas medievais, é, sem dúvida, das mais eróticas do trovadorismo galego-português.

Essas interpretações elementares estão ligadas a uma questão maior.

Durante muito tempo a poesia trovadoresca de Galiza e Portugal foi considerada simples extensão do trovadorismo occitânico.

Os programas e os compêndios tratavam a matéria sob o título genérico de "Lirismo de inspiração provençal", ou de "Escola provençal".

Depois vieram os estudos que procuraram reivindicar o caráter autóctone de parte substancial dessa poesia: cantigas de amigo, de escárnio e maldizer, por exemplo. As últimas consideradas retratos fiéis de acontecimentos de época. Esquece-se, no entanto, essa crítica apressada de que tais poemas satíricos obedecem a princípios retóricos, por vezes rígidos, adotados no *vituperium* medieval.

Deixou-se, com isso, de estudar o fenômeno trovadoresco como um todo — matizado é certo aqui e ali por condições regionais específicas —, mas, no conjunto, expressão de certos anseios sociais, de ideologias que interligavam a Provença à Catalunha, e esta ao resto da Península. A corte do Rei-Sábio era um importante centro cosmopolita, em que estiveram vários trovadores occitânicos.

Nem se deve esquecer de que parte substancial das cantigas galego-portuguesas, mesmo de caráter profano, foi aí composta.

Creio que, se nos aplicássemos a uma cuidadosa releitura crítica dos textos trovadorescos com métodos semelhantes aos que têm sido usados nos campos da história e da novelística medieval por esses grandes renovadores, que são os professores José Matoso e Ivo Castro, chegaríamos, sem dúvida, a resultados animadores, ou, talvez mesmo, surpreendentes.

Passemos agora ao texto de nossa comunicação, que pretende ser um pequeno passo nesse sentido.

Em *Le Temps des cathédrales*, obra que nasceu clássica, Georges Duby, depois de descrever em ligeiras pinceladas a retraída posição da mulher na sociedade cavaleiresca, essencialmente masculina, do século XI, põe em relevo a profunda mudança do papel por ela desempenhado na vida social do século seguinte, situações contrastivas documentadas pela arte religiosa coeva.

> A alta cultura do século XI ignora a mulher, e a arte quase não lhe deixa espaço. Não há figuras de santas, ou, se existem, são ídolos de ouro com olhos de vespa, postados às portas das trevas e cujo olhar perdido ninguém ousa enfrentar. As raras imagens femininas que se enfeitam com alguma graça na decoração dos santuários são alegorias coroadas que representam os meses e as estações, destroços que sobrevivem, com as estrofes latinas com que o seu ritmo está de acordo, aos desastres da estética clássica — irreais, inatuais, tanto como flores de retórica. Hierática, distante, a Mãe de Deus mostra-se por vezes no seio das transposições da narrativa evangélica. Simples comparsa, na verdade: o seu rosto está no plano de fundo como, nas assembléias de homens de guerra, o da esposa do senhor. As mais das vezes, a mulher é uma liana, sinuosa, serpentina, a má erva que se mistura com a boa semente para a estragar. Lasciva, não é ela o germe de corrupção que os moralistas da Igreja denunciam, Eva tentadora, responsável pela queda do homem e por todos os pecados do mundo?[1]

Transformação radical opera-se nesse quadro, e Georges Duby assim a retrata:

> Majestosamente, a Virgem introduz-se na piedade do século XII, rodeada de toda uma escolta de santas: pecadora, esperança das prostitutas, Madalena triunfa em Vézelay e na Provença. Ora, no mesmo momento em que se inicia o desvio do Cristianismo para valores femininos, começava-se a exaltar a mulher nas cortes cavaleirescas das terras do Loire e do Poitou. Os cantos celebram os atrativos da esposa do senhor, a dama, nos jogos da cortesia todos os jovens nobres procuravam ganhar o seu coração. O culto da Virgem e o culto da dama procedem de movimentos distintos, desenvolvidos no fundo das mentalidades e de que a história mal entrevê ainda a força e os ritmos. Mas respondem-se [...]. Toda uma

> floração literária, profana tanto quanto sagrada, acompanha a estatuária de Chartres e responde ao lirismo marial de são Bernardo. A França desse tempo descobre o amor — o amor cortês ao mesmo tempo que o amor de Maria. Ambigüidade. Sublimar o erotismo carnal, captar estas correntes de sensibilidade, desviá-las para as liturgias da Igreja, tal foi a tarefa dos prelados, em primeiro lugar, dos monges.[2]

Essa exaltação e difusão do culto mariano, que atinge o seu clímax no século XII, mas que continua intenso no século XIII e pelos tempos em fora, teve grande influência nas artes em geral. Quase todas as igrejas construídas em França na baixa Idade Média foram dedicadas à Virgem e se tornaram importantes centros de devoção e peregrinação: Chartres, Rocamadour, Mont Saint Michel, Saon, Soissons, etc. Quanto aos seus reflexos nas literaturas da Península Ibérica, basta-nos recordar as *Cantigas de Santa Maria*, atribuídas ao rei d. Afonso X, o Sábio, monumento poético constituído de 427 composições líricas — as *cantigas de loor* — e narrativas, cuja temática obsessiva são os milagres de Nossa Senhora. A devoção a Maria Madalena, a quem Cristo aparecera depois da Ressurreição, é de certa forma complementar nesse tempo em que a Igreja se liberta dos preconceitos tradicionais e se abre ao culto feminino.

O Cristianismo até então seguia menos a palavra de Cristo do que a de são Paulo e dos primeiros padres da Igreja, consubstanciada no ideal do monaquismo e do ascetismo, que via na mulher "a suprema tentação, *janua diaboli*, o maior de todos os obstáculos no caminho da salvação".[3]

Dentro de tal doutrina, predicada nos púlpitos, excluíam-se naturalmente as monjas, subtraídas às tentações deste mundo corrupto. Mas o próprio matrimônio — para alguns teólogos e moralistas, uma das condições de vida menos desejáveis — longe estava de ser a redenção da mulher. Se, por um lado, lhe trazia o nobilitante sacramento da Igreja, por outro, entregava-a à discrição do marido, a quem devia uma obediência cega. É eloqüente no particular o exemplo de Menagier de Paris, "um esposo burguês, amoroso e sensível", que, no entanto, não hesita em comparar "o amor da mulher pelo marido ao do cão pelo seu dono, chegando a afirmar que todas as suas ordens, justas e injustas, fúteis ou importantes, convenientes ou inconvenientes, devem ser obedecidas"[4]. Punia-se a desobediência com castigos corporais, prática respaldada pela legislação canônica.

No século XII modifica-se tal situação, pelo menos nas classes que poderíamos chamar aristocráticas. A Igreja continua a proclamar o caráter sagrado e indissolúvel do casamento, bem como a absoluta subordinação da mulher ao marido. O feudalismo, porém, vai subordiná-la ao seu feudo, e as condições da vida feudal nem sempre são propícias à obediência desses dogmas.

> Pode-se dizer que, num certo sentido, as condições de vida feudais preparavam os senhores e os nobres para buscarem a satisfação dos desejos sexuais fora do casamento. Os grandes escolhiam a esposa em razão do feudo que ela traria, em razão de interesses políticos.[5]

Geralmente essa seleção era feita pelos mais velhos. Tratava-se, pois, de um simples negócio, e negócio ligado à propriedade da terra, fonte de todos os bens. A esposa tinha por função precípua procriar, garantir a continuidade da linhagem. "O amor e os prazeres, o marido encontrava-os junto às concubinas", que forneciam os bastardos de que viviam cheias as casas senhoriais.

Embora no regime feudal as mulheres pudessem tornar-se proprietárias de terra, investindo-se, com isso, nos títulos e nos encargos que lhes eram inerentes, a maioria dessas "ricas herdeiras de grandes fortunas, de extensos domínios" preferiam geralmente, depois do casamento, a ociosidade na opulência. O marido, antes tutor ou chefe que amante, andava a maior parte do tempo ausente em cruzadas, torneios e batalhas. Essa carência de afeto sofrida pela esposa, a sua infelicidade conjugal, veio a dar mesmo origem a um tema que assumiu alta relevância na poesia trovadoresca — o da *mal maridada*.

A propósito, escreve Moshe Lazar:

> A "mal maridada" podia então encontrar fora do casamento uma compensação a suas decepções. Os jograis, os trovadores vão lhe prestar um *serviço amoroso*, modelado sobre o *serviço feudal*. Eles vão chamá-la *mi dons* (*mi dominus*) [os trovadores galego-portugueses denominam-na *mia senhor*], reconhecendo-lhe a mesma autoridade que o vassalo reconhece a seu senhor. E o poeta investe-se em *homme-lige*, o servidor leal de sua dama.[6]

A esse amor feudalizado convencionou-se chamar *amor cortês*.

Características do amor cortês

No campo da literatura medieval, a expressão *amor cortês* (*amour courtois*) começou a generalizar-se depois que Gaston Paris, provavelmente influenciado por um passo do jogral Peire d'Alvernha, dela se serviu, em 1883, num estudo sobre *Lancelot*, de Chrétien de Troyes.[7]

Ao sentimento assim designado os trovadores denominavam *verai' amors*, *bon' amors* e, principalmente, *fin' amors*.

Os medievalistas, com ligeiras discrepâncias, assim têm caracterizado o amor cortês dos trovadores occitânicos.

Ele se opõe diretamente às leis do matrimônio, pois que, se o objeto do amor é em geral uma mulher casada, o amante nunca é o marido. A dama desejada com intensa devoção pertence quase sempre a um estamento superior ao do homem, cuja paixão avassaladora e ciumenta deve ser contida, mesurada. Amor, realimentado das próprias emoções, desenvolve-se em estereótipos que o ritualizam. É um amor inatingível, um "amor de longe", como explicitamente se declara na obsessiva temática do trovador Jaufre Rudel. Não se trata propriamente de uma recusa do prazer carnal, mas de tirar outros prazeres, mais profundos, dos obstáculos para concretizá-lo ou, mesmo, de sua total abstinência.

> Na lógica do sistema amoroso cortês, o prazer do amor (*jauzir*) anularia a tensão erótica entre o amante e a sua amada, o desejo (*dezirier*), e conseqüentemente o processo crescente de aperfeiçoamento por ele alimentado. Torna-se assim compreensível porque o marido, em sua função, é anticortês. Possuindo a mulher, não é capaz do *dezirier* [ou seja, de desejá-la ardentemente], razão por que não pode ser por ela educado para a cortesia. O prazer sensual é *fals' amors* ao passo que o amor fundado no *dezirier* é *fin'amors*. O marido não se apresenta como um rival do amante, e os perigos que dele provêm não se referem ao cerne do vínculo amoroso. Perigo real para o amante oferece, no entanto, o *lauzengier*, cujas mentiras e cujos enganos podem prejudicar a dama em suas relações com a sociedade. Nessa figura estão retratados os rivais, que se encontram virtualmente na mesma posição de pretendente do amante cortês.[8]

Duas dessas características do amor cortês, pacificamente aceitas e reiteradamente apontadas como fundamentais pela historiografia literária — quais sejam as de que as damas objeto do culto amoroso dos trovadores eram em regra mulheres casadas e que estavam sempre numa situação social superior à do amante —, foram em 1975 submetidas a um reexame crítico por William D. Paden, que o levou a conclusões surpreendentes.

Tais afirmações, escreve ele,

> baseiam-se em um número reduzidíssimo de textos. Nós procuramos proceder a uma verificação sobre cerca de quinhentas líricas trovadorescas [...]. Os testemunhos recolhidos são esporádicos, de todo irrelevantes. Podemos assim concluir que essas duas opiniões críticas correntes refletem uma tendência da crítica de privilegiar o seu próprio ponto de vista em detrimento daquele expresso pelos trovadores.[9]

Embora as pesquisas de Paden alterem a condição do elemento feminimo predominante — não mais a *domina*, mas a *puella*, tal como na poesia galego-portuguesa —, para Mario Mancini, que se refere com um grão de ironia a conclusões fundadas na estatística e no *common sense*, o amor cortês não deixa, com isso, de ser "uma busca de um amor idealizado e imaterial".[10]

No caso, parece-nos imprescindível reexaminar também a doutrina dos tratados do tempo — como o *De amore*, de Andreas Cappellanus, e o *De vero amore*, do Anônimo de Erfurt — e, principalmente, os postulados de *fin'amors* estabelecidos pelo trovador Raimon de Miraval, que, por se considerar (e, a crer nos contemporâneos, com justiça) mestre na arte de amar, se impôs o dever de impedir a sua amada e o seu senhor de cometerem erros no campo da cortesia.

Para Miraval é *Amor*, entendido como o código cortês, que cumpre ser obedecido. É ele que exige a submissão à sua autoridade da amada e do amante, cujos deveres e direitos podem ser assim resumidos:

1°) A dama não deve estimular um pretendente para, em seguida e sem razão, desencorajá-lo.

2°) Não deve ela mantê-lo muito tempo na incerteza, alongando indefinidamente os prazos de conveniência.

3°) Não deve fazê-lo esperar mais do que seja útil a sua recompensa. O amor fenece quando não recebe algum encorajamento.

4°) Ela não deve interromper a vassalagem amorosa, despedindo o seu amigo sem um motivo de peso; dando crédito, por exemplo, às intrigas dos maldizentes *lauzengiers*.

Com razão, lembra René Nelli que tal conselho "se liga ao princípio mais geral inscrito no código cortês: à dama cabe distinguir com clareza o verdadeiro do falso".[11]

5°) Ela comete um grave pecado, o mais grave de todos, se não é fiel ao seu amante e admite ao mesmo tempo vários admiradores. O beijo de amor a um só é concedido.

6°) Sob o pretexto de submetê-lo à prova da fidelidade, não deve impor ao seu escolhido tormentos excessivos e desalentadores.

7°) Enfim, se ocorre a ruptura, ela deve ser clara e franca. É geralmente a dama, e não o amante (cuja paciência não tem limites), quem toma a iniciativa da separação. Mas, quando o amor não é mais possível entre ambos, o amante não deve, por ciúme, impedir de realizar-se nova união, mais harmoniosa e "desejada por Deus", nem passar a odiar o novo amante.

É bom recordar que, na poesia trovadoresca, Deus protege sempre os amantes e despreza os maridos ciumentos. No *De amore*, de Andreas Cappellanus, admite-se mesmo que o amor intenso com a própria esposa é uma forma de adultério muito mais grave do que com outra mulher.

Quanto ao comportamento do amante, Raimon de Miraval recomenda:

1°) Em primeiro lugar, deve ele corresponder à atitude distante da dama com uma admiração confiante que o obriga a obedecer incondicionalmente a todas as suas ordens, a satisfazer-lhe os mínimos desejos e vontades. O jogo de amor assume, assim, tonalidades sadomasoquistas.

2º) Para Miraval, o amor é necessariamente "um conjunto de bens e de males". Não há amor sincero sem sofrimento. Por conseqüência, o amante deve suportar as provações que lhe são impostas com paciência e perdoar as injustiças de sua amiga, porque o essencial para ele é ser amoroso e poder beneficiar-se do enriquecimento interior que o seu amor lhe traz.

3º) O ciúme, da parte do homem, é perfeitamente legítimo. Raimon de Miraval considera-o uma virtude cortês na medida em que o impede de amar e de cortejar várias mulheres ao mesmo tempo, ou em que nele desenvolve as qualidades corteses que o amor requer: a discrição, a prudência, etc. Mas o ciúme não deve ser excessivo. Não cabe, por exemplo, repreender a dama por se mostrar amável com outros homens, porque é de seu dever fazê-lo.

Em síntese: todas as qualidades corteses pautam-se pela *mesura*.

Os deveres da dama e do trovador são, pois, recíprocos [e complementares]: o trovador, em recompensa da proteção que recebe da dama e da honra que esta lhe faz, procura, através dos mil serviços que lhe presta, *enanssar sas lauzors*, ou seja, torná-la ainda mais digna de ser louvada pela sociedade cortês.[12]

Essa idealização de um amor imaterializado foi objeto de forte contestação nos estudos de Irénée-Marcel Cluzel e, principalmente, de Moche Lazar e F.R.P. Akehurst, como veremos a seu tempo.

Feitas essas considerações de ordem geral sobre as características do amor cortês, passemos a examinar mais de perto algumas delas à luz de uma crítica recente e renovadora.

No estudo do amor cortês dos trovadores occitânicos é indispensável, de um lado, estabelecer previamente a sua cronologia (em vista das diferenças profundas que envolve o sentido da expressão nos séculos XII, XIII e XIV) e, de outro, fixar o significado de certos termos-chave, que lhe são inerentes ou com ele estão diretamente relacionados: *cortesia*, *mesura*, *pretz*, *valor*, *jovens* e *joy*.

Há entre os medievalistas uma freqüente confusão terminológica especialmente entre *cortesia*, *amor cortês* e *fin'amors*, considerados por alguns, como Jacques Wettstein e Henri Dupin, sinônimos perfeitos.

A propósito da palavra *cortês*, Jean Frappier faz estas procedentes considerações:

O sentido da palavra *cortês* é complexo, ela é empregada tanto com um valor mais extenso — por exemplo, quando se refere de um modo generalizado à moral cavaleiresca e às elegâncias da polidez mundana —, tanto com um valor

> mais restrito, mais sutil, mais *puro*, quando designa uma arte de amar que não é acessível ao comum dos mortais, esse embelezamento do desejo erótico e essa disciplina da paixão que constituem propriamente o amor cortês.[13]

A polissemia da palavra *cortês* transmite-se naturalmente aos seus derivados, razão por que nem sempre é fácil desfazer a ambigüidade e determinar com precisão o sentido de um termo básico da civilização medieval como *cortesia* possui em determinado contexto.

Ligada ao sentido moral de cortês, *cortesia* exprime um conjunto de qualidades e virtudes. Insere-se entre os atributos do tipo *jovens*, *mesura*, *pretz*, *valor* e *donar*. Seu antônimo, *vilania*, simboliza, por seu turno, certo número de defeitos e vícios, tais como a avareza, a covardia e a infidelidade. Compreende-se que numa poesia de caráter mecenático a avareza dos senhores feudais era o maior dos males para os trovadores e jograis. Daí não se cansarem eles de condená-la e de louvar a largueza de seus protetores.

A distinção ideológica entre *corte* e *vila* revela-se na oposição permanente, sistemática, de todos os derivados: *cortês* e *vilão*, *cortesia* e *vilania* ou *vilanagem* (prov. *vilanatge*), *encortezir* e *vilanejar*.

Também na cavalaria o aspecto ético da cortesia ocupava um lugar importante.

> Mas quando os trovadores falam de cortesia são motivados sempre, ou quase sempre, por uma preocupação moral ou por uma emoção estética, pois que a palavra está estreitamente ligada à concepção que os trovadores têm do amor. Nesse caso nada a relaciona com o sentido social de *cortês*, aplicável fundamentalmente a uma classe aristocrática de homens; não é ela o apanágio exclusivo da cavalaria e da nobreza. Sendo a *fin'amors* uma arte de amar, aquele que observa o seu código é obrigatoriamente cortês.[14]

Daí concluir Moshe Lazar que, ao contrário do que geralmente se afirma, o amor cortês não é uma categoria de cortesia, um de seus elementos constitutivos. A *cortesia* dos trovadores occitânicos, ao revés, é essencialmente um produto da *fin'amors*.

O amor é que possui a virtude de tornar o homem vilão ou cortês, como expressamente o diz Cercamon:

> Por ela (não nos devemos esquecer de que *amors* em provençal é feminino, o que permitia ao trovador transfundir na palavra a própria amada)
> Por ela serei falso ou fiel,
> Ou leal ou trapaceiro,
> Ou vilão ou cortês,
> Ou ativo ou preguiçoso.[15]

Este sentido da *cortesia* occitânica não se documenta nas cantigas galego-portuguesas. Nos três exemplos que nelas se colhem, a palavra conserva sempre a sua aura de dignidade, de virtude social, de comportamento cavaleiresco exemplar.

Nos cancioneiros profanos, aparece num sirventês de Martin Moya que reveste a forma de discordo (*CBN* 896 — *CV* 481) e numa tenção de Joan Soares Coelho e Picandon (*CV* 1021). Nesta o trovador português ironiza a condição do jogral de Sordelo. No primeiro, o termo se inclui entre os bens regidos pela cultura (*crerizia*): *paz*, *solaz*, *cortesia*:

A crerizia
per que soía
todo bem reger:
paz, cortesia,
solaz.........

Nas *Cantigas de Santa Maria* ocorre apenas uma vez, inserido entre os predicados da Virgem:

Outra Dona seer non poderia
atal com'esta, ca Deus foi juntar
en ela prez e sen e cortesia
e santidade............

(*CSM*, 180, vv. 55-58)

Outro elemento fundamental do amor cortês é a *mesura*, o comedimento, um modo de se conduzir socialmente que implica "equilíbrio dos sentimentos e da razão, uma harmonia entre o coração e o espírito".

Para Folquet de Marseille a *cortesia* é essencialmente uma questão de *mesura*.

Cortesia non es als mas mezura.

Anteriormente, Marcabru havia distinguido as duas virtudes, considerando *mesura* uma forma nobre de falar e cortesia uma arte de amar:

Mesura es de gea parlar
E cortesia es d'amar.

Pode, no entanto, vangloriar-se de cortesia aquele que obedeça às regras da *mesura*:

De cortezia is pot Vaner
Qui ben sap Mesur'esgardar.

Para Marcabru o amor verdadeiro é essencialmente composto de *alegria*, *paciência* e *mesura*.

Jois, sofrirs e mezura.

Há sobre a *mesura* uma bibliografia enorme e uma célebre tese de Jacques Wettstein que, apesar dos seus méritos evidentes, parte de certas preocupações religiosas que deixam um pouco a desejar no particular.

Jovén

Um dos termos de mais rico e complexo significado na poesia occitânica é *jovén*, que literalmente significa "juventude". Mas já nos primeiros trovadores — Guilherme IX, Marcabru, Alegret, Bernart Marti e Piere d'Auvergne — o sentido da palavra aparece com um valor moral que se assemelha ao da *futuwwa* árabe, em que estudiosos, como Denomy, vêem a integração de seis elementos: *liberalidade* e *aceitação*, *fidelidade* e *honra*, *repressão sexual* e *vida pura*.

Joy

Interpretações as mais variadas têm sido propostas para este termo-chave da *fin'amors*.

Alfred Jeanroy descobre no conceito de *joy* um valor quase metafísico, uma exaltação espiritual e mística do amor. Settegast vê nele um amálgama de 'serviço cortês' e 'Amor', isto é, o apogeu do culto da dama e do amor. Eduard Wechssler chega à conclusão de que se trata de um prazer puramente sensual cujas origens ascenderiam ao paganismo grego. Jacques Wettstein apresenta a *joy* como 'o clima moral em que o amante cortês toma consciência da mesura', e a interpreta esotericamente. Pierre Belperron explica *joy* como um 'sentimento novo, desconhecido dos Antigos e da Cristandade da Idade Média, que, acima da realização sexual, cria o prazer de amar esta exaltação sentimental, que, sem ser estranha ao desejo, o transcende, espiritualizando-o'. Para Mário Casella *joy* é igual à *delectatio* da tradição agustiniana, e só se pode explicar por ela. Denomy, porém, acha que *joy* não corresponde absolutamente à *delectatio* nem ao *gaudium*; representa antes um movimento, uma atividade da alma que ama, uma fonte de regeneração espiritual. Carl Camproux afirma que não se pode confundir *joy* e *gaug*, pois que o último exprime uma *joy passiva*, enquanto a dos trovadores é quase sempre ativa: um jogo, um exercício.

Subjacente a cada uma dessas interpretações sente-se a própria concepção que os seus autores têm de amor cortês e, até mesmo, da própria natureza da poesia medieval occitânica.

A crermos no trovador Peire d'Alvernha, havia duas espécies de *joy*. Uma, produto da *fin'amors*, espiritual, interiorizada, durável, perfeita, por ele chamada o *gaug entier* (a *joy* íntegra). Outra, o *gaug ufanier* (a *joy* instável), é sensual, infiel, efêmera, aviltante. Ou, traduzindo o próprio trovador:

há duas espécies de joy: a dos sentidos
e a do conhecimento:
uma é degradação (*abaissamens*),
a outra, elevação (*creissensa*).

Todas as duas formas de *joy* são atestadas nos trovadores occitânicos e, sem denominação específica, nos trovadores galego-portugueses.

Em alguns textos exprime o máximo do prazer amoroso ou a exaltação do desejo de amor, e, não raro, representa, como deixou claro Moshe Lazar, o corpo da dama, o *corpo velido* dos nossos trovadores, ou simplesmente o seu nome; traduz, por vezes, os sentimentos e as sensações estimulados por um olhar ou um beijo; concretiza-se, outras, diante das maravilhas da natureza primaveril e do convite à união de todas as criaturas, tema que ecoa na Península em alegres bailadas:

Baylemos agora, por Deus, ay velidas
sô aquestas avelaneyras frolidas
e quen fôr velida, como nós velidas,
s' amig'amar,
sô aquestas avelaneyras frolidas
verrá baylar!

(Joan Zorro, *CBN* 1158 — *CV* 761)

Também d. Denis se refere a essa espécie de *joy* nos seguintes versos:

Proençais soem muy ben trobar
e dizem eles que é con amor,
mays os que troban no tempo da frol
e non en outro, sey eu ben que non
an tan gran coyta no seu coraçon
qual m'eu por mya senhor vejo levar.

(Lang, n. XLVII)

Muitas vezes os trovadores atribuem a outra o termo que parece específico de uma determinada virtude, o que também ocorre entre alguns eminentes medievalistas.

Apesar dos méritos inegáveis da obra de Glynnis M. Cropp, *Le Vocabulaire courtois des trobadours de l'époque classique* (Genève: Droz, 1975), longe estamos de conhecer todos os matizes semânticos do vocabulário amoroso dos trovadores, esses malabaristas do verbo, cujo texto está sempre derrogando "a regra de interpretação fundada sobre o referente do real e do vivido" (Roger Dragonetti).

Resumindo: quase todas as explicações da *joy* tendem a eliminar ou a minimizar o elemento erótico.

Ora, a noção de *joy* está desenganadamente inserida na ideologia da *fin'amors* e em toda a sua complexa casuística, que, a nosso ver, andam muito distantes das influências místicas e metafísicas preconizadas por prestigiosos medievalistas.

Modernamente o amor cortês tem interessado aos psicanalistas. Jacques Lacan dedicou-lhe parte substancial do *Seminaire XX — Encore* (Paris: Seuil, 1975); Luce Irigaray dele trata em *Ce sexe qui n'en est pas un* (Paris: Minuit, 1977) e em *Speculum. De l'autre femme* (Paris: Minuit, 1974); e Roland Barthes em *Fragments d'un discours amoureux* (Paris: Seuil, 1977), onde no capítulo *Domnei* se lê:

> A mecânica da vassalagem amorosa exige uma futilidade sem termo. Isso porque, se se quer que a dependência se manifeste em sua pureza, ela deve apresentar-se nas circunstâncias mais irrelevantes e tornar-se quase vergonhosa à força de pusilanimidade: esperar um telefonema é de certa forma uma dependência muito perigosa, ilimitada. Eu me impacientarei então com a tagarelice das bisbilhoteiras que, na farmácia, atrasa meu retorno ao aparelho do qual me estava servindo. E, como este telefonema, que eu não quero perder, me trará uma nova ocasião de escravizar-me, dir-se-á que eu procuro agir energicamente para preservar o próprio espaço da dependência, e permitir que ela se exerça.

E acrescenta Barthes:

> Se eu assumo minha dependência, é porque ela é para mim um meio de *significar* meu pedido. No campo amoroso, a futilidade não é uma fraqueza 'ou um ridículo': ela é um signo forte. Quanto mais é fútil, mais significado possui e mais se afirma como força.

Os estudos psicanalíticos sobre o amor cortês têm tido o mérito de chamar a atenção para o texto e nisso coincidem parcialmente com uma medievalística recente, que considera o tema em causa uma pura ficção literária.

Seja como for, não nos podemos abstrair de que, antes do mais, como lembra Robert Guiette,

> a canção cortês é uma criação artística, uma criação teórica. Com todos os elementos da tradição, tentam os trovadores construir um 'objeto', uma realidade nova. O seu escopo não é uma confissão, mas uma canção. Envolvem-se num jogo, que é o da composição, elaboração de um conjunto verbal definitivo, de um texto para cantar, de um texto cantado.

E Michael Meylach, um discípulo de Lotman, acrescenta:

> A mesma linguagem poética tem uma propriedade modelante e estruturante, capaz de organizar o universo cortês de uma forma específica.

Não nos detivemos neste estudo no exame das origens do amor cortês, porque seria motivo para um curso, e não uma palestra. Lembraria apenas que a tese de uma possível influência parcial árabe foi retomada e defendida com rigor por medievalistas eminentes.

E parece cada vez mais contestável a de uma influência religiosa, especialmente a de uma transposição do culto de Maria. A historiografia atual pende francamente para uma origem autóctone, explicável pelas especiais condições do Sul da França até a cruzada contra os Albigenses.

Mas o campo continua livre para as hipóteses mais ousadas. Peter Dronke não descobriu os caracteres do amor cortês no Egito do II milênio antes de Cristo?

As práticas do amor humano costumam repetir-se através dos tempos.

Todos sabemos que, depois do segundo conflito mundial, começou a circular o aforismo, que ganhou corpo na revolução estudantil de 68 em França: "Não faça a guerra, faça o amor". Pois bem. O filólogo italiano Eugenio Massa procurou mostrar que o aforismo em questão desce as suas raízes até a Bíblia. O Deuteronômio reconhece ao homem o direito de ser feliz com sua mulher e, pelo menos no primeiro ano do matrimônio, libera-o de todas as obrigações para com a comunidade, inclusive a de pegar em armas para defendê-la. Ou na palavra bíblica: "Quando um homem tiver tomado uma mulher há pouco tempo, não irá à guerra, nem se lhe imporá cargo algum público, mas estará descansando sem culpa em sua casa, a fim da passar alegre um ano com sua mulher."

Não seria certamente a *joy* dos trovadores, que pressupõe o amor concubínico, ou, na forma do *jauzer*, o *concubitus sine actu*.

A propósito, convém lembrar que, no *De amore*, Andreas Cappellanus reconhece a palavra da dama que propõe superar a antinomia entre matrimônio e amor livre com a síntese dos esposos amantes, uma idéia que entra em pugna com os cânones da época, mas, como vimos, recebe a bênção dos patriarcas do Velho Testamento.

E, agora, para terminar:

"O amor cortês", diz-nos Lacan, "brilhou na história como um meteoro e vimos retornar, em seguida, as quinquilharias de uma pretendida renascença de trastes antigos. O amor cortês continuou enigmático."

E é esse caráter enigmático que torna inevitável dele perpetuamente falarmos, pois, como adverte Luce Irigaray, ao criticar o narcisismo neofeudal de Lacan — "defensor de uma rígida economia fálica através da teologia negativa do discurso analítico" —, o amor e o prazer do outro se ritualizam em um estilo. No caso, o estilo do amor cortês.

Da ideologia e casuística do amor feudalizado resta-nos hoje apenas uma mitologia, "o nada que é tudo".

Ou, nas palavras de Luce Irigaray:

O feudo agora é o discurso.

7
Sobre a evolução ortoépica das formas *ledo* e *leda*[*]

As pesquisas que há tempos vimos realizando sobre a forma expressional dos poetas da língua, especialmente no período compreendido entre os séculos XIII e XVI, nos têm mostrado que à maioria dos editores de textos rotulados de críticos pouco interesse desperta uma questão prévia, fundamental, qual seja, procurar estabelecer, com a possível segurança, o timbre aberto ou fechado que possuíam na época as vogais tônicas *a*, *e* e *o* ocorrentes em palavras empregadas pelo autor objeto do estudo. E esse desinteresse comprova-se mesmo em editores de textos do século XVI, que em geral não se valem dos preciosos ensinamentos que nos fornece a obra dos gramáticos e ortógrafos do tempo, principalmente a partir de 1539, quando João de Barros começa a pôr em prática o seu sistema gráfico em que tais distinções de timbre são claramente indicadas.[1]

Aqui examinaremos apenas a história ortoépica das formas *ledo* e *leda*, que continuam o latim *laetu*, *-a*, e nela estabeleceremos quatro períodos:

1º) do século XIII até meados do século XIV (período trovadoresco);

2º) de 1450 a 1516 (acervo do *Cancioneiro geral*, de Garcia de Resende);

3º) século XVI (de Gil Vicente a Diogo Bernardes);

4º) a partir do século XVII.

---

* Este ensaio foi publicado em *Homenagem a Joseph M. Piel por ocasião do seu 85º aniversário*. Instituto de Cultura e Língua Portuguesa/Consello da Cultura Galega. Ed. por Dieter Kremer. Tübingen: Niemeyer, 1988, p. 221-236.

1 Veja-se a propósito a excelente monografia de Paul Teyssier: "La Prononciation des voyelles portugaises au XVIe siècle d'après le système orthographique de João de Barros", *Annali del Istituto Universitario Orientale*, 8 (1): 127-128. Napoli, 1966.

1º Período (trovadoresco): princípios do século XIII até meados do século XIV

Neste período tanto a forma masculina como a feminina possuíam o *e* tônico aberto [ɛ].

É o que passamos a justificar, partindo do pressuposto, pacificamente aceito pelos especialistas, de que na versificação dos séculos XIII e XIV a homofonia rímica era rigorosa.

Embora as duas formas do adjetivo tivessem largo emprego na lírica trovadoresca, o feminino *leda*, uma das qualificações básicas do estado de espírito na "*descriptio puellae*", ocorre geralmente no interior do verso.[2] Quando o finaliza, este não se prende pela rima a nenhuma outra: é sempre, para usarmos a terminologia do tempo, uma "palavra perduda".

Sirvam de exemplo estas estrofes:

Des oy mays andarey *leda*,
meu amigo, poys vos vejo,
ca muyt' á que non vi cousa
que mi tolhesse desejo
des que vos de mi partistes
tẽes ora que me vistes.
(D. Fernan Rodríguez de Calheyros, *CBN* 629 — *CV* 230)

Ca novas mi disseron
ca ven o meu amigo,
e and' end' eu muy *leda*
poys tal mandad' ey migo,
poys tal mandad' ey migo
ca ven o meu amigo.

Ca novas mi disseron
ca ven o meu amado,
e and' [end'] eu muy *leda*
poys migu' é tal mandado,

---

[2] Cf. *CBN* 5; *CBN* 699 = *CV* 300; *CBN* 706 = *CV* 307; *CBN* 739 = *CV* 341; *CBN* 740 = *CV* 342; *CBN* 796 = *CV* 380; *CBN* 833 = *CV* 419; *CBN* 865 = *CV* 451; *CBN* 918 = *CV* 505; *CBN* 1018 = *CV* 608; *CBN* 1019 = *CV* 609; *CBN* 1139 = *CV* 730; *CBN* 1140 = *CV* 731; *CBN* 1147 = *CV* 739; *CBN* 1164 = *CV* 767; *CBN* 1175 = *CV* 781; *CBN* 1188 = *CV* 793; *CBN* 1199 = *CV* 804; *CBN* 1246 = *CV* 851; *CBN* 1265 = *CV* 871; *CBN* 1289 = *CV* 894; *passim*.

poys migu' é tal mandado
ca ven o meu amado.
(Bernal de Bonaval, *CBN* 1135 — *CV* 726)[3]

e este refram:
Leda dos amores,
dos amores *leda*.
(Pero Moogo, *CBN* 1188 — *CV* 793)[4]

A não existência ao tempo de formas capazes de alternar em rima com *leda* foi certamente a razão que levou o trovador d. Joan Soárez Coelho a empregar em consonância a mesma palavra no seguinte refram:

E por aquest' ando *leda*;
gran dereyt' ey d'andar *leda*
e andade migo ledas.
(*CBN* 685 — *CV* 287)[5]

Esses fatos são por si índices da abertura da vogal tônica da forma em estudo[6], pois que a terminação [eda], com *e* fechado, existia na época em *moeda*

---

[3] Nestas duas estrofes tanto *leda* como *disseron* se repetem simetricamente em forma de dobre.

[4] Alguns fazem corresponder estes pentassílabos a um hendecassílabo, o que não altera a questão aqui tratada.

[5] A rima incide também na forma *ledas* do 3º verso do refram.

[6] É estranho que o professor Leodegário Azevedo Filho, que há algum tempo se vem dedicando ao estudo dos textos líricos de Camões, onde o feminino *leda* ainda deveria possuir o *e* aberto, tenha escrito o seguinte com relação a sua pronúncia na língua dos trovadores galego-portugueses: "o timbre do /e/ dá margem a dúvidas, pois é fechado e não aberto, como deveria ocorrer. Williams (DLP) supõe que tivesse havido metafonia no masculino (*laetu*, *letu*), por influência do /u/. Assim, o feminino *leda*, com /e/ fechado, seria analógico. Em espanhol, como se sabe, é *leda*, sem ditongação, embora aí se esperasse a forma *lieda* (inexistente). Corominas (DCELC) admite que, no caso, o espanhol tenha provido do português. Sílvio Elia, em conversa com o autor deste volume, inclinou-se a pensar que o espanhol e o português partiram de uma base comum na Península Ibérica. Haveria, assim, um hipotético *letu, com /e/ longo e fechado" (*As cantigas de Pero Meogo*, 1. ed., Rio de Janeiro, Gernasa, 1974, p. 112; 2. ed., revista, Rio de Janeiro: Tempo Brasileiro, 1981, p. 138). Ressalve-se que nada há a objetar ao ensinamento de Williams, que não fixa no período medieval o efeito metafônico na forma masculina, nem o analógico na feminina.

A propósito, convém recordar que, em sua crítica ao sistema ortográfico adotado pelo padre Augusto Magne na edição de *A demanda do Santo Graal* de 1944, o professor Joseph M. Piel condenou certas grafias que podiam "mesmo ser fonte de erro, como, por exemplo, se não estamos equivocados, em *lêda*, fem. de *ledo* (*laetus*), onde 'a priori' nada se pode dizer a respeito da qualidade da vogal" (Anotações críticas ao texto da "Demanda do Graal", Coimbra, 1946, p. 2, nota 3 (Separata de *Biblos*, v. XXI, com numeração própria).

(<*monē*ta); *azeda*, feminino do adjetivo *azedo* (< acētu)[7]; e, talvez, no substantivo *seda*, que só ocorre no interior do verso e cuja origem, como veremos, não tem sido satisfatoriamente explicada.

Também o masculino *ledo*, na quase totalidade das ocorrências, vem empregado no interior do verso.[8] Em situação final documentam-se apenas dois exemplos seguros e um duvidoso.

Aparece na "palavra perduda", que é o terceiro verso desta estrofe da cantiga de Fernan Rodríguez de Calheyros atrás citada:

Des oy mays non vos vaades,
se amor queredes migo,
ca jamays non ar fuy *ledo*
meu coraçon, meu amigo,
des que vos de mi partistes
tẽes ora que me vistes.

(*CBN* 629 — *CV* 230)

O exemplo duvidoso encontra-se numa cantiga que Rodrigues Lapa atribui a Fernand'Esquio (*CBN* 1607 — *CV* 1140), da qual só o *CBN* conserva a última estrofe, muito estropiada, especialmente no 5º e 6º versos, assim reconstituídos pelo medievalista português:

e non ande triste, nen ande *ledo*,
nen vaa deante, nen a derredo.[9]

Mais segura é a ocorrência da rima de *ledo* com *Ovedo* e o mesmo *derredo* nesta estrofe de um *escarnho* de Ayras Pérez Vuyturon, que transcrevemos na leitura de Rodrigues Lapa:

---

7 Nas cantigas trovadorescas, *azedo* só se documenta como substantivo e na acepção de "vinagre" (cf. *CBN* 484 = *CV* 67; *CSM* 403 e 422 da edição de Walter Mettman). Mas não será aventurado supor que já se empregasse então como adjetivo, uso corrente no século XIV. Cf.: "*e guardate que o vinagre non seja mais, salvo que* [a] *aguoa seja hu pouco como* azeda" (*Livro de falcoaria de Pedro Menino*, publicado com introdução, notas e glossário por Rodrigues Lapa, Coimbra, Imprensa da Universidade, 1931, p. 6).

8 Cf. *CBN* 150 = *CA* 35; *CBN* 198 = *CA* 94; *CBN* 258 = *CA* 137; *CBN* 358 = *CA* 207; *CBN* 462; *CBN* 486 = *CV* 69; *CBN* 586 = *CV* 189; *CBN* 629 = *CV* 230; *CBN* 805 = *CV* 389; *CBN* 872 = *CV* 456; *CBN* 893 = *CV* 477; *CBN* 957 = *CV* 544; *CBN* 962 = *CV* 549; *CBN* 968 = *CV* 555; *CBN* 974 = *CV* 561; *CBN* 1070 = *CV* 661; *CBN* 1083 = *CV* 675; *CBN* 1142 = *CV* 734; *CBN* 1167 = *CV* 773; *CBN* 1175 = *CV* 781; *CBN* 1265 = *CV* 871; *CBN* 1319 = *CV* 924; *CBN* 1614 = *CV* 1147; *passim*.

9 *Cantigas d'escarnho e de mal dizer dos cancioneiros medievais galego-portugueses*, 2. ed., Santiago de Compostela: Galaxia, 1970, p. 238.

Don Fernando, vejo-vos andar *ledo*
con deantança que vos deu el-Rey;
adeantado sodes, eu o sey,
de San Fagundo e d'Esturas d'*Ovedo*;
e poys vos Deus ora tanto ben fez,
punhade d'ir adeant' ua vez,
ca, atra aqui, fostes sempr' a *derredo*.
(*CBN* 1480 — *CV* 1091)

Derredo é quase um hápax na língua dos trovadores galego-portugueses, mas a expressão *a derredo* significa, sem dúvida, "para trás", sendo sinônima de *a redro*, que se documenta neste passo de d. Afonso X, o Sábio:

E des oy mais sa fazenda / nunca irá adeante,
ante tornará *a redr'*, e / sempre será malandante;
(*CSM* 297, vv. 45-46)[10]

Para Rodrigues Lapa, *derredo* está por *de redo*, forma dissimilada de *de retro*.[11] Melhor será admitir que a dissimilação se tenha dado já na forma evolutiva *redro*, à semelhança da que se processou com o verbo *redrar*, tornado [*ar*]*redar*. Ambas as formas, com o mesmo sentido de "afastar", foram empregadas nas *Cantigas de Santa Maria*:

Que deu hua voz tan grande, / que quantos estavan y
o oyron; e a terra / tremeu, segund' aprendi,
e a omagen tan toste / *redrou* seu Fillo de ssi.
(*CSM* 164, vv. 26-28)

... ian matar
daquel Soldan barvudo
as gentes, e *arredar*
do muro já movudo.
(*CSM* 28, vv. 81-84)

Quanto à questão que aqui nos preocupa, ou seja, o timbre da vogal tônica, não pode ele marginar dúvidas. Derivado de *de retro*, através de *de redro*, *derredo* teria a vogal naturalmente aberta.

---

10 Cita-se pela edição de Walter Mettmann: Afonso X, o Sábio. *Cantigas de Santa Maria*, editadas por..., 4 v., Coimbra: Acta Universitatis Conimbrigensis, 1959-1972.

11 Rodrigues Lapa, op. cit., p. 136.

Aberta seria também a vogal tônica de *Ovedo* (= *Oviedo* < *Ovetu*), já que a sua ditongação em castelhano pressupõe a natureza breve e a posição em sílaba livre.

Outro argumento de peso em favor da abertura do *e* na forma masculina é o fato de um adjetivo de tão largo emprego na lírica medieval só aparecer duas vezes em rima, e com palavras não comuns no léxico trovadoresco, que encerrava um grande número de palavras terminadas em *-edo*, com *e* fechado [e]: *avelanedo*, *azedo*, *cedo*, *dedo*, *degredo* (< *decrētu*), *quedo* (< *quiēto*), *Laredo*, *Toledo*, etc.

Verifica-se o mesmo com o substantivo *medo*, também então com *e* aberto [ɛ], que só se documenta em rima com o hápax *vedo*[12] num *escarnho* de d. Afonso, o Sábio:

> O que da guerra se foy con gran *medo*
> contra sa terra, espargendo *vedo*,
> non ven al mayo.
>
> (*CBN* 496 — *CV* 79)

A não ocorrência da rima *ledo* / *medo* na poesia trovadoresca pode explicar-se talvez por uma certa incompatibilidade semântica entre os dois termos.

Quanto à forma *ledo*, que aparece em textos castelhanos desde o século XIII[13], Joan Corominas e José A. Pascual consideram-na um empréstimo do galego-português, e justificam:

> Si fuese palabra realmente castellana debiéramos tener **liedo* (forma que parece llegó a existir; por lo menos la cita lo glosario de la Antología de Alfonso el Sabio por Solalinde, aunque no la he verificado en los textos; pero en todo caso hubo de ser rara). Un cultismo tendría seguramente la forma *leto*; luego debe suponerse que se tomó de la lírica galaico-lusitana, que hacía gran uso de *ledo*.[14]

Embora seja mais que provável a origem galego-portuguesa do castelhano *ledo*, *-a*, não há razão para pôr em dúvida a existência nesse idioma do arcaico *liedo*, continuação normal do latim *laetu*.

A forma foi usada efetivamente na *Primera crónica general*, de Afonso, o Sábio, como atesta este passo:

---

12 Quanto à origem e ao sentido de *vedo* (= imundície, porcaria), leia-se José L. Pensado, "¿Paralelo hispánico del italiano *vieto*?", in *Studi in onore di Italo Siciliano*, tomo 2, Firenze: Olschki, 1966, p. 975-983. Veja-se também Rodrigues Lapa, op. cit., p. 50.

13 A mais antiga documentação conhecida de *ledo* em castelhano é a do manuscrito *A* dos *Milagros de Nuestra Señora*, de Berceo. Cf. Joan Corominas/José A. Pascual, *Diccionario critico etimológico castellano e hispánico*, v. 3, Madrid: Gredos, 1980, s. v.

14 Op. cit., s. v.

E Scipion, quando esto uio, fue muy *liedo*, ca touo que Dios le auie fecho mayor mercet e mayor bien que a ninguno de los otros que fueran enuiados contra los de Çamora[15].

E também na *Biblia medieval romanceada*, onde se colhem estes exemplos:

Et assi como dante era *liedo* Dios por vos, faziendovos bien et multiplicandovos, assi se alegrara destruyendovos e estragandovos, por q*ue* vos tire d*e* la ti*e*rra en que entraras a h*e*redar.[16]

No combras en *e*l pa*n* *liedo*. Siete dias combras pan de q*ue*xamie*n*to, sin levadura, car salist con miedo de Egipto, por *que* te venga emie*n*t d*e*l dia d*e* la tu sallida de Egipto todos los dias de tu vida.[17]

Em *pan liedo*, no último exemplo, *liedo* equivale a *liebdo* (de **lĕvĭtus* por *levatus*), que no sentido de "fermentado com lêvedo" aparece em outros textos medievais castelhanos, como *La Fazienda de ultra mar*[18].

Curioso é que Sá de Miranda, usuário normal da forma *ledo*, tenha empregado *liedo* na égloga *Nemoroso*, escrita em castelhano:

Va *liedo*, va seguro, va sin miedo,
Sobervio, inchado, loco va, que asi
Se cae a ser mas triste de mas *liedo*![19]

Liedo, no caso, é certamente uma criação do espanhol mirandino modelada no paralelismo entre o português *medo* e o espanhol *miedo*.

---

15 *Primera crónica general de España* que mandó componer Alfonso el Sabio y se continuaba bajo Sancho IV en 1289, publicada por Ramón Menéndez Pidal con la colaboración de Antonio G. Solalinde, Manuel Muñoz Cortés y José Gómez Pérez, tomo 1, Madrid: Gredos, 1955, p. 30, 1ª col.

16 *Biblia medieval romanceada*. I. *Pentateuco*. Edición de Américo Castro, Agustín Millares Carlo y Angel J. Battistessa, Buenos Aires: Facultad de Filosofía y Letras, 1927, p. 275 (= Deuteronomio, XXVIII, 63).

17 Op. cit., p. 259 (= Deuteronomio, XVI, 3).

18 Veja-se Almerich, *La Fazienda de ultra mar*. Biblia romanceada et Itinéraire biblique en prose castillane du XIIe siècle. Introduction, édition, notes et glossaire par Moshé Lazar, Salamanca, Acta Salmanticensia, 1965, p. 224. Que *pan liedo* do exemplo anterior está por *pan liebdo* (= pão fermentado) comprova-se com o mesmo passo do Deutoronômio na versão trecentista da *Biblia medieval romanceada judío-cristiana*, que diz: "*No comas sobre él* cosa liebda" (cf. Edición y estudio introductorio por el P. José Llamas, O.S.A., v. I, Madrid: CSIC/Instituto Francisco Suárez, 1950, p. 273).

19 *Poesias de Francisco de Sá de Miranda*, edição por Carolina Michaëlis de Vasconcelos, Halle: Max Niemeyer, 1885, p. 355.

Acrescente-se que no castelhano *ledo* foi sempre termo literário, estando hoje em desuso; no asturiano, porém, continua vivo na língua vulgar.[20]

2º Período (*Cancioneiro geral*): de cerca de 1450 a 1516

No *Cancioneiro geral*, de Garcia de Resende, as duas formas do adjetivo empregam-se normalmente no interior dos versos.

A forma masculina ocorre apenas uma vez em fim de verso rimando com *quedo*, mas tal ocorrência nada prova, já que se trata de um texto em castelhano, onde ambas as palavras tinham o *e* fechado [e]:

Que de vos nunca pensé
fallarme sino qual *quedo*,
gloria nunca la pasé,
ni jamás nunca me sé
menos triste ni más *ledo*.[21]

É estranho, porém, que, havendo no português da época várias palavras terminadas em - *edo* (com [e]), *ledo* nunca apareça em rima com elas, nem com *medo*, que no século XV já teria o *e* fechado pela freqüência do seu emprego em consonância com *azedo*, *cedo*, *dedo*, *quedo*, *segredo*, *Azevedo* e *Barbedo*.

Do feminino *leda* temos, no entanto, dois exemplos em rima com a forma verbal *arreda* [a'ʀɛda]:

Que de vos ver e falar
dias e tempos *m'arreda*,
mui caros de soportar,
sabendo que meu pesar
vos nam faz triste, mas *leda*.[22]

Com isso nos arredamos
de Deos, bem de nós *s'arreda*.
Merecemos
polo mal que praticamos,

---

[20] Cf. *Vocabulario del bable de occidente*, por Bernardo Acevedo y Huelves y Marcelino Fernández y Fernández, Madrid: Centro de Estudios Históricos, 1932, s.v.

[21] Dom Joam de Meneses, *Cancioneiro geral*, de Garcia de Resende, Lisboa, 1916, fl. XVv (cita-se pela edição fac-similar de Kraus Reprint Corporation, New York, 1967, com a ortografia simplificada).

[22] Álvaro de Brito, *Cancioneiro geral*, fl. XXXI*v*.

nam vivermos vida *leda*
qual queremos.[23]

E outros dois em rima com *queda* ['kεda]:

Eu mui triste e vós mui *leda*,
ó senhora! ó senhora!
se o mal que sento agora
fosse d'ambos, como *queda*
algu' ora.[24]

E vós, por maior vitoria
haverdes e serdes *leda*,
achegastes-m' a mor groria
por me dardes maior *queda*.[25]

Os dois últimos exemplos documentam um fato importante. Nos cancioneiros trovadorescos *leda* não podia rimar com *caeda*, porque essa forma tinha *e* fechado [e]. Com a passagem de *caeda* a *queeda* e, depois, a *queda*, a abertura da vogal provocada pela crase eliminou o entrave à rima em tela.

Existe, porém, na língua, desde o século XIII, outra palavra escrita igualmente *queda*, mas com *e* fechado, porque proveniente do latim *quiēta*. Essa forma ocorre várias vezes no *Cancioneiro geral*, onde rima com *azeda*, *moeda*, *seda*, *Reboreda* e *vereda;* jamais com *leda*.

Do exposto comprova-se que até 1516, pelo menos, *leda* conservava, sem a menor dúvida, o timbre aberto [ε] de sua vogal tônica. E é provável que também *ledo* o mantivesse, principalmente nos registros altos, à vista do que observamos na versão portuguesa quatrocentista do I livro da *Imitação de Cristo* (1468?). O seu autor, frei João Álvares, adota a duplicação da vogal para indicar o seu timbre aberto. Assim: *aalma*, *laaços*, *ceeo*, *feestas*, *coor*, *oolhos* (em contraste com *olho*)[26]. Nos exemplos aí ocorrentes tanto a forma feminina *leda* como a masculina *ledo* vêm grafadas com dois *ee:*

---

23 Id., ibid., fl. XXVIr.

24 Duarte de Brito, *Cancioneiro geral*, fl. XLIr.

25 Jorge Resende, *Cancioneiro geral*, fl. CLXXXVIIr.

26 Veja-se Isabel Vilares Cepeda, *A linguagem da "Imitação de Cristo" (Versão portuguesa de Fr. João Álvares)*, Lisboa: Centro de Estudos Filológicos, 1962, p. 56. Também as vogais nasais vêm duplicadas, mas a presença do til distingue-as das vogais abertas.

Leeda sayda a meude para a tornada triste, e *a leeda* vigilia do serãao faz a manhãa triste.[27]
Huas [cousas], quando somos tristes, convẽ que cuidemos, e outras quando com Deus formos *leedos*.[28]

3º Período (de Gil Vicente a Diogo Bernardes): século XVI

A partir da obra de Gil Vicente (1502-1536?), o estudo da ortoépia baseado na rima dos poetas exige a maior cautela, pois o grande dramaturgo português introduziu o hábito de rimar vogais abertas com fechadas, provavelmente por influência do castelhano, em que, ao contrário do nosso idioma, tais vogais não se opõem fonologicamente.

Podemos admitir que, na língua corrente do século XVI, o masculino *ledo* já houvesse sofrido a inflexão que provocou o fechamento de sua vogal tônica[29]; não, talvez, nos registros mais altos, pelas razões que exporemos a seu tempo.

Embora reconhecendo o fraco valor probante dos exemplos quinhentistas, pela advertência feita, examinemos a prática de alguns dos maiores poetas do tempo.

Sá de Miranda emprega *ledo* em rima com *medo* e *cedo*:

Depois que se as[s]egurou
Como quem para com *medo*
Contra nós com rosto *ledo*
Assi de novo tornou.[30]

Vês tu cousa nesta vida
Por que deva de ser *ledo*?
Eu a tenho comprendida
Inda mal, que foi tam *cedo*.[31]

E, num passo de autoria duvidosa, também com a forma *credo*:

---

[27] Op. cit., p. 37.

[28] Op. cit., p. 34.

[29] Embora tenhamos lido com cuidado as primeiras edições da maioria das obras de João de Barros — cujo sistema gráfico poderia dirimir dúvidas —, nelas não encontramos um só exemplo de *ledo* nem de *leda*.

[30] Cf. ed. cit., p. 388.

[31] Cf. ed. cit., p. 388.

A Santa por que ficasse
o Santo contente e *ledo*,
e mais por que a Deos louvasse,
lhe roga que lhe rezasse
o pater noster e o *credo.*[32]

O feminino *leda*(*s*) só aparece no interior de um verso mirandino:
Vede-las *ledas* cantar.[33]

Na prosa da *Menina e moça* ocorre com relativa freqüência tanto a forma masculina como a feminina do adjetivo, o que não sucede nas cinco églogas de Bernardim Ribeiro, onde elas nunca se dispõem em rima.[34] Apenas uma das cantigas que finalizam a edição de Ferrara (1554) traz em consonância *ledo* e *cedo*:

Toda a descriçam consiste
em saber homem com *cedo*
que nenhum prazer faz *ledo*,
pois o ser da vida é triste.[35]

Também na égloga *Crisfal* nenhuma das formas do adjetivo se encontra em rima.

Na obra camoniana, o masculino *ledo*, usado geralmente no interior do verso, rima sempre com palavras que já possuíam ao tempo o *e* fechado de hoje.

Assim, em *Os lusíadas* aparece em consonância com *medo* e *cedo* (III, 105), com *Toledo* e *medo* (IV, 10), com *quedo* (< *quiētu*) e *arvoredo* (VII, 29) e com *medos* (IX, 16).

Na *Lírica* o mesmo se observa. Tomando como ponto de referência a edição do professor Álvaro Júlio da Costa Pimpão[36], verificamos que no soneto 13 rima

---

[32] *A egipciaca Santa Maria*. Poema de Francisco de Sá de Miranda pela primeira vez publicado por Teófilo Braga. Porto: Chardron, 1913, p. 146.

[33] Cf. ed. Michaëlis, p. 229. O masculino *ledo* ocorre duas vezes internamente (cf. ed. cit., p. 154 e 465).

[34] A nossa pesquisa fixou-se principalmente nas formas do adjetivo em final de verso, mas parece-nos que elas não foram usadas em nenhum passo das églogas de Bernardim Ribeiro nem do *Crisfal*.

[35] Cf. Bernardim Ribeiro e Cristóvão Falcão, *Obras*. Nova edição conforme a edição de Ferrara preparada e revista por Anselmo Braamcamp Freire e prefaciada por dona Carolina Michaëlis de Vasconcelos, v. 2, Coimbra: Imprensa da Universidade, 1923, p. 315 (= fl. CLVIII da edição de Ferrara).

[36] Luís de Camões, *Rimas*. Texto estabelecido e prefaciado por ..., Coimbra: Acta Universitatis Conimbrigensis, 1953. Há uma edição posterior (Coimbra: Atlântida, 1973), que não altera os exemplos aqui citados. A numeração dos poemas é a adotada pelo professor Costa Pimpão.

com *arvoredos*, *rochedos* e *penedos*; na elegia VI, com *medo* e *quedo*; na écloga III, com *cedo*; na écloga VI, com *penedo* e *quedo* e, também, no plural, com *penedos* e *rochedos*; em *Sôbolos rios que vão*, com *arvoredo* (vv. 56 e 59) e com *arvoredo e medo* (vv. 131, 133 e 135).

Quanto à forma feminina, em *Os lusíadas* rima ela com *seda* e *arremeda* (II, 93), com *seda* e *veda* (II, 96), com *sedas* (VI, 58) e com *queda* (IX, 67).

Na *Lírica* só uma vez se encontra em rima. É neste passo da canção *Já a roxa manhã clara*, onde se dispõe em consonância com *arremeda* e *arreda:*

A luz suave e *leda*
a meus olhos me mostra por quem mouro.
e os cabelos de ouro
não igual aos que vi, mas *arremeda:*
esta é a luz que *arreda*
a negra escuridão do sentimento
ao doce pensamento.[37]

As formas verbais da 1ª conjugação *arreda*, *arremeda* e *veda* possuíam no século XVI *e* aberto [ɛ], do que nos dá claro testemunho João de Barros.[38]

Com relação ao adjetivo *queda* (<*quiēta*) e ao substantivo *seda*, os indícios são de que teriam ao tempo — e mesmo anteriormente — o *e* fechado, embora a história ortoépica de ambos esteja a pedir pesquisas semelhantes à que elaboramos para *leda*, *-a*. A existência do substantivo e da forma verbal *queda* com [ɛ], e a introdução na língua, talvez pelo próprio Camões[39], do cultismo *quieta*, que vai fixar-se também com *e* aberto, tudo isso pode ter concorrido para a possível vigência na segunda metade do século XVI de uma dupla pronúncia do adjetivo *queda*. Lembre-se, a propósito, que pelas grafias adotadas por João de Barros[40], as formas *grego* e *grega* eram emitidas com *e* aberto ou, mais freqüentemente, com *e* fechado, como no português contemporâneo. Quanto à *seda*, aceita-se geralmente que provenha do latim *saeta* "cerda", "pêlos duros de animais", apesar das dificuldades apontadas por Corominas e Pascual[41] . Nesse caso, a palavra deveria ter con-

[37] Cf. ed. cit., p. 225.

[38] Veja-se Paul Teyssier, op. cit., p. 176-177.

[39] Cf. *Lusíadas*, III, 89, onde *quieta* rima com *Maometa* e *meta*, forma esta com e fechado (vj. Paul Teyssier, ob. cit., p. 179). A primeira datação conhecida de *quieto*, *-a*, em português é a de *Os lusíadas* (1572). Vj. Antônio Geraldo da Cunha, *Dicionário etimológico Nova Fronteira da língua portuguesa*, Rio de Janeiro, 1982, s.v.

[40] Veja-se Paul Teyssier, op. cit., p. 172.

[41] Joan Corominas/José A. Pascual, op. cit., v. 5, Madrid: Gredos, 1983, s.v.

servado até 1516, pelo menos, o timbre aberto de sua vogal tônica, à semelhança do que se comprova com *leda*. Mas a documentação existente parece infirmar essa hipótese. Dos exemplos que se colhem na poesia trovadoresca nada se pode concluir quanto à pronúncia da palavra nos séculos XIII e XIV, porque todos eles ocorrem no interior dos versos. Assim: *CBN* 1382 — *CV* 990; *CBN* 1556; *CBN 1622* — *CV* 1155-6; *CSM 95; CSM* 117; *CSM* 159; passim[42].

O fato de *seda* só rimar no *Cancioneiro geral* com palavras que possuíam *e* fechado [e] leva-nos a admitir que também fosse esse o timbre de sua vogal no galego-português, o que melhor enquadra a forma do nosso idioma no conjunto românico, pois as correspondentes em todas as línguas da família pressupõem uma base etimológica com *e* fechado.[43]

Retornando ao exame das formas objeto deste estudo e resumindo o que foi dito: a rima com formas verbais que apresentavam, sem sombra de dúvida, [ɛ] (o que jamais se dá com o masculino *ledo*) e com duas outras palavras cuja história ortofônica é mal conhecida, aconselha-nos a admitir que, no tempo de Camões, *leda* conservava ainda o primitivo timbre aberto de sua vogal tônica.[44]

E os exemplos colhidos na obra de Diogo Bernardes mostram-nos que essa situação deveria estender-se até o fim do século XVI.

Bernardes rima *ledo(s)* com *arvoredo*, *cedo*, *concedo*, *medo(s)*, *penedo(s)*, *quedo(s)*, *rochedo(s)* e *segredo(s)*, todas palavras com *e* fechado.[45] *Leda* apresenta-se em consonância com *veda*, *queda(s)*, *seda* e *conceda*.[46]

O que mais importa no testemunho de Diogo Bernardes é, porém, o fato de ter sido usado na primeira edição de *O Lyma*[47] um sistema de acentuação gráfica que nos induz a crer que, na norma culta do tempo, tanto *leda* como *ledo* continuavam a manter o timbre aberto do *e*.

---

[42] A palavra é empregada em duas acepções: na de "cerda", "pêlos duros de animais", vem sempre no plural; na de "fio ou tecido de seda", só ocorre no singular.

[43] Vj. Joan Corominas/José A. Pascual, ibid.

[44] Acrescente-se que, pelo que expusemos anteriormente, mesmo que *seda* e *queda* tivessem ao tempo a vogal fechada, não era isso impedimento de serem usadas em rima com *leda*. A obra camoniana documenta largamente a rima de vogais de timbres distintos.

[45] Veja-se Diogo Bernardes, *Obra completa*, com prefácio e notas do prof. Marques Braga, 3 v., Lisboa, Sá da Costa, 1945-1946. Cf. v. I, p. 27, 30-31, 35, 49, 112, 141; v. II, p. 20, 29, 38-39, 57, 85, 86, 105, 116-117, 184, 234, 276-277; v. III, p. 117, 131, 132, 178, 182.

[46] Id., ibid., v. I, p. 112; v. III, p. 116-117.

[47] Cf. *O Lyma*, de Diogo Bernardez em o qual se contem suas eglogas & cartas. Lisboa: Simão Lopez, 1596.

Adota-se nessa edição o princípio de sobrepor um acento agudo às vogais abertas *a*, *e* e *o*. Entre as palavras em que o [ɛ] vem acentuado estão: *désse(s)*, *déstes*, *emprégas*, *féra*, *fésta*, *Galatéa*, *géral*, *léda(s)*, *lédo(s)*, *pégada*, *pégo*, *podér* (subj.), *podéra*, *poétas*, *prégas*, *quéro*, *sésta*.

Embora tal princípio não seja obedecido com rigor, na maioria das ocorrências *ledo* e *leda* trazem o acento em causa, sendo mesmo sistemático o seu emprego no primeiro terço da obra, onde contamos 14 exemplos de *lédo(s)* e dois de *lédas* para um de *ledo* e um de *leda*.[48]

Desnecessário será dizermos que nenhuma das outras palavras que se dispõem em consonância com *ledo* recebem o referido acento, mais uma prova de que a sua vogal tônica era fechada.

4º Período: a partir do século XVII

Nos registros altos do idioma tanto *leda* como *ledo* mantiveram o *e* aberto até fins do século XVIII, conforme se depreende do ensinamento dos ortógrafos e tratadistas de versificação, que nos falam também do seu progressivo desuso[49], ou, mesmo, de sua arcaização.[50]

Madureira Feijó (1734) escreve *lédo*, e o acento agudo em seu sistema ortográfico é índice da abertura da vogal.[51]

D. Luís Caetano de Lima (1736) refere-se expressamente ao timbre da vogal, ao declarar:

> Nas [terminações] em DA, DO, se pronuncia E *aberto* nos nomes *Média*, *Quéda*, *Crédo*, *Lédo*, *Médo* (nome de Nação) e no verbo *Védo*. He porem *fechado* em *Greda*, *Seda*, *Bredo*, *Cedo*, *Medo*, *Quedo*[52] .

Frei Luís do Monte Carmelo (1767) considera *leda* forma antiquada e não a inclui entre as palavras terminadas em *-eda* (*-edo*), cuja ortografia indica:

---

[48] A partir do segundo terço da obra decresce muito o emprego do acento agudo indicador da abertura vocálica, razão por que ele quase não mais aparece nas formas *ledo* e *leda*.

[49] Vj. João de Moraes Madureira Feijó, *Orthographia ou arte de escrever, e pronunciar com acerto a lingua portugueza*. Lisboa Ocidental: Miguel Rodrigues, 1734, p. 375.

[50] Vj. fr. Luís do Monte Carmelo, *Compendio de orthografia*. Lisboa: Antonio Rodrigues Galhardo, 1767, p. 629.

[51] Op. cit., p. 375.

[52] *Orthographia da lingua portugueza*, por d. Luís Caetano de Lima. Lisboa Ocidental: Antonio Isidoro da Fonseca, 1736, p. 24.

> Os *Nomes*, e *Advérbios* em *eda*, *edo*, tem Accento circumflexo na Letra *e*, como Azêda, Grêda, Sêda, Azêdas, Grêdas; Azêdo, Azevêdo, sobrenome e Lugar; *Brêdo*; *Cêdo*; *Degrêdo*; *Figueirêdo*, sobrenome; *Mêdo*, isto he, temor; *Quêda*, *Quêdas*, vozes antigas, isto he, *Quiéta*, *Quiétas; Quêdo*, *Quêdos*, isto he, *Quiéto*, *Quiétos; Roborêdo*, sobrenome; *Degrêdos*, *Mêdos*, &c.
> Exceptuam-se *Béda* e *Cinédo*, Nomes proprios; *Lavaréda*, ou *Labaréda*, *Méda*, e *Médo*, isto he, mulher, e homem natural de *Média; Moéda*, *Quéda*, isto he, *Descenso*, ou inclinaçam, ou genio inclinado; *Quéda*, Cidade do Reino de Siâm na India, a que alguns chamam *Quedá;* e *Torpédo*, peixe, que também se-châma *Tremélga*. Os Curiaes também dizem *Méda*, v. g. de trigo.[53]

Miguel do Couto Guerreiro (1784), no Dicionário de consoantes, que é a segunda parte do seu *Tratado de versificação portugueza*, inclui o nome próprio *Leda* e o poético *leda* entre os de terminação *-éda* (com *e* aberto), fazendo-os rimar com *meda*, *moeda*, *almoeda*, *queda*, *Beda*, e com as formas verbais *arreda*, *enreda*, *veda*, *hospeda*, *desenreda*, *arremeda*, *azeda*, *emmeda*, *engreda*, *embebeda*, *amoeda*, *leveda*, *en69vereda*.[54] Também *ledo*, que ele considera termo poético antiquado, vem incluído entre as consonâncias de vogal [ɛ].[55]

E agora, para terminar.

No português atual a vitalidade do adjetivo *ledo*, *-a* é mínima, para não dizer nula. No Brasil só estamos habituados a ouvi-lo em expressões fixas, pertencentes à linguagem de pessoas cultas, como *ledo engano*, *leda credulidade* e poucas mais.[56]

As duas formas do adjetivo continuam, no entanto, a viver com plenitude em várias regiões da Galiza.

Baseado em recentes pesquisas dialetais, Constantino García aponta o seu emprego, com o sentido de "contente", em Compostela, Crecente, Curtis, Guitiriz, Melide, Santaia e Vilardevós[57]. Nada nos diz, porém, sobre o timbre da tônica, o que nos procurou esclarecer em carta o nosso amigo José Luís Rodríguez. Segun-

[53] Op. cit., p. 84. No texto lê-se, por engano, *Mêdia*. Também nele está *Quédo*, mas o A. emendou para *Quêdo* na Errata.

[54] Miguel do Couto Guerreiro, *Tratado da versificação portugueza*. Lisboa: Francisco Luís Ameno, 1784, p. 169.

[55] Id., ibid., p. 170.

[56] A vogal tônica é sempre fechada, o que também sucede em Portugal. Veja-se José Inês Louro, Metafonia do *e* tónico em português, *Boletim de Filologia* 18:108, Lisboa, 1959.

[57] *Glosario de voces galegas de hoxe*, Anexo 27 de *Verba*, Universidade de Santiago de Compostela, 1985, p. 428. Cf. também do A., *Léxico de la Comarca Compostelana*, Anejo I de *Verba*, Universidad de Santiago de Compostela, 1974, p. 110, onde *ledo* está com timbre fechado.

do ele, a vogal conserva-se aberta [ɛ] "em Pontevedra (na margem da ria de Marim, na localidade de Cela-Praia Lapanam) e na margem contrária da ria, em Rajó-Poio, onde ouvi a gente idosa pronunciar a palavra com *e* aberto. Também, segundo informa José Martinho Montero Santalha em Montojo Cerdeira, sua terra, com *e* aberto". Consta ainda de nossos dados que em zonas de Lugo (Guntín, por exemplo) diz-se também [ˈlɛdu].

A realidade polimórfica do vocalismo galego, que o incremento dos estudos dialetais vem pondo à mostra, foi sintetizada nestas melancólicas palavras do nosso sábio e admirado amigo Rámon Lorenzo:

> *En el gallego el estado actual de las vocales es bastante arbítrario. Hay zonas en las que actúa, más o menos, la metafonía. Aun así, nos encontramos con divergencias justificadoras del abandono sufrido por la lengua.*[58]

---

[58] Gallego y portugués. Algumas semejanzas y diferencias, in *Filología y didáctica hispánica. Homenaje al Profesor Hans-Karl Schneider*. Hamburg: Editorial Helmut Buske, 1975, p. 159.

8
Valor das grafias *-eu* e *-eo* do século XIII ao século XVI*

Em uma breve comunicação ao XVII Congresso Internacional de Lingüística e Filologia Românicas, realizado em Aix-en-Provence entre 29 de agosto e 3 de setembro de 1983, tratamos do valor que as finais grafadas *-eo* e *-eu* possuíam no português quinhentista[1].

Vimos aí que o estudo da rima dos poetas portugueses nos ensina que a pronúncia dos hiatos e ditongos assim escritos conheceu importantes variações da Idade Média aos nossos dias. E distinguimos quatro períodos nessa evolução:

1º) do século XIII até fins da 1ª metade do século XIV;

2º) de 1450 a 1516 (*Cancioneiro geral*, de Garcia de Resende);

3º) de 1516 a 1601 (de Gil Vicente a Bento Teixeira);

4º) de meados do século XVII até o século XX.

Retomamos aqui o tema para examiná-lo mais detidamente.

---

* Ensaio publicado na Miscelânea *Estudos portugueses; homenagem a Luciana Stegagno Picchio*. Lisboa: Difel, 1991, p. 913-927.

1 Cf. O valor das finais *-eu* e *-eo* na *língua* portuguesa do século XVI. In *Actes du XVIIème Congrès International de Linguistique et Philologie Romanes* (Aix-en-Provence, 29 août-3 septembre 1983), v. 3, Aix-en-Provence–Marseille, 1985, p. 272-278. Nesse, como no presente estudo, levamos sempre em consideração as observações de Erma Learned em *Old portuguese vocalic finals: phonology and orthography of accented -ou, -eu, -iu and -ao, -eo, -io. Supplement to Language*, v. 26, n. 2, Suppl., April-June 1950.

1º Período (trovadoresco): dos princípios do século XIII até cerca de 1350

De uma análise cuidadosa nos *Cancioneiros da Ajuda*, *da Biblioteca Nacional de Lisboa (Colocci-Brancuti)*, *da Vaticana* e nas *Cantigas de Santa Maria*, de Afonso X, o Sábio, verificamos que estes cinco grupos de palavras não rimavam entre si:

a) *Deus*, *deu* (3ª pessoa do singular do pretérito perfeito de *dar*), *ebreu(s)*, *encreu(s)*, *eu*, *fariseu(s)*, *galileu(s)*, *judeu(s)*, *romeu(s)*, *meu(s)*, *teu(s)* e *seu(s)*, que possuíam o ditongo [ɛw], com *e* aberto de acordo com a etimologia[2]; neste grupo incluíam-se também o provençalismo *greu* e os antropônimos *Andreu*, *Galisteu*, *Macabeu(s)* e *Mateus*;

b) a 3ª pessoa do singular do pretérito perfeito dos verbos da 2ª conjugação (tipo *morreu*) e a palavra *sandeu*[3], que apresentavam o ditongo [ew];

c) palavras como *ceo* e *veo*, dissílabas, em que a primeira vogal do hiato era aberta [ɛ:o];

d) palavras como *baraceo*, *candeo*, *creo*, *feo* e *esteo*, em que a primeira vogal do hiato era fechada [e:o];

e) palavras como *cheo*, *seo* e *veo*, dissílabas, que, a crer na grafia dos manuscritos, coexistiam com as formas nasalizadas *chẽo*, *sẽo* e *vẽo*: [e:o] ou [ẽ:o].

A não observância da sistemática distinção pela rima entre esses grupos vocabulares, especialmente entre as formas do primeiro e do segundo, tem sido uma das causas de más reconstituições críticas de textos trovadorescos.

Sirva de exemplo o *escarnho* de Afonso X, o Sábio (*CBN* 483 — *CV* 66), assim restaurado por Rodrigues Lapa na sua última estrofe:

E romeu que Deus assi quer servir
por levar tal furt'a Jelusalen,
e sol non cata como Gris non ten
nunca [mais cousa] de que se cobrir,
ca todo quanto ele despendeu
e deu, dali foi, — tod'aquesto sei eu
e quant'el foi levar e [er] vistir[4].

---

[2] As formas *teu(s)* e *seu(s)*, como se sabe, não são etimológicas, mas analógicas de *meu(s)*.

[3] *Sandeu*, que também aparece escrito *sandeo*, é palavra de origem obscura. Rodrigues Lapa conserva em sua edição das *Cantigas d'escarnho e de maldizer dos cancioneiros medievais galego-portugueses* (2. ed., Vigo: Galaxia, 1970) a alternância gráfica dos códices.

[4] M. Rodrigues Lapa, op. cit., p. 22.

Fixando-nos apenas nos três últimos versos — e atendo-nos às lições dos códices[5] —, vemos que a boa leitura não é a proposta pelo eminente medievalista, mas a seguinte:

ca todo quant'el despendeu e deu
dali foy — tod' aquesto sey eu
e quant'el foy levar e vistir,

que conserva a rima normal de duas palavras do primeiro grupo.

Teremos, no caso, a freqüente alternância de versos de dez e nove sílabas. Mas, se quisermos, dentro do rigorismo métrico que costuma ser adotado pelo filólogo português[6], manter a medida decassilábica, não será preciso calafetar o texto com palavras inexistentes nos manuscritos. Basta não fazermos a elisão da vogal final de *todo* e lermos *quanto ele* ou *quant'ele* no último verso, alterações estas autorizadas pela prática dos trovadores.

O que se evidencia como inaceitável é a admissão da insólita rima de *eu* com *despendeu*, exemplo único que seria de rima entre palavras dos dois primeiros grupos em todo o acervo poético dos trovadores galego-portugueses.

À primeira vista a rima em causa parece ocorrer no refram da *CSM* 427:

Todo-los bẽes que nos Deus
quis fazer polo Fillo *seu*
nos conpriu quando aos seus
o seu Sant'Espirito *deu*
que prometeu.[7]

---

5 Estas as lições dos três versos nos manuscritos:

ca todo quanto
al despendeu et deu dali foy todaq̃sto
ssey eu e quãtel foy leuar euistir
(*CBN* 483)

ca todo quãto el despen
deu et deudali foy todaq̃sto ssey eu e
quantel foy leuar euistar
(*CV* 66)

6 É estranho que tenha passado despercebido ao ilustre filólogo, sempre tão preocupado com a isometria das cantigas, que, pela sua leitura, o penúltimo verso da estrofe ficou sendo um hendecassílabo.

7 Afonso X, o Sábio. *Cantigas de Santa Maria*. Editadas por Walter Mettmann. V. III. Coimbra: Acta Universitatis Conimbrigensis, 1964, p. 412.

Mas a simples leitura da cantiga mostra-nos que a forma *prometeu* não está em consonância com *seu* e *deu*, e sim com a palavra que termina o derradeiro verso das estrofes que formam o corpo da cantiga: *morreu*, *recebeu*, *aprendeu*, *conteceu*, *encendeu*, *ensandeceu*, *leeu*, *confondeu*, *entendeu*, *converteu*, *conquereu* e *naceu*.

Particular comentário merece a ocorrência da palavra *ebreu*, escrita *ebreo*, em rima com *ceo* e *veo* nesta estrofe da *CSM* 39, que transcrevemos pela leitura crítica de Walter Mettmann:

Assi guardou a Reỹa do *Ceo*
a ssa omagem, que nen sol o *veo*
tangeu o fogo, come o *ebreo*
guardou no forno con ssa vestidura.[8]

O emprego de *ebreo* com o hiato [ɛ:o], em lugar do ditongo normal [ɛw] que possuía na língua do tempo, deve ser considerado um caso de diérese para não romper o esquema estrófico *aaab-BB*. Não dispondo de outra palavra com o hiato [ɛ:o] além de *ceo* (<*caelu*) e *veo* (*vĕlu*), o trovador viu-se na contingência de usar *ebreo* em três sílabas. A substituição do *-u* pelo *-o* talvez fosse uma forma de indicar a diferença de pronúncia.

Em outra cantiga (*CSM* 405, vv. 36-38), o Rei Sábio superou a mesma dificuldade utilizando-se de uma rima composta do advérbio *aqué* e o artigo *o*:

E diz un a outr': "*Aqué o*
angeo que ven do *ceo*,
que alça aquele *veo*
e faz no aire parar.[9]

Com relação às palavras do quinto grupo, em que o hiato é a natural evolução do latim *-enu*, cabe ressaltar que nos códices das *Cantigas de Santa Maria* vem sempre assinalada a nasalidade de *chẽo* e *sẽo* e, na maioria das vezes, também a de *vẽo*. Como neste passo:

Tergeu-ll'as chagas ond'el era *chẽo*;
e pois tirou a ssa teta do *sẽo*
santa, con que criou aquel que *vẽo*
por nos fillar nossa carne mesquỹa.

(*CSM* 54, vv. 55-58)

---

[8] Ibidem, v. I. Coimbra, 1959, p. 115.

[9] Ibidem, v. III, p. 361. *Aqué*, *aquey*, *aque*: "eis aqui", "eis que".

Nos apógrafos italianos, porém, elas aparecem freqüentemente grafadas sem o til[10], em particular nos textos dos trovadores tardios, o que nos leva a admitir que na língua do tempo a pronúncia desnasalizada já conviveria com a pronúncia etimológica. A distinção de emprego seria de natureza diastrática: a primeira corresponderia a um registro popular, a segunda representaria a norma culta.

Advirta-se, no entanto, que não seria descabida a hipótese de se considerar a falta do til nestas formas um fato meramente gráfico e que na pronúncia real a nasalidade, embora tênue, nelas ainda se faria sentir, pois não há em todo o período trovadoresco um só exemplo de rima de palavras do quinto com as do quarto grupo, o que vai ser normal a partir do século XV.

2º Período (*Cancioneiro geral*): de 1450 a 1516

O *Cancioneiro geral* de Garcia de Resende, que abarca poemas compostos entre 1450 e 1516, oferece-nos um precioso documentário relativamente às alterações sofridas pelas formas que vimos estudando.

A rima dos seus poetas ensina-nos que as palavras do primeiro grupo continuam a não rimar com as do segundo, mas por motivos diferentes daqueles que apontamos na época trovadoresca.

A prepositiva do ditongo [ɛw] do primeiro grupo fecha-se por efeito da metafonia, e isso acarreta a absorção por ele da palavra *sandeu*, até então pertencente ao segundo grupo:

O sesudo e o *sandeu*
tudo vi que tinha fim,
e disse entam antre mim:
— Que me presta o saber *meu*?[11]

— Al me podês vós rogar,
respondi, senhora, *eu*,
mas de vós esta quitar,
eu seria de tachar
por muito mais que *sandeu*.[12]

---

10 Veja-se, por exemplo, a dura cantiga de maldizer de Estêvan da Guarda (*CBN* 1318 — *CV* 923), na qual os manuscritos não assinalam a nasalidade das formas *cheo*, *seo* e *veo*.

11 *Cancioneiro geral*, de Garcia de Resende. Lisboa, Hermam de Campos, 1516, fl. LXXVII rº, col. 2. Cita-se pela edição fac-similar de The Hispanic Society of America, reproduzida pela Kraus Reprint Corporation. New York, 1967. Introduzimos no texto algumas alterações ortográficas sem prejuízo de suas características fonéticas.

12 Ibidem, fl. LXI rº, col. 1.

É de supor que o fechamento da vogal estivesse consumado desde o princípio do século XV, ou mesmo antes. Esta pronúncia que nos sugere a rima dos poetas do *Cancioneiro geral* está plenamente confirmada, a partir de 1540, pelo sistema de transcrição adotado por João de Barros.

Em relação ao primeiro grupo, cumpre notar ainda que a palavra *Deus* sofreu não só mudança no timbre da sua vogal, de aberto para fechado, mas também no da sua semivogal. Esta passou a ser escrita *-o*, e não podemos ver nisso um fato meramente gráfico, pois que, desde então, a palavra deixou de rimar com as do seu primitivo grupo e veio a dispor-se em consonância com as formas pronominais *nós* e *vós*, que possuíam *o* tônico aberto [ɔ].

Citem-se como exemplo estes versos de Luís Anríquez:

Pera que fosse mais craro a *nós*
o merecimento que tendes com Cristo,
o grande mistério, qu'em vós temos visto,
faça-nos crer que só fostes *vós*,
depois de Francisco, santíssimo *empós*
ele, segundo tal bem alcançastes,
fazendo milagres no que demostrastes
ser mui aceita voss'alma com *Deos*.[13]

E estes outros de Fernão da Silveira:

Senhora, valha-me *Deos*,
valha-me vossa mercê,
valê-me, senhora, *vós*,
poes meu agravo se vê.[14]

Poder-se-á pensar que tal correspondência rímica tenha sido um simples calco do castelhano, onde existe perfeita identidade fônica entre o *o* de *Dios*, *nos* e *vos*. Abundam até os exemplos de rimas das três formas[15] nos numerosos poemas do *Cancioneiro geral* compostos nesse idioma. Há mesmo alguns que parece terem servido de ponte para a extensão desta rima às formas portuguesas. Referimo-nos aos motes castelhanos terminados por *Dios*, cuja glosa deveria ser feita em nosso idioma.

---

[13] Ibidem, fl. XCIX v°, col. 1-2.

[14] Ibidem, fl. V v°, col. 2.

[15] Ibidem, fl. XV r°, col. 3; XVII v°, col 1, *passim*.

Sirva de modelo o mote:
Que milagre faría *Dios*,

que foi assim glosado por Anrique d'Almeida:

De quantos penam por *vós*
a que nunca fazeis bem,
que milagre faría *Dios*
se penásseis por alguém[16]

e pelo Coudel-Mor:

pois que tam certo de *vós*
é dar mal e nunca bem,
que milagre faría *Dios*
se penásseis por alguém.[17]

Mas, a aceitarmos, no caso, a hipótese de uma influência da prosódia castelhana, não podemos restringi-la aos poetas do *Cancioneiro* de Resende, onde o bilingüismo é geral, mas devemos estendê-la aos dramaturgos do século XVI, que igualmente dispuseram em rima *Deos*, *nós* e *vós*.

No segundo grupo, uma mudança ortográfica semelhante à de *Deus* > *Deos*, também com repercussões na pronúncia, processou-se na 3ª pessoa do pretérito perfeito dos verbos da 2ª conjugação. Passou ela a ser escrita com -*o* (*morreo* por *morreu*), e fenômeno paralelo ocorreu com a mesma pessoa dos verbos da 3ª conjugação: *partiu* > *partio.*

Essa modificação fez que os dois primeiros grupos continuassem a não rimar entre si, nem com o terceiro, que se tornou monossilábico: *ceo* [sɛ:o] > [seo̯].

A evolução de *ceo* dissilábico em monossilábico assemelha-se à que transformou o hiato -*ao* [a:o] no ditongo [ao̯]: [ma:o] > [mao̯], [gra:o] > [grao̯].

As palavras do segundo e do terceiro grupos, todas elas escritas com -*eo*, não rimavam entre si nem tampouco com as do quarto e quinto grupos, também assim ortografadas. No primeiro caso havia uma distinção de timbre da vogal: [e] e [ɛ]. As formas do quarto e do quinto grupos, já agora identificadas pela rima, apresentavam o hiato [e:o]:

Se[18] vos lá chamar alguém
demo longo, negro e *feo*,

---

[16] Ibidem, fl. LX rº, col. 3.

[17] Ibidem, Cf. também *fls.* XXXII rº, col. 3; XXXII vº, col. 3; LXIII vº, col. 2 e 5.

[18] Na edição *princeps* está *Ser.*

metei a barba no *seo*
e calai-vos muito bem.[19]

E entre as duas vogais desenvolveu-se um yod de transição, que não raro vem expressamente indicado na edição *princeps* do *Cancioneiro geral*: *feo* > *feio*, *meo* > *meio*, *seo* > *seio*, *veo* > *veio*.

Evolução semelhante sofreram pela mesma época as palavras terminadas no hiato *-io*, que se distinguiam nitidamente pela rima das formas da 3ª pessoa do singular do pretérito perfeito dos verbos da 3ª conjugação, onde sempre houve ditongo, inicialmente escrito *-iu* e, agora, *-io*.

O texto do *Cancioneiro geral* ensina-nos que as duas finais *-io*, a dissilábica e a monossilábica, não se identificavam pela rima, e também que palavras como *rio* e *frio*, que rimavam entre si e com formas do tipo *perdi-o* e *conheci-o*, já deviam apresentar o mesmo yod de transição que apontamos na terminação *-eo* do quarto e quinto grupos, pois que a sua existência foi comprovada em 1536 pelo fino ouvido de Fernão de Oliveira.

É do gramático quinhentista esta aguda observação:

...tãbẽ .u. i. ou .o. se teverẽ despoys de si outra vogal tãbẽ soa antrelles muitas vezes este .y. consoãte como marroyo. tiyo. arguyo. tiya.[20]

3º Período (de Gil Vicente a Bento Teixeira): 1509 (farsa da Índia)-1601

Durante todo o século XVI, as palavras dos dois primeiros grupos continuaram separadas pela rima, ou seja, *meu* ainda não rimava com *morreo*.

A partir de Gil Vicente, porém, *morreo* passou a rimar com *ceo*, *ceos* com *Deos*, e ambos com *vós* e *nós*.

Comparem-se estes exemplos colhidos na obra vicentina:

Ainda é cedo pera a morte,
tempo há de arrepender
e ir ao *ceo*,
ponde-vos a for da corte,
desta sorte
viva vosso parecer
que tal *naceo*.[21]

---

[19] Ibidem, fl. LVIII vº, col. 3.

[20] *Grammatica da lingoagem portuguesa*. Lisboa: German Galharde, 1536, capitolo XXIII. Cita-se pela edição fac-similar publicada pela Biblioteca Nacional. Lisboa, 1981.

[21] *Copilaçam de todalas obras de Gil Vicente*. Lisboa: Ioam Alvarez, 1562, fl. XL rº, col. 1. Cita-se pela edição fac-similar publicada pela Biblioteca Nacional de Lisboa em 1928. Quanto à ortografia, leia-se o que dissemos na nota 11.

Cal-te por amor de *Deos*,
leixa-me, nam me persigas,
bem abasta
estorvares os *hereos*
dos altos *ceos*,
que a vida em suas brigas
se me gasta.[22]

Eu nam quero,
isso é certo o que eu espero,
e que riquezas tendes *vós*?
Ora assi me salve *Deos*
que isso passa já de fero.[23]

— Quero ir dizer de *vós*.
— Ora ide dizer de mi
que se grave é Deos dos *ceos*
mais graves deoses há aqui.[24]

E também o seguinte, de Baltasar Dias:
— Rogo ao Senhor dos *Ceos*
que por muitos anos seja.
— Sabina, recebo a *vós*
assi como manda *Deos*
e a Santa Madre Igreja.[25]

O meticuloso exame do sistema ortográfico seguido por João de Barros em suas obras e da prática rímica dos poetas autoriza-nos a afirmar que nenhuma alteração de timbre se produziu na vogal *e* dos grupos escritos -*eu* e -*eo* de 1540 a princípios do século XVII. E, pelo que vimos até aqui, não seria aventurado fazer ascender tal estado de coisas à época em que foi elaborado o *Cancioneiro geral* (1450-1516).

---

[22] Ibidem, fl. XL v°, col. 2.

[23] Ibidem, fl. CXCIX v°, col. 1.

[24] Ibidem, fl. CCXXXI v°, col. 1-2.

[25] *Auto de Santo Aleixo*, vv. 191-195. Cita-se pela edição de Edmée Fonseca. *Le Théâtre de Baltasar Dias*. Thèse pour le Doctorat de Troisième Cicle. Université de Paris IV. Paris, 1983, v. IV, p. 53 [texto policopiado].

À luz desses fatos, podemos afiançar com a mesma segurança que, excetuando-se as palavras do terceiro grupo [tipo *ceo*] que possuíam *e* aberto [ɛ], todas as demais apresentavam um *e* fechado [e].

A possibilidade de dispor em rima formas do segundo grupo [mo'ʀeo̯] com as do terceiro [cɛo] era então um fato novo, fruto de importante progresso na técnica versificatória levado a cabo por Gil Vicente.[26]

Foi, em verdade, o grande dramaturgo português — provavelmente influenciado pelo sistema fonológico do espanhol, que não opõe /e/ a / ɛ / nem /o/ a /ɔ/ — quem introduziu na versificação portuguesa a liberdade de rima entre vogais tônicas abertas e fechadas, liberdade que se estendia também aos ditongos.

Pois bem. Num período que cobre quase dois séculos de poesia — um dos quais de inteira permissibilidade de rima de vogais tônicas abertas com fechadas [ɛ:e;ɔ:o] — não se encontra um só exemplo, em autor nascido em Portugal continental[27], de rima de palavras do primeiro grupo com as do segundo ou do terceiro. Em outros termos, e reiterando o já dito: uma palavra como *teu* não rima com *morreo* nem com *ceo*, embora as duas últimas, de timbre diferente, rimem entre si.

Uma conclusão naturalmente se impõe: o segundo elemento do ditongo de *teu* era distinto do correspondente de *morreo* e de *ceo*. Por conseqüência, temos de admitir — como supusemos anteriormente — que a alteração ortográfica sofrida pela 3ª pessoa do singular do pretérito perfeito dos verbos da 2ª conjuga-

---

[26] Queremos reiterar neste ponto o que dissemos em nossa edição da *Prosopopéia*, de Bento Teixeira, feita em colaboração com o saudoso professor Carlos Durval (cf. 2. ed., São Paulo: Melhoramentos, 1977, p. 20-21). Foi o professor I.S. Revah quem, em 1955, nos chamou a atenção para a liberdade de rima de vogais abertas com fechadas, a partir de Gil Vicente, e muito nos animou a empreender uma pesquisa diacrônica que melhor esclarecesse o assunto.

[27] Do minucioso exame que efetuamos na obra de quase todos os poetas quinhentistas que escreveram em português só encontramos exemplos discordantes desta norma no teatro de Baltasar Dias (nascido na ilha da Madeira) e num passo — um apenas — do padre José de Anchieta (nascido em Tenerife, nas Canárias). A linguagem de Baltasar Dias, principalmente por seu popularismo, está a pedir um estudo aprofundado. Também merece atenção particular a grande liberdade de que ele se vale para rimar. Assim, no *Auto do Nascimento*: a) rima com freqüência vogal oral com vogal nasal: *roím : assim : ti; Safim : ti; bons : sós : vós*; b) rima vogal átona com tônica (rima para os olhos?): *lós : vós cavaleiros; sobida : cândida : vida*; c) admite em alternância *-b-* e *-v-* : *cravos : rabos*; d) emprega em consonância outros tipos menos comuns: *Elísio* : *Paraíso; imagem* : *divindade* : *humanidade*. Quanto às finais *-eu* e *-eo*, aparentemente Baltasar Dias não as distingue em rima. Por exemplo, *Deos* rima, como era normal na época, com *ceos*. Mas no *Auto do Nascimento* e no *Auto de Sancta Caterina* — para nos atermos somente às duas obras — as palavras em causa aparecem rimando com *Fariseus*, *increos*, *judeus*, *Mateus*, *meus*, *seus*. A que atribuir esse fato? Duas explicações são possíveis, a nosso ver: a) ou na pronúncia normal madeirense já se havia neutralizado a distinção entre *-eu* e *-eo*; b) ou nos registros mais baixos da língua tal distinção não mais se fazia.

ção correspondeu a uma passagem efetiva do ditongo [ew] a [e ọ], fenômeno que se produziu igualmente na forma *Deus* [dɛws] > *Deus* [dews] > *Deos* [deọs].

A propósito dessas formas, cabe ainda acentuar que o desconhecimento da pronúncia que elas possuíam no português quinhentista tem levado a quase totalidade dos modernos editores da obra camoniana à prática arbitrária de emendar a invariável grafia dos textos para *Deus*, *morreu* e *céu*.

Apenas Epifânio da Silva Dias e Cleonice Berardinelli, ao que saibamos, conservaram respeitosamente em suas edições de *Os lusíadas* e dos *Sonetos camonianos* a boa lição ortográfica do tempo do poeta.

É justo se ressalte que Emanuel Pereira Filho, cuja morte prematura não lhe permitiu aprofundar mais os sérios estudos que fazia sobre a língua de Quinhentos, teve, em parte pelo menos, a intuição do problema. Equivocou-se, no entanto, ao dizer que escrevia "*ceos* e *Deos*, como ao tempo, para representar a abertura do — *e*"[28]. E essa sua afirmação foi repetida recentemente por Leodegário de Azevedo Filho, ao escrever que adotou a "grafia em *-i* ou com *-u* das semivogais, com exceção de *ceos* e *Deos*, que ficam assim, para representar a abertura da vogal [*e*] (*sic*), como ao tempo de Camões"[29].

Ora, o timbre fechado do *e* de *Deos*, no tempo de Camões, não pode marginar a mínima dúvida. Como dissemos, provavelmente já no século XV ele seria assim pronunciado, mas a partir de 1540 podemos afirmá-lo com toda a segurança, pois João de Barros, nas suas várias obras, escreve sempre a palavra com "*e* pequeno"[30].

O exemplo de Anchieta ocorre nestes versos do diálogo *Onde vais tão apressado, / periquito tangedor?*:

— E tu sabes quem nos *deu*
este pastor excelente?
— O pastor omnipotente,
que por seu gado *morreu*,
chama-se *Bertolameu*,
grande servo do Senhor,
este nosso bom pastor.

(José de Anchieta. *Poesias*. Manuscrito do século XVI... Transcrição, traduções e notas de M. de L. de Paula Martins. São Paulo: Museu Paulista, 1954, p. 331 e 414).

28 *Uma forma provençalesca na lírica de Camões*. Rio de Janeiro: Gernasa, 1974, p. 133.

29 *Os melhores poemas de Luís de Camões*. Seleção de Leodegário A. de Azevedo Filho. São Paulo: Global, 1984, p. 169.

30 Assim, na *Grammatica da lingua portuguesa com os mandamentos da santa madre igreja* (Lisboa: Luís Rodrigues, 1939), *deos* aparece setenta vezes e *deoses* duas sempre com *e* pequeno (e), enquanto, em todas as ocorrências, *ceos* vem escrito com *e* grande (ẹ). No *Dialogo da viciosa vergonha* três vezes o A. emprega *deos*, invariavelmente grafado com *e* pequeno. Essa amostra, que sem dificuldade poderia ser acrescida, é bastante para confirmar, de modo inequívoco, o timbre fechado da vogal de *Deos* na primeira metade do século XVI.

Fernão de Oliveira, que em questões de fonética é geralmente de grande precisão, distingue com nitidez os ditongos existentes em *ceo*, *Deos* e *meu*, ao dizer:

> Os ditõngos q̃, eu achey antre nos portugueses são estes. ae. como tomae. ãe. como pães. ao. como pao. ão. como pão. ay. como mãy. ei. como tomei. eo. como çeo. eo. como d's. eu. como meu. io. como fugio. oe. como soe. oi. como caracois. õe. como põe. oi. como boi. ou. como dou. ui. como fuy[31].

Por fim, ainda uma palavra a respeito da rima de *Deos* com *vós* e *nós*, sobre a qual assim se pronuncia o professor Paul Teyssier:

> *A côté de nombreux exemples de* Deos: ceos, *ou des rimes analogues, on trouve très souvent* Deos *rimant avec* nós, vós, sós, *etc... c'est-à-dire avec des mots accentués sur* o. (...) *On pourrait être tenté de voir là un hispanisme consistant à faire rimer par convention* Deos *avec les mêmes mots que ceux avec lesquels rimerait son correspondant castillan* Dios (...): *mais une "rime pour l'oeil" est plus vraisemblable, comme le montre le fait que l'on trouve également des exemples du type* vós : ceos...; *or dans ce cas aucun parallélisme n'existe plus avec le castillan, puisque le mot correspondant à ceos dans cette dernière langue est* cielos, *que ne rime pas avec* vós:[32].

Pelas razões expostas permitimo-nos, neste ponto, discordar do eminente filólogo francês, exímio especialista no português do século XVI e, em particular, na língua de Gil Vicente.

Os fatos até aqui observados mostram que o fenômeno gráfico estava correlacionado com o fonético, o que torna improvável a existência, no caso, de uma "rima para os olhos"[33]. Quanto ao modelo rímico espanhol, ele poderia ter

---

[31] Op. cit., cap. XIX.

[32] *La Langue de Gil Vicente*. Paris: Klincksieck, 1959, p. 315.

[33] Publicado há mais de 28 anos, o capítulo VIII da obra de Paul Teyssier continua a fornecer-nos fundamentais ensinamentos sobre os problemas rímicos da versificação vicentina. Ainda hoje, são em geral convincentes as explicações propostas pelo mestre francês. Parece-nos, contudo, não ser necessário vermos com ele uma "rima para os olhos" nestes versos de um romance ao beija-mão de d. João III:

> Diria o muito jocundo
> senhor conde de *Tentugal:*
> ouvera de ser *Portugal*
> todo [o] universo mundo
> pera rei tam *cordeal.*

A pronúncia oxítona de *Tentúgal* deve ser a mais conveniente no caso. A regularidade métrica do 2º e do 3º versos justifica-se plenamente por um fenômeno fonético muito comum na época: a contagem numa só de duas sílabas átonas em seqüências dactílicas (con*de de*, ouve*ra de*).

influenciado a prática dos poetas portugueses em seus começos, mas devemos reconhecer que havia campo propício para a consolidação da rima em causa, já que a semivogal grafada *-o* não se confundia, até bem entrado o século XVII, com o [w], escrito *-u*.

4º Período: meados do século XVII até nossos dias

Durante todo o século XVI, apesar da inexistência de uma disciplina ortográfica geral, os poetas distinguiam, como vimos, com o maior rigor, as terminações *-eu* e *-eo*. Esta a prática de Gil Vicente, de Sá de Miranda, de Antônio Ferreira, de Camões, de Diogo Bernardes e de Bento Teixeira, cuja *Prosopopéia* foi publicada em 1601, um ano após a sua morte. Citamos essa obra menor para terminar o século.

A partir de meados do século seguinte ou, mais precisamente, com d. Francisco Manuel de Melo, cujas *Obras métricas* foram publicadas em 1665, as palavras dos três primeiros grupos passaram a identificar-se pela rima, o que prova que o segundo elemento do ditongo [eo̯] já se tornara um [w]. Sirvam de exemplo estes versos:

Enfim ao medo *venceu*.
Fala o lobo, e diz: Comadre,
isto vos mereço *eu*?
Ela, a zombar do *sandeu*,
nem lhe quis chamar compadre.[34]

As palavras do quarto e do quinto grupos, que desde o século XV se identificaram foneticamente — não só pela natureza das vogais, mas por admitirem entre estas o desenvolvimento de um [y] —, sofreram no século XIX, na região de Lisboa, uma evolução de [eyu] em [αyu], não marcada na escrita.

Em *conde de* poderia também ter ocorrido uma superposição de sílabas idênticas em contacto, outro fenômeno fonético documentado na métrica do tempo. A propósito da prática vicentina no particular, leia-se o que escrevemos em *Estudos de versificação portuguesa (séculos XIII a XVI)*. Paris: Centro Cultural Português, 1982, p. 283-288.

34 *Obras métricas de d. Francisco Manuel*. Al Serenissimo Señor Infante don Pedro. Contienen Las Tres Musas. El Pantheon. Las Musas Portuguesas. El Tercer Coro de las Musas. En Leon de Francia, por Horacio Boessat y George Remeus, 1665.

CAMONÍSTICA

1
Camões e a unidade da língua*

Há precisamente 77 anos, quando se celebrava o terceiro centenário da morte do poeta, o sábio barão de Ramiz Galvão apresentava na Biblioteca Nacional, como diretor desta nobre casa, uma exposição camoniana.

Era a consagração de um culto que no Brasil jamais sofrera descontinuidade; era o comovido entronizar, no calendário da emoção nacional, de uma data que, hoje, pertence menos aos portugueses do que às letras universais modernas.

Quiseram os desígnios da Providência, nos excessos de sua liberalidade para conosco, nos tocasse a insigne honra de reviver neste momento, pela segunda vez em menos de um século, aquele alto episódio da história cultural luso-brasileira — agora, porém, emoldurada de grandiosidade e esplendor pela presença do mais alto dirigente dos destinos de Portugal.

Empenhado em corresponder à magnificência deste ato, não poupou esforços o eminente ministro da Educação e Cultura no sentido de proporcionar à Biblioteca Nacional os meios adequados para a aquisição, nos começos deste ano, das 906 espécies bibliográficas que hoje lhe vêm enriquecer o patrimônio, permitindo-lhe assim a alegria espiritual de ver transmudado o fundo camoniano já aqui existente numa das mais completas coleções que o mundo jamais conheceu.

Que tenhamos olhos para ver nesta realidade o que ela interpreta do pensamento brasileiro — a noção, cada vez mais enraizada, de que do passado emergem as lições mais válidas para o presente.

---

* Discurso proferido na inauguração da Exposição Camoniana na Biblioteca Nacional do Rio de Janeiro, em 1957, com o título "Expressão literária de Camões" e publicado no *Boletim do MEC*, ano 1, n. 5, Rio de Janeiro, maio-junho 1957, p. 14-17. Republicado, em forma de plaqueta, com o título "Camões e a unidade da língua". Rio de Janeiro: MEC/Biblioteca Nacional, 1957.

Ora, o passado camoniano, à luz dessa concepção, se torna cada vez mais presente, e tão presente, que não é difícil pressentir quanto nele se encerra de futuro. Este passado, este presente e este futuro à vista — que constituem um patrimônio não apenas luso, não apenas luso-brasileiro, mas humano e, portanto, universal — se refletem claramente neste precioso acervo de publicações em torno do poeta e de sua obra, dando intencional relevo às várias edições e estudos a respeito de *Os lusíadas*.

A razão é que, ensombrecendo o dramaturgo vicentino e até o lírico petrarquista, Camões, com a claridade de *Os lusíadas*, como que "lustrado com santo raio", se desgarrou do tipo comum dos escritores renascentistas, para galgar os altiplanos de uma arte luminosa, superiormente plástica e profundamente humana.

Como o Ariosto do *Orlando Furioso*, encontrou aí o poeta a sua verdadeira mensagem e a sua expressão definitiva —

> a palavra que surge, quase por milagre, quando o artista revolve deveras o fundo do seu coração, palavra que é toda virgindade e pureza, ainda quando produto de cultura, e é clareza e penetração flor do pensamento, e é recompensa à ânsia longamente sofrida na áspera vigília de escavar dentro d'alma, para atingir à raiz do ser, aquela nota da harmonia do Universo que Deus colocou no âmago dos homens privilegiados, para que a procurassem com angústia e só a encontrassem depois da purificação do sofrimento, como o mais precioso bem de sua vida.

E não são apenas os povos irmanados pela língua portuguesa que reconhecem a plena atualidade de *Os lusíadas*. Até mesmo o proverbial desprezo da França pelos poemas épicos dos tempos modernos, à vista das tentativas canhestras de Chapelain e Voltaire, apresenta-se hoje sobremodo atenuado; e a tão sensível mudança de julgamento não será de certo estranha a redescoberta da obra de Camões, paralelamente a uma compreensão maior da relevância dos descobrimentos.

"Rica de horizontes antigos, de horizontes espirituais e horizontes continentais", mas pobre de vocação marítima, a França — e é um lúcido crítico francês quem o declara — só em nossos dias tomou consciência das justas dimensões da aventura dos descobrimentos e de sua importância primordial na origem de nossas preocupações mais atuais. E acrescenta: "Com sua roupagem da época, *Os lusíadas* adquirem assim uma vida nova, adornam-se com uma segunda e extraordinária juventude. Esta epopéia moderna celebra o nascimento do mundo em que vivemos." E é "modelo singular, tão anacrônico em certo sentido, tão admiravelmente próximo de nós por tantos outros — a maior, e talvez a única, epopéia nacional dos tempos modernos".

A essas razões devemos juntar a vulgarização espantosa que têm tido, nestes últimos anos, os estudos luso-brasileiros na Europa, em especial na França, e conseqüentemente a possibilidade de ser lido o poema no original, apresentado, portanto, em sua autêntica inteireza de conteúdo e forma — inteireza de particular importância no caso de Camões, cuja expressão parece querer esgotar, até a última essência, o rico sistema de potencialidades da língua de Quinhentos.

É preciso que se atente, por um instante, na expressão literária de Camões. Comparada à dos poetas contemporâneos, inclusive à de Diogo Bernardes, que lhe imitou tão de perto o aspecto formal, a linguagem poética de Camões revela características singulares. Não se trata da simples organização do enunciado versificado, sob as condições do metro, do acento e da rima. A um escolhido vocabulário, rico de vogais claras, de consoantes sonoras e dos tipos silábicos mais flexíveis e equilibrados, corresponde, com especial justeza, a perfeita adequação semântica ou melodia ideal, recurso seleto que só alguns raros poetas alcançaram e que devemos considerar, como já se disse, a qualidade suprema do ritmo. É, em suma, aquela ansiada, esquiva, e quase sempre inatingida "nivelação dos conceitos rítmica e semanticamente coordenados".

Enfim coube a Camões um destino de eleição: o de depurar e matizar as formas que a língua do tempo lhe oferecia e delas extrair as linhas do ideal expressivo moderno.

Camões é, portanto, um exemplo e uma advertência. Ao mesmo tempo que nos lembra o dever de salvaguardar esta língua máscula, rica de flexões e de rítmica, sangue do nosso espírito — aponta-nos o dever maior de recolher-lhe a lição de lucidez, fundamentada na união, que soube superiormente realizar, dos falares portugueses, fundindo destarte, numa expressão comum a todos, os do Norte, conservadores da semente portuguesa, e os do Sul, ainda fortemente arabizados, tanto vale afirmar — os *dois Portugais*, de Oliveira Martins.

Dir-se-ia que esse espírito unificador que presidiu à elaboração do idioma literário moderno se expandiu com ele pelos quatro cantos do universo, simbolizado pela santidade da Cruz, a cuja sombra piedosa cresceu para a civilização o império português ultramarino. Daí o milagre da unidade afetiva, lingüística e cultural luso-brasileira, a qual tem causado assombro ao mundo dividido de hoje, incapaz de compreender-lhe as raízes longínquas.

Ao falarmos de assunto de tal transcendência, queremos deixar bem claro que não estamos a preconizar, como poderia parecer a espíritos menos avisados, a petrificação lingüística. A imobilidade é a morte do idioma, pois a linguagem é, acima de tudo, uma atividade criadora, uma atividade do espírito, e a vida espiritual consiste num renovar-se constante.

Mas em lingüística a unidade não é incompatível com a variedade. Nenhuma língua permanece uniforme em todo o seu domínio, e mesmo num só local apresenta um sem-número de diferenciações de maior ou menor amplitude. Porém essas variedades de ordem geográfica, de ordem social e até individual — pois que cada indivíduo procura utilizar o sistema idiomático da forma que melhor exprime o gosto e o pensamento — não prejudicam a unidade superior da língua, nem a consciência que têm os que a falam diversamente de se servirem de um mesmo instrumento de comunicação e de emoção.

O que pretendemos os responsáveis pelo ensino da língua, o que nos cumpre fazer para resguardo da forma expressional da comunidade luso-brasileira, é examinar, desarmados de quaisquer preconceitos — assim historicistas como nacionalistas —, os pontos suscetíveis de ruptura e que, um dia, poderão vir a comprometer, senão a impedir, a mútua e benéfica compreensão atual.

Cremos, sinceramente, que muito pode ser feito em favor dessa unidade ideal. Não — é óbvio — com otimismo retórico, mas com medidas baseadas na realidade lingüística, com uma sensata política do idioma, capaz de limitar os efeitos das forças de diferenciação que todas as línguas trazem em si, sem, contudo, pretender a utopia de emparedar o pensamento e o sentimento de uma coletividade, assim adstrita à rigidez teórica de um padrão inexeqüível.

Mesmo porque na língua não podem prevalecer normas incoercíveis e imutáveis, quando o pensamento e o sentimento nela expressos são por natureza variados. Decorre inelutavelmente desta verdade o ser sempre arbitrário estabelecer o melhor português, uma capital do idioma.

A capital da língua portuguesa estará onde estiver o meridiano da cultura: "onde floresçam escritores e pensadores que saibam levantar os mais belos monumentos de emoção e de pensamento"; onde políticos e estadistas — "pola lei e pola grei" — saibam dar às sociedades que dirigem caminhos mais exemplares; onde, por sobre o mundo material, o homem possa construir perpetuamente o mundo do espírito, em busca da verdade humana, da verdade poética — as verdades de Deus.

2
Confissões de um malogrado editor de *Os lusíadas**

A Crisanto Martins Filgueiras

Seja-me permitido iniciar esta palestra com algumas considerações de caráter histórico e sentimental, motivos que me fizeram aceitar o honroso convite da comissão organizadora destas Conferências para discorrer sobre assunto relacionado com *Os lusíadas* diante de eminentes especialistas portugueses e brasileiros, entre os quais se inclui o decano e patrono dos estudos camonológicos, cuja obra já nos bancos acadêmicos aprendíamos todos a admirar — o sábio professor Hernâni Cidade.

Vou falar-vos das aventuras e das desilusões de um malogrado editor do Poema. Por isso, constrangido, sou forçado a usar da 1ª pessoa, no que sigo o poeta que, contrariando o que desde Aristóteles se tem como característica fundamental da epopéia — o *ele* impessoal —, tantas vezes empregou nos *Lusíadas*, e enfaticamente, o *eu* lírico.

Em 1947, o meu amigo e colega professor Crisanto Martins Filgueiras, então chefe do Serviço de Publicações do Instituto Nacional do Livro, transmitiu-me o convite de seu diretor, o saudoso Augusto Meyer, para assumir o encargo de dar corpo a um dos últimos desejos de Afrânio Peixoto — o de organizar uma edição-museu de *Os lusíadas*, que deveria resumir no aparato crítico-interpretativo a contribuição de exegetas do Poema ao longo dos seus quase quatro séculos de vida pública. O convite vinha justificado de uma razão que praticamente impedia a recusa. Era a manifestação de uma vontade do benemérito camonista, que em vida pretendera a minha modesta colaboração para a ambiciosa empresa.

---

* Conferência pronunciada no auditório do Palácio da Cultura, no Rio de Janeiro, no dia 14 de agosto de 1972. Publicada na revista *Romanitas*, v. 12 e 13. Rio de Janeiro, 1975, p. 231-256.

Conheci Afrânio Peixoto quando, mal saído dos bancos universitários, trabalhava, sob a direção do professor Antenor Nascentes, na comissão que elaborava o dicionário da Academia Brasileira de Letras. Afrânio era o fiador da obra, pelos riscos de sua execução se responsabilizara perante os seus pares.

Visitava-nos, com freqüência, durante as sessões de trabalho, que se processavam na Biblioteca da Academia, e foi numa dessas visitas que dele recebi uma lição que mostra a altura de seu culto à ciência e de sua grandeza moral. Pelo professor Antenor Nascentes soubera que estava eu interessado em preparar uma edição crítica da obra de Gregório de Matos e que andava, para isso, a estudar os apógrafos existentes no Rio. Animou-me a prosseguir na pesquisa, prontificando-se a mandar copiar em Portugal (não estávamos ainda na época dos microfilmes e fotocópias) os códices que lá sabia existirem. E mais. Garantia a publicação da obra, fosse na coleção de autores brasileiros que organizava para a Companhia Editora Nacional, fosse na série de Publicações da Academia Brasileira, onde saíra a sua edição, que proclamava necessária, mas da qual nunca escondera os defeitos, por ser simples reprodução de códices, que continham numerosas composições notoriamente de outros poetas. E durante dois anos, sempre animado por ele, fui-me familiarizando com os apógrafos da Biblioteca Nacional e do Itamarati que traziam poemas atribuídos ao satírico baiano. Depois, as contingências materiais da vida e as dificuldades da crítica de atribuição, quase que insuperáveis no caso, me fizeram adiar o projeto, a que pretendo voltar um dia, até por obrigação, pois que a generosidade de Eugenio Asensio me tornou possuidor do mais importante dos códices de Gregório, provavelmente aquele que pertenceu ao seu biógrafo, o licenciado Manuel Pereira Rabelo.

Houve ainda um tempo em que mantive contactos freqüentes com o grande polígrafo brasileiro. Foi entre 1942 e 1943, quando o ajudei a rever as provas da monografia *A igreja de Nossa Senhora da Glória do Outeiro*[1], que escrevera a pedido de Rodrigo Melo Franco de Andrade.

No entusiasmo da mocidade cheguei a vislumbrar os contornos do monumento idealizado por Afrânio. Trazia de uma família de professores um culto camoniano. No curso secundário, ao tempo, *Os lusíadas* eram o texto obrigatório de análise, e, se alguns o tratavam duramente, outros dele sabiam tirar belezas insuspeitadas dos alunos.

Depois, na faculdade, essa admiração tomaria forma consciente. Um professor extraordinário, Álvaro Ferdinando de Sousa da Silveira — menos interessado nas sedutoras mas inconstantes teorias lingüísticas da moda do que na parte pere-

---

[1] Rio de Janeiro, 1943.

ne de nossa língua, os monumentos literários conservados através de oito séculos de sua história — orientou-me para os problemas internos dos textos.

Sousa da Silveira possuía qualidades que "juntas se acham raramente". Era, em primeiro lugar, um homem de bem, na mais absoluta acepção do termo: daí a seriedade que punha em tudo o que fazia, e que procurava transmitir a todos os seus alunos, ainda os menos dotados. Uma inteligência aguda e precisa do matemático que nunca deixou de ser, forrada de uma sólida base de humanidades; um raro sentimento da língua, que conhecia em suas diversas fases; uma timidez no afirmar, a dúvida permanente do verdadeiro sábio, tudo coroado com uma grande simpatia humana, eis mais alguns dos seus predicados.

Quando vejo o panorama atual dos estudos lingüísticos, filológicos e gramaticais no país, e nele, dia a dia, acentuar-se aquela confusão de planos que tanto preocupa a Eugenio Coseriu e José Pedro Rona — o de se pretender aplicar a nós americanos, que falamos línguas históricas, como o espanhol e o português, em que o código escrito consubstancia a norma do falar geral, métodos criados para o domínio rápido de uma segunda língua ou para disciplinar a diversificada oralidade das línguas ágrafas —, recordo-me do bom senso do meu velho mestre ao discernir os estudos da língua daqueles que com ela se relacionam, e ocorrem-me estas palavras de Leconte de Noüy, em *L'Homme devant la science*, cap. VII:

> O sábio sincero, em seu laboratório, trabalhava dia e noite, apenas com o desejo de compreender a natureza. Mas havia também o sábio filósofo, que fazia poucas pesquisas, e daí tirava conclusões tanto mais impressionantes quanto mais fantasistas e largamente desenvolvidas. E havia o filósofo puro, sempre imbuído da importância da ciência, que ele não conhecia, e sobre a qual dissertava copiosamente...

Era, pois, natural que Sousa da Silveira exercesse uma influência enorme em seus alunos. Infelizmente, a sua obra, feita em razão de circunstâncias docentes, com bibliografia por vezes precária, como no caso das edições de *Sôbolos rios que vão*, de Camões[2], e do *Auto da alma*, de Gil Vicente,[3] mal deixa entrever aquele conhecimento profundo do idioma, fruto de permanente meditação sobre os seus textos, que se externava quando lhe submetíamos as nossas dúvidas.

---

[2] Separata da *Revista de Cultura*, n. 143, 144 e 145. Rio de Janeiro, 1938. Reproduzida às p. 13-56 da obra citada na nota seguinte.

[3] In *Textos quinhentistas*, estabelecidos e comentados por Sousa da Silveira. Rio de Janeiro: Imprensa Nacional, 1945, p. 263-344.

Cedo ele nos levou a conviver com as edições dos *Lusíadas* de Epifânio Dias[4] e de José Maria Rodrigues[5], com vários trabalhos deste, especialmente as *Observações*[6] que fez à edição do primeiro. E também com suas interpretações pessoais de versos obscuros do Poema.

Foi o ter vivido nesse ambiente de exegese camoniana — de que participavam colegas da faculdade, como Antônio Houaiss, Olavo Nascentes, Crisanto Martins Filgueiras, Antônio de Pádua, Jesus Belo Galvão, Carlos de Assis Pereira, e outros mais, assim como amigos e companheiros de geração: Serafim da Silva Neto, Sílvio Elia, Rocha Lima, Gladstone Chaves de Melo, Antônio José Chediak, Wilton Cardoso — que me fez, imprudentemente, aceitar o convite de Augusto Meyer. Cheguei mesmo a apresentar-lhe o comentário a algumas estrofes do Poema.

Aos poucos, porém, fui-me convencendo do meu despreparo para levar adiante obra de tal vulto.

Poderia, é certo, fazer eruditos comentários sobre o arcabouço mitológico do Poema, suas fontes, os conhecimentos históricos, geográficos, botânicos, astronômicos do autor.

Tinha à mão numerosas edições de *Os lusíadas* e da *Lírica*, e não me eram estranhas as clássicas monografias de Luciano Pereira da Silva[7] e do conde de Ficalho[8]. Lera as 632 páginas publicadas da monumental *Fontes dos Lusíadas*[9], de José Maria Rodrigues.

Mas confesso-vos que não via no meu Camões sensual nem o astrônomo, nem o historiador, nem o geógrafo, nem o botânico, mas um poeta que tinha uma expressão particular, uma nota pessoal, que passava despercebida no meio de tanta erudição periférica.

Sentia que, ensombrecendo o dramaturgo vicentino e até o lírico petrarquista, Camões, com a claridade de *Os lusíadas*, como que "lustrado com santo raio", se desgarrara do tipo comum dos escritores renascentistas, para galgar os altiplanos de uma arte luminosa, superiormente plástica e profundamente humana.

---

4 1. ed., Porto, 1910; 2. ed., Porto, 1916-1918.

5 *Os lusíadas* de Luís de Camões. Edição Nacional, Imprensa Nacional de Lisboa, 1931.

6 José Maria Rodrigues. *Algumas observações a uma edição comentada dos Lusíadas*. Coimbra: Imprensa da Universidade, 1915. É separata dos v. II-IV da *Revista da Universidade de Coimbra*.

7 Luciano Pereira da Silva. *A astronomia dos Lusíadas*. Coimbra: Imprensa da Universidade, 1915. Separata da *Revista da Universidade de Coimbra*, II-IV (1913-1915).

8 *Flora dos Lusíadas* pelo conde de Ficalho. Lisboa: Academia Real das Sciencias, 1880.

9 José Maria Rodrigues. *Fontes dos Lusíadas*. Separata do *Instituto*. Coimbra: Imprensa da Universidade, 1905.

Como o Ariosto do *Orlando Furioso*, encontrara aí o poeta a sua verdadeira mensagem e a sua expressão definitiva

> a palavra que surge, quase por milagre, quando o artista revolve deveras o fundo do seu coração, palavra que é toda virgindade e pureza, ainda quando produto de cultura, e é clareza e penetração, flor do pensamento, e é recompensa à ânsia longamente sofrida na áspera vigília de escavar dentro d'alma, para atingir a raiz do ser, aquela nota de harmonia do Universo que Deus colocou no âmago dos homens privilegiados, para que a procurassem com angústia e só a encontrassem depois da purificação do sofrimento, como o mais precioso bem de sua vida.[10]

Comparada à dos poetas contemporâneos, inclusive à de Diogo Bernardes, que tanto se aproximou do seu aspecto formal, a linguagem poética de Camões revelava-me características singulares. E não se tratava apenas da organização do enunciado em verso, sob as condições do metro, do acento e da rima. A um escolhido vocabulário, rico de vogais claras, de consoantes sonoras e dos tipos silábicos mais flexíveis e equilibrados, sentia corresponder, com especial justeza, a perfeita adequação semântica ou melodia ideal, recurso seleto que só alguns raros poetas alcançaram e que devemos considerar, como já se disse, a qualidade suprema do ritmo. Era, em suma, aquela ansiada, esquiva, e quase sempre inatingida "nivelação dos conceitos rítmica e semanticamente coordenados"[11].

E eu devia, preliminarmente, fixar o texto crítico desse discurso poético, que no geral me encantava, mas que me oferecia no particular uma série de dificuldades, aparentemente pequenas, quase microscópicas. Observadas de mais perto, porém, via que incidiam diretamente sobre a expressão lingüística do escritor.

Como simplificar a ortografia do texto, conservando a pronúncia do tempo, tão mal conhecida? Como pontuá-lo moderna — e expressivamente — se na 1ª edição só se empregavam os cinco sinais então usados: o ponto, a vírgula, os dois pontos, os parênteses e o ponto de interrogação? E estes mesmos, não raro, em desacordo com os nossos hábitos. O regime dos encontros vocálicos obedeceria a certos princípios, ou o poeta poderia, arbitrariamente, servir-se do hiato, da diérese, da sinérese, da dialefa, da sinalefa e da elisão, como por vezes se me afigurava?

Eram perguntas que me fazia e para as quais não tinha resposta.

Pouco a pouco os problemas se foram acumulando e, por fim, convenci-me de que a falta de estudos sistematizados sobre a língua do tempo e sobre questões básicas de nossa versificação me impedia de continuar o trabalho.

---

[10] Giulio Bertoni. *Lingua e poesia* (Saggi di critica letteraria). Firenze: Leo S. Olschki, 1937, p. 114-115.

[11] Celso Cunha. *Camões e a unidade da língua*. Rio de Janeiro: MEC / Biblioteca Nacional, 1957, p. 10. [Republicada nesta coletânea, p. 155-158.]

E tomei a decisão que se impunha. Fui ao meu querido amigo Augusto Meyer e disse-lhe que não podia encarregar-me da edição por um motivo singelo e inocente: não tinha competência para fazê-la.

O tempo correu. Mas a idéia do fracasso permanecia.

Foi então que um trabalho de Jules Cornu me caiu em mãos — um velho artigo de 1883[12], ainda hoje o melhor estudo sobre o que na época se chamava *fonologia* ou *fonética sintática*, permanente preocupação de Sousa da Silveira em sua busca de interpretação correta dos textos da língua, e assunto sobre o qual nos deixou algumas observações preciosas.

E consolei minha ignorância na razão primeira que dava o sábio suíço, autor de uma excelente gramática histórica portuguesa e mestre de romanistas da altura de Gilliéron, para escrever o seu trabalho precursor.

São suas palavras:

> Por certas razões muito conhecidas e sobre as quais seria inútil me estender, os encontros de vogais ocorreram com profusão em português. Eles representam uma grave dificuldade para todos aqueles que aprendem o idioma de Camões e, há uma dezena de anos, quando comecei a ler *Os lusíadas*, eu me sentia embaraçado a todo momento pela medida dos versos e não encontrava em parte alguma os informes suficientes sobre as modificações a que estão submetidas as vogais que vêm a colidir[13].

E considerava precipitado qualquer estudo diacrônico de versificação portuguesa antes que se fizessem investigações minuciosas sobre o regime dos encontros vocálicos, dos trovadores medievais aos poetas românticos.

Pouco depois conheci as instrutivas críticas de Oskar Nobiling[14] à edição do *Cancioneiro da Ajuda*, de dona Carolina Michaëlis de Vasconcelos.

Datam daí as minhas pesquisas sobre as soluções dos delicados problemas que apresentam esses encontros nos textos mal conservados dos trovadores galego-portugueses e nos de poetas posteriores até Bernardim Ribeiro, com quem a língua se inclina definitivamente para o ditonguismo. E senti-me bem pago dos meus

---

12 Phonologie syntactique du *Cancioneiro geral*. In *Romania*, 12e année, 1883, p. 243-292. Deste artigo é complemento o seguinte: Mesure des mots dans le *Cancioneiro geral*, ibid., p. 293-306.

13 *Romania* cit., p. 243.

14 Zu Text und Interpretation des "Cancioneiro da Ajuda". In *RF* (*Mélanges Chabaneau*), XXIII, Erlangen, 1906, p. 339-385; Cancioneiro da Ajuda. Edição crítica e commentada por Carolina Michaëlis de Vasconcellos [...] In *ASNSL*, CXXI. Braunschweig, 1908, p. 197-208; CXXII, 1909, p. 193-206.

esforços quando pude demonstrar[15] que não procedia a afirmação de Epifânio Dias — uma verdade passada em julgado — de que "foi Camões o primeiro poeta nosso que submeteu o contar das sílabas dos versos às leis que hoje se observam"[16].

Se com o tempo consegui ter uma idéia mais clara das possíveis soluções dos encontros vocálicos interverbais na obra camoniana — embora vez por outra não encontre uma explicação que me satisfaça plenamente para algumas dualidades de tratamento, como a que ocorre entre a vogal da conjunção condicional e a da preposição nestes decassílabos:

> *Se / a* ninguém tratais com desamor,
> Antes a todos tendes afeição,
> E *se a* todos mostrais um coração
> Cheio de mansidão, cheio de amor...[17] —

o certo é que ainda hoje vejo muitos fenômenos obscuros na área da microfilologia.

Uns poucos exemplos:

É fato por demais sabido que havia no século XVI uma liberdade poética de acentuação nas palavras eruditas, latinas e gregas. Camões também dela se serviu, como já faziam os latinos ao alterarem a quantidade longa ou breve de empréstimos gregos por necessidade métrica. Uma palavra como *conopēum*, assim empregada por Juvenal (6, 80), vai aparecer sob a forma *conopĭum* em Horácio (*Ep*. 9, 16) e *conopĭa*, plural, em Propércio (III, 11, 45).

Camões usa, por exemplo, *Centimano* (*Lus*., V, 51) em rima com *Vulcano* e *Oceano*, assim como Bento Teixeira (*Pros*., 50) o faz com *humanos* e *soberanos*[18]. Por outro lado, alterna *Próteo* (*Lus*., I, 19) com *Proteo* (*Lus*., VI, 20, 36; X, 7) e *Proteio* (*Lus*., VII, 85), forma esta em rima com *feio* e *veio*.

---

15 Vd. A linguagem poética portuguesa na primeira metade do século XVI: hiato, sinalefa e elisão nas Églogas de Bernardim Ribeiro e no "Crisfal". In *Boletim de Filologia*, XIX, 1960, p. 113-129. Reproduzido em *Língua e verso*, 2. ed., Rio de Janeiro, 1968, p. 27-48.

16 *Obras de Christóvão Falcão*, Porto, 1893, p. 89.

17 *Lírica de Luís de Camões*. Edição de J.M. Rodrigues e A.L. Vieira. Coimbra, 1932, p. 134. O quarteto citado pertence a um soneto de atribuição duvidosa, que se encontra no Manuscrito de Cecília de Portugal. A dualidade de tratamento (dialefa e sinalefa) nos versos citados poderá ter sua explicação no fator ritmo: pausado no 1º verso, a permitir com o hiato o realce do objeto; mais acelerado no 3º, com o cavalgamento a provocar a ditongação das vogais em contacto.

18 O latim *centimănus* postula a pronúncia esdrúxula, mas parece que até o século XVII os poetas usaram sempre a forma paroxítona.

Mas — pergunto — *Anibal*, que duas vezes aparece no Poema:

Vereis como *Anibal* escarnecia
(X, 153)

Pera estes *Anibais* nenhum Marcelo
(VII, 71)

teria outra pronúncia ao tempo? Seria um caso de deslocação do acento, como afirmam Epifânio Dias e outros editores do Poema, à vista do atual *Aníbal* e do latim *Hannĭbal*, do púnico *Hhannibaal* "graça de Deus".

Não me parece. O nome do herói cartaginês cedo deve ter-se adaptado às tendências fonéticas das diversas línguas românicas.

Os poetas do *Cancioneiro geral* só conhecem a forma *Anibal*.

Luís Anríquez emprega-a em rima com *arraial*[19]; o conde do Vimioso, com *tal* e *Cabral*[20]; João Roiz de Sá, com *Marhabal*[21]; Diogo Velho, com *natural*, *val*, *curral*, *portal*, *tal*, *cabedal*, *cristal*, *canal*, *real*, *paternal*, *especial*, *Portugal*, *geral*, *principal*, *divinal*, *austerial*, *terreal*, *sinal*, *imperial*, *celestrial*, *oriental*, *igual*, *eternal*, *universal*, *triunfal* e *imortal*[22].

Ainda no século XVIII, o nosso Gonzaga escreveria:

Pertendam *Anibais* honrar a História,
e cinjam com a mão, de sangue cheia,
os louros da vitória.[23]

Tudo leva a crer, pois, que Camões, como os seus contemporâneos, pronunciaria efetivamente *Anibal*.

Outra dúvida. *Taprobăna* seria também uma alteração voluntária do poeta da forma *Taprobăna* (ou *Taprobăne*) que aparece, entre outros, em Plínio, Ovídio e Isidoro de Sevilha? Não poderia ter prevalecido, na época, a acentuação grega da palavra, *Ταπροβάνη*? E mais. Saberia Camões que o topônimo nos havia chegado do grego através do latim? Ou partilharia ele da idéia, que vamos encontrar em

---

19 *Cancioneiro geral*, de Garcia de Resende. Lisboa, 1516, fl. CIIII. Cita-se pela reprodução fac-similar de Kraus Reprint Corporation. New York, 1967.

20 Op. cit., fl. CLXXV, v°.

21 Id., ibid., fl. CXXIII, v°.

22 Id., ibid., fls. CCI e CCI, v°.

23 Tomás Antônio Gonzaga. *Poesias. Cartas chilenas*. Edição crítica de M. Rodrigues Lapa. Rio de Janeiro, 1957, p. 16.

Brochado e foi perfilhada por Bluteau (sempre tão cuidadoso em acentuar as formas eruditas e que só averba *Taprobana*), de ser a palavra de origem hebraica, *Taph parvan*, o mesmo que *Praia de Parvan*, o Ofir de Salomão, segundo Brochado, e do qual fazem menção Plínio, Estrabão, Ptolomeu e Ovídio?

Também o sentido da palavra, na primeira estrofe de *Os lusíadas*, tem, como se sabe, marginado dúvidas.

Se a *Taprobana* do Canto X, 51 é explicitamente a ilha de Ceilão, alguns preferem ver aqui uma referência a Sumatra, assim denominada nos mapas de Alberto Cantino e de Nicolau Canério, ambos de 1502, e em escritores cujas obras foram fontes de *Os lusíadas*: Pedro Nunes, d. João de Castro e Fernão Lopes de Castanheda.

É claro que Camões sabia que os portugueses tinham ido muito além de Ceilão. Ao próprio Japão. Ele mesmo estivera na China. E este seu conhecimento demonstra na estância 54 do Canto II, quando Júpiter prenuncia a Vênus os seus protegidos irão:

Até o longi[n]co China navegando
E as ilhas mais remotas do Oriente,
Ser-lhe-á todo o Oceano obediente.

Mas a expressão *além da Taprobana* contrasta com *da Occidental praia Lusitana*, e evidentemente contém a idéia de *Oriente* e não a de uma ilha determinada, mesmo porque a afirmação se completa com os dois últimos versos da estrofe:

E entre gente remota edificaram
Novo Reino, que tanto sublimaram.

Acresce salientar que a oposição *Ocidente/Oriente* será sempre ressaltada ao longo do Poema.

Os Portugueses somos do *Occidente*;
Imos buscando as terras do *Oriente*.
(I, 50)

é como os nautas se definem no primeiro contacto com o gentio africano.

Camões é um ocidental, que se orgulha da situação de sua pátria no hemisfério:

(...) ũa árvore de Cristo mais amada
Que nenhũa nascida no *Occidente*.
(I, 7)

Ocidente/Oriente contrastam por toda a fala de Júpiter, ao dar a Vênus presciência dos feitos da gente lusitana:

(...) eu vos prometo, filha, que vejais
Esquecerem-se Gregos e Romanos
Pelos ilustres feitos que esta gente
Há de fazer nas partes do *Oriente*.
(II, 46)

Os Reis da Índia, livres e seguros,
Vereis ao Rei potente sojugados.
(II, 46)

Vereis este, que agora pressuroso
Por tantos medos o Indo vai buscando.
(II, 47)

Vereis a terra que a água lhe tolhia,
Que inda há de ser um porto mui decente,
Em que vão descansar da longa via
As naus que navegarem do Occidente.
(II, 48)

(...) nunca se verá tão forte peito
Do Gangético mar ao Gaditano.
(II, 55)

E seria desnecessário ampliar os exemplos de tal oposição. Tomaria o tempo desta palestra.

Cabe, no entanto, ainda uma ponderação sobre a relevância de tais formas no Poema, o que permite dirimir a dúvida que envolve a leitura do 2º verso da primeira estrofe.

O substantivo *Occidente* aparece quatro vezes nos *Lusíadas*, e sempre realçado pela rima:

Que nenhũa nascida no *Occidente*
(I, 7)
Os Portugueses somos do *Occidente*
(I, 50)
As naus que navegarem do *Occidente*
(II, 48)
Pela parte do Arcturo, e do *Occidente*
(III, 6)

Oriente ocorre 19 vezes, e também invariavelmente de forma enfática. Com ênfase mecânica por vir em 16 versos em posição rímica. Nos exemplos restantes, em duas oportunidades vem precedido de expressão indicadora da totalidade:

Como porto mui forte e mui seguro,
De *todo o Oriente* conhecido
(II, 79)

Goa vereis aos Mouros ser tomada,
A qual virá despois a ser senhora
De *todo o Oriente*, e sublimada
Cos triunfos da gente vencedora.
(II, 51)

No segundo exemplo, servindo de *rejet* de um *enjambement*, a valorização da palavra vem acrescida pela tensão da espera do leitor-ouvinte.

Finalmente, no verso:

De África as terras, e do *Oriente* os mares
(I, 15)

a disposição simétrica já é, por seu paralelismo, uma forma de realce.

Um parênteses.

Curioso é que nenhum editor do Poema tenha estranhado que, para evitar a hipermetria deste verso, necessário se torna reduzir a palavra *Oriente* a três sílabas, contra os hábitos do Poeta e da língua do tempo, e nem como hipótese de trabalho crítico haja conjecturado a possibilidade de a conjunção *e* ser excrescente, no caso, leitura que tornaria o verso talvez mais incisivo.

Fechado o parêntese, "*retournons à nos moutons*".

Sabemos todos que os adjetivos que indicam uma categoria da espécie designada pelo substantivo, ou características muito salientes deste, vêm normalmente pospostos ao substantivo. É o caso de *ocidental* e *oriental*.

Nos *Lusíadas*, três vezes Camões emprega *Occidental*, e em duas segue a norma da língua:

Temistião, nos *fins Occidentais*
(X, 1)

Que os *mares* discorrendo *Occidentais*
(VIII, 53)

Observe-se que, no último exemplo, apesar do hipérbato, que os separa, o substantivo precede o adjetivo.

Oriental aparece em sete versos do Poema, e em seis deles vem depois do substantivo:

Do *Turco Oriental*, e do Gentio
(I, 8)
A *terra Oriental*, que o Indo rega
(I, 52)
Da desejada *parte Oriental*
(V, 69)
A *terra Oriental*, que o Idaspe lava
(VII, 52)
Da *parte Oriental* pera Lisboa
(IX, 16)
Mas já chegado aos *fins Orientais*
(X, 13)

O único exemplo discordante ocorre exatamente na posição enfática, por excelência: no *rejet* de um verso cavalgado:

Os primeiros armígeros regia
Quem pera reger os mui possantes
Orientais exércitos, sem conto,
Com que passava Xerxes o Helesponto.
(IV, 23)

De tudo se conclui a sem-razão daqueles que, fundados em falsas noções hauridas em compêndios de métrica, pretendem, à força, manter a uniformidade rítmica da 1ª estância, retirando da palavra de maior carga afetiva do verso o acento interno predominante, em benefício do substantivo *praia*, uma denotação pobre no discurso épico do poeta, onde aparece 27 vezes, 15 desacompanhada de adjetivos e cinco reforçada por epítetos de natureza, do tipo *praias arenosas*, *praias do mar*. No mais, caracterizam-na epítetos locativos (*praia Lusitana*, *praia Melindana*, *praias de Rodes*, *praias de Abássia*) ou informativos: *praias notas*. Só uma vez a adjetivação ganha força. É quando o Poeta descreve a árida e desértica região do cabo Rozalgate como formada de "*praias sempre avaras*".

Razões de sobra têm, pois, aqueles que, como o saudoso e sábio Cavalcanti Proença[24], lêem o verso com acentuação interna predominante na 5ª:

Que da Occidentál praia Lusitania,

---

[24] *Ritmo e poesia*. Rio de Janeiro, 1955, p. 60-61.

pois no caso há uma típica alteração valorativa da ordem icônica normal do sintagma, para usarmos uma terminologia do agrado de Roman Jakobson.

Parodiando o que Angel Rosenblat disse dos românticos hispano-americanos da primeira geração, que usavam sempre maiúsculas nas palavras valorizadas pela Revolução Francesa — *Pátria*, *Nação*, *Povo*, *Liberdade*, *Igualdade*, *Fraternidade*, *Revolução*, *Glória* —, pode-se afirmar que Camões as empregou invariavelmente nos substantivos *Occidente* e *Oriente* e, também, nos adjetivos *Occidental* e *Oriental*, porque não só os escrevia, mas, enfaticamente, os pronunciava com maiúsculas.

Uma série de pequeninas dúvidas semelhantes, que ainda hoje me assaltam, e que não vejo resolvidas pelos camonistas, poderia aqui enumerar. Acho, por exemplo, uma imprudência a simplificação sumária de grupos consonânticos em formas como *captivar*, *doctrina*, *Neptuno*, *Neptunino*, *victoriosos*, quando sabemos por Duarte Nunes de Leão que, no seu tempo — isto é, no de Camões —, muitos não só escreviam, mas pronunciavam à latina palavras como *docto*.

Na adaptação dos antropônimos gregos pelo Poeta, forma e pronúncia estão mesmo a pedir uma monografia especial, à semelhança da que fez Carlos Eugênio Correia da Silva sobre os latinismos[25], tais as dificuldades que apresentam.

Mas não quero transferir para o generoso auditório os meus problemas.

Não devo, no entanto, deixar de submeter à vossa apreciação um fato que vem passando despercebido aos editores de textos quinhentistas.

Com exclusão de Epifânio Dias, que adota uma ortografia conservadora, os demais editores modernos dos *Lusíadas* não têm dúvida em escrever com *u* o segundo elemento dos atuais ditongos *eu* e *éu*. Assim uniformizam pela grafia os elementos vocálicos finais de *eu*, *meu*, *teu*, *seu*, *desceu*, *Deus*. Também com *u* escrevem *céu*, *troféu*, etc.

A propósito, fizemos Carlos Durval e eu a seguinte advertência em nossa recente edição da *Prosopopéia*, de Bento Teixeira, texto, como se sabe, publicado em 1601:

> Ao contrário da maioria dos editores de textos do século XVI e princípios do século XVII, não nos aventuramos a emendar para *u* o segundo elemento do ditongo que ao tempo se escrevia *-eo*. Conservamos, no particular, a sistemática distinção do texto entre formas com *eu* e com *-eo*. Assim: *deu*, *eu*, *meu*, *teu*, *seu*; mas *desceo*, *rompeo*, *Ceo* e *Deos*. Esta distinção parece refletir um fato fonético importante, ainda não suficientemente esclarecido, mas para cuja elucidação o professor I.S. Révah carreou material precioso. Examinando a prática dos poetas quinhentistas, mostrou-nos o sábio mestre do Colégio de França que, a partir de Gil Vicente, passaram eles a rimar, sem maior dificuldade, vogais tônicas abertas

---

25 *Ensaio sobre os latinismos dos Lusíadas*. Coimbra, Imprensa da Universidade, 1931.

com fechadas (*é*: *ê*; *ó*: *ô*). No entanto, ainda nas obras de Diogo Bernardes (1594, 1595, 1596, datas das primeiras edições), uma palavra como *seu*, por exemplo, não aparece nunca em rima com formas do pretérito perfeito da 2ª conjugação (*morreo*, *rompeo*, etc.), nem com *Ceo*, embora as últimas, de timbre diverso, não raro se apresentem em consonância. A diversidade gráfica deve, pois, espelhar uma diferença fonética do segundo elemento desses ditongos, conclusão a que chega o ilustre professor francês[26], que muito me animou a prosseguir suas pesquisas.

Hoje poderia afirmar, com grandes possibilidades de acerto, que foi d. Francisco Manuel de Melo o primeiro poeta da língua que deixou de observar tal distinção fonética.

Nos *Lusíadas* ela é absoluta.

Assim, *Deos* e *Deosa*, sempre escritos com *o*, como dissemos, aparecem, respectivamente, 88 e 26 vezes no Poema[27]. As ocorrências de *Deosa* nunca se dão em final de verso, o que uma vez se verifica com a forma *Deos*, em V, 45, onde se dispõe em rima com *Ceos* e *Trofeos*.

Trofeos ainda alterna em rima com *torneos* (VIII, 26), palavra que só se documenta uma vez nos *Lusíadas*, escrita com *o*, e que José Maria Rodrigues e outros editores transformaram, arbitrariamente, em *tornéus*.

Ceo é palavra usada 103 vezes no Poema, 12 em final de verso, rimando com *deceo*, *moveo*, *Nereo*, *Anteo*, *socedeo*, *accendeo*, *Prometeo*, *escondeo*, *Peleo*, *agardeceo*, *Proteo*, *concedeo*. E no plural, com *Ulisseos*, *Deos* e *Trofeos*, todos grafados com *o*.

Já a forma *deu* (ou *déu*), perfeito de *dar*, rima com *teu* e *seu* (X, 96) e com *Teseu* (III, 137), palavras sistematicamente escritas com *u*.

Edição pressupõe sempre *interpretação*.

"O editor de um texto", escreve Alberto Chiari,

> pelo fato de haver tomado a si o encargo de apresentar o texto escolhido nas condições mais próximas possíveis as desejadas pelo autor, deve, para cumprir bem a sua tarefa, saber que se propõe uma empresa cujo êxito depende justamente do conhecimento que ele possui da língua, da cultura, do pensamento e da arte do autor que escolheu; deve saber que não faz apenas trabalho de erudição, mas trabalho de reconstrução, portanto de pensamento e de arte, em que a

---

26 Bento Teixeira. *Prosopopéia*. Com introdução, estabelecimento do texto e comentários por Celso Cunha e Carlos Durval. Rio de Janeiro: INL, 1972, p. 7.

27 Para estas e outras indicações precisas feitas no correr deste estudo, valemo-nos do prestante *Índice analítico do vocabulário de Os lusíadas*, organizado sob a direção de A.G. Cunha e publicado em três volumes pelo Instituto Nacional do Livro, em 1966.

> lucidez do próprio pensamento e o requinte do próprio gosto são postos a serviço do pensamento e do gosto de outrem.[28]

Cada obra, e é ainda Chiari quem lembra, tem sua dupla história: a história de sua criação e a história de sua fortuna. O editor de textos há de indagar e de conhecer ambas.

> Há de saber, ou há de procurar saber, quando e porque o autor escreveu tal obra; há de entrar, ou há de procurar entrar, no seu "mundo"; há de conhecer as razões e as condições que inspiraram a obra, a cultura que lhe foi o fundamento, o grau de arte alcançado até aquele exato momento, a língua que da cultura e da arte é a expressão e a forma. Em uma palavra, tem de conhecer os motivos e as circunstâncias externas e internas que sugeriram e acompanharam a criação da obra, para estar em condições de repetir, na medida do possível, o trabalho do seu autor, de penetrar, por assim dizer, no segredo da sua fantasia e redescobrir (porque é uma verdadeira descoberta) os momentos e seus aspectos e os processos da sua criação, e reviver do mesmo modo e sentir novamente aquilo que o autor deveria presumivelmente viver e sentir.[29]

Não farei injúria a ninguém dizendo que são raríssimas as edições portuguesas e brasileiras que preenchem tais requisitos, razão por que não há muito Jean Roudil escrevia que o adjetivo *crítico*, de emprego largo e abusivo em espanhol e em nossa língua para qualificar edições que, não raro, trazem apenas no aparato variantes puramente gráficas ou comentários a coisas consabidas e nem sempre pertinentes ao texto, precisa ter uma melhor aplicação.[30]

Examinemos a primeira das condições requeridas por Chiari para o êxito de uma edição crítica: o conhecimento da língua, do pensamento e da arte do autor selecionado.

Isto supõe que o editor se tenha saturado da leitura da obra do autor escolhido, o sábio conselho que não se cansava de repetir Leo Spitzer para os críticos.

Era já o velho princípio de Aristarco, o primeiro que reconstituiu os poemas homéricos jogando Homero contra Homero.

---

[28] La edizione critica. In *Tecnica e teoria letteraria* a cura di M. Fubini; G. Getto; B. Migliorini; A. Chiari e V. Pernicone. 2. ed. Milano, 1951, p. 235-236.

[29] Id., ibid., p. 238.

[30] Jean Roudil. Pour un meilleur emploi de l'adjectif "critique" appliqué aux editions de textes espagnols du Moyen Âge. In *Homenaje. Estudios de filología e historia literaria lusohispanas e iberoamericanas para celebrar el tercer lustro del Instituto de Estudios Hispánicos, Portugueses e Iberoamericanos de la Universidad Estatal de Utrecht*. La Haya, 1966, p. 531s.

No campo dos estudos camonianos, Afrânio Peixoto[31] teve esta aguda intuição, ressaltada por Roger Bismut[32], que há pouco a levou a cabo: a lírica de Camões poderia explicar *Os lusíadas*, e vice-versa.

E o resultado foi esta conclusão: 1.250 versos dos *Lusíadas*, a 7ª parte do Poema, pelo pensamento ou pela forma, se encontram nas peças líricas atribuídas a Camões, onde perfazem cerca de 2.100 versos, também a 7ª parte da lírica admitida como autêntica[33]. Não se pode, pois, diz o mestre francês, falar de um Camões lírico e de um Camões épico, distintos. O épico é a evolução do lírico em busca da consciência de sua verdadeira natureza: o Camões do "honesto estudo", afirmação que tem levado a maioria dos seus devotos a ver no poeta principalmente o erudito.

O conde de Ficalho, por exemplo, é categórico, ao escrever: "Luís de Camões, sobre ser um grande poeta, foi um espírito de funda e fina cultura. O que se sabia em seu tempo, nas artes e nas ciências, soube-o ele".[34]

Essa idéia do Camões erudito precisa de ser, em parte, desmitificada. Sabe-se pouco de sua cultura humanística. Esse pouco é, no entanto, suficiente para admitir-se que ela era vasta, mas um tanto superficial, ou, como diz Bismut, "*tributaire de recueils de citations, de lexiques mythologico-littéraires plutôt que de lectures directes*"[35].

Mesmo em seu poema de mais funda penetração filosófica — *Sôbolos rios que vão* — os estudiosos nunca puderam provar que as idéias platônicas e aristotélicas que aí desenvolve tenham sido hauridas diretamente nos filósofos gregos, ou mesmo, em traduções de suas obras.[36] Tudo nos leva a supor que, no caso, as fontes do Poeta foram enciclopédias do tipo da célebre *Margarita philosophica*.

As coisas variadas que sabia, aprendeu-as, seguramente, mais do que no "honesto estudo", na "longa experiência".

Extasia-se o bom conde de Ficalho ante a precisão erudita com que Camões qualifica a pimenta e o cravo de *ardentes*; o aloés de *amaro*, e o seu lenho, de *cheiroso*; o sândalo, de *salutífero e cheiroso*; *o* benjoim, de *cheiroso licor*, *que o tronco chora*; a

---

[31] O "Parnaso", de Camões, fonte d' *Os lusíadas*. In *Ensaios camonianos*. Coimbra, 1932, p. 113-141.

[32] *La Lyrique de Camões*. Athènes, 1970.

[33] Roger Bismut. Op. cit., p. 135.

[34] *Flora dos Lusíadas*. Lisboa, 1880, p. 5.

[35] Op. cit., p. 8.

[36] Em seus *Estudos sobre as leituras filosóficas de Camões*, Joaquim de Carvalho conclui ter Camões lido e assimilado o *Phedon*, de Platão, onde teria encontrado a teoria da reminiscência, que desenvolve no poema em causa, e a imagem do cisne moribundo, de que se utiliza na Canção III. Mas é o próprio mestre de Coimbra quem afirma: "O *Phedon*, conhecido já na Idade Média, tornou-se vulgar na Renascença, durante a qual como que se tornaram triviais alguns conceitos platônicos" (*Estudos sobre* a *cultura portuguesa do século XVI*, v. I. Coimbra, 1947, p. 279).

canela, de *cortiça cálida e cheirosa*; com que vê na cânfora *lágrimas*, *no licor coalhado e enxuto*.[37]

Mas Camões não precisava nem ler os *Colóquios* do seu amigo Garcia de Orta para ter esses conhecimentos de botânica poética, pois conviveu com a natureza oriental.

Era ele um poeta que tinha "por mestra a longa experiência" e que sabia *ver*. Não é sem razão que este verbo, que na escala da freqüência dos escritores quinhentistas ocupa o 10º lugar, é o 2º verbo mais empregado nos *Lusíadas*, com 444 ocorrências, vindo apenas depois de *ser* e com mais 59 exemplos do que *ter*. E sabemos que a média da proporção quinhentista é de 4 por 1 na relação *ter-ver*.[38]

Camões foi um homem do seu tempo, que nasceu num país que tinha sido — e de certa forma ainda era — um verdadeiro laboratório de investigações da natureza.

Tinha ele consciência — e o cantou nos *Lusíadas* — de que o Portugal que descobriu ao mundo novos mundos não o fez por acaso, mas porque estava realmente na vanguarda da ciência experimental do tempo. Foi o saber de experiências feito[39], que para si reivindicava o próprio poeta e que tanta importância teve no progresso ulterior da ciência, que permitiu o domínio paulatino do "mar tenebroso" e deu à façanha de Vasco da Gama não o caráter de aventura da de Colombo, mas o de uma "viagem de cabotagem de alto estilo", como já se escreveu.

Porém o que *Os lusíadas* documentam, em primeiro lugar, é um enorme poeta, cuja expressão precisa ser melhor pesquisada no particular e, também, no geral — ou seja, em contraste com os estilos da época —, porque sem esse conhecimento não pode haver progresso no terreno da crítica textual e, mesmo, no daquela que se quer puramente estética, já que a língua "da cultura e da arte é a expressão e a forma".

E aqui voltamos ao início desta palestra e nos encontramos com dificuldades outras.

Creio que estamos todos de acordo em que a pertinência literária não é idêntica à pertinência lingüística. Mas até hoje não se conseguiu caracterizar convin-

---

[37] *Flora dos Lusíadas*, p. 94.

[38] Vd. A.G. Cunha et alii. *Índice analítico do vocabulário de Os lusíadas*, v. A, p. XXIX-XXX.

[39] Sobre o conceito de experiência nos *Lusíadas*, leiam-se: Segismundo Spina. Camões: o elogio da experiência. In *Da Idade Média e outras Idades*. São Paulo, 1964, p. 87-99; Celso Láfer. O problema dos valores n' *Os lusíadas*. In *Revista Camoniana*, v. 2, 1965, p. 72-108, especialmente p. 79-94. Está para sair um magistral estudo sobre a relevância da noção de experiência em Portugal, desde a Idade Média até 1580, de autoria do ilustre historiador português Joaquim Barradas de Carvalho, que, em março de 1972, apresentou alguns aspectos conclusivos do trabalho em concorridos seminários na Sorbonne.

centemente a primeira. Sentimos, por exemplo, que a quantidade de informação de um texto poético é nitidamente superior à de um texto em prosa, principalmente não literário, apesar da redundância introduzida pelas recorrências quase periódicas.

Alguns têm sido levados a simplificar as coisas dizendo que "a linguagem poética é redundante no plano do significante, da expressão e, ao mesmo tempo, informativa no plano do significado, do conteúdo". Esta distinção, diz Fónagy, "é bastante clara e perfeitamente errônea"[40], pois o conteúdo dos textos poéticos não é menos organizado do que a expressão. "Por outro lado, e é talvez o ponto essencial, a expressão poética é particularmente informativa, visto que *a escolha de tal ou tal redundância*, a escolha de tal ou tal metro, a escolha do fonema que será recorrente comporta necessariamente uma segunda mensagem, uma mensagem estilística complementar"[41], a mensagem estética de que fala Abraham Moles.

É esse aspecto essencial da expressão poética, denominado *ecto-semântico* por Meyer-Eppler, que se tem revelado particularmente esquivo à argúcia da crítica, a procurar captá-lo através do mundo dos signos.

Com muita razão, adverte Emile Benveniste num dos seus últimos estudos:

> O mundo do signo é fechado. Do signo à frase não há transição, nem por sintagmação nem por outro processo. Um hiato os separa. É preciso, pois, admitir que a língua comporta dois domínios distintos, e cada um exige o seu próprio aparelho conceptual. Para o que chamamos semiótica, a teoria saussuriana do signo lingüístico servirá de base à pesquisa. O domínio semântico, porém, deve ser reconhecido como separado. Terá necessidade de uma aparelhagem nova de conceitos e definições.

"Cumpre" — acrescenta — "ultrapassar a noção saussuriana do signo como princípio único, de que dependeriam, de uma só vez, a estrutura e o funcionamento da língua"[42].

E Benveniste propõe que essa superação se faça:

a) "na análise intralingüística, pela abertura de uma nova dimensão da natureza significante, a do discurso", que ele chama semântica, "distinta daquela que está ligada ao signo; e que será semiótica".

b) "na análise translingüística dos textos, das obras, pela elaboração de uma metassemântica, que será construída sobre a semântica da enunciação."[43]

---

40 Ivan Fónagy. Les structures rythmiques de la poésie. In *Les Rythmes*. (Conférences présentées au colloque sur les rythmes à Lyon en décembre 1967.) Lyon, 1968, p. 321.

41 Id., ibid.

42 Sémiologie de la langue (2). In *Semiótica*, I, 2 (1969), p. 134-135.

43 Id., ibid., p. 135.

Sentimos todos que o impasse exige uma abertura. A sugerida por Benveniste tem certa sedução. Não custa forçá-la.

É, porém, mais que tempo de terminar.

Quando nos referimos a um poeta do passado pensamos com freqüência no presente. Não é fácil ao estudioso manter-se nos dois planos em que Anatole France via o historiador ideal. Aliás, estamos todos aqui reunidos para comemorar a modernidade de Camões, e esta não sofre dúvida mesmo no plano ideológico.

Ao longo de quatro séculos a mensagem dos *Lusíadas* tem sido descodificada de maneira diversa.

Criaram um Camões ortodoxo na fé, católico. Jorge de Sena descobriu um Camões cripto-cristão novo com sensíveis influências da Cabala. O mestre Hernâni Cidade encontrou um Camões humanista; o professor Costa Pimpão, um Camões nacionalista, sequioso de império; e Evtuchenko, um Camões socialista.

E é provável que todos tenham razão.

Esta é a perenidade dos *Lusíadas*, uma obra aberta a múltiplas interpretações, o que só as verdadeiras obras de arte permitem. Porque, em verdade, Camões foi um moderno: cantou o seu tempo com vistas no futuro, no angustiado mundo que nos tocou viver.

E poderia repetir com o nosso poeta maior:

E como ficou chato ser moderno.
Agora serei eterno.[44]

---

[44] Carlos Drummond de Andrade. *Reunião. 10 livros de poesia*. Rio de Janeiro: Livraria José Olympio, 1969, p. 209.

3
Sobre a pronúncia camoniana de alguns antropônimos*

> *Le poète, comme tout artiste, est un artisan; il est l'artisan de la langue. Ses préoccupations vont avant tout à cette matière qu'il utilise et à la dialectique qu'il se propose de construire entre la matière utilisée et l'oeuvre qui résulte de cette utilisation. Il s'intéresse à "la beauté de la matière" pour reprendre une expression de Bachelard; ce sont, curieusement, les critiques et les amateurs qui ont une tendance à minimiser l'importance de la matière et à juger l'oeuvre à partir de critères moins "élémentaires", tandis que les artistes, précisément, insistent en général sur les qualités physiques de la matière dont ils se servent.*
>
> A. Kibédi Varga

Apesar da abundante bibliografia acumulada nestes quatro séculos de exegese camoniana, pouco progrediram os nossos conhecimentos sobre a língua e a versificação da segunda metade do século XVI,[1] causa primeira de continuarmos à espera de uma edição verdadeiramente crítica de *Os lusíadas* e das *Rimas*.

No presente estudo apresentaremos apenas alguns subsídios para um melhor esclarecimento da pronúncia que realmente teriam, no século XVI, alguns antropônimos de origem grega empregados por Camões.

É fato por demais sabido que havia nos séculos XV, XVI e XVII uma liberdade poética de acentuação em algumas palavras eruditas latinas e, principalmente, gregas[2].

---

* Texto apresentado, em forma de comunicação, no XVIe *Congrès International de Linguistique et Philologie Romanes*, realizado em Palma de Mallorca entre 7 e 12 de abril de 1980, com o título: "Alguns aspectos da prosódia camoniana". Publicado com o mesmo título no *Boletim do Clube da Medalha do Brasil*, ano III, n. 6, ago. 1980, p. 11-18. (Número dedicado a Luís de Camões.) Republicado com alterações, acréscimos e novo título "Sobre a pronúncia camoniana de alguns antropônimos" na Revista *Studia*, 12. Rio de Janeiro: Colégio Pedro II, 1982, p. 33-39.

1 Os problemas textuais e lingüísticos da obra camoniana estão à espera de estudos do nível dos que Paul Teyssier e I.S. Révah elaboraram para a expressão de Gil Vicente.

2 Na adaptação dos antropônimos gregos pelo poeta, forma e pronúncia estão mesmo a pedir uma monografia especial, à semelhança da que fez Carlos Eugênio Correia da Silva sobre os latinismos: *Ensaio sobre os latinismos dos Lusíadas*. Coimbra: Imprensa da Universidade, 1931. Um meritório estudo preliminar é a dissertação, por nós orientada, da professora Célia Motta Kalligas: *A mudança de acento nos nomes próprios gregos de* Os lusíadas. Rio de Janeiro, 1979.

Camões também dela se serviu ao alternar, por exemplo, *Téseu* (*Lus.*, II, 112) com *Teseu* (*Lus.*, III, 137), ou *Próteo* (*Lus.*, I, 19) com *Proteo* (*Lus.*, VI, 20, 36; X, 7) e *Proteio* (*Lus.*, VII, 85), forma esta em rima com *feio* e *veio*. No particular, o poeta seguia o modelo dos latinos ao alterarem a quantidade longa ou breve das sílabas de empréstimos gregos por necessidade métrica. Assim, uma palavra como *conopēum* *Κωνωπεῖον*, empregada por Juvenal (6, 80), vai aparecer sob a forma *conopĭum* em Horácio (Ep. 9, 16) e *conopĭa*, plural, em Propércio (III, 11, 45).

E seguia também o modelo de poetas anteriores e contemporâneos — espanhóis, italianos e mesmo portugueses — que rimavam, por exemplo, *Parnaso* com *Caucaso* (Condestável d. Pedro), *Penelope* com *Liriope* (Juan de Mena), *Eliseos* com *eirateos* e *camafeos* (Fray Ambrosio Montesino), *Parnaso* com *Pegaso* (Diogo Bernardes), *Antioco* com *loco* (Petrarca), ou que usavam formas como *apostáta*, *Rodáno*, *Vistúla* (Jerônimo Corte-Real), *Lisías* (Calderón), *Cleopatràs*, *Climenè*, *Cliò* (Dante).

E tal prática justificava-se, segundo Juan del Encina, pelo direito que tem o poeta de servir-se não da norma da língua, mas de outra que lhe é peculiar: a norma estética. Citemos, ainda uma vez, o conhecido passo de sua *Arte de poesía castellana* (1496):

> *Tiene el poeta y trobador licencia para acortar y sincopar qualquier parte ó dición. Así como Juan de Mena en una copla que dixo*: el hi de maría *por dezir* el hijo de maría. *Y en otra parte dixo*: Que nol perteneze, *por dezir*: que no le pertenece. *Y en otra dixo* Agenores: por angenorides. *Puede assi mesmo corromper y estender el vocablo assi como el mesmo Juan de Mena en otra que dixo*: Cadino: *por* Cadmo y lagos metroes: *por* meotides. *Y puede también mudarle el acento: assi como en otro lugar donde dize*: platános: *por* plátanos: *y en otro* penelópe: *por* penélope. *Tiene también licencia para escreuir un lugar por otro, como Juan de Mena que puso una Tebas por otra. Y puede también poner una persona por otra. Y la parte por el todo y el todo por la parte.*[3]

Epifânio da Silva Dias em sua célebre edição crítica de *Os lusíadas*[4] considerou igualmente voluntária, portanto uma opção de Camões, a pronúncia paroxítona que se documenta no Poema para os nomes *Capadoces*, *Centimano*, *Ciniras*, *Cleopatra*, *Climene*, *Demodoco*, *Eolo*, *Gedrosia*, *Glafira*, *Heliogabalo*, *Leucotoe*, *Naiades*, *Policena*, *Semele*, *Semiramis*, *Taprobana*, *Zopiro*, bem como a oxítona para a forma *Anibal*.

---

[3] *Cancionero de Juan del Encina*. Primera edición, 1496. Publicado en facsímile por la Real Academia Española. Madrid, 1928, fl. V, v. Para facilidade de leitura, adotamos o texto publicado pelo conde de la Viñaza, *Biblioteca Histórica de la Filología Castellana*, Madrid, 1893, col. 818 (da edição fac-similar publicada pela Editorial Atlas, Madrid, 1978).

[4] 2. ed., 2. v. Porto: Companhia Portuguesa Editora, 1918, p. 340.

Deles a pronúncia paroxítona também é atestada na *Lírica*: a) pela rima: *Ciniras* (em rima com *suspiras*), *Eolo* (em rima com *Apolo*), *Gedrosia* (em rima com *Turquia*), *Taprobana* (em rima com *Guadiana*); b) pelo acento interno: *Climene*; c) pela medida do verso: *Policena*.

Cleopatra e *Heliogabalo* só ocorrem como palavras iniciais de setissílabos, o que não permite maior certeza da acentuação. Mas, à vista da prática do poeta em *Os lusíadas* e da de outros contemporâneos, portugueses e espanhóis, não nos parece justificável apor-lhes o acento na antepenúltima sílaba, como faz, por exemplo, Costa Pimpão em sua edição das *Rimas*[5].

De uma maneira geral os filólogos portugueses e brasileiros acolhem o ponto de vista de Epifânio da Silva Dias com referência à acentuação antietimológica desses nomes próprios eruditos, esquecidos de que, numa época em que o idioma, ainda vacilante, procurava fixar suas normas, a emissão grave dos cultismos esdrúxulos não pode ser considerada sempre uma licença poética, porque é, antes do mais, uma tendência das línguas portuguesa e espanhola, o que já havia sido claramente expresso por Antonio de Nebrija em sua *Gramática castellana* (1492):

> *La segunda regla sea que todas las palabras de nuestra lengua comun mente tienen el acento agudo enla penultima silaba; i enlas diciones barbaras o cortadas del latin, enla ultima silaba muchas vezes, i mui pocas enla tercera contando desde el fin. I en tanto grado rehusa nuestra lengua el acento eneste lugar, que muchas vezes nuestros poetas, passando las palabras griegas i latinas al castellano, mudan el acento agudo enla penultima, teniendolo enla que esta antes de aquella.*[6]

Quanto à acentuação aguda das "diciones barbaras o cortadas del latín en la última sílaba", o ensinamento de Nebrija repete um preceito formulado por Alexandre de Villedieu em seu *Doctrinale metricum* (século XII) e que teve longa vigência:

> *Omnis uox barbara non accentuata latine*
> *accentum super extremam seruabit acutum.*[7]

Feita esta advertência prévia, passemos ao exame de alguns dos antropônimos cuja acentuação no Poema Epifânio da Silva Dias e outros filólogos consideram anormal.

---

[5] Coimbra: Acta Universitatis Conimbrigensis, 1953, p. 43 e 109. Sobre a emissão paroxítona de *Cleopatra*, a etimológica, leia-se o que escreve Mário Barreto. *Novos estudos da língua portuguesa*. Rio de Janeiro: Francisco Alves, 1911, p. 8-27.

[6] Edição de Pascual Galindo Romeo e Luís Ortiz Muñoz, I, Madrid, 1946, p. 38-39.

[7] Citado por María Rosa Lida. *Juan de Mena, poeta del prerrenacimiento español*. México: El Colégio de México, 1950, p. 280.

ANIBAL. Por duas vezes ocorre em *Os lusíadas*:

Vereis como *Anibal* escarnecia.
(X, 153)
Pera esses *Anibais* nenhum Marcelo.
(VII, 71)

Seria a pronúncia aguda um caso de deslocação de acento, à vista do atual *Aníbal* e do latim *Hannibal*, do púnico *Hhannibaal* "graça de Baal"?

Não nos parece. O nome do herói cartaginês, estreitamente vinculado a episódios da história romana tão difundidos na Idade Média,[8] cedo deve ter-se adaptado às tendências fonéticas das diversas línguas românicas.

Os poetas do *Cancioneiro geral* só conhecem a forma *Anibal*.

Luís Anríquez emprega-a em rima com *arraial*[9], o conde do Vimioso, com *tal* e *Cabral*[10], João Roiz de Sá, com *Marhabal*[11]; Diogo Velho, com *natural*, *val*, *curral*, *portal*, *tal*, *cabedal*, *cristal*, *canal*, *real*, *paternal*, *especial*, *Portugal*, *geral*, *principal*, *divinal*, *austerial*, *terreal*, *sinal*, *imperial*, *celestial*, *oriental*, *igual*, *eternal*, *universal*, *triunfal* e *imortal*[12].

Também na obra de Sá de Miranda a única forma documentada é a oxítona, como se vê dos exemplos:

Estes mimos indianos
Hei gran medo a *Portugal*
Que venham fazer os danos
Que Cápua fez *a Anibal*,
Vencedor de tantos anos.[13]

Ponho aqui Bruto segundo,
Ponho mais dous Cipiões.
Fim (como dizem) *fatal*,

---

8 Referências a *Aníbal* e às suas façanhas aparecem, por exemplo, várias vezes na *Vida e feitos de Júlio César*, versão portuguesa quatrocentista de *Li fet des Romains*, publicada criticamente por Maria Helena Mira Mateus: 2 v. Lisboa: Fundação Calouste Gulbenkian, 1970.

9 *Cancioneiro geral, de Garcia Resende*. Lisboa, 1516. fl. CIIII. Cita-se pela reprodução fac-similar da Kraus Reprint Corporation, New York, 1967.

10 Ibid., fl. CLXX vº.

11 Ibid., fl. CXXIII vº.

12 Ibid., fls. CCI e CCI vº.

13 *Poesias de Francisco de Sá de Miranda*. Edição feita sobre cinco manuscriptos ineditos e todas as edições impressas... por Carolina Michaëlis de Vasconcellos. Halle: Max Niemeyer, 1885, p. 206.

Assi ponho os dous Catões,
Podera pôr *Anibal*.[14]

O mesmo sucede na de Sá de Meneses:
Senão, considerai qual foi o fructo
Que seguio *Anibal* de tanta guerra.[15]

e na de Diogo Bernardes:
Deixar não podes de te ver vencida,
África, a tal esforço e insígnia *tal*,
Inda que por Anteo, e *Anibal*
Fosses (como mãe sua) defendida.[16]

Ainda no século XVIII, o nosso Gonzaga escreveria:
Pertendam *Anibais* honrar a História,
e cinjam com a mão, de sangue cheia,
os louros da vitória.[17]

Tudo leva a crer, pois, que Camões, como os seus contemporâneos, pronunciaria efetivamente *Anibal*, única pronúncia conhecida também pelos poetas do classicismo espanhol, como nos ensina Rufino José Cuervo:

> Anibal se pronunció antiguamente en castellano como agudo; y esta práctica parece más acomodada a la índole de la lengua que la que hoy rige; pero hoy es forzoso seguir la universalmente admitida. La forma fenicia de este nombre es Hannibaal, *esto es, gracia de Baal* (*Levy*, Phönizisches Wörterbuch), *por donde se ve que, representando la* a *última en latin las dos de* Baal, *debia ser larga, y en efecto así aparece en Plauto, Ennio y Varrón*; *posteriormente hubo de abreviarse para acomodar el vocablo al ritmo dactílico; de suerte que, dados los dos acusativos* Hannibălem y Hannibālem, *el primero representaría la pronunciación moderna, y el segundo la antigua de nuestra lengua*.[18]

---

[14] Ibid., p. 207. Cf. outro exemplo na p. 261.

[15] Citado por Franco de Sá. *A língua portugueza, dificuldades e duvidas*. Maranhão: Imprensa Oficial, 1915, p. 139.

[16] *Obras completas*, v. III. Lisboa: Sá da Costa, 1946, p. 145. Cf. também p. 154, onde aparece em rima com *liberal* e *val*.

[17] Tomás Antônio Gonzaga. *Poesias. Cartas chilenas*. Edição crítica de M. Rodrigues Lapa. Rio de Janeiro: INL/MEC, 1957, p. 16.

[18] *Apuntaciones críticas sobre el lenguaje bogotano*, 7. ed. Bogotá: A. Contes M., 1939, p. 44.

CENTIMANO. Também Franco de Sá diz, a respeito de *Lus.*, V, 51, que Camões "por causa da rima transpôs o acento de Centimanus"[19]. Para o espanhol, Robles Dégano aconselha a pronúncia esdrúxula de acordo com a composição latina da palavra e com a norma da Real Academia. Mas é obrigado a reconhecer que a acentuação grave é a única que se documenta nos poetas clássicos[20]. O mesmo se observa nos poetas portugueses do tempo. Cite-se, por exemplo, a rima com *humanos* e *soberanos* na *Prosopopéia*, L, vv. 2, 4, 6. Cremos ter sido Bluteau o primeiro dicionarista (1716) que acentuou *Centímano*, embora documente a forma com verso da *Insulana*, de Manuel Tomás, que postula o acento na penúltima sílaba. A partir do *Tratado de versificação portuguesa* de Couto Guerreiro (1784) a pronúncia esdrúxula (em rima com *longímano*) passa a ser a única admitida na língua culta.

CLEOPATRA. A acentuação grave, aconselhada pela cadência interna tanto nos *Lus.*, III, 141, quanto no *ABC em motos* das *Rimas*, é a sistemática no espanhol e no italiano. Era também a pronúncia normal portuguesa, de acordo, aliás, com a prosódia latina, como à saciedade provou o filólogo Mário Barreto[21]. Provavelmente, até fins do século XVIII a língua viva não conheceu a forma esdrúxula, pois Couto Guerreiro faz rimar o antropônimo com *alcatra* e *culatra*.[22]

EOLO. A pronúncia *Eólo* era não só a de Camões, mas a da língua, seguramente até o século XVIII, pois é a única acolhida por Bluteau e a de que se serve Cláudio Manuel da Costa no seguinte decassílabo sáfico:

O crespo Eólo no penhasco encerra.[23]

Também no espanhol de Lope da Vega encontramos:

Aunque de roble y de laurel no enrames,
España, este sagrado *mauseolo*,
sino de lienzos que combata *Eolo*...[24]

---

[19] Op. cit., p. 151.

[20] Felipe Robles Dégano. *Ortología clásica de la lengua castellana fundada en la autoridad de cuatrocientos poetas*. Madrid: Marceliano Tabarés, 1905, p. 201.

[21] *Novos estudos da língua portuguesa*, p. 8-27.

[22] Miguel do Couto Guerreiro. *Tratado de versificação portugueza*. Lisboa: Francisco Luiz Ameno, 1784, p. 150.

[23] *Obras poéticas*, nova edição, I. Rio de Janeiro: Garnier, 1903, p. 338.

[24] Citado por María Rosa Lida. *Juan de Mena*, p. 274.

HELIOGABALO. Devia ser a pronúncia do tempo, provavelmente por influência de *Sardanapalo*, em que a acentuação grave é a etimológica. No século XVIII, Couto Guerreiro aconselha a forma esdrúxula.[25]

POLICENA. Cremos que esta foi sempre a prosódia em português do nome da bela e malograda filha de Príamo, pronúncia de acordo com a forma grega *Πολυξένη* e única aceita por Rengifo para o espanhol[26] e por Couto Guerreiro[27] para o nosso idioma. Ambos lhe dão como consoantes palavras como *antena*, *pena*, *Avicena*, *Helena*, *Ravena* e *Viena*.

SEMELE. A forma esdrúxula é, no caso, um preciosismo. O nome da mãe de Baco foi sempre pronunciado como paroxítono, fato referido por Castilho no prólogo da tradução das *Metamorfoses*, onde declara ter levado o seu escrúpulo de conservar as quantidades silábicas até em nomes próprios de cães. Só fugiu à norma, diz, "nos raríssimos casos, em que o uso geral, e constante dos autores, as havia já adulterado na nossa língua como Sémele, que ninguém cá reconhece, senão por Seméle".[28]

SEMIRAMIS. Tanto da forma grega *Σεμίραμις* como da latina (Semiramis) seria de esperar em português a pronúncia proparoxítona.

Camões (*Lus.*, III, 100), no entanto, usa *Semiramis* e chega a acentuar a penúltima com um circunflexo:

Nunca com *Semirâmis*, gente tanta.

Em espanhol encontra-se o acento voluntariamente alterado em Hernán Mexía:

si bien sus males *sentís*,
todas son *Semiramís*.[29]

TAPROBANA. Seria, como acreditam alguns, uma alteração voluntária do poeta da forma *Taprobăna* (ou *Taprobăne*), que aparece, entre outros, em Plínio, Ovídio e Isidoro de Sevilha? Não poderia ter prevalecido, na época, a acentuação grega da palavra, *Ταπροβάνη*, ou a preferida da língua corrente? E mais. Saberia Camões que o topônimo nos havia chegado do grego através do latim? Ou parti-

---

[25] Op. cit., p. 433.

[26] Juan Díaz Rengifo. *Arte poética española*. Barcelona: Joseph Texida, 1703, p. 270.

[27] Op. cit., p. 203.

[28] Citado por Franco de Sá, op. cit., p. 155. Cf. também Mário Barreto, *Novos estudos*, p. 10.

[29] Citado por María Rosa Lida, *Juan de Mena*, p. 275 e 281.

lharia ele da idéia, que vamos encontrar em Brochado e foi perfilhada por Bluteau (sempre tão cuidadoso em acentuar as formas eruditas e que só averba *Taprobana*), de ser a palavra de origem hebraica, *Taph parvan*, o mesmo que *Praia de Parvan*, o Ofir de Salomão, segundo Brochado, e do qual fazem menção Plínio, Estrabão, Ptolomeu e Ovídio?[30]

ZOPIRO. A pronúncia grave era não só a de Camões, mas a vigente na língua até o século XVIII, pelo menos. Bento Teixeira rima *Zopiro* com *suspiro* (*Prosopopéia*, LXXVII, vv. 7 e 8) e Couto Guerreiro com *Tiro*, *Epiro*, *Ciro*, *aspiro*, etc.

Também os antropônimos *Ciniras*, *Climene*, *Demodoco*, *Gedrosia*, *Glafira*, *Naiades*, paroxítonos na linguagem poética camoniana, possivelmente não teriam outra pronúncia ao tempo, o que acreditamos um estudo mais aprofundado venha provar. O mesmo se dirá de *Capadoces* por *Capádoces*, justificável pela direta relação com *Capadócia* (lat. *Cappadocĭa*).

Do exposto uma conclusão se impõe: há muito ainda que fazer na área da microfilologia camoniana. Em verdade, a solução de questões como esta — aparentemente pequena, quase microscópica — assume importância capital quando se procura penetrar fundo na eufonia da singular expressão camoniana.

---

30 Cf. d. Raphael Bluteau. *Vocabulario portuguez & latino*. v. VIII. Lisboa Occidental: Officina de Pascoal da Sylva, 1721, s.v. *Taprobâna*. Quanto à lendária localização do Ofir de Salomão, leia-se Gaspar Barreiros. *Commentarius de Ophyra Regione apud Divinam Scripturam comemorata, Ende Salomoni Iudaeorum regi inclyto, ingens, auri, argenti, gemmarum, eboris, aliarumq; rerum copia apportabatur*. Conimbricae: Per Ioannem Aluaru Typographum Regiu, 1561. Esta obrinha vem incluída na *Chorografia* do Autor, da mesma data. Cf. a 2. ed., saída em 1968, em *Acta Universitatis Conimbrigensis*.

LEXICOGRAFIA

1 Guirlanda & grilanda*

No verbete *Grinalda*, do seu *Dicionário etimológico da língua portuguesa*, José Pedro Machado diz que "*Guirlanda* é forma moderna, vinda do fr. *guirlande*; século XIX, D.V.".

De estranhar é semelhante afirmação do dicionarista, principalmente sendo ele o editor do *Cancioneiro da Biblioteca Nacional*, que documenta a forma numa conhecida pastorela de Ayras Núnez (*CBN* 811, ant. num. 868-870 = *CV* 454):

E eu oí-a sospirar enton,
e queyxava-s' estando con amores
e fazia [a] *guirlanda* de flores,
....
....
Poys que a *guirlanda* fez a pastor,
foy-se cantand', indo-s' en manselinho.

O clérigo compostelano, sabe-se, era contemporâneo de d. Afonso o Sábio. Logo, a admitir-se uma origem francesa para o vocábulo (ainda não suficientemente provada), estaríamos diante de um galicismo introduzido não no século XIX, mas, pelo menos, no século XIII.

Desarrazoada é, por outro lado, a crítica que J.P.M. faz a Corominas, quando atribui ao autor do *DECLC* (s.v. *guirnalda*) precipitação no considerar *guirlanda* subsistente ainda no Alto Alentejo à vista de informação de Gonçalves Viana (*Apos-*

* Publicado na *Revista Brasileira de Filologia*, v. 2, tomo II. Rio de Janeiro: Acadêmica, dez. 1956, p. 205-206.

tilas. I, p. 525), "o que", diz, "na verdade, não é afirmado pelo grande lingüista português" (op. cit., p. 1132, nota). Ora, é exatamente o que se lê nas *Apostilas* (I, p. 525-526), s.v. *guirlanda*, *grinalda*: "A forma primitiva deste vocábulo deve ter sido a primeira, *que*, *como vamos ver*, *ainda subsiste*." Em todo o verbete o A. dá apenas um exemplo de *guirlanda*, e este colhido na *Ethnographia do Alto Alemtejo*, de José da Silva Picão: "Nas *guirlandas* [cabides e castanheiras] lá se veem [*vêem*] os serviços de cobre, arame, estanho, ferro e barro." Que interpretação, pois, se poderá dar às palavras de Gonçalves Viana senão a que lhes deu o sábio e bem avisado filólogo espanhol?

Quanto à forma *grilanda*, repete José Pedro Machado as indicações de Leite de Vasconcelos nas *Lições* (2. ed., p. 137 nota). Melhor seria transcrever os passos do *Boosco Deleytoso* mencionados pelo mestre, que assim se lêem na edição de Augusto Magne (Rio de Janeiro, 1950):

> (...) na sua cabeça trazia ũa *grilanda* de pedras preciosas, e trazia aas mui esprandecentes em seus pees (I, cap. II, 9)
>
> E em sua cabeça trazia ũa *grilanda* de ouro com ũas pedras preciosas, que chamam jacintos (I, cap. V, 39)

E vale salientar que *grilanda* não ocorre apenas no *Boosco*. Nos *Laudes & cantigas espirituais*, de mestre André Dias, texto também quatrocentista, topamos com outro exemplo:

> Aly he o boom Jhesu alto rey coroado
> de hũa *grilanda* muyto nobreçida.
>
> (Ed. de Mário Martins S.J., Lisboa, 1951, p. 200.)

2
Bacharelado ou bacharelato?*

1. A origem imediata do português *bacharel*, bem como do espanhol *bachiler* e do italiano *baccellière*, é o francês antigo *bacheler* (moderne *bachelier*), que deve prender-se ao latim vulgar *bacealaris*.

2. A palavra sofreu uma curiosa evolução semântica: "jovem" (no sentido normal e, também, pejorativo): "jovem que aspira a ser cavaleiro"; "fidalgo moço demais para levantar bandeira e que serve sob o comando de outro"; "jovem que estuda com um mestre para alcançar a dignidade inferior à de doutor"; "aquele que recebeu o primeiro dos graus universitários, inferior à licenciatura". Em fins da Idade Média, a palavra foi latinizada em *baccalaureus* (e assim aparece em títulos universitários) como se fosse formada de *bacoa lauri* "baga de loureiro".

3. Desde o século XIV (1370?) documenta-se a expressão *bacharel em leis* em nosso idioma (Cf. José Pedro Machado, *Dic. Etim. da Língua Port.*, s.v.)

De *bacharel* formou-se *bacharelado*, como de *doutor*, a titulatura *doutorado*, etc. Modernamente, talvez por influência do italiano *baccellierato* ou do espanhol *bachillerato*, ou mesmo de formações paralelas em *-ato* (*baronato*, *cardinalato*, etc.), passou a haver concorrência entre *bacharelado* e *bacharelato*.

4. Pergunta o ilustre secretário-geral deste Conselho qual das duas formas devemos preferir?

---

* Parecer do Conselheiro Celso Cunha, eminente mestre do idioma, a respeito da controvérsia em torno de *bacharelado* ou *bacharelato*. Publicado em *Documenta*, 10:7-9. Rio de Janeiro: MEC/ Conselho Federal de Educação, dez. 1962.

Creio que a tradicional *bacharelado*, a única documentada nos dicionários mais antigos, como o de Moraes.

E as razões são as seguintes:

5. O sufixo latino *-atus* (na terminação de acusativo *-atum*) evolveu normalmente para o português *-ado*. É esta a forma que assume em palavras que designam títulos de pessoa em posição de honra, dignidade e instituições. Algumas continuam titulaturas latinas. Assim:

consulado	consulatum	ducado	ducatum
episcopado	episcopatum	principado	principatum

Outras se formaram na língua portuguesa. É o caso de:

abadessado, *de* abadessa	almoxarifado, *de* almoxarife
condado, *de* conde	marquesado, *de* marquês
doutorado, *de* doutor	reinado, *de* reino, etc.

6. A forma *-ato* é erudita, e por isso mesmo só deve ser usada em palavras criadas pelo modelo latino, ou melhor, em palavras cujo radical se apresenta com a forma latina (originária ou restaurada). Assim:

cardinalato	clericato	
baronato	triunvirato	generalato, etc.

Note-se que houve um antigo *baroato*.

7. Justamente por ser uma forma culta é que *-ato* tem na nomenclatura científica: *nitrato*, *carbonato*, *silicato*, etc. Junta-se também aí a radicais eruditos.

8. Em síntese:

Bacharelado formou-se de *bacharel* dentro da língua portuguesa. *Bacharel* é uma palavra de empréstimo, mas desde o século XIV, pelo menos, está enraizada no idioma. É natural, pois, que os seus derivados se constituam com sufixos de forma vernácula: *bacharelice*, *bacharelada*, *bacharelismo*, *bacharelado*.

9. Poder-se-ia alegar que em *bacharelando* aparece o sufixo erudito *-ando*. Mas aqui se trata de uma formação moderna, modelada no gerundivo latino, e que se aplica àquele que se prepara para receber determinado grau: *doutorando*, *licenciando*, etc. Como vemos, o sufixo *-ando*, depreendido da terminação do gerundivo, usa-se, hoje, normalmente, com radicais vernáculos.

10. Devemos advertir, por fim, que há na língua um outro sufixo *-ato*, que nada tem a ver com o de que estamos tratando. Deriva-se do latim *-attus* e forma nomes diminutivos, geralmente filhotes de animais: *cervato*, *lobato*, etc.

3
Rio de Janeiro*
(Para a história de um topônimo)

Rio de Enero, Rio de Enero,
fuiste Rio y eres mar:
lo que recibes con ímpetu
lo devuelves devagar.

Alfonso Reyes

1. Desde os começos da língua portuguesa[1] a palavra *rio* designa um curso de água considerável, à semelhança do que ocorre nos outros idiomas peninsulares. A propósito, lembra Corominas:

> *El lat.* rivus *aparece frecuentemente reducido a* rius *en inscripciones y otros textos vulgares (M-L.,* Einf., *131); en romance ha dejado huellas más o menos importantes en todos los idiomas, pero sólo en los tres romances ibéricos y en algunas hablas gasconas ha ampliado su significado hasta tomar el valor del lat.* flumen *o* fluvius *(por lo demás, en el cat. pirenaico puede todavia aplicarse a un arroyo algo caldaloso)*[2].

Von Wartburg procura explicar tal extensão do significado de *rivus* e o desaparecimento de *flumen*, na Península, pelo fato de estarem, nos séculos VIII-X, todos os grandes cursos de água localizados em territórios intensamente arabizados, só existindo na Espanha cristã *rivi* "ribeiros"[3]. A Piel não se lhe afigura viável esta

---

* Ensaio apresentado como comunicação no I Congresso Brasileiro de Dialectologia e Etnografia, promovido pela Universidade Federal do Rio Grande do Sul, sob os auspícios do MEC e realizado em Porto Alegre, em setembro de 1958. Publicado na *Miscelânea filológica em honra à memória do professor Clóvis Monteiro*. Rio de Janeiro, 1965, p. 47-60.

1 No território português *rio* já se documenta num Diploma a que se atribuía, antes das reservas de Tailhan (Rom. IX, p. 430), a data de 773 (Cf. Norman P. Sacks, *The Latinity of Dated Documents in the Portugueses Territory*, Philadelphia, 1941, p. 6 e n. 13, 49 e n. 154). De qualquer forma, o documento em apreço não será posterior ao século X (cf. Sacks, op. cit, onde cita outro exemplo, colhido num Diploma em 1055).

2 *Diccionario Crítico Etimológico de la Lengua Castellana*, s. v. *rio*.

3 *Französisches Etymologisches Wörterbuch*, III s. v. *flumen* n. 3.

explicação, "por não serem poucos, nas Astúrias e na Galiza, os rios caudalosos que mereciam o qualificativo de *flumen*".[4] E acrescenta:

> A generalização de *rivus* à custa dos antigos sinônimos é certamente devida a um processo de seleção lexical da própria época romana, porquanto não há, que saibamos, em Espanha e Portugal, os menores vestígios toponímicos de *flumen* ou *fluvius*. Em Portugal, *rio* serve 65 vezes para denominar lugares habitados, banhados por um curso de água. Os casos, em que a palavra vem acompanhada de um epíteto, atingem mais do triplo deste número.[5]

2. Em todos os exemplos aduzidos por Piel, no seu excelente estudo, os nomes de lugar em que aparece a palavra *rio*, singela ou acompanhada de epíteto, originam-se efetivamente das denominações dos cursos de água que os banham, ou melhor, da existência de um rio, no sentido normal do termo.[6] E seria ocioso, no momento, acrescentarmos, aos casos estudados pelo distinto romanista, os milhares de topônimos que se criaram — e ainda se formam — pelos mesmos moldes, no ultramar português e no Brasil. Nas limitadas proporções deste artigo, examinaremos tão-somente a possibilidade de atribuir-se acepção originária diversa ao termo *rio* em alguns topônimos do Brasil e da Costa d'África, e com isso visamos, em particular, a um melhor esclarecimento da história do nome *Rio de Janeiro*, o qual, de designativo da Baía de Guanabara, se estendeu à cidade, que foi capital do país, e a um estado da Federação.

3. Em trabalho anterior[7], mostramos que no galego-português, ou melhor, na linguagem trovadoresca, vez por outra, as palavras *mar* e *rio* se confundiam. *Mar* designava, então, não só o mar aberto, o oceano, mas também a baía e a ria. Este o sentido em que Martin Codax, por exemplo, usa o termo, pois na sua obra as expressões *mar salido* e *mar levado* valem por alternantes sinonímicos de *mar de Vigo*, isto é, *ria de Vigo*. Confrontem-se estes passos:

> Ondas do mar de Vigo,
> se vistes meu amigo?
> E ay Deus, se verrá cedo!
>
> Ondas do *mar levado*,
> se vistes meu amado?
> E ay Deus, se verrá cedo![8]

---

[4] In *Boletim de Filologia*, VIII, p. 329.

[5] Id., ibid.

[6] Cf. *Boletim* cit., p. 329-330.

[7] *O cancioneiro de Martin Codax*, Rio de Janeiro, 1956, p. 139-141.

[8] *CBN* 1278 — *CV* 884 — *PV* 1.

....
Quantas sabedes amar amigo
treydes comig' a lo *mar de Vigo*:
E banhar-nos-emos nas ondas!

Quantas sabedes amar amado
treydes comig'a lo *mar levado*:
E banhar-nos-emos nas ondas![9]

....
Mia irmana fremosa, treydes comigo
a la igreja de Vig', u é o *mar salido*:
E miraremos las ondas!

Mia irmana fremosa, treydes de grado
a la igreja de Vig', u é o *mar levado*:
E miraremos las ondas![10]

A propósito convém recordar — como já salientou Oviedo y Arce[11] — que no *Codex Calixtinus* e na *Historia Compostellana* as rias galegas são chamadas *maria Sancti Iacobi*. E poderíamos acrescentar que *mare* é também como d. Fernando II designa a ria de Pontevedra na doação que faz, em 1180, à Igreja Compostellana do burgo pontevedrense e do castro de Cotovad: "(...) *cum deliberatione et assensu maiorum curie mee facio chartam donationis et cautationis in perpetuum ualituram de burgo de* Ponte uetere *cum omnibus terminis et pertinentiis suis cum portu, cum* mari, riui *et fontibus* (...)"[12] E mais. Não seria aventurado afirmar-se que, mesmo depois do ingresso da palavra *ria* na língua[13], *mar* ainda lhe era sinônimo. Válido nos parece,

---

9 *CBN* 1282 — *CV* 888 — *PV* 5.

10 *CBN* 1280 — *CV* 886 — *PV* 3.

11 *El genuino "Martin Codax", juglar gallego del siglo XIII*, Coruña, 1917, p. 28.

12 *Apud* d. Antonio López Ferreiro, *Historia de la Santa A.M. Iglesia de Santiago de Compostela*, tomo IV. Santiago, 1901, p. 143.

13 A palavra *ria* era então desconhecida no idioma, razão por que não nos parece bem filiá-la diretamente ao latim *riva*, como faz Piel (*Miscelânea de etimologia portuguesa e galega. Primeira série*, Coimbra, 1953, p. 61). Melhor será derivá-la de *rio*, como sugerem Nascentes (*Dicionário etimológico da língua portuguesa*, I, Rio de Janeiro, 1932, s. v.) e Corominas (Op. cit., s.v. *rio*). O último é até categórico no considerar *ria* "neologismo peculiar al cast. y el gall. port.". E abona o termo como Nebrija, que no seu *Lexicon ex sermone Latino in Hispaniensem* (Salamanca, 1492), o define: "puerto de rio, ostium fluminis" (*Apud* Corominas, id. ibid.). Compare-se também

no caso, o paralelo com o espanhol, onde tal sinonímia se documenta até o século XVII, pelo menos. *Mar brava* é como se chama a ria de Arosa num texto de 1678, publicado por Filgueira Valverde:

> *La Justicia, Regimiento y vecinos de la villa del Caramiñal, con la Justicia, Regimiento y vecinos de la Puebla del Deán. Auto ordinario sobre pescar con redes y especialmente con traiña, que se llama rede sardiñeira, en el* mar brava que se dice Ria Deirosa, *al terminar dicho puerto.*[14]

4. É quase certo, por outro lado, que *rio* tenha sido igualmente sinônimo de "braço de mar", de "ria". Nas cantigas de Joan Zorro, com todas as probabilidades — já o dissemos[15] —, as expressões *rio forte*, *rio salido*, *rio levado* se aplicam às águas do Tejo no seu estuário, o que aliás claramente se depreende dos versos:

Jus' a *lo mar e o rio*
eu namorada irey,
....

Jus' a *lo mar e o alto*
eu namorada irey.[16]

Perfeita é a sinonímia nestes versos de Estêvan Coelho:

eu *al rio* me vou banhar
al mare[17]

passo deturpado por J.J. Nunes, que lhe omite o verso final[18], esquecido do teor de musicalidade que nele se contém e de que, no dizer sensato de Aubrey Bell, "*river and sea at Lisbon and in the* rias *of Galicia are not always mutually exclusive*"[19]. E a provar que, em certos casos, *rio* e *mar* não são mutuamente exclusivos está a fre-

---

Covarrubias (1611), que ensina: Ria. Es la entrada de los rios grandes en la mar, *latine ostium fluminis*" (*Tesoro*, ed. de M. de Riquer, Barcelona, 1943, p. 909 e 911 onde acrescenta "*Ria*. Los rios grandes quando enbocan en la mar, que van poderosos y estendidos. Riachuelo, rio pequeno, vale arroyo"). Para o português não encontramos documentação antiga. Moraes dicionariza o termo, porém com abonação de d. Francisco Manuel de Melo, ou seja, do século XVII. É claro que deveria ter ingressado no idioma muito antes.

14 *Archivo de Mareantes*, Pontevedra, 1946, p. 229.

15 Op. cit., p. 140-141.

16 *CBN* 1157 — *CV* 759.

17 *CBN* 721 — *CV* 322.

18 *Cantigas d'Amigo dos trovadores galego-portugueses*, II, Coimbra, 1926, p. 142.

19 *Revue Hispanique*, LXXVII, 1929, p. 281.

qüência de demandas sobre a pesca em alguns rios, como o Lérez. Consulte-se, a respeito, a série de documentos referidos por Filgueira Valverde em *Archivo de Mareantes* (ns. 509 a 529)[20], documentos que versam sobre pleitos ocorridos entre 1552 e 1830 pela dificuldade de "*reconocimiento del limite de agua salada y dulce en el río*"[21]. Talvez por idêntica dificuldade se deva explicar o fato de haver Fernão Lopes sinonimizado *rio* e *mar*, ao descrever o Tejo nas alturas de Cacilhas: "... pois gradece a Deos e a *este rrio* que esta antre vos a elle: ca sse *este mar* nom fosse, aqui vos vinrria buscar hu estaaes"[22].

5. Mas a par desses exemplos, que se podem justificar por confusão natural, principalmente quando se trata de águas da foz de rios caudalosos (cf. a denominação *Mare Geronda*[23], por *Rio Gironda*; *Mar Dulce*, por *Rio Amazonas*; etc.), outros há que parecem atestar uma sinonímia perfeita entre *rio* e *mar*, ou melhor, entre *rio* e *braço de mar* (= ria, bahia). Restringindo o nosso exame a textos de princípios do século XVI, verificamos que, por duas vezes, pelo menos, Gil Vicente nos dá exemplos de tal equivalência. Uma, no *Auto da Embarcação do Purgatório*:

Este *rio* he muy escuro
nam tendes vao nem maneyra,
....
Pois nam se pode escusar
a passada deste *rio*
nem a morte sestoruar
que he outro braço de maar
sem remedio nem desuio.[24]

Outra, no argumento do primeiro *Auto das barcas*, que, na versão de 1518, assim se enuncia:

TEXTO de 1518
Primeyramente no presente auto fegura
que no põto q̃ acabamos despirar chegamos
supitamente a huũ *ryo*: ho qual per for
ça auemos de passar: em huũ de dous ba tees
q̃ naquelle porto estã.

---

[20] P. 185-190.

[21] P. 187. Comparem-se, entre outros, estes passos: "*Reconocimiento pericial y judicial del río Lérez, para averiguar el punto a donde alcanzaba el agua salada, al afecto de poder pescar rio arriba los matriculados de la Moureria*" (Ibid., p 188-189); "*(...) el pleito con el Monasterio de Lérez sobre el brazo de mar que sube hacia el río*".

[22] *Crónica de d. João I*, ed. pref. por A. Sérgio, v. I, Porto, 1945, p. 303.

[23] Veja-se Du Cange. *Glossarium mediae et infimae latinitatis*, ed. de Graz, 1954-1955, s. v.

[24] *Copilaçam*, fl. L.

Simplificado, aparece o argumento na *Copilaçam* de 1562; e a expressão *profundo braço de mar* aí substitui *ryo* da versão coeva do autor:

TEXTO de 1562
E por tratar desta materia, põe o au-
tor por figura que no dito momento ellas
chegão a hum *profundo braço de mar*, on-
de estam dous bateis.[25]

6. Se, à vista desses exemplos, se admite que, ao tempo, as duas expressões equivaleriam, isto é, que *rio* era empregado por *braço de mar*, por *ria*, palavra ainda não freqüente na língua, deve-se aceitar, em conseqüência, que nos topônimos da época *rio* pode estar por *ria*, "baía", e não por um verdadeiro curso de água. É o que tentaremos mostrar antes de estudarmos particularmente o topônimo *Rio de Janeiro*. E circunscreveremos nosso exame ao *Esmeraldo de Situ Orbis*, pois nenhuma obra melhor do que a de Duarte Pacheco Pereira para nos dar uma idéia do processo de designação de acidentes geográficos dos navegantes portugueses na época em que o Brasil foi descoberto.

7. Perdido o original do *Esmeraldo de Situ Orbis*, que ainda existia em meados do século XVIII, segundo testemunho de Barbosa Machado, e também extraviada a cópia direta dele, que o autor de *Biblioteca Lusitana* nos diz pertencia a d. Rodrigo da Cunha, restam, como se sabe, dois apógrafos da obra deixada inédita, por Duarte Pacheco Pereira: um na Biblioteca Pública de Évora (códice $\frac{\text{CXV}}{1-3}$), outro na Biblioteca Nacional de Lisboa (códice B, 17, 7). A propósito, escreve Epifânio Dias

> Das duas cópias que existem do *Esmeraldo*, a que pertence à Bibliotheca d'Évora é, segundo o parecer autorizado do Sr. Gabriel Pereira e do Sr. Pedro de Azevedo, do reinado de D. João V, ou seja da primeira metade do século XVIII; a da Bibliotheca de Lisboa é feita em papel da Fabrica da Lousã, que foi fundada, ao que se lê no *Portugal Antigo e Moderno* de Pinho Leal, em 1748, e, attenta a letra, é da segunda metade do século XVIII.[26]

Tardias e enxameadas de defeitos[27], essas duas cópias ainda assim são preciosas, no caso presente, por reproduzirem uma obra coeva da descoberta do Brasil, sabido é que

---

[25] Cf. I.S. Révah, *Edition critique du premier, "Auto das barcas"*. Lisbonne, 1951, p. 45.

[26] *Esmeraldo de Situ Orbis* — de Duarte Pacheco Pereira, edição crítica annotada por Augusto Epiphanio da Silva Dias, Lisboa, 1905, p. 5.

[27] Cf. Op. cit., p. 5-12.

Duarte Pacheco não deu princípio à composição antes dos últimos meses de 1499, e o sr. Gama Barros na sua *Historia da Administração Publica em Portugal* (II, p. 294) suppõe mais provavel que elle pusesse mãos á obra só depois que chegou a Lisboa de volta da India em Junho ou Julho de 1505; em todo o caso redigiu o capítulo 14 do livro I antes de findar o ano de 1505, e o capítulo 19 do mesmo livro depois de 1506; traçou as primeiras linhas do capítulo 6 do livro IV, em que a obra ficou suspensa, ainda em vida de D. Manuel (que falleceu em 1521).[28]

8. Sessenta e nove vezes a palavra *rio* aparece no *Esmeraldo*, e em todas se faz acompanhar de epítetos. Na quase totalidade dos exemplos ocorrentes trata-se de denominações de cursos de água, de verdadeiros *rios*, e o epíteto não exige digressão especial. Os santos do calendário dão origem a oito deles: *Rio de Santa Bárbara*, *Rio de Santo André*, *Rio de Santo Ildefonso*, *Rio de São Bento*, *Rio de São Domingos*, *Rio de São João*, *Rio de São Paulo*, *Rio de São Vicente* — sistema típico de denominação portuguesa dos acidentes geográficos descobertos. Menor é o número de designações provenientes do nome do descobridor: *Rio de Nuno*, *Rio de Pero de Sintra*, *Rio de Soeiro*[29]. Em alguns casos há um adjetivo referente à característica do rio: *Rio Fermoso*, *Rio Grande*, *Rio Negro*, *Rio Pequeno*. Animais são outra fonte de qualificações: *Rio dos Camarões*, *Rio das Galinhas*[30], *Rio dos Monos*. Comentário maior não faremos também a designações facilmente explicáveis, como *Rio das Barreiras*, *Rio dos Cestos*, *Rio de Cristal*, *Rio dos Escravos*, *Rio dos Forçados*, *Rio do Junco*, *Rio do Padrão*, *Rio de Palma*, *Rio das Palmas*, *Rio dos Pescadores*, *Rio dos Ramos* (?), *Rio da Volta*. Nem tampouco nos deteremos em examinar denominações de origem indígena, por não interessarem diretamente ao nosso tema. Menção particular nos merecerão apenas as designações *Rio do Ouro*, *Rio de São João* e *Rio de Maio*[31]. Esta última vem mostrar-nos a improcedência do argumento de que os portugueses não costumavam caracterizar um *rio* com o nome do mês em que foi descoberto, argumento de que se valem alguns para negar-lhes a paternidade da designação *Rio de Janeiro*.

9. Quanto ao *Rio do Ouro* e ao *Rio de São João*, a confusão de *rio* e *baía* se depreende das próprias palavras de Duarte Pacheco, ao descrevê-los. Leiam-se estes passos:

---

[28] Epifanio Dias, op. cit., p. 4.

[29] "(...) este nome do Rio Soeiro lhe foy posto por que o descobrio Soeiro da Costa por mandado d'elrey Dom Affonso ho quinto" (*Esmeraldo*, op. cit., p. 111).

[30] Em Portugal há também um *Rio das Galinhas* (Cf. Piel, *BF*, VIII (1947), p. 329).

[31] *Ilha de Maio* (*Esmeraldo*, op. cit., p. 84).

> (...) quem sobir em cima da gauea da naao e olhar pera dentro da terra, veera maneira de laguo, e honde isto vir, ahy he o Rio do Ouro (...) E quem neste Rio quiser entrar, poderá ir em lest e a quarta do suest, ao longo da terra de balrrauento que fica á mão ezquerda, e hachará tres braças e mea e quatro de preamar e ha maree de nordest e suduest; e guarde-se de se meter á parte do sul da maão direita da emtrada d'este Rio por que tudo he baixo, e tanto que for por elle hacima quasy hũa leguoa atee junto com hũa ilha que no meo d'elle estaa, aly podem pousar em tres braças e mea em bõo fundo limpo; e este Rio corre por dentro por a terra quatro ou sinco leguoas e nella nam há auguoa doce saluo no mes de agosto e de setembro, quando aly choue de trouoada, entam podem tomar algũa auguoa em poças. E este Rio foy descoberto por Afonso Gonçalves Baldaya (...).[32]

E estoutros, referentes ao Rio de São João:

> (...) este Rio he muito pequeno e estreito, e nam tem na boca senam braça e mea de preamar, a qual boca nam parece senam sendo home? muito perto d'ella; e aqui estaa hum luguar que se chama Saama, (...) e este Rio de Sam Joham e luguar de Samaa tem por conhecença hũa muito grande baya ou emseada que tem mais d eduas leguoas em Roda, e de ponta ha ponta hũa grande leguoa; e quasy no meo d'esta emseada estaa a boca do dito rio; e esta baya he muito aparcelada, e todo o nauio que aqui ouuer de sorgir, deue pousar pellas dez ou doze braças e nam se chegue mais pera a terra; e aqui estaraa a hũa leguoa da mesma terra em fundo limpo, d'area... D'esta baya de Samaa á aldea do Torto sam tres leguoas (...).[33]

10. Passando ao caso concreto da denominação *Rio de Janeiro*, vemos que os historiadores geralmente são acordes em aceitar que houve um erro inicial dos navegantes portugueses: "Os descobridores não exploraram a baía e, por isso, acreditaram estar diante da foz de um rio, dando-lhe aquele nome", diz o barão do Rio Branco[34]. E

> certo, não concorreu pouco para isto a própria situação da enseada, com um único e estreito vazadouro perdido entre alguns ilheus escalvados e imponentes massas de granito (...). E tão estranho era esse canal conduzindo ao pequeno

[32] *Esmeraldo*, op. cit., p. 73-74.

[33] Ibid., p. 112-113.

[34] Barão do Rio Branco, *Efemérides brasileiras*, p. 1. Vejam-se mais referências em Nascentes, *Dicionário etimológico*, II, 1952, s. v.

mar mediterrâneo, que os primeiros navegantes o acreditaram o estuário de um grande rio, que tendo sido divisado a 1° de janeiro, passou a ser chamado *Rio de Janeiro*. Do rio, logo depois, certificado o engano, ninguém mais cogitou, mas ficou-lhe o nome que, embora absurdo, nunca mais se desligou da baía e das terras em derredor (...).[35]

Se dúvidas existem a respeito de quem teria batizado a nossa baía de Rio de Janeiro, é que até hoje também ainda se discute sobre os felizardos que, pela primeira vez, transposta a barra, regalaram os olhos com um dos mais belos espetáculos da natureza.

O mais plausível, porém, é que essa glória pertença a D. Nuno Manuel ou a André Gonçalves, a comandar uma flotilha que teria tido por piloto Américo Vespúcio e que, em 1501 ou 1502, fora encarregada por el-rei D. Manuel de explorar a costa recentemente descoberta por Cabral.

A um ou outro atribuem-se os nomes postos aos cabos de São Roque, Santo Agostinho, São Miguel e mais alguns acidentes topográficos, inclusive Angra dos Reis, São Vicente e Cananéia. Se, por um lado, o nome Rio de Janeiro teria sido uma exceção entre essa toponímia, toda inspirada no calendário romano, em compensação, por outro, parece ter tido a mesma origem cronológica, pois admitido que a armada de um desses navegantes chegou a Angra dos Reis a 6 de janeiro, é quase certo que pelo dia de Ano Bom andasse pela altura do Rio de Janeiro.

Todavia, o que não se pode acatar é que esse nome só tivesse ocorrido a Martim Afonso de Sousa, cuja viagem é de 1531, e quando, com esse mesmo nome, já a nossa baía figura em alguns portolanos anteriores àquela data (Afrânio Peixoto, na sua *História do Brasil*, refere-se a uma carta de Antônio de Brito a

---

[35] Gastão Cruls, *Aparência do Rio de Janeiro*, I, p. 33, que escreve ainda: "Com muito mais acerto andaram os Tamoios, dividindo a baía em duas zonas, a que chamavam *Niterói* e *Guanabara*. *Niterói* (água escondida, mar morto), para uns apenas a margem oriental da baía e, para outros, toda a parte mais estreita da enseada, que vai da barra à Ilha das Cobras e à Ponta da Armação, compreendidas as suas margens, onde ficam as duas cidades, do Rio e de Niterói. *Guanabara*, *Guarapará* ou *Guapará* (seio de mar, braço de mar) seria a parte mais larga e interior da baía, rica de ilhas e desaguadouro dos rios principais. A primeira zona é a mais profunda e a mais sujeita ao fluxo e refluxo das marés; a segunda, bem mais rasa, fica bastante protegida dos ventos.

"Nos dias de hoje, Guanabara é nome extensivo a toda a baía, enquanto por Niterói se entende apenas parte da costa oriental. Aliás, essa mesma costa oriental, pelo século XVI, era, às vezes, chamada 'banda d'além desta fortaleza' (em referência ao forte do Cara de Cão), ou também 'banda de Cabo Frio', com o que a diferençavam da outra costa, a ocidental, que era a 'banda da Carioca' ou da 'ribeira da Carioca' (ibid.).

D. João III, do ano de 1523, inserta em *Alguns documentos... da Torre do Tombo*, e na qual já aparece "o ryo que se chama de Janeyro")[36].

Também, pelo mesmo motivo, essa designação não pode ser atribuída a Villegaignon e seus companheiros, embora por uma série de aproximações e coincidências pudéssemos ser levados a tanto. Os calvinistas, com os olhos voltados para a Suíça, comparavam a nossa baía ao Lago de Genebra. Ora, *Genève* não se afasta muito de *Geneure*, como era grafado o nome da Guanabara pelos franceses. É assim, pelo menos, que ela aparece no mapa de Le Festut, do século XVI: *R. de Geneure*. De resto, historiadores espanhóis, como Herrera, também escrevem *Genéro*, provavelmente reproduzindo apenas o que ouviam ou liam a respeito, e sem qualquer intuito de traduzir *Janeiro*, pois do contrário, teriam dito *Henero* ou *Enero*. Aliás, para João Ribeiro, essa toponímia que se aproveita de datas é muito mais do uso dos franceses do que dos portugueses. Mas Villegaignon aqui só chegou em 1555 e, como dissemos, muito antes já andava divulgado o nome *Rio de Janeiro*. A não ser que qualquer outro francês, daqueles que por aqui o precederam e vinham à cata de pau-brasil, conhecesse também o Lago de Genebra. Pondere-se, entretanto, que o próprio Léry, companheiro de Villegaignon, dá a prioridade de tal designação aos portugueses quando, tratando da nossa baía, escreve: "chamada *Ganabara* pelos selvagens, e pelos portugueses *Geneure*, porque, como se diz, eles a descobriram no primeiro dia de janeiro".[37]

Dessa longa citação, que nos poupa enfileirar as opiniões dos mais distintos de nossos historiadores, pois que as consubstancia, extraem-se os termos da questão:

1º) A DATAÇÃO. Provado que em 1523 a baía de Guanabara já era conhecida pelo nome de *Rio de Janeiro*, elimina-se, conseqüentemente, a possibilidade de

---

[36] Vale a pena citarmos o texto completo de Afrânio Peixoto, *História do Brasil*, 2. ed., São Paulo, 1944, p. 106, nota 12: "O nome 'Rio de Janeiro' viria dos primeiros tempos. Contudo não o conheço — nem até agora, os especialistas —, antes de 1523: nesta data achei-o na Carta de Antônio de Brito a Dom João III, quando refere informações da viagem de Fernão de Magalhães: 'e vieram ao longo da Costa até o ryo que se chama de Yaneyro, onde estyveram xb (15) ou xby (16) dias; e dahy partyram costeando a costa e vyeram ter a huum ryo, que se chama de Soly 2...' A carta, datada de São João de Ternate, a 6 de Maio de 1523, está a p. 467; a citação, em 'Alguns documentos... de Torre do Tombo, cit.' Ora, Magalhães tanto não sabia o nome, que pôs o de Santa Luzia; Pigafetta tão pouco o escreve, mas de um piloto português que traziam, teve informações sobre a terra e a gente: 'Isto me contou nosso piloto João Carvajo que havia passado quatro anos no Brasil' (Pigafetta, *Viagem* cit., lib. prim.). As informações de Brito teriam procedência de um navegante. Portanto, muito antes de 1519, o Rio já era assim chamado 'Rio de Janeiro'."

[37] *Aparência do Rio de Janeiro*, I, Rio de Janeiro, 1949, p. 33-35.

assim ter sido batizada por Martim Afonso de Sousa, em 1532 ou 1531, como supuseram, entre outros, Jaboatão, frei Gaspar da Madre de Deus e Aires do Casal.[38] É mesmo possível recuar a 1519 aquela data, pelas razões alegadas por Afrânio Peixoto (cf. nota 36). Mas nada, absolutamente nada, nos autoriza a aceitar que a designação *Rio de Janeiro* tenha sido dada pelo comandante da 1ª armada que, segundo Varnhagen,

> com o calendário na mão, foi sucessivamente batizando as diferentes paragens da costa, designando à posteridade o dia em que a elas aportava, do modo seguinte:
> A 28 de agosto no cabo de *Santo Agostinho*.
> A 29 de setembro no rio de *São Miguel*.
> A 30 do dito no rio de *São Jerônimo*.
> A 4 de outubro no rio de *São Francisco*.
> A 21 do dito no rio das *Virgens*.
> A 1º de novembro na baía de *Todos os Santos*.
> A 13 de dezembro no rio *Santa Luzia* (rio Doce?)
> A 21 do dito no cabo de *São Tomé*.
> A 25 do dito na baía do *Salvador*.
> A 1º de janeiro (1502) no *Rio de Janeiro*.
> A 6 do dito na Angra *dos Reis*.
> A 20 do dito na ilha de *São Sebastião*.
> A 22 do dito no Porto de *São Vicente*.[39]

Evidentemente, a designação *Rio de Janeiro* contrasta com o sistema de identificar os descobrimentos portugueses com a folhinha, processo sobre o qual chamou a atenção, pela primeira vez, frei Gaspar da Madre de Deus[40]. Desconhecido o Diário da 1ª Armada, não se pode saber o nome que o seu chefe pôs à baía de Guanabara (se é que, em verdade, nela esteve, como acreditam os historiadores). Com todas as probabilidades, não seria, porém, o de que nos ocupamos no momento.

2º) A INTENCIONALIDADE. O fato de, ainda em 1519, Fernão de Magalhães haver denominado a Guanabara de *Bahia de Santa Luzia* não nos obriga a crer que lhe

---

38 Cf. Nascentes, op. cit.

39 *História geral do Brasil*, t. 1, 5. ed. integral, São Paulo, 1956, p. 83. Cf. as retificações de Duarte Leite ao texto de Varnhagen, entre as quais a seguinte: "Varnhagen quere que o Rio de Janeiro fosse descoberto a 1 de janeiro de 1501 (*sic*), mas engana-se no ano e talvez no dia pois na hipótese era natural escolher-se o nome de *rio de ano bom*" (Cit. por Afrânio Peixoto, op. cit., p. 96).

40 *História da capitania de São Vicente*, São Paulo/Rio, 1920, p. 116-119.

desconhecesse a designação que veio a predominar, como dele inferem alguns estudiosos. Talvez por sabê-la anormal, ou melhor dizendo, por senti-la um vulgarismo, tivesse proposto o nome condizente com o sistema geralmente adotado. Para encurtar razões. Parece-nos que nem sempre se deve aceitar que os nomes de cabos, baías e rios tenham sido dados pelos comandantes das armadas, como categoricamente o afirmam Varnhagen e Duarte Leite[41]. É justo que se lhes atribuam as denominações hauridas no calendário. Mas, precisamente por isso, julgamos que as designações discordantes do sistema, do tipo *Cabo Frio* e *Rio de Janeiro*, por exemplo, têm outra paternidade. São nomes dados sem maior intenção, simples pontos de referência da marujada, a relembrar-lhe um cabo inominado que dobraram quando fazia frio; um rio (?) que divisaram ou em que estiveram no mês de janeiro.

3º) O SENTIDO. Se admitirmos que *Rio de Janeiro* seja uma mera referência toponímica da linguagem dos marinheiros que alcançaram estas plagas, depois tornada denominação vulgar e, posteriormente (em virtude do uso generalizado), oficial, não poderíamos, nesta ordem de idéias, aceitar que a palavra *rio* estivesse na expressão com o valor que, por vezes, lhe atribuem os autores quinhentistas, principalmente os popularizantes, ou seja, o de "ria", "baía"? Ou, ainda que assim não fosse, que a palavra estivesse na expressão para designar não propriamente um curso d'água, mas aquela zona indecisa do encontro de águas doces e salgadas, em que rio e mar não são mutuamente exclusivos?

Estas as ponderações que submetemos à apreciação dos doutos na matéria, observações que visam a esclarecer a mal conhecida história de um topônimo, que se embruma num tempo em que "a costa do mar somente era sabida, sem se saber o que dentro... era".[42]

---

[41] *História geral do Brasil*, ed. cit., p. 83 *passim*; *História da colonização portuguesa do Brasil*, II, Porto, 1923, p. 182, n. 39.

[42] Duarte Pacheco, *Esmeraldo* cit., prólogo.

4
Para o estudo da poética dos nomes próprios*

Now I see what there is in a name: a word, liquid, sane; unruly, musical, self-sufficient.

WALT WHITMAN, *Mannahatta.*

Sabemos todos a importância de que se reveste o nome próprio nas sociedades chamadas primitivas ou inferiores. O seu valor sagrado, o ritual a que obedecem sua aquisição ou sua mudança, as numerosas interdições que provoca, tudo tem sido salientado e descrito por sociólogos e etnógrafos, acordes em que, entre os não-civilizados, nomear alguém é tocar-lhe na própria personalidade e até as sílabas de que se compõe o nome estão impregnadas de uma força sobrenatural.[1]

Mas, com razão, pergunta V. Larock:

Sommes-nous si loin, parfois, de prêter aux noms, comme les non-civilisés, une sorte de réalité objective, un prestige et un pouvoir qui dépassent singulièrement leur signification littérale ou leur fonction sociale? N'éprouvons-nous pas a prononcer notre propre nom dans certaines circonstances un sentiment confus qui confine tantôt à la fierté et tantôt à la crainte? N'entourons-nous pas encore de cérémonies religieuses ou profanes l'acte de la première dénomination? Et les rites magiques pratiqués sur le nom, sont-ils si rares dans le peuple? Les poètes n'ont-ils pas souvent exploité cette sorte de mystérieuse correspondance

---

* Publicado inicialmente no *Diário Carioca*, em 1952; republicado em *Defesa da Filologia*, Coimbra, 1954, p. 21-29, com o título "De Emanuel a Manuel"; sai, em 1970, numa edição revista e ampliada, com o título "Para o estudo da poética dos nomes próprios", nos *Estudos em homenagem a Cândido Jucá (filho)*. Rio de Janeiro: Organização Simões, s/d, p. 49-62.

[1] Cf. V. Larock, *Essai sur la valeur sacrée et la valeur sociale des noms de personnes dans les sociétés inférieures*, Paris, 1932, p. 19; L. Lévy-Bruhl, *Les Fonctions mentales dans les sociétés inférieures*, 9. ed., Paris, 1928, p. 45-49; James G. Frazer, *The Golden Bough*, I v., New York: Abridged Edition, 1958, p. 284-289, *passim*.

qui s'établit entre la tonalité d'un nom et la physionomie du personnage à qui ce nom appartient?[2]

É certo que nas sociedades modernas, civilizadas, impor a alguém determinado nome não mais implica um ato sacral, uma criação particular, envolta em ritos de iniciação mágica.[3] Já não sentimos o nome como alguma coisa de concreto, parte integrante, real e física, do indivíduo que o recebe[4] — o seu *alter ego*. Para nós, a relação que liga os elementos do sistema onomástico a uma pessoa estratificou-se num hábito, codificado em fórmulas religiosas e jurídicas: a escolha dos prenomes a confinar-se praticamente no calendário cristão; o apelido a transmitir-se hereditariamente[5].

Débil embora — se comparada à que lhe atribuíam os antigos e à que possui entre os selvagens de hoje —, a aderência do nome ao indivíduo por ele designado é ainda muito sensível. Diz Bruno Migliorini:

> *Il nome, imposto in un determinato momento e del tutto arbitrariamente, quasi (s'é detto) un' etichetta, acquista per la sanzione della Chiesa e dello Stato uno speciale carattere, di cui partecipa anche il cognome; a sua volta la consuetudine rafforza il legami che stringono il nome alla persona che lo porta. 'Il nome d'un uomo' scriveva il Goethe, malcontento d'un epigrama di Herder sul suo cognome 'non è come un mantello che gli sta sù penzolante e che gli si può strappare e stracciare di dosso, ma una veste perfettamente adatta, o come la pelle concresciutagli sù, e che non si può gratare e graffiare senza far male anche a lui'.*

---

2 Op. cit., p. 13. Em nota, acrescenta V. Larock: "*Tout nom, dit un mystique soufi* (Inayat Khan, *Le Mysticisme du son*, p. 42), *révèle au voyant le passé, le présent et l'avenir de ce qu'il recouvre. Le nom ne représente pas seulement la forme, mais le caractère tout aussi bien. Le sens du nom joue un rôle important dans la vie de l'homme, et le son, les voyelles du nom, le rythme, le nombre et la nature des lettres* (sic) *qui le composent, les nombres mystiques aussi bien que la racine d'où il dérive et l'effet qu'il produit, tout découvre son secret au voyant. La signification d'un nom possède une grande influence sur celui qui le porte, aussi bien que sur les autres.*"

3 "*Si osservi che, nella sua forma odierna, il nome è meno personale, meno proprio che, p. es., presso i Greci: la creazione di un nuovo nome per ciascun individuo era allora, si può dire, la norma, e perciò era più facile che il nome fosse conforme alle memorie e alle speranze che i genitori chiamavano in auspicio sul capo del figlio*" (Bruno Migliorini, *Dal nome proprio al nome comune*, Genève, 1927, p. 6).

4 Na costa da África Ocidental, informa Lévy-Bruhl, fundado em observações de A.B. Ellis, "il y a une connexion réelle et physique entre un homme et son nom: on peut donc blesser un homme au moyen de son nom" (Op. cit., p. 46).

5 No Brasil há uma arbitrariedade maior na escolha dos prenomes, fato que não tem passado despercebido aos estudiosos da onomástica. Leite de Vasconcelos, ao estudar certos nomes excêntricos, chega a afirmar: "No Brasil então o gosto da excentricidade excede, mais que algures, os limites do Calendário" (*Antroponímia portuguesa*, Lisboa, 1928, p. 93-94).

E altrove lo stesso Goethe *dice che 'come gli uomini sogliono*, era *innamorato del* suo *nome'*.[6]

É essa conexão com a personalidade que dá ao nome próprio o seu caráter especial. Etiqueta, e não símbolo do indivíduo, ele designa, ele evoca, ele sugere. Não tem propriamente significado, mas o seu poder evocador, as múltiplas relações que inspira lhe conferem, por estranho paradoxo, a condição de ser, ao mesmo tempo, a palavra mais individualizada e a mais significativa de todas.[7]

Imagem sonora do indivíduo, obviamente o nome tem no seu suporte fônico a principal força irradiadora de sugestões. E aqui tocamos no ponto delicado da correspondência entre som e sentido, velho tema que, desde a antiguidade, vem apaixonando filósofos, filólogos e poetas. Já Platão, no *Crátilo*, lhe consagra um diálogo inteiro, mas é com o advento do Simbolismo que o problema das relações significativas, dos poderes expressivos dos sons assume uma importância fundamental e passa a dominar toda a poesia.

Não nos deteremos em examinar as razões produzidas, ao longo dos anos, no estéril debate metafísico sobre a gênese dessas correspondências, que alguns fazem ascender à própria origem da linguagem.[8] Interessa-nos tão-somente a comprovação de que no curso histórico da língua — não importa que irracional e acidentalmente — se vão formando tais associações e criando palavras, cuja expressividade, em determinada situação, é por todos percebida. "*Pour des raisons souvent très complexes, ethniques, historiques, sociales, culturelles*" — escreve Pierre Guiraud, comentando idéias de Otto Jespersen —

> *un sentiment plus aigu par exemple de la valeur expressive des sons, un système phonique plus riche, certaines langues peuvent présenter en plus nombre ces mots heureux que le destin a rendu parfaitement aptes à remplir les fonctions qui leur sont destinées; c'est le rôle du poète, de rechercher ces mots et d'exploiter au maximum le capital poétique de la langue.*[9]

---

[6] Op. cit., p. 6.

[7] Comparem-se estas palavras de Bréal: "*Si l'on classait les noms d'après la quantité d'idées qu'ils éveillent, les noms propres devraient être en tête, car ils sont les plus significatifs de tous étant les plus individuels. Un adjectif comme* augustus, *en devenant le nom d'Octave, s'est chargé d'une quantité d'idées qui lui étaient d'abord étrangères. D'autre part, il suffit de rapprocher le mot* César, *entendu de l'adversaire de Pompée et le mot allemand* Kaiser, *qui signifie 'empereur', pour voir ce qu'un nom propre perd en compréhension a devenir nom commun. D'où l'on peut conclure qu'au point de vue sémantique les noms propres sont des substantifs par excellence*" (*Essai de sémantique*, 6. ed, p. 183).

[8] Um resumo dos principais argumentos dessa controvérsia pode ler-se em Pierre-Guiraud, *Langage et versification d'après l'oeuvre de Paul Valéry*, Paris, 1953, p. 127-149.

[9] Op. cit., p. 135.

Mas é sempre perigoso estabelecer conexões entre som e sentido e, mesmo, falar de expressividade em vocábulos tomados isoladamente. Esses efeitos transparecem, de regra, das relações dos vocábulos entre si, da harmonia do enunciado, da modalidade elocutória que o condiciona, da posição de realce psicológico ou mecânico dentro de um certo espaço fono-semântico. E não há que excluir desse condicionamento os nomes próprios, pois, como veremos, a sua proclamada autonomia é em muitos casos relativa, ou melhor, a expressividade que se lhes nota em certos contextos decorre menos de caracteres intrínsecos do que de uma situação privilegiada no ritmo do enunciado.

Tais considerações nos parecem pertinentes para resguardar as razões lingüísticas e literárias válidas da interferência de teorias puramente subjetivas, hauridas em sensações vagas e de caráter muito individual, que visam a explicar a correspondência íntima de uma idéia expressa ou sugerida com a estrutura fonética do vocábulo.

Exemplo curioso dessa fantasia na interpretação semântica da estrutura fonética de um nome próprio — e que aqui mencionamos por se tratar de depoimento de um escritor — é o que aponta Georges Doutrepont[10] nas *Notes inédites*, de Alexandre Dumas Filho, escritas 12 anos após o sucesso de sua peça *Monsieur Alphonse* (1873) e nas quais ele explica minuciosamente como lhe veio a idéia de chamar *Alphonse* ao baixo personagem e a consciência que tinha de, com isso, degradar irremediavelmente aquele prenome. "*La réunion*", diz-nos,

> *des syllabes composant le nom de mon héros devait former avec la conception du caractère je ne sais quelle mystérieuse concordance, quelle harmonie imitative où le type particulier que je voulais présenter au public se trouvait annoncée, dénoncée plutôt. Ce nom seul devait trahir une dégradation morale d'un certain ordre avec une vague odeur de féminin tout autour (...).*

E, perdido em suas meditações antroponímicas, interroga-se:

> *Pourquoi les noms de Joseph, de Jean, de Victor, d'Antoine, de François évoquent-ils plus l'image d'un domestique que les noms de Guy, de Raoul, de Marc et de Gontran? Nous démandons son nom à un paysan, il nous répond Jean, Thomas, Nicaise. Ce nous parait tout simple. Supposez qu'il nous réponde Valère, Agénor, Gaston ou Raphaël: nous voilà étonnés et comme frappés d'une dissonance et d'une aberration. Pourquoi éprouverions-nous la même sensation si, voyant courir dans un jardin une fillete blonde et rose, nous entendions tout à coup sa mère l'appeler Monique, Gertrude ou Perpétue? Qu'y aurait-il d'étonnat*

---

[10] Cf. *Les Prénoms français a sens péjoratif*, Bruxelles, 1929, p. 80-87, 100-102, onde o filólogo belga mostra que o sucesso da peça de Dumas Filho apenas vulgarizou o sentido de "*souteneur*" que *Alphonse* já possuía na linguagem popular, especialmente na gíria do Quartier Latin, como pensa Lucien Rigaud (Cf. *Dictionaire d'argot moderne*, Paris, 1881, p. 9).

qu'une mère catholique et croyant à la protection du ciel mît sa fille sous le patronage de ces saintes femmes, sainte Monique, sainte Gertrude, sainte Perpétue?" (...) "Pourquoi une mère ne songe-t-elle pas plus à donner un de ces noms à sa fille que les noms de Zoé, d'Eudoxie ou de Malvina? Et pourquoi, si elle le faisait par hasard, se demanderait-on où elle avait la tête le jour où elle l'a fait? D'un autre côté, comment peut-on donner à toutes les filles, à tort et à travers, à profusion, aux champs comme à la ville, le nom de Marie, sans courir jamais la chance de le voir ridicule et compromis? Vous me direz que c'est le nom de la Vierge, et un tel symbole de pureté que rien ne saurait en altérer l'étymologie divine. Et le nom de Madeleine, qui a été le nom d'une courtisane, pourquoi jouit-il du même privilège? Et le nom de Suzanne, qui n'évoque que l'image d'une femme nue et de deux veillards curieux et salaces, pourquoi est-il et restera-t-il toujours frais, gracieux et noble?

Nessa ordem de raciocínio, Dumas Filho assim justifica a escolha do nome *Alphonse* para o vilão de sua comédia:

> *J'étais bien sûr quand j'ai eu l'idée de cette pièce, que j'allais, si elle réussissait, déshonorer un nom de baptême. Lequel? En apparence, je n'avais que l'embarras du choix. Les noms de baptême vulgaires et même compromis ne manquent pas (...) Il m'en fallait un qui trahirait une dégradation morale d'un certain ordre avec une vague odeur de feminin tout autour. Comment un nom de baptême, surtout, peut-il donner, à première vue, une impression de ce genre? C'est inexplicable et certain cependant, à ce point que si j'avais appelé mon personnage Emmanuel, Mathieu ou Boniface, jamais ce nom ne se fût adapté à mon* personnage*; jamais on n'eût dit un Boniface, un Mathieu, un Emmanuel, comme on dit maintenant un Alphonse.*

E no entanto, continua,

> *ce prénom d'Alphonse n'était associé dans l'esprit public qu'aux noms les plus respectés et les plus célèbres. Alphonse de Lamartine, Alphonse Karr, Alphonse Daudet, Alphonse de Neuville, Alphonse de Rothschild n'évoquent que le souvenir du génie, du talent, de la gloire, de la probité, du travail.*

E mais. Lembra que a história só lhe apresenta príncipes e religiosos ilustres com o nome de *Alphonse*. Por que então, volta a perguntar,

> *ce nom d'Alphonse, semblable à tous les autres dans le passé et dans le présent, qui ne s'était distingué d'eux que par l'éclat du talent, de la noblesse et de la piété, s'adaptait-il mieux, par je ne sais quelle intuition, à la bassesse de mon personnage que les noms de Mathieu, d'Emmanuel ou de Boniface?*

Chegando a essa encruzilhada do seu arrazoado, só encontra uma explicação para o fato: *Alphonse* pertence à classe dos nomes predestinados, de que fala Balzac. "*Il y a là*", escreve *certainement des faveurs et de discrédits illogiques, des tyrannies du goût, des affinités mystérieuses, inexplicables et incontestables entre certaines idées et certains noms qui n'ont cependant aucun rapport direct avec elles. Balzac avait raison: il y a des noms prédestinés.*

Alphonse, nome predestinado, era, na sua lógica, "*le plus digne du déshonneur qu'il préméditait*". E, com requintes de minúcias, descreve como sentia corporificar-se-lhe na imaginação a figura projetada pela forma fonética e gráfica do prenome:

Je lui voyais quand il serait poussé à l'extrême, comme cela devait lui arriver nécessairement, une casquette de côté, des cheveux épais, noirs, brillants, souples, avec une mêche revenant perpétuellement sur le front; une moustache fine, des lèvres rouges à pipe adhérente, crachant de côté et loin en découvrant de petites dents très blanches; des pommettes rossées, des yeux tour à tour lascifs, voilés, cruels, toujours cernés de bleu, une fossette au menton, le cou rond et lisse, un dandinement continuel de corps d'un côté sur l'autre, et surtout d'arrière en avant, des pieds que l'on devine petits, même dans de grosses ou de vieilles chaussures, de petites mains de la couleur des chapons gras, que rien ne rougit, toujours très blanches, jamais très propres et comme lavées dans l'huile, à doîgts courts, à paume épaisse, emmanchées à des poignets et à des bras d'athlète, paresseux comme un loir, agile comme un clown, concentrant presque tout ce qu'il a à dire, soit aux femmes, soit aux hommes, entre un clignement de paupières et une contraction de la bouche; le tout baignant dans une atmosphère de sensualité experte et toujours prête, répugnante ou irrésistible selon la nature de celles ou de ceux qui passent à portée de ses convoitises ou de ses calculs (...).[11]

Tudo isso parecia a Dumas Filho refletirem as sílabas, os seis fonemas e as oito letras do nome *Alphonse*! E mais apreciações subjetivas havia ainda no longo relato em que se misturam, como demonstram os fragmentos transcritos, observações justas — e por vezes até penetrantes — com idéias preconcebidas e fantasistas, generalizadas apressadamente sem levar em conta as variações de gosto na escolha dos nomes, variações estas de natureza individual, social, regional e temporal.

De outra finura são as meditações onomásticas de Marcel Proust, reflexões que traem o lingüista, ou melhor, o psicólogo da linguagem que nele havia. Essa paixão da análise, essa avidez de penetrar nos meandros do pensamento e do sentimento humanos — característica fundamental de sua obra — levou-o naturalmente a debruçar-se também no exame dos matizes da expressão lingüística, das correlações que implicam e sugerem; e sua sensibilidade ao fluir inexorável do tempo estendeu-lhe o campo de interesse até mesmo a regiões privativas de es-

---

11 *Apud* Georges Doutrepont, op. cit., p. 81-84. Comparem-se também as impressões individuais de Marcel Braunschvig, em *Le Sentiment du Beau et le Sentiment Poétique* (Paris, 1904, p. 165-166), reproduzidas por Doutrepont às p. 79-80 da obra mencionada.

pecialistas — aos problemas etimológicos, às transformações da linguagem e suas causas. Não falta pois razão a Vendryès quando afirma que "*il y aurait un travail a faire sur Marcel Proust linguiste*"[12].

Essa curiosidade lingüística que percorre os tomos de *A la recherche du temps perdu* se documenta particularmente na série de observações relativas a nomes próprios, a classe de palavras a que Proust dedicou maior atenção. "*Les noms*", escreve ele, "*sont des dessinateurs fantaisistes, nous donnant des gens et des pays des croquis si peu ressemblants que nous éprouvons souvent une sorte de stupeur quand nous avons devant nous au lieu du monde imaginé le monde visible*".[13] E, com singular acuidade, observa:

> *Les noms, nous offrant l'image de l'inconnaissable que nous avons versé en eux, dans le même moment où ils désignent aussi pour nous un lieu réel, nous forcent par là à identifier l'un à l'autre au point que nous partons chercher dans une cité une âme qu'elle ne peut contenir, mais que nous n'avons plus le pouvoir d'expulser de son nom.*[14]

Nos poemas de Nobre, um prenome (para só referir um exemplo) cujo emprego está a merecer uma cuidadosa análise estilística é o corrente *Manuel*, na ortografia do autor sempre escrito *Manoel*.

Não que ele utilize, em oposição seletiva, as diversas formas que o hebraico *Himmanuel* apresenta em português.[15] No particular, só se documentam em sua obra o normal *Manuel* e o popular *Manel*, este para designar, pela vulgaridade quase anônima, o tipo do rapaz português, como, pelas mesmas razões, *Maria* será o símbolo da mocidade feminina:

> Georges! anda ver meu país de romarias
> E procissões!
> Olha essas moças, olha estas Marias!
> Caramba! dá-lhes beliscões!
> Os corpos delas, vê! são ourivesarias,
> Gula e luxúria dos Manéis!
> ....
> Vá! Georges, faze-te Manel! viola ao peito,
> Toca a bailar![16]

---

[12] Cf. Marcel Proust et les noms propres, in *Choix d'études linguistiques et celtiques*, Paris, 1952, p. 80.

[13] *A l'ombre des jeunes filles en fleurs*. I, Paris, p. 167-168. Cit. por Vendryès, op. cit., p. 82-83.

[14] *Le Côté de Guermantes*, I, Paris, p. 10. Cit. por Vendryès, op. cit., p. 83.

[15] Sobre a história da introdução do hebraico *Himmanuel* em outras línguas, que a receberam em geral através da adaptação grega da versão bíblica dos Setenta, de onde passou ao latim eclesiástico e, por esta via, ao português e às demais línguas românicas, veja-se Leite de Vasconcelos, *Lições de filologia portuguesa*, 3. ed., Lisboa/Rio de Janeiro, 1959, p. 390-393.

[16] *Só*, 2. ed., Lisboa, 1898, p. 32-33.

Nobre distingue *Manuel* de *Manel*, isto é, não aplica tais denominações a mesma pessoa, à semelhança do que fizeram Gil Vicente e Camões com as formas *Manuel* e *Emanuel*[17], assim também usadas modernamente pelo poeta Carlos Drummond de Andrade, mas — ressalve-se — em enunciados onde conseguiu extrair admiráveis efeitos expressivos do contraste que elas apresentam. E aqui façamos um parêntese esclarecedor, antes de prosseguirmos no estudo da prática de Nobre.

A diferença entre *Manuel* e *Emanuel*, é óbvio, não exige contexto para evidenciar-se. *Manuel*, forma posterior, é nome que se dá diariamente a dezenas de meninos, deste e do outro lado do Atlântico. *Emanuel* (ou *Emânuel*) é nome bem mais raro e sua aplicação a um filho supõe de regra uma intenção religiosa ou mística, ou, ainda, simplesmente aristocrática. O que é muito compreensível, pois a palavra conserva, através da forma semi-erudita, um halo de vetusta nobreza e de pureza angelical. *Emanuel*, nome de Cristo, é prenome entre nós muito do agrado dos espíritas, que nele encontram certamente a mesma peregrina aura de exotismo que, neste e noutros nomes próprios, havia seduzido os nossos poetas românticos e continua, fora da literatura, a exercer igual impressão de arcana fantasia.

Já *Manuel* sugere exatamente o contrário. *Manuel*, em frente de *Emanuel*, é nome indistintivo e não depende, para o ser, da oposição que vamos estabelecendo. De *Manuel* e de outros prenomes cabe dizer, com a justa expressão popular, que estão gastos pelo uso. No mesmo caso, *João*, *José*, *Maria*, etc. E note-se, como para *Manuel*, a bela história de cada um.

Esses nomes deixam o seu dono quase em anonimato; e não só os prenomes têm essa propriedade, mas, por idênticas razões, os nomes de família. É o que entre nós sucede com os *Silva*, com os *Sousa*, etc. Vez por outra, como no caso do *Joe* norte-americano ou do *Hans* alemão, podem mesmo valer até como símbolos semicívicos da nação. Há alguns anos, um filme cinematográfico, onde se exaltava a bravura do herói anônimo da Marinha brasileira, chamava-se, com muita felicidade, "João de Sousa". E o poeta Manuel Bandeira, que na carteira de identidade é Manuel Carneiro de Sousa Bandeira, sentiu com auto-sarcasmo a indistinção daqueles nomes, de que dão prova estes versos do *Mafuá do Malungo*:

Manuel Bandeira
(Sousa Bandeira.
O nome inteiro
Tinha Carneiro).

---

17 Camões chama o Venturoso *Emanuel*, em *Lus.*, IV. 75; e *Manuel*, *Lus.*, IV, 66. Também Gil Vicente, com referência ao mesmo rei, usa *Emanuel*, no *Auto da alma*, e *Manuel*, no *Auto da embarcação da glória*. Cf. a propósito, Sousa da Silveira, *Textos quinhentistas*, Rio de Janeiro, 1945, p. 265.

Eu me interrogo:
— Manuel Bandeira
Quanta besteira!
Olha uma cousa:

Por que não ousa
Assinar logo
Manuel de Sousa?[18]

"Sob a pele das palavras há cifras e códigos", disse um outro poeta; e reflita sobre as palavras ou lute com elas, sente logo a enorme diferença expressiva que as formas *Emanuel* e *Manuel* sugerem e contêm, num poeta de hoje. Carlos Drummond de Andrade, campeão dessa inglória peleja com as palavras, utilizou-se à maravilha de tal diferença na *Ode no cinqüentenário do poeta brasileiro*, ao mesmo Manuel Bandeira, em 1936:

....
alguma coisa encoberta de nós, que nem os olhos traíram nem as mãos apalparam,
susto, emoção, enternecimento,
desejo de dizer: Emanuel, disfarçado na meiguice elástica dos abraços...[19]

Sensação de *Emanuel* em *Manuel*; coisa encoberta em nós que, contemplada, nos assusta, emociona, enternece; presença de Deus no Homem, superação do homem pela imanência divina, realizada e percebida pelo Amigo — escondido em abraço — através da Palavra:

(...) desejo de dizer: Emanuel...

Manuel, ao contrário, afigura-se ao poeta como a palavra em sua pobreza abastardada, menos poética por quotidiana e inexpressiva:

Que o poeta Manuel Bandeira escute este apelo de um homem humilde[20].

---

[18] Nova edição aumentada, Rio de Janeiro, 1955, p. 32.

[19] *Poemas*, Rio de Janeiro, 1959, p. 77. Na versão primitiva, publicada na *Homenagem a Manuel Bandeira*, Rio de Janeiro, 1936, p. 11, e reproduzida em *Sentimento do mundo*, Rio de Janeiro, 1940, p. 73, esses versos se liam:

alguma coisa encoberta de nós, que nem os olhos traíram nem as mãos apalparam,
um susto, uma emoção, um enternecimento,
o desejo de dizer: Emmanuel, disfarçado na meiguice elástica dos abraços.

[20] *Poemas*, cit., p. 77.

É o simples nome do homem-poeta, a exigir explicativo, não importando que para ele este nome seja um símbolo da espécie:

Ontem, hoje, amanhã: a vida inteira,
teu nome é para nós, Manuel, bandeira.

O mais puro cristal,
na luz, fez-se laurel
e cinge — prêmio ideal —
tua fronte, Manuel.[21]

Na obra de Antônio Nobre não encontramos tal oposição, já o dissemos. Mas há nela uma outra, quase que imperceptível: a da própria palavra *Manuel*, pronunciada em duas ou três sílabas. Nobre soube aproveitar-se magistralmente deste contraste que a língua lhe oferecia, como nos mostra a estrutura poética da *Carta a Manuel*.

No aparente *laisser aller* de seus alexandrinos, está um poeta vigilante, que sabe que o poema é feito de versos; os versos, de sílabas; as sílabas, de sons; e que a massa sonora deve tornar-se maleável ao pensamento nela expresso. Nobre sente que o hiato se coaduna melhor à elocução pausada e, por isso, da forma trissílaba se serve nestes passos:

Manuel, tens razão. Venho tarde. Desculpa.[22]
Saiamos...
Manuel, vamos por aí fora
Lavar a alma, furtar beijos, colher flores.[23]

No segundo exemplo chega mesmo a usar um recurso gráfico para orientar a sua leitura cadenciada.

Já nos versos em que se impõe uma pronúncia mais exígua da palavra para conformar-se à própria rapidez do contexto, ele utiliza a forma dissílaba, como neste passo, cujos cavalgamentos demonstram com nitidez que o poeta pretende diminuir até a duração da pausa natural do fim dos versos:

Bem me dizias tu, como que adivinhando
O que isto para mim seria, Manuel, quando

---

[21] *Viola de bolso, novamente encordoada*, Rio de Janeiro, 1955, p. 51.

[22] *Só*, ed. cit., p. 51.

[23] Ibid., p. 54-55.

O ano passado, vim contra tua vontade
Matricular-me, aí, nessa Universidade.[24]

Como dissílaba emprega também a palavra num verso interrogativo:
Porque não vens, Manuel, ungir-te desta Paz?[25]

no que mais uma vez se comprova o seu sentimento rítmico, pois que a fonética instrumental registra, com a segurança da máquina, a redução sensível que se observa na duração da vogal pretônica na modalidade elocutória interrogativa quando comparada à que possui na informativa.[26]

Nos versos de entoação exclamativa, Nobre prefere naturalmente a emissão dissílaba da palavra
Pior eu sei lá, Manuel, pior que uma desgraça![27]
Que tédio o meu, Manuel! Antes de vir, gostava.[28]

E, por duas vezes, chega a forçá-la: —
As cantigas! Que encanto! Uma diz-te respeito,
Manuel, é um sonho, é um beijo, é um amor-perfeito

---

[24] Na primeira edição do *Só*, Paris, 1892, p. 62, o segundo verso tinha esta redação:
O que isto para mim seria, Amigo, quando.
Exemplo semelhante, embora aqui para o emprego da forma dissílaba deva ter concorrido o tônus exclamativo do enunciado, é o seguinte:
Já tinha dado todo o *Coração Humano*,
Manuel, faltava um ano só para acabar
Meu curso de Psicologia com o Mar.
(Op. cit., p. 52)

[25] Ibid., p. 53.

[26] "En las palabras agudas, graves y esdrújulas, tanto en español como en portugués, la vocal tónica es más larga que la átona o átonas, en las dos modalidades informativa e interrogativa. La razón de la duración de la tónica a la de la átona o las átonas y la razón entre las átonas es muy variable, tanto en español como en portugués, en las dos modalidades. Esta razón depende de la contigüidad fónica, y, principalmente, del grado de expresión" (Armando de Lacerda y María Josefa Canellada, *Comportamientos tonales vocálicos en espanol y portugués*, Madrid, 1945, p. 269). A título de exemplo, informam-nos ainda Lacerda e Canellada que "en los disílabos agudos portugueses, mod. inf., la tónica puede ser sensiblemente igual, (2), 3, 4, 5 veces más larga que la átona. En la mod. int., puede ser de 2 a 9 veces más larga" (Ibid., p. 269, nota 1). *Outras observações relevantes sobre a duração vocálica e seus efeitos expressivos em português* faz Armando de Lacerda em suas obras. *Características da entoação portuguesa* (2 v., Coimbra, 1941-1947) e *Análise de expressões sonoras da compreensão* (Coimbra, 1950).

[27] Op. cit., p. 51.

[28] Ibid., p. 53.

Onde o luar gelou: "Manuel! tão lindas moças!
Manuel! Tão lindas são..."
Que pena que não ouças![29]

para incorporar ao poema como hexassílabos os dois redondilhos iniciais da deliciosa cantiga popular:

Manuel, tão lindas moças,
Manuel, tão lindas são;
Manuel, quero-te bem
Da raiz do coração.

Mas a sua sensibilidade apuradíssima fá-lo discernir os matizes da entoação exclamativa e aconselha-o, de modo certeiro, a preferir a emissão trissílaba no verso:

Bons tempos, Manuel, esses que já lá vão![30]

Com esse encorpamento, consegue convergir para a palavra, já realçada mecanicamente por vir sob o acento interno, a maior parte da carga expressiva, tornando-a o verdadeiro "ápex" do verso.

Muitas considerações poderiam ainda ser feitas sobre a utilização literária desse e de outros antropônimos por parte de Antônio Nobre, mas sobejam as aduzidas para mostrar a importância do nome próprio em sua poética. Para ele os prenomes e os apelidos não eram apenas etiquetas, signos sonoros de individualidade. Sentia-lhes a sedução, o encantamento, as sugestões de ordem semântica e, especialmente, a harmonia do aspecto fônico, intuindo, antes da comprovação da fonética instrumental, que "*el comportamiento del fonema o fonemas de una palabra depende de su significado expresivo, ya que éste actúa como um factor de modificación sobre la estrutura fónica*"[31].

---

[29] Id., ibid.

[30] Ibid., p. 51.

[31] Armando de Lacerda y María Josefa Canellada, *Comportamientos tonales* cit., p. 6. Veja-se também o magistral estudo, de Armando de Lacerda, *Análise de expressões sonoras da compreensão*, especialmente p. 217-236.

5
A magia da palavra*

La création du monde est un discours de Dieu.
Claude-Gilbert Dubois

Se diariamente lutamos com as palavras, se entre elas circulamos, como disse o poeta Carlos Drummond de Andrade, podemos acrescentar que por elas fomos criados.

Segundo o *Gênesis*, Deus formou o mundo com o seu poderoso verbo:

E Deus disse: "Faça-se a luz!" E a luz foi feita... E chamou à luz *dia*, e às trevas *noite*... E Deus disse: "Faça-se um firmamento no meio das águas, e separe ele uma das outras"... E chamou ao firmamento *céu*... E Deus disse: "As águas, que estão debaixo do céu, ajuntem-se num só lugar, e apareça o elemento seco." E assim se fez. Deus chamou ao elemento seco *terra*, e ao conjunto das águas, *mares*. E Deus disse: "Produza a terra erva verde, que dê semente, e árvores frutíferas, que dêem fruto segundo a sua espécie, e o fruto contenha a sua semente"... E Deus disse: "Façam-se luzeiros no firmamento do céu para separar o dia da noite; sirvam eles de sinais e marquem o tempo, os dias e os anos; e resplandeçam no firmamento do céu para alumiar a terra"... E Deus disse: "Produzam as águas uma multidão de seres vivos, e voem aves sobre a terra debaixo do firmamento do céu"... E Deus disse: "Produza a terra seres vivos segundo a sua espécie: animais domésticos, répteis e animais selvagens, de acordo com a sua espécie"... E, então, disse Deus: "Façamos o homem à nossa imagem e semelhança. Que ele

* Texto encontrado no arquivo pessoal de Celso Cunha, não traz nenhuma indicação de que tenha sido publicado. Cremos que pertença ao conjunto de seus trabalhos inéditos que só agora vêm a público. Nem todas as notas assinaladas no texto foram localizadas, razão por que mantivemos destas apenas a numeração.

> reine sobre os peixes do mar, sobre as aves do céu, sobre os animais domésticos, sobre toda a terra e sobre todos os répteis que se arrastam sobre a terra".[1]

E o Salmo 32 reitera que os céus foram criados pela força verbal do Senhor e que as suas hostes se formaram do sopro de sua boca:

> *Verbo Domini caeli facti sunt,*
> *et spiritu oris eius omne agmen eorum.*[2]

Em todo o Velho Testamento o Senhor age por meio da palavra. Mensageira da sua vontade, di-lo por intermédio do profeta Isaías:

> Assim acontece à palavra que minha boca profere: não volta sem ter produzido seu efeito, sem ter executado minha incumbência.[3]

Também o Novo Testamento atribui à palavra divina a onipotência no criar. Recolhamos aqui o conhecido intróito do Evangelho de são João:

> No princípio era a Palavra [no texto grego está *Logos*, na versão latina *Verbum*], e a palavra estava com Deus, e a palavra era Deus. Ela estava no princípio em Deus. Todas as coisas foram feitas por ela, e nada foi feito sem ela. Nela estava a vida, e a vida era a luz dos homens.[4]

Sabemos a riqueza que encerra o grego *Logos*, que os romanos costumavam traduzir por *Verbum* ou, mais freqüentemente, por *Ratio* "razão". Já Heráclito, quinhentos anos antes de são João, considerava o *Logos* "o princípio reitor do cosmos, a origem das coisas, do conhecimento e da ordem física e moral. Os pitagóricos e os estóicos personificaram-no em Hermes"[5], o Mercúrio dos latinos. "Mercúrio e Hércules (Hermes e Heraklés) são duas figuras que simbolizam as duas funções fundamentais do *Logos*: função heracliana de criação e conservação do mundo, função hermética de relação e de inteligência."[6]

---

1 *Bíblia Sacra iuxta Vulgatam Clementinam*. Nova editio, logicis partitionibus aliisque subsidiis ornata a R.P. Alberto Colunga, O. P. et Laurentio Turrado. Madrid: Biblioteca de Autores Cristianos, 1946, p. 3-5.

2 *Nuevo salterio latino-español,* por el R.P. Juan Prado. Madrid: El Perpetuo Socorro, 1948, p. 165. Entenda-se: "Pela palavra do Senhor fizeram-se os céus, e pelo sopro de sua boca formaram-se todos os seus exércitos."

3 *Biblia Sacra* cit.

4 Ibid., p. 1377.

A potência da palavra faz-se igualmente sentir no *Poema da criação*[7], a grande epopéia mágico-litúrgica de Babilônia, que narra a origem das coisas e, pela luta, vai-nos mostrando o surgimento da ordem cósmica.

Inicia-se o *Poema* com a afirmação de que, quando o céu e a terra não estavam ainda nomeados — ou seja, quando ainda não existiam — Lahmu e Lahamu foram criados e receberam nome.

Da água primitiva, que encerrava um componente feminino (Tiāmat) e outro masculino (Apsū), começam a sair as primeiras divindades, os deuses da ordem, que cedo se revoltam contra Tiāmat ofuscando-lhe o entendimento com o alarido de suas vozes. Apsū protesta e, juntamente com Tiāmat e com o seu mensageiro Mummu, que simboliza a inteligência ou o princípio criador da água, decidem suprimir os novos deuses. Porém um destes, Ea, descobre o plano e usa como armas para vencê-los uma *maldição* e um *encantamento*. Profere a maldição sobre a água, adormece com o encantamento Apsū, retira-lhe a coroa e mata-o. A Mummu prende-o com cadeia numa morada sobre o abismo. Ea fixa-se então, sobre a terra, num lago de água fresca, e aí nasce Marduk, o deus criador dos rios Tigre e Eufrates, cujos nomes são por ele proclamados como bons auspícios.

No *Poema* há um combate entre Marduk e Tiāmat, que pretende vingar a morte de Apsū. Os deuses concedem a Marduk o poder de destruir e construir, de determinar o destino com as palavras pronunciadas de sua boca. Mas na luta contra Tiāmat, embora estivesse armado com rede para prendê-lo, com sete ventos para soprar-lhe as fauces, com o arco e flechas, com um amuleto nos lábios e uma erva na mão para eliminar o veneno, não se serve de tais armas para iniciar o combate, que se desenvolve numa espécie de tenção de maldizer. Tiāmat, por seu lado, lança-lhe o seu feitiço e recita um esconjuro.[8]

Antes, porém, dos babilônios, entre os sumérios, já se reconhecia a faculdade criativa e destrutiva da palavra. O deus da água era benéfico, criava por meio dela; o deus da terra, de natureza maléfica, destruía com a expressão da sua ira, simbolizada nos ventos e nas tempestades. Há mesmo hinos sumérios que cantam o poder criador da palavra. Aliás, hino e palavra identificam-se em sumério sob a forma *enem*.

Com razão, afirma Anita Seppili, que uma clara e importante documentação nos autoriza a concluir que, ascendendo a alguns milênios da nossa era, "muito antes que surgisse a filosofia grega, já existia uma doutrina do *logos*, doutrina destinada a ocupar, por transmutações progressivas, um lugar tão notável na evolução do pensamento religioso e filosófico"[9].

Também na mitologia germânica, os numes, ao darem nome à noite, à manhã, à tarde, ao crepúsculo, determinam-lhes com isso a sua função na ordem cósmica.

A divinização da palavra parece mesmo ter sido um fato universal.

No Antigo Egito cultuava-se o deus Thot, ou Theut, "senhor das palavras divinas", o inventor da escrita, mensageiro e agente de Ra, ou Atum-Ra, a divindade suprema, que, quando não havia ainda céu nem terra, foi fazendo, com o dinamismo dos sons articulados que saíam de sua boca, aparecer deuses, homens e todos os demais seres e coisas[10].

Não nos devemos esquecer de que os romanos possuíam também um deus da linguagem — Aius Locutius, ou Aius Loquens, como o denomina Cícero —, ao qual levantaram um altar junto ao Palatino[11].

Até entre os indígenas americanos era reconhecido o poder divino e energético da palavra. No *Popul Vuh*, livro sagrado dos maya-quichés da Guatemala, se declara:

> Existia o céu, e também o Coração do Céu, pois este é o nome de deus... Chegou aqui então a palavra, vieram juntos Tepeu e Gucumatz, na escuridão, na noite, e falaram entre si. Falaram, consultando entre si e meditando; puseram-se de acordo, juntaram suas palavras e seu pensamento...[12]
>
> E com ordens verbais foram criando o mundo:
>
> — Faça-se assim! Que se encha o vazio! Que esta água se retire, que surja a terra e que se afirme! Assim disseram. Que se aclare, que amanheça no céu e na terra! Assim disseram quando a terra foi formada por eles. Assim foi em verdade como se fez a criação da terra. "Terra"!, disseram, e imediatamente foi feita.
>
> Criaram os pequenos e grandes animais, puseram a voar as aves e quiseram que falassem, que dissessem os seus nomes, que os adorassem. Não o tendo conseguido, espalharam-nos pelos barrancos e bosques e destinaram a sua carne a alimento. Dedicaram-se então a formar o homem para que falasse sobre a terra. Depois de várias tentativas, corporificaram-no com massa de milho branco e amarelo e, com sumos fermentados do próprio milho, deram-lhe vigor. Fizeram assim quatro homens e quatro mulheres, que prolongaram a espécie humana e falaram línguas em que puderam louvar o Criador.

Vemos, pois, que nos povos mais distanciados e mais diversos uns dos outros "não ter nome" é sinônimo de não existir, e "dar nome" significa instituir; que o poder divino da palavra se manifesta não só na sua capacidade de criar, mas na de destruir; que sua energia pode determinar um destino inevitável, o *fatum*, e produzir efeitos funestos com maldições e encantamentos.

A força divina ou mágica da palavra como instrumento de uma vontade pode ser canalizada tanto para o mal como para o bem. Daí as fórmulas encantatórias de maldição e bendição.

Esse poder mágico do verbo humano está documentado nos livros sagrados dos povos mais antigos.

No Egito, havia uma divindade especialmente dominadora de tais palavras. Era Ísis, a que, na Grécia, correspondia Deméter, a Ceres dos mistérios de Elêusis.

Uma inscrição encantatória declara mesmo: "Eu sou Ísis, a deusa, a senhora das palavras de potência... as palavras cujas vozes são Magia."[13]

O campo semântico de *palavra*

O campo semântico em que se insere o vocábulo *palavra* contém numerosas formas de origem religiosa ou jurídica, formas impregnadas de magia e encantamento.

Palavra provém do latim *parabola* "comparação", "símil", que deriva do grego *parabolé* "comparação", "alegoria". A parábola era a forma que assumia a palavra de Jesus.

Do sentido de "comparação" passou ao de "frase" e, a seguir, ao de "vocábulo". Em português arcaico significou também "verso". *Palavra perduda* era o verso que não rimava com outro numa estrofe.

Ao mesmo campo semântico pertence o verbo *falar*, continuação do latim familiar *fabulare*, por *fabulari*, "falar", "conversar", derivado de *fabula* "conversa", "relato sem garantia histórica", "conto", "fábula", que por sua vez se liga a *fari* "falar". De *fans*, *-tis* (part. pres. de *fari*) "o que fala" originou-se *infans*, *-tis* "incapaz de falar", "criança pequena", que estendeu o seu sentido a "moço nobre" e, desde o século XIII, a "filho de reis". A palavra cedo passou à Itália, onde, ao lado do sentido de "rapaz", "moço", adquiriu o de "criado", "servidor" e, introduzido na linguagem militar, veio a designar o soldado da mais modesta das armas, a *infantaria*. A *fans* prendem-se, além dessas formas, os cultismos *infância*, *infantil*, *infanticídio*, *nefando* "ímpio", "criminal", "abominável" e, também, *fantoche*, do francês *fantoche*, e este do italiano *fantoccio* "boneca", "marionete".

Do particípio passado de *fari*, *fatus*, formou-se *fatum* "o fado" , "o que foi dito" e, por extensão, "predição", "oráculo", "o destino", "a fatalidade", "a desgraça". Diante dele o homem é impotente. Sua ânsia de liberdade, sua vocação para o bem estão condicionadas pelo *fado*, a opressão divina que o obriga a seguir caminhos predeterminados. A dramaturgia grega oferece-nos, entre outros protótipos do sofrimento inarredável — Ájax e Agamêmnon, Ifigênia e Electra, Édipo e Jocasta, Antígona e Dejanira, Filoctetes e Orestes —, cujos destinos foram previamente traçados pelos deuses. Orestes, por exemplo, escolhido pelo oráculo de Apolo para vingar a morte do pai Agamêmnon, da qual participara Clitemnestra, procura resistir, movido pelo amor filial, mas acaba por sucumbir ao fado: degola-a, embora sabendo que seria perseguido pelas Erínies de sua mãe. Virgílio diz-nos que o pio Enéas não pode fixar-se na Trácia nem em Creta, na Sicília nem em Cartago, porque "fata obstant". A *fata* "deusa do destino", a "Parca", transformou-se, porém, na benfazeja *fada*. De *fatum* formou-se, por via erudita, *fatídico* "o que prevê o futuro", "profético" e, em decorrência, "sinistro", "trágico"; *fatal* "relativo ao destino, à sorte"; "funesto", "mortal" e, daí, *fatalidade*, *fatalismo*, etc. Da forma evolutiva *fado* há, entre outros derivados, *fadário*, *fadar*, donde *fadado*, *benfadado*, *malfadado*.

A *fari* ligam-se também *fama* "o que se diz de alguém", "renome", "reputação"; *famoso* "que faz falar dele", "célebre", bem como os seus antônimos *infâmia* "perda de reputação", "desonra", "vileza", e *infame* "mal afamado", "torpe", "abjecto". E, por outro lado, *facundo* "eloqüente", "verboso", e *facúndia* "facilidade de elocução", "eloqüência", "loquacidade".

Os romanos relacionavam ainda com *fari* o vocábulo *fas* "permissão ou ordem dos deuses", "direito divino", e os seus derivados *fastus*, *nefastus*, *nefarius*, mas esta relação é improvável. *Fas* deve provir de um antigo **dhas*.

As formas latinas *fabula* e *fabulare* enlaçam-se semanticamente às gregas *mýthos* "o mito", "a lenda", e *mythéomai* "criar mitos", empregadas freqüentemente como sinônimas de "palavra" e "falar".

Angel Rosenblat lembra, a propósito, que, no século passado, o lingüista Max Müller considerava o mito "um produto acessório da linguagem, uma espécie de enfermidade da palavra" e que, em nossos dias, Paul Valéry expressou o mesmo pensamento ao escrever:

> Mito é o nome de tudo o que existe por virtude exclusiva da palavra... Toda nossa linguagem se compõe de pequenos sonhos breves... Não se pode falar sem criar mitos... A palavra habita-nos e habita tudo... No princípio era a fábula...

Membro da mesma família semântica é *dizer*, do latim *dicere*, inicialmente "mostrar" e, depois, "fazer conhecer pela palavra". Como o latim *orare*, *dicere* conservava originariamente "um caráter solene e técnico", pois pertencia à língua da religião e do direito. Seus derivados por vezes se distanciam muito pelo sentido. Assim *abdicar*, *dedicar*, *predicar*, *índice*, *interdito* e a *dita* "a sorte". Dele se formou também o verbo freqüentativo e intensivo *dictare* "dizer em alta voz", "repetir", "ditar", que deu nascimento a designativos de um modelo político e do seu executor, ambos de triste memória: *ditadura* e *ditador*.

Também vinculado geneticamente à língua da religião e do direito é o termo *vox* "voz", de que derivaram *vocal*, *vogal*, *vocação*, *vocábulo*, *convocar*, *invocar*, *evocar*, *provocar*, *advogado* e outros mais.

Vox identifica-se pelo étimo indo-europeu ao grego *epos*, que igualmente significava "palavra", "discurso", e não raro, a "palavra de um deus", "oráculo". Por extensão passou a designar "verso", "palavras de um canto", "relato em verso", "recitativo". Daí *epopéia*.

Outro termo em que os latinistas apontam um sentido originário técnico, religioso e político é *legere*, que inicialmente significava "colher", "escolher", "juntar". Compostos deste verbo são os adjetivos *sacrilegus*, "ímpio", "profanador", "bandido" e *sortilegus* "profético", de onde saíram os substantivos *sacrilégio* e *sortilégio*. A expressão *scriptum legere* equivalia a "recolher como escrito", "encontrar escrito". Da confusão com o sentido do grego *légein*, *legere* adquire as acepções de "enumerar", "dizer um depois do outro", "ler a lista de" e, daí, "ler em voz alta" como aparece em Cícero e Plínio, e, finalmente, "ler".

No latim clássico coexistiam os dois sentidos básicos do verbo: "ler" e "escolher". O primeiro predominou nas línguas românicas, mas a acepção de "escolher" está presente em numerosos derivados: *elegante* "que sabe escolher"; *inteligência* "faculdade de escolher entre", "de discernir", "de compreender"; *intelectual* e *intelectualidade*; *eleger*, de *eligere* "triar", "escolher", de onde saem estas palavras simbólicas da democracia: *eleição*, *eleitor*, *eleito*.

Dissemos anteriormente que *verbum* e *ratio* eram as palavras por que os latinos costumavam traduzir o conteúdo polissêmico do grego *logos*. Mas devemos acrescentar que *logos* permanece em derivados como *diálogo*, do qual se originou *dialética* "conversação", a ciência suprema que descobriram os gregos, como já se disse. Para Ortega y Gasset "o impulso criador da cidade greco-latina foi simplesmente um apetite genial de conversação". De um certo ponto de vista, Sócrates não passou de um grande conversador, de um bom papo, como dizem no Brasil. *Logos* também está presente no composto *filólogo*, que se documenta pela primeira vez em Platão, empregado como adjetivo no sentido de "admirador da palavra", "que gosta de falar", e, como substantivo, na acepção de "amigo do raciocínio, da argumentação", "bom locutor". Posteriormente, a palavra assumirá o significado de "erudito", "douto", "letrado", que vai generalizar-se não só entre os escritores gregos, como Estrabão e Dionísio de Halicarnasso, mas entre os latinos, como Cícero, Suetônio e Sêneca. Na acepção restrita de especialista em crítica textual usavam os gregos de preferência *kritikós* ou *grammatikós*.

Os nomes próprios

É bem conhecida a importância de que se reveste o nome de pessoa nas sociedades que os antropólogos costumam chamar primitivas. O seu valor sagrado, o ritual a que obedecem a sua aquisição ou a sua mudança, as numerosas interdições que provoca, tudo tem sido salientado e descrito por sociólogos e etnógrafos, acordes em que, entre os não-civilizados, nomear alguém é tocar-lhe na própria personalidade. Até as sílabas de que se compõe o nome estão, para eles, impregnadas de forças sobrenaturais.[14]

Também entre os antigos e, ainda hoje, entre os místicos orientais o antropônimo investe-se de uma realidade objetiva, adquire um poder mágico e desfruta de um tal prestígio que a sua função social se vê relegada a um plano inferior.

"Todo nome", diz um místico sufi,

> (...) revela ao vidente o passado, o presente e o futuro da pessoa que ele recobre. O nome não representa somente a forma, senão também o caráter. O seu sentido desempenha um papel importante na vida do homem, e o som, as vogais do nome, o ritmo, o número e a natureza dos fonemas que o compõem, os números místicos bem como a raiz de que ele deriva e o efeito que ele produz, tudo desvenda seu segredo ao vidente. A significação de um nome exerce uma grande influência sobre aquele que o traz e também sobre os outros.[15]

Débil embora — se comparada à que lhe atribuíam os antigos e à que possui entre os místicos do Oriente e a maioria dos povos selvagens —, a aderência do nome ao indivíduo por ele designado é ainda muito sensível.

> O nome de um homem [escrevia Goethe, descontente com um epigrama de Herder sobre o seu sobrenome] não é como um capa que lhe pende sobre os ombros e que se lhe pode amarfanhar ou rasgar, mas uma vestimenta perfeitamente adaptada, como a pele que lhe cobre o corpo e que não se pode coçar ou arranhar sem magoar também a ele.[16]

Em outra ocasião, Goethe diria que, "como os homens costumam sê-lo, era um enamorado do seu nome".[17]

É essa conexão com a personalidade que dá ao antropônimo o seu caráter especial. Etiqueta e não símbolo do indivíduo, ele designa, ele evoca, ele sugere. Não tem propriamente significado, mas o seu poder evocador, as múltiplas relações que inspira lhe conferem, por estranho paradoxo, a condição de ser, a um tempo, a palavra mais individualizada e a mais significativa de todas.

---

[14] Cf. V. Larock, *Essai sur la valeur sacrée et la valeur sociale des noms de personnes dans les sociétés inférieures*, Paris: Ernest Leroux, 1932, p. 19; L. Lévy-Bruhl, *Les Fonctions mentales dans les sociétés inférieures*, 9. ed., Paris: Alcan, 1928, p. 45-49; James G. Frazer, *The Golden Bough*, I v., Abridged Edition, New York: MacMillan, 1958, p. 284-289 *passim*.

[15] Inayat Khan, *Le Mysticisme du son*, p. 42. Apud V. Larock, op. cit., p. 13.

[16] Citado por Bruno Migliorini, *Dal nome proprio al nome comune*, Genève: Olschki, 1927, p. 6.

[17] Id., ibid.

Imagem sonora do indivíduo, obviamente o nome tem no seu suporte fônico a principal força irradiadora de sugestões. E aqui tocamos num ponto delicado: a correspondência entre som e sentido, velho tema que, no Ocidente, desde os gregos, vem apaixonando filósofos, filólogos e poetas.

Não caberia nos limites deste estudo examinar as razões produzidas, ao longo dos anos, no estéril debate metafísico sobre a gênese dessas correspondências, que alguns fazem ascender à própria origem da linguagem. Interessa-nos aqui tão-somente a comprovação de que no curso histórico da língua — não importa que irracional ou acidentalmente — se vão formando tais associações e criando palavras, cuja expressividade, em determinada situação, é por todos percebida, fenômeno este por que se têm interessado numerosos lingüistas contemporâneos, entre os quais Otto Jespersen[18], Maurice Grammont[19], Paul Delbouille[20] e Pierre Guiraud[21]:

> Por variadas razões, no mais das vezes muito complexas, étnicas, históricas, sociais, culturais — um sentimento mais agudo por exemplo do valor expressivo dos sons, um sentimento fônico mais rico —, certas línguas podem apresentar em maior número essas palavras felizes que o destino tornou perfeitamente aptas para preencher as funções que lhes são destinadas: ao poeta incumbe pesquisar essas palavras e explorar ao máximo o capital poético da língua.[22]

Forçoso é, no entanto, reconhecer que lingüistas dos mais cautelosos costumam enredar-se em subjetivismos quando procuram estabelecer conexões entre som e sentido, ou quando falam de expressividade em vocábulos tomados isoladamente, porque a sensibilidade fônica e o efeito estilístico provêm, em geral, das relações dos vocábulos entre si, da harmonia do enunciado, da modalidade elocutória que o condiciona, da posição de realce psicológico ou mecânico dentro de um certo espaço fono-semântico. E não cabe excluir desse condicionamento os nomes próprios, pois a sua proclamada autonomia é em muitos casos relativa, ou melhor, a expressividade que se lhes nota em determinados contextos decorre

---

[18] *Language; Its Nature, Development and Origin*. London: Allen & Unwin, 1950, p. 396-411.

[19] *Le Vers français; ses moyens d'expression, son harmonie*, 2. ed. Paris, 1913, *passim* e *Traité de phonétique*, Paris: Delagrave, 1939, p. 377-424.

[20] *Poésie et sonorités. La Critique contemporaine devant le pouvoir suggestif des sons*. Paris: Belles Lettres, 1961.

[21] *Langage et versification d'après l'œuvre de Paul Valéry*. Paris: Klincksieck, 1953, p. 131-149.

[22] Ibid., p. 135. Estas palavras de Pierre Guiraud resumem, segundo ele próprio afirma, o pensamento de Otto Jespersen.

menos de caracteres intrínsecos do que de uma situação privilegiada no ritmo do enunciado.

Em síntese: o nome próprio, topônimo ou antropônimo, participa da literariedade do texto, podendo, conseqüentemente, enriquecer-se de valores semânticos denotativos e conotativos da mesma forma que as outras palavras que o estruturam.

Onomástica e poética

Desde a Antiguidade a onomástica foi uma importante fonte geradora de poesia.

As pesquisas de Saussure sobre os anagramas procuraram mostrar que os autores latinos costumavam construir seus versos redistribuindo por outras palavras os fonemas, em particular as vogais, que formavam o nome do deus ou do herói que pretendiam louvar.

Assim um verso satúrnio como "*Taurasia Cisauna Samnio cepit*" contém o nome completo *Scipio* (= Cipião), anagramaticamente sugerido pelas sílabas *ci* + *pi* + *io* de *Cisauna*, *cepit* e *Samnio*, forma esta que encerra também o *S* inicial do antropônimo.[23]

Mas sem sombra de dúvida foi a mitologia grega com os seus deuses, seus heróis, seus gigantes, seus faunos, suas ninfas que criou um mundo simbólico de lendas e imagens, tornado manancial inesgotável à literatura dos tempos pagãos, de Homero até o advento do Cristianismo, e que, depois do hiato medieval, pôde reviver nos poetas do Renascimento, como Camões.

Com razão, pondera o historiador P. Roussel que "a religião grega foi antes de tudo criadora de belas formas e de belas narrativas".[24]

Karl Vossler lamenta mas justifica o abandono da mitologia clássica na arte simbólica da Idade Média. Acha que foi necessário repudiar toda aquela graciosa ingenuidade e admirável natureza imagística, porque o

> (...) seu encanto ameno e delicioso se havia tornado demoníaco, brutal, desenfreado e frívolo. (...) Assim, em razão do mais duro imperativo de defesa legítima, a religião cristã assumiu uma postura dogmaticamente rígida e férrea como nenhuma outra. Desde o Concílio de Nicéia, em 325, está consolidada sua estrutura dogmática eclesiástica, e nos séculos posteriores foi-se endurecendo cada vez mais. (...) O uso e serviço dos símbolos no culto, assim como suas figurações

---

[23] Jean Starobinski. *Les Mots sous les mots; les anagrammes de Ferdinand de Saussure*. Paris: Gallimard, 1971, p. 29.

[24] *La Grèce et l'Orient, des guerres médiques à la conquête romaine*, par Pierre Roussel, avec la collaboration de P. Cloché et R. Grousset, Paris: PUF, 1928, p. 118.

artísticas, estavam regulados e vigiados pela Igreja e subtraídos ao arbítrio dos indivíduos pelas autoridades sacerdotais com um rigor que não se encontra nem antes nem depois.[25]

Daí sentir ele uma certa rigidez e falta de desenvoltura na arte medieval, "época clássica dos símbolos hieraticamente ordenados".[26]

O Renascimento, porém, vai reviver aquele mundo fantástico mais como um adorno de estilo, o "fingimento dos poetas" no dizer dos tratadistas do tempo. Os deuses pagãos podem, já agora, conviver num poema com a perfeita ortodoxia cristã.

A tradição etimológica

A preocupação de explicar a origem dos nomes próprios é de todos os tempos. Já os gregos empregavam com freqüência os chamados "nomes significantes". Na *Ilíada* e na *Odisséia* são eles numerosos. Heitor é "sustentáculo, proteção", Tersites, "grosseiro", Toante, "impulsivo". Odisseus (= Ulisses) é aquele contra o qual "Zeus está irado" (ὠδύσσαω Ζεῦ) e diz Homero que foi o avô Autólico quem lhe deu este nome, ɔΟδυσσεύζ, "o que se indigna" por estar ele próprio cheio de ódio contra aqueles que na vida lhe ulceraram o coração. No *Agamemnon* 687, Ésquilo justifica pelo nome Helena o destino histórico da bela e infiel esposa de Menelau, que devia causar a perda de navios, de homens e de cidades (cελέναζ, cελανδροζ, cελέπτολιζ).

Mas é no *Crátilo*[27], de Platão, que o velho tema da correspondência genética entre a forma de um vocábulo e o seu sentido vai assumir importância singular pelo desenvolvimento do debate sobre as duas teses em presença: a de Crátilo, com base na *physei* (φύσει) que admite a existência de uma conexão natural entre a coisa nomeada e o significado (ɔονόματοζ ɔορθότηζ); e a de Hermógenes, fundada na *thései* (θέσει) que sustenta ser o significado dos nomes convencional, por acordo tácito entre os seus usuários (συνθη´χη χαὶ cομολογία). Chamado a dirimir a questão, Sócrates começa por aderir à tese de Crátilo, mas termina por fazer restrições a ambas.

---

[25] "Poesía simbólica y neosimbolista", in *Revista Cubana*, n. 15, p. 10-11, enero-junio 1941.

[26] Ibid., p. 11.

[27] Citamos pela edição de Louis Méridier, *Platon. Oeuvres complètes*, t. V, 2e partie: *Cratyle*. Paris: Belles Lettres, 1969.

Se de uma maneira geral a lingüística moderna, principalmente depois de Sausurre, aceita como um postulado a arbitrariedade do sinal, isto é, como fortuita, imotivada a relação entre o significante e o significado, havemos de convir em que não foi esta a doutrina que informou as especulações etimológicas da Antiguidade, nem da Idade Média, nem do Renascimento, quando ainda prevalecia soberano o pensamento dos estóicos esteado na *physei* e na anomalia.

Não se deve esquecer também de que o *Crátilo* foi redescoberto exatamente na época do Renascimento e recebido como um deslumbramento pelos que o leram, editaram, traduziram, comentaram, e o defenderam e ilustraram na prática.

Como muito bem diz o professor Pina Martins,

> (...) todas as pessoas cultas do século XVI conheciam sem a menor dúvida Platão, por um contato direto e indireto: Platão se encontrava então um pouco por toda parte, sentia-se a sua influência nos livros, admiravam-no nas artes, ouviam-no na música, aceitavam-no nos jogos e, se nem sempre o seguiam nos costumes, não será exagerado afirmar-se que o respiravam no ar.[28]

Também os autores latinos se comprazem com o ludismo etimológico.

Cícero emprega *notatio* como sinônimo de *etimologia*, e considera-a recurso fundamental do orador por precisar o sentido das palavras[29]. Para ele, a etimologia do nome próprio devia ser incluída entre os atributos da pessoa[30]. Quintiliano é, em princípio, do mesmo parecer, mas com a ressalva de ficar o uso restrito a casos especiais, como os títulos honoríficos *Sapiens*, *Magnus* e *Pius*, ou a inspirações sugeridas pelo nome, como sucedeu a Léntulus,

> (...) que teve a idéia de conspirar, porque os livros sibilinos e as respostas dos harúspices prometiam o poder a três Cornélios; sendo um Cornélio, ele se considerava o terceiro, depois de Sula e Cina.[31]

Entre os poetas romanos encontramos vários exemplos dessa curiosidade pela etimologia dos antropônimos e topônimos.

---

[28] José V. de Pina Martins, Camões et la pensée platonicienne de la Renaissance, in *Visages de Luís de Camões*. Paris: Centro Cultural Português, 1972, p. 60-61.

[29] *Topica*, 35; cita-se pela edição de Henri Bornecque: Cicéron, *Divisions de l'art oratoire. Topiques*, 2. ed. Paris: Belles Lettres, 1960.

[30] *De inventione*, I.34; cita-se pela edição de Henri Bornecque: Cicéron, *De l'invention (De inventione)*, Paris: Garnier, 1932.

[31] *Institutio oratoria*, V, 10, 30; cita-se pela edição de Jean Cousin: Quintilien, *Institution oratoire*, t. III, livres IV e V, Paris: Belles Lettres, 1976.

Virgílio serve-se da *notatio* "sempre de maneira sensata e digna"[32]. Nele havia, se não a formação, ao menos a intuição do filólogo, por vezes genial, como proclamaram latinistas do saber de R.S. Conway, A. Meillet e J. Marouzeau.

De Ovídio, porém, não se pode dizer o mesmo. Foi ele uma espécie de Ménage romano, e suas etimologias disparatadas serviram de modelo para tantas outras que correram durante a Idade Média.

A explicação etimológica dos nomes próprios ocorre com freqüência no Antigo Testamento. E os cristãos não deixariam de ter presente o célebre passo do Evangelho de são Mateus (16,18), em que Jesus diz a Simão Pedro:

> Eu te declaro: Tu és Pedro, e sobre esta pedra edificarei a minha Igreja, e as portas do inferno não prevalecerão contra ela.

Daí a importância da etimologia na obra de santo Agostinho — que foi um excelente lingüista no julgamento de Jakobson — e, em particular, na de santo Isidoro de Sevilha, que deu à sua enciclopédia do saber medieval o expressivo título de *Etymologiarum libri*, escolhendo o método que leva do *verbum* à *res*, ou seja, da *palavra* à *coisa*.

Em todas as épocas, onomástica e poética conviveram e se penetraram, mas nunca de forma tão íntima como no Renascimento. Basta citarmos Rabelais, que faz prognosticar o seu mágico pela "*onomatomancie*"; Nostradamus, que publica uma *Onomantia*, complemento de suas célebres *Prophéties*, os poetas da Plêiade e o nosso Camões.

A palavra escrita

Embora seja a língua, em sua gênese, modulação oral, a forma escrita costuma, nas sociedades cultas, usurpar-lhe o primeiro papel, fato salientado por lingüistas como Ferdinand de Saussure, Antoine Meillet e Louis Hjelmslev e que foi objeto de um livrinho delicioso, *Fetichismo de la letra*, do mais lúcido e sensível lingüista-filólogo da nossa América, o saudoso d. Angel Rosenblat.

O espírito passou a corporificar-se na letra. O *fatum*, o terrível destino, era outrora "o que estava dito". De há muito, porém, a fatalidade é para os homens "o que está escrito". Maktub! "Estava escrito!" , dizem os árabes. A própria crença, conservada durante milênios por tradição oral, vai assumir a forma de livro — a *Bíblia*, suma dos livros sagrados.

---

[32] Ernst Robert Curtius, *Literatura europea y Edad Media latina*, trad. de Margit Frenk Alatorre y Antonio Alatorre, t. 2, México-Buenos Aires: Fondo de Cultura Económica, 1955, p. 693.

No *Fedro* (274b-275d) de Platão, Sócrates reproduz um diálogo entre o faraó egípcio Thamus e o deus Theut, ou Thot, que foi procurá-lo para mostrar-lhe as suas descobertas, que pretendia chegassem ao conhecimento de todos os egípcios: a ciência do número com o cálculo, a geometria, a astronomia, os dados e, finalmente, os caracteres da escrita.

Thamus questiona a utilidade de cada uma. E, quanto à afirmativa de Theut de que com a invenção da escrita "a memória e a instrução tinham encontrado o seu remédio", pondera o faraó:

> Este conhecimento fará que as almas dos que adquiriram se tornem esquecidas, porque eles deixarão de exercitar a sua memória. Confiando no escrito, é de fora, graças a influências estranhas, e não de dentro, pelo esforço próprio, que se relembrarão das coisas. Não é, pois, para a memória, mas para a rememoração, que descobriste um remédio.

Em verdade, com a descoberta atribuída ao deus egípcio, houve uma profunda mudança nas condições culturais humanas; com ela tomou corpo a consciência da continuidade, fundamento da história, criou-se "uma nova dimensão espacial e temporal do conhecer e do agir".

Entre os romanos, a escrita estava ainda estreitamente ligada à forma fônica, de que era a aproximada representação. O latim *legere*, vimos, significava "recolher pelos ouvidos", "ler em voz alta", como testemunham, entre outros, Cícero e Plínio. Para indicar o ato de ler em silêncio, o verbo fazia-se acompanhar de advérbio ou de qualquer outra especificação. Lembremos o *tacitus leget* de Horácio, o *taciti legĕrent* de Suetônio e de Cassiano, o *legere sibi* de são Bento, o *legere sine murmŭre* de Ovídio, o *tacĭte legere* e o *legere in silentio* de santo Agostinho.

Na alta Idade Média, a leitura tácita continuava a ser considerada algo de extraordinário, de maravilhoso. Recordemos, a propósito, a admiração de santo Agostinho ao ver santo Ambrósio lendo em silêncio:

> Quando lia, os seus olhos corriam sobre as páginas das quais o seu espírito percebia o sentido; mas a sua voz e a sua língua repousavam.

Embora aparentadas, a comunicação escrita deve distinguir-se claramente da comunicação oral, pois que se trata de "dois sistemas coexistentes, cujos direitos são iguais", no dizer de Hjelmslev.

Se a história nos ensina que apenas um número restrito de idiomas chegou a conhecer juntamente com o oral o código escrito — e que, ainda hoje, entre os usuários das línguas que dispõem de sistema gráfico nem sempre a maioria está nele iniciada —, também a história nos diz ter havido várias línguas usadas, durante séculos, somente na modalidade escrita. É o caso do elâmico, do acádico e do aramaico no Império Persa; do latim medieval e moderno no Ocidente; e do italiano "*dal Quattrocento al Novecento per tutti gli utenti non viventi in Toscana e a Roma*".

O primado da oralidade não é, pois, absoluto.

Acresce salientar que há sistemas gráficos, como os sistemas pictográficos e ideográficos, que

> não fixam uma forma falada, mas, à semelhança da forma fônica, estão diretamente relacionados com o significado dos signos; e mesmo onde se encontra em uso uma grafia alfabética, criada para fixar as seqüências fonemáticas, não é raro o caso de passarem os usuários da grafia ao sentido sem a intermediária produção de realizações fônicas ou endefônicas.

A propósito, recolhamos estas observações de André Martinet:

> Todas as vezes que o sistema gráfico alfabético conseguiu ampliar o seu emprego, tendeu a emancipar-se da tutela fônica. Não se deve esquecer que interpretar cada letra de um texto como um fonema não é ler, mas decifrar. A verdadeira leitura não consiste em reconhecer os fonemas, e sim as palavras, isto é, os signos gráficos correspondentes a noções ou a grupos de noções. A criança que silaba suas letras passa da grafia ao sentido por intermédio do som, mas quem sabe ler passa imediatamente da palavra escrita à noção.

E assim conclui o lingüista francês:

> Isso contribui poderosamente para o conservantismo das grafias. Se a forma dos signos fônicos chega a mudar, o que se produz em geral sem que os locutores disso tomem consciência, há muitas probabilidades de que os signos gráficos não se adaptem às novas fonias. Estabelece-se, então, uma *ortografia*, o que vale dizer uma convenção gráfica independente, em princípio, da forma falada, ainda que os usuários continuem a identificar certas letras e certos fonemas.[33]

Outro fato que deve ser lembrado é que o sistema escrito apresenta elementos de redundância superior ao sistema falado, como se depreende da aplicação à lingüística dos métodos da teoria da informação.

Tal redundância verifica-se em vários níveis: a) no maior número de unidades gráficas mínimas se comparadas às unidades fônicas mínimas; b) na maior variedade do léxico da língua escrita; c) na predominância do uso formal na realização escrita da língua e do informal no enunciado oral, redução dos campos semânticos, simplificação da sintaxe, etc.

---

[33] *Le Français sans fard*. Paris: PUF, 1974, p. 66-67.

É nos textos especializados que se encontram a redundância e o condicionamento contextual mais altos e, em decorrência, a entropia mais fraca. A importância da redundância é aqui a conseqüência do condicionamento semântico elevado das unidades do texto.

A redundância menor do estilo literário é o resultado da maior liberdade de escolha que ele oferece, por comparação ao estilo especializado, na utilização dos elementos da língua. Se a sintaxe literária obedece a regras severas, os vínculos semânticos, ao contrário, são consideravelmente mais fracos. Os clichês tornam-se mais raros, em proveito das inesperadas associações de palavras (metáforas, metonímias, sinédoques e outras figuras de estilo); o vocabulário é mais rico do que nos tipos de linguagem especializada.

Ainda que analisemos a oposição *escrito/falado* somente sob o ângulo grafemático/fonemático, a diversidade dos sistemas ressalta ao primeiro exame. A representação gráfica de um fonema é sempre desenganadamente aproximativa. E isso não só nos sistemas ortográficos mais complexos, como o inglês e o francês, e também nos simplificados, como o nosso, o espanhol e o italiano.

Vemos, pois, que o sistema alfabético não é propriamente um sistema de transcrição fônica. São dois sistemas, que, embora apresentem correspondências e paralelismos no que se refere à estrutura das relações entre as partes, se organizam de modo diverso quanto às diferentes substâncias sígnicas. "O único elemento comum de comparação é o fato de que ambos, o sistema falado e o sistema escrito, são sistemas convencionais de signos."

Não há, por conseguinte, como bem acentua John C. McLaughlin, a possibilidade de uma teoria geral das relações entre o sistema escrito e o sistema falado.

Essa a razão por que nenhum problema grave de natureza ortoépica gerou a eliminação do circunflexo como acento distintivo de timbre dos paroxítonos. Se nos proparoxítonos, como *límpido* e *pêssego*, ou nos pseudoproparoxítonos, como *Fábio* e *Antônio*, eliminarmos os acentos agudo ou circunflexo, também nenhuma dificuldade irá surgir para os usuários do português.

Aliás, dizer que o acento circunflexo serve para indicar que a vogal é fechada e o agudo para marcar que ela é aberta só em parte corresponde à verdade. A acentuação do *i* e do *u* — as vogais mais fechadas da língua — é indicada sempre com o acento agudo. É também este acento que se sobrepõe ao ditongo [ẽy], existente em *ninguém*, *alguém*, etc., ditongo em que a vogal é nasal, portanto fechada em português.

Voltemos, porém, à linha tronco de nossas considerações.

O valor do silêncio

Ao lado da devoção da palavra, conheceu a Antiguidade o culto do silêncio, que também teve os seus deuses: Hórus, no Egito; Harpócrates, na Grécia.

Seria de desejar que voltassem a exercer os seus poderes, tal a profanação da palavra em nossos dias, com tanta gente estudando pouco e falando e escrevendo cada vez mais, esquecida de que um minuto de silêncio costuma ser mais eloqüente que um longo necrológio.

E agora para terminar.

Com a palavra criaram-se e destruíram-se mundos, selaram-se destinos, elaboraram-se ideologias, proferiram-se maldições e blasfêmias, expressaram-se ódios, mas também com ela — e só com ela —, em tantos e tão desvairados povos, falou-se de amor, consolaram-se aflições e elevaram-se preces ao seu Deus. Ela tem sido, através do tempo, a mensageira do bem e do mal, da alegria e da dor.

E tudo isso se deve à sua capacidade energética. A essência da linguagem — já o dizia Humboldt — não é simplesmente *érgon*, produto, mas, sobretudo, *enérgeia*, isto é, realidade espiritual com capacidade operativa.

O ato de falar ou de escrever era no passado — como é hoje e será sempre — um ato criador e, para os lingüistas idealistas, igualmente uma atividade artística. São de Vossler estas considerações:

> Um pensamento qualquer, lógico, prático ou artístico, enquanto fenômeno espiritual, é sempre arte, porque nenhum pensamento pode ocorrer sem formar-se, concretizar-se. E esta formação e concretização do pensamento é linguagem, gesto, signo, imagem: [em uma palavra] — arte.

E o filólogo alemão, tão festejado e tão criticado no seu tempo e hoje tão esquecido, não tinha dúvida em fazer derivar da pureza da mesma fonte a linfa que em gotículas sai da boca de um charlatão e, em caudais incontroláveis, da pena de um Shakespeare e de um Goethe.

"A palavra é um gesto e a sua significação um mundo", disse Merleau-Ponty. Como a "Estrela da manhã", de Manuel Bandeira, ela poderá apresentar-se aos nossos olhos

> Pura ou degradada até a última baixeza.

Estaremos sempre a esperar prodígios da sua magia e dos seus sortilégios, porque temos a certeza de que nenhuma época se engana esteticamente e acreditamos, com Klebnikov, que a pátria da criação é o porvir e que o vento dos deuses do verbo sopra de lá.

FILOLOGIA E LINGÜÍSTICA

1
Em torno dos conceitos de gíria e calão*

> *L'étude des systèmes linguistiques sera donc de première importance pour la connaissance du développement des lois de la pensée humaine. Il n'est pas ici question seulement des catégories fondamentales de la pensée, mais de toutes les façons de nommer et de concevoir les êtres, les objets et les phénomènes qui l'entourent, que l'homme a imaginées.*
>
> Alf Sommerfelt

Embora, há muito, os conhecimentos antropológicos tenham provado a inexistência de dois seres perfeitamente iguais — e nesse fato se baseiem modernamente todas as ciências que têm por finalidade o estudo do homem —, é certo também que algumas pessoas, ainda que não se digam iguais, apresentam caracteres tão semelhantes que bem podem ser agrupadas numa mesma categoria.

Isso reconhece a própria biotipologia quando reúne sob os nomes de leptossômicos ou longilíneos indivíduos entre si diferentes, mas que possuem em comum índices semelhantes, que os tornam muito diversos, por exemplo, dos chamados pícnicos ou brevilíneos.

Se tal fenômeno aflora tão claramente quando se observam os caracteres somáticos, subirá de monta no que concerne ao conjunto imponderável e sutil dos fatos psíquicos e intelectuais, muito mais importantes do que aqueles, para o nosso caso.

E é por essa razão que, ao estudarmos uma sociedade, não obstante o heterogêneo da massa componente, verificamos a existência de grupos mais ou menos homogêneos, nos quais a comunidade de ocupações, de gostos, de cultura, de crenças, de pensar, enfim, se manifesta de maneira semelhante.

Essa identidade de sentir e de pensar, da qual decorre uma identidade de julgamento, é, sem dúvida, a principal característica de um grupo homogêneo. É óbvio que a semelhança do sensitivo e intelectual pode estar em correlação com a semelhança do físico, mas essa dependência pouco nos interessa no momento.

---

* Publicado na *Miscelânea de estudos em honra de Antenor Nascentes*. Rio de Janeiro, s. ed., 1941. Esta versão sai com as alterações constantes da errata e as introduzidas por Celso Cunha no seu próprio exemplar.

Desses fatos aparentemente singelos podem ser tiradas deduções do mais alto valor para a lingüística. E já que esta pelo estudo comparativo dos sistemas lingüísticos tem por fim precípuo levar-nos a um mais completo conhecimento do homem, fazendo parte, assim, da antropologia *lato sensu*, e sendo a língua do ponto de vista sociológico um fato social, como a religião, a moral e as regras do direito, é evidente que o modo de sentir, de pensar e de julgar individual e coletivo deve ser levado na mais alta conta, quando estudamos um idioma.

Aliás, jamais se contestou que a língua fosse um fato social, apenas não se tirava dedução de importância de tal fenômeno por uma razão inocente: não se sabia o que era um fato social.

A Antoine Meillet e Ferdinand de Saussure deve a lingüística ter encontrado o objetivo de seu estudo e causa única de existir como ciência. O primeiro num célebre artigo, intitulado "*Comment les mots changent de sens*", onde mostrou que a língua corresponde inteiramente à definição do fato social dada por Durkheim, dizia:

> (...) *si le milieu dans lequel évolue le langage est un milieu social, si l'objet du langage est de permettre les relations sociales, si le langage n'est maintenu et conservé que par ces relations, si enfin les limites des langues tendent à coïncider avec celles des groupes sociaux, il est évident que les causes dont dépendent les faits linguistiques doivent être de nature sociale, et que seule, la considération des faits sociaux permettra de substituer en linguistique à l'examen des faits bruts la détermination des procès, c'est-à-dire à l'examen des choses, l'examen des actions, à la pure constatation de rapports entre phénomènes complexes, l'analyse de faits relativement simples considérés chacun dans leur développement particulier.*[1]

Tais palavras ditas em 1906 deram já um novo âmbito à ciência da linguagem, precisado logo depois, quando de Saussure, partindo da separação clara feita por Durkheim entre o indivíduo e a sociedade, distinguia também a *langue* da *parole*[2], "língua" e "discurso"; aquela, fato social, criação da sociedade, não imutável, mas intangível por estar a salvo da ingerência do indivíduo e antes agindo de uma maneira coercitiva sobre ele; esta, a linguagem individual, o estilo, a utilização da língua pelo indivíduo.

Ora, sendo a língua um fato social, conclui-se que ela deve ser estudada da mesma maneira que este; isso equivale a dizer, como assevera Sommerfelt[3], que nos devemos servir dos métodos gerais da sociologia, combinados com os méto-

---

1 *Linguistique historique et linguistique générale*, 2. ed. Paris, 1926, p. 232.

2 V. *Cours de linguistique générale*, 2. ed. Paris, 1922, principalmente os capítulos III-V.

3 *La Langue et la société*, Oslo, 1938, p. 6.

dos particulares da lingüística, procurando no grupo ou na sociedade as causas das modificações lingüísticas.

Se, "afora certos fenômenos de estilo e outros fenômenos semelhantes, secundários do ponto de vista sociológico, o indivíduo desenvolve apenas um papel modesto na história da língua" e esta é a expressão de uma alma ou consciência coletiva, constituída por um "sistema de ações", como queria Malinowski, ou, mais precisamente, é "*le moyen par lequel la société non seulement agit sur le monde qui l'entoure, mais en outre conçoit ce monde*"[4], compreendemos, então, a importância das diferenças individuais de sentimento, pensamento e julgamento do que decorre uma diferença de falar. E, assim, em sentido restrito, cada indivíduo tem a sua linguagem, uma vez que não há duas pessoas que sintam, pensem e julguem igualmente. Mas essas diferenças são apenas modos particulares na utilização de um sistema, que é a língua, e é por esta que devemos estudar aqueles, partindo do todo para as partes. É evidente que as partes jamais podem explicar o todo: este lhes é sempre mais do que a soma.

Sentindo diferentemente, pensando de modo diverso, os anormais falam também diversamente, mas é fora do campo patológico que vemos exemplos mais curiosos dessa variedade de falar e mais interessantes para o nosso ponto de vista.

Passemos de relance pela literatura e observemos três movimentos literários: o romantismo, o parnasianismo e o simbolismo.

Quem pela linguagem terá dúvidas se um trecho dado é romântico, parnasiano ou simbolista?

O predomínio do sentimento e da imaginação, o culto do Eu e a volta à Natureza, todo esse modo de pensar subjetivo e revolucionário dos românticos — fruto do movimento filosófico do século XVIII —, que se contrapunha ao tradicional ideal clássico, aparece claramente em seus escritos: enriquecimento e renovação do vocabulário, uma adjetivação mais vigorosa e colorida, e novos torneios estilísticos. E Baldensperger reconhece que "*ce sera, non sans tâtonnements, l'affaire du romantisme que de briser un moule suranné et d'ouvrir le lyrisme et le drame à un vocabulaire nombreux et coloré*"[5].

Radicalmente contrária a esse "*laisser-aller*" da frase romântica, a forma dos parnasianos, sintetizada pelo nosso Bilac em "Profissão de fé":

Torce, aprimora, alteia, lima
A frase; e, enfim,
No verso de ouro engasta a rima,
Como um rubim,

4 Ibid., p. 3.

5 *La Littérature*, Paris, 1934, p. 57.

é plástica e escultural pela métrica precisa e servilismo à gramática, e nada mais representa do que certa maneira de sentir, pensar e julgar a arte.

Seduz-me um leve relicário
De fino artista

disse ainda o mesmo poeta.

Tal atitude literária dos parnasianos: o ideal utópico da arte pela arte, a discrição e impassibilidade diante da dor humana, "uma concepção mais realista da relação entre os dois sexos" (M. Bandeira), essencialmente diversa da dos românticos:

— Viveis desse ideal nevrálgico de Onã:
Nós, desse amor febril e lúbrico de Pã.
Sonhais a Virgem Santa, e nós Marion Delorme![6] —,

toda essa sensibilidade exclusiva à beleza era apenas a expressão de uma das muitas transformações sociais que se operaram no século passado. E não se deve esquecer a profunda verdade que encerram estas palavras de Baudelaire, aplicáveis ao nosso ponto de vista: "O dandismo não é mesmo, como muita gente pouco perspicaz parece crer, gosto imoderado da *toilette* e elegância material. Tais coisas para o perfeito dândi nada mais são que um símbolo da superioridade aristocrática do seu espírito."[7]

É, entretanto, nos decadentes ou simbolistas que vamos encontrar mais intimamente ligados a linguagem e o estado de espírito do grupo, dando origem a uma verdadeira língua especial, a que alguns, em França, chegaram a denominar "*l'argot des décadents*".

"Revolucionou-se a língua e o verso, rompendo-se com a disciplina gramatical e com os preceitos da métrica", diz Clovis Monteiro. "Deixaram as palavras de traduzir idéias precisas e claras, para serem apenas, na música do verso, símbolos evocadores de indefinidas expressões, de sentimentos vagos e, por vezes, incompreensíveis."[8]

Num trabalho do mais alto valor lingüístico (*A margem do estilo de Cruz e Souza*), Antônio de Pádua estudou a linguagem deste simbolista através de vários prismas e num capítulo, particularmente interessante, notou a abundância de neologismos no léxico do poeta catarinense. Em vez de *purpureo* temos *purpural*; *rutiloso*, *espumaroso*, *falenoso*, *clarinante*, *magoante*, *leviatânico*, *clownesco*, *rei-leariano*, *mediterra-*

---

6 Erkmann-Chatrian (pseud.), apud M. Bandeira, *Antologia dos poetas brasileiros da fase parnasiana*, Rio de Janeiro, 1938, p. 10.

7 Apud J. Gaspar Simões, *Antonio Nobre*, Lisboa, 1939, p. 23.

8 *Nova antologia*, Rio de Janeiro, p. 341.

neamente, *flami-fortes*, *fluido-vagante* substituem outros derivados, compostos ou perífrases.

Por que isso? Por que os decadentes franceses substituíram *vibration* e *atténuation* por *vibrance* e *atténuance* e fizeram aquele largo uso de latinismos e arcaísmos?

Simples questão de moda, de exibição e de afetação, pergunta Niceforo? Não. Tendo um modo especial de ver e de sentir, procurando tirar o máximo da significação de uma palavra cuja musicalidade era uma evocação de novos sentimentos que o vocábulo por si só não possuía, tornavam-se assim dificilmente compreensíveis, justamente pelo motivo de relacionarem este estado de espírito especialíssimo com a linguagem. Lembremos o caso de Mallarmé, que Vendryès justifica ao dizer que o poeta "*est difficilement compréhensible, précisément parce qu'il emploie les mots avec toute leur abondante richesse*"[9] .

É certo que muitos adeptos de uma escola literária — e até pode dar-se o caso em todos os componentes de um movimento artístico —, não sentem, nem pensam realmente de acordo com suas produções, apenas simulam tais sentimentos e pensamentos, fato particularmente observável no chamado modernismo, o que, à primeira vista, parece invalidar a tese que defendemos.

Tal não sucede, porém.

Cabe à psiquiatria entrar com o seu depoimento:

"*Les psychiatres enseignent*", diz Niceforo,

> *que les simulateurs d'une folie sont réellement des anormaux. En transportant l'observation du champ de la pathologie, qui nous fait voir les phénomènes normaux comme à travers une loupe, au champ normal de la physiologie, nous pourrons croire que toute affectation, ou tout enthousiasme pour les modes excentriques de penser et d'agir, ne peuvent prendre racine que dans les esprits prédisposés et présentant déjà ces étrangetés de penchants qui ne demandant qu'à être éveillés.*[10]

E continua o antigo professor da Universidade de Lausanne:

> *Le langage spécial des précieuses était celui d'une coterie, d'un groupement de raffinés, d'élégants et de sélectionnés qui ne voulaient pas penser et parler comme la foule, et qui, effectivement, ne pensaient pas comme elle. Ayant une conception exagérée de leur personne, ils ne trouvaient pas de salut en dehors de leur manière de voir et de sentir; d'où la formation d'un langage exagéré dans ses affectations et dans ses tournures.*[11]

---

[9] In *Linguistique historique et linguistique générale*, de A. Meillet, t. II, nova tir., Paris, 1938, p. 23.

[10] A. Niceforo, *Le Génie de l'Argot*, Paris, 1912, p. 23.

[11] Id., ibid., p. 23.

Isso, ainda que magoe certas suscetibilidades, se verifica em todos os movimentos artísticos.

E essas são as razões por que os movimentos literários se fazem acompanhar sempre de uma revolução lingüística e não erraremos ao afirmar que cada escola literária tem sua língua especial.

Ainda nesta ordem de idéias, poderíamos lembrar a influência da cultura e a ação das crenças religiosas como fontes de línguas especiais, embora reconheçamos que qualquer delas condiciona uma diferença originária de ver, sentir, pensar e julgar. Deixaremos, entretanto, de lado essas causas, porque a diversidade de cultura nos levaria a discutir até o próprio problema da educação, afora o das reações individuais diante de um texto lido; e sobre a influência das crenças religiosas teríamos de estudar, além do aranzel das gírias mágicas, as sociedades onde os homens e as mulheres, os jovens e os velhos são separados por sólidas barreiras — o que, pelas interdições de vocabulário, acarreta uma diferença de falar —, não contando o emprego de uma língua estrangeira como língua especial, fato que se dá com o copta no Egito e o latim como língua litúrgica, e ao discutirmos a melindrosa questão de falar e escrever latim — que forçosamente viria à baila —, isso traria contra nós todo o ódio dos quixotes, que, sob as luzes do século XX e inconscientes do ridículo, se vangloriam de falar e escrever em prosa ciceroniana e até de poetar *à la* Horácio...

É contudo necessário evocarmos um novo fator, da maior importância, ao estudarmos a fala de um grupo, originário muitas vezes dos já citados: o trabalho, a ocupação desse grupo. Por várias razões os membros de uma sociedade não possuem um só modo de vida e um gênero de trabalho idêntico, e os indivíduos que exercem certo mister têm "*la nécessité d'exprimer à l'aide des mots spéciaux, les subtiles spécialités du travail*"[12] .

Para não forjarmos uma exemplificação desnecessária, citemos as tão conhecidas palavras de Bréal:

> *À mesure qu'une civilisation gagne en variété et en richesse, les occupations, les actes, les intérêts dont se compose la vie de la société se partagent entre différents groupes d'hommes: ni l'état d'esprit, ni la direction de l'activité ne sont les mêmes chez le prêtre, le soldat, l'homme politique, l'artiste, le marchand, l'agriculteur. Bien qu'ils aient herité de la même langue, les mots se colorent chez eux d'une nuance distincte, laquelle s'y fixe et finit par y adhérer. L'habitude, le millieu, toute l'atmosphère ambiante déterminent le sens du mot et corrigent ce qu'il avait de trop général. (...) Au mot d'opération, s'il est prononcé par un chirurgien, nous voyons un patient, une plaie, des instruments pour couper et tailler; supposez un militaire qui parle, nous pensons à des armées en campagne; que ce soit un financier,*

---

[12] Id., ibid., p. 25.

nous comprenons qu'il s'agit de capitaux en mouvement; un maitre de calcul, il est question d'additions et de soustractions. Chaque science, chaque art, chaque métier, en composant sa terminologie, marque de son empreinte les mots de la langue commune.[13]

Muito antes de Bréal, porém, ao dissertar "Sobre a comédia", dizia Voltaire, com grande acuidade, mas com a irreverência costumeira, em sua *Carta filosófica XIX*:

La consommation du mariage, et ce qui sert à ce grand oeuvre, sera différemment exprimé par le curé, par le mari, par le médecin, par le jeune homme amoureux. Le mot dont celui-ci se servira réveillera l'image du plaisir; les termes du médecin ne présenteront que des figures anatomiques; le mari fera entendre avec décence ce que le jeune homme indiscret aura dit avec audace; et le curé tâchera de donner l'idée d'un sacrement.

Se em todas as línguas especiais encontramos sempre causas psicológicas e causas sociais, se o estado de espírito do grupo que fala uma língua especial é mais ou menos idêntico, compreendemos melhor a afirmação de Niceforo:

Le langage spécial nait grâce à la différenciation psychologique existant entre les différents groupes sociaux et grâce à la spécialisation de chaque groupe dans un travail.[14]

Ocorre a pergunta: — serão as gírias e o calão línguas especiais? Sem dúvida. Mas isso não é dizer tudo. Certamente quando o punguista denomina *sotala* ou *sutana* ao bolso interno do paletó, *sofala* ao do vestido, *cavaletes* ao das calças, *lança* à disposição dos dedos indicador e polegar no momento de subtrair um objeto; ou o ladrão de galinhas, o *penoso* ou *penoseiro*, chama *penosa* à galinha, *sargento* ao galo, *subdelegado* ao peru, *e continência* ao pavão, estão ambos fazendo uso de um processo semelhante ao do médico quando este denomina a uma modalidade de loucura *esquizofrenia*, e *afasia* a uma da mudez; ao "*chauffeur*" que chama *paraguaio* ao motorista estranho ao ponto; ou, ainda, ao porteiro das casas de diversões que antigamente apelidava de *boa-noite* aquele que entrava sem pagar, o conhecido *penetra* dos nossos dias.

À primeira vista parece que os fenômenos se passaram da mesma forma. São todas denominações dadas a situações novas ou a fatos peculiares a seus trabalhos ou ocupações. Se, por um lado, isso é verdade, há, por outro, uma diferença flagrante: — o *punguista* e o *penoseiro*, quando as proferem, têm o intuito de não serem compreendidos, ao passo que nem o "*chauffeur*", nem o porteiro as emitem

---

[13] *Essai de Sémantique*, 6. ed., Paris, 1924, p. 285-286.

[14] Op. cit., p. 93.

com essa intenção; e a dar-se o caso dos ouvintes não lhes conhecerem o significado, é porque eles pertencem a outro grupo social, não estando iniciados nas ocupações e trabalhos dos médicos, "*chauffeurs*" e porteiros.

Esse caráter um tanto secreto é originado por outro fator até aqui não lembrado: a consciência do grupo.

Em todos os grupos humanos organizados, desde o momento em que adquirem a consciência de sua unidade, os que não pertencem ao círculo, os não iniciados, passam a ser vistos como profanos. E é justamente daí que decorre o antagonismo entre a ação uniformizadora da sociedade geral, procurando estagnar a língua, pela resistência da inércia coletiva a toda inovação lingüística, e a ação dos grupos particulares tendendo a diferençá-la[15], principalmente quando se trata de um grupo mais ou menos fechado e autônomo, porque "*la variation du vocabulaire ne se limite pas à ce qu'exige la nature même du groupe: elle est grossie intentionellement par suite de la tendance qu'a chaque groupe à marquer exterieurement son indépendance et son originalité.*"[16]

E essa função de protetora passiva dos grupos que as falam, desempenhada pelas línguas especiais, em virtude da relação estreita existente entre elas e os graus de diferenciação psicológica e especialização em determinado trabalho de cada grupo social, é assim sintetizada por Niceforo:

> *Plus le groupe se différencie, par la mentalité de ses composants, du milieu qui l'environne, plus il sentira différemment et d'autant plus son langage se particularisera et, par conséquent, plus ce langage deviendra un véritable tissu de protection. En outre, plus le travail auquel le groupe s'adonne, ou plus le milieu intérieur que le groupe a crée seront spécialisés, plus le langage deviendra une langue spéciale*[17].

É ainda ele quem afirma:

> *Plus le groupe parlant un langage spécial se considère comme ayant des droits et des privilèges, plus son langage spécial devient un "signum" et une marque exterieure*[18].

---

15 Vd. F. de Saussure, *Cours*, p. 104-113. A crítica que se fez a este capítulo — *Immutabilité et mutabilité du signe* — do livro de Saussure, em que o sábio suíço era acusado de ser um ilógico e paradoxal ao atribuir à língua duas qualidades contraditórias, absolutamente não colhe. Seus editores, em nota à segunda edição, assim justificaram o pensamento do mestre: "*Par l'opposition de deux termes frappants, il a voulu seulement marquer fortement cette verité, que la langue se transforme sans que les sujets puissent la transformer. On peut dire aussi qu'elle est intangible mais non inaltérable.*" (Cf. op. cit., p. 108, nota 1.) Vd. a conclusão idêntica a que chegou Antoine Meillet, que explica esta aparente antinomia pelo caráter da língua geral e pelo importantíssimo papel desenvolvido pelas línguas especiais (Cf. *Linguistique historique et linguistique générale*, I, p. 246-247).

16 A. Meillet, op. cit., p. 246.

17 A. Niceforo, op. cit., p. 93-94.

18 Id., ibid., p. 94.

Embora não haja ainda aqui uma verdadeira gíria, cuja característica principal é a premeditação, como veremos adiante, essas línguas especiais podem tornar-se gírias desde o momento em que deixem de ser uma proteção involuntária do grupo, mas no instante em que este, tomando consciência do caráter enigmático de sua linguagem, passe a usá-la voluntariamente, em ocasião oportuna, como arma não só de defesa mas também de ataque aos profanos. Assim, todos os membros de sociedades secretas[19] ou semi-secretas — como as cantoras de Haifong e de Hanói[20], deformando foneticamente as palavras, ou aqueles que empregam o sistema de anagramas do *largonjii* ou *loucherbème* francês[21] —, falam uma gíria, como o fazem também as crianças quando conversam no que chamam *língua do pê*[22]. Mas, desse ponto de vista, é errôneo falar-se em gíria dos "*chauffeurs*", dos esportes, da caserna, etc.

Os malfeitores, no entanto, formando associações e grupos que vivem à margem dos outros, hostilizados e perseguidos por estes, tendem a enquistar-se progressivamente dentro de seus círculos, e a língua passa a ser não mais instrumento de defesa inconsciente e passivo do grupo, mas uma arma de ataque, simuladora e enganosa, destinada a deturpar a visão, quando escrita, e a audição, quando falada, dos profanos que desejam ver e ouvir.

É Meillet quem afirma — referindo-se à linguagem dos criminosos franceses: "*Il n'a pas cessé de se transformer afin de demeurer inintelligible aux non-initiés.*"[23]

Sua língua especial é, pois, uma gíria.

É assim a gíria, como o *argot* francês, a *jerga* ou *jeringonza* espanhola, o *gergo* italiano, o *slang* inglês, aplicando-lhe a lapidar definição que deu Niceforo para aquele seu equivalente francês: "uma linguagem especial que permanece intencionalmente secreta, ou que forja, todas as vezes que a necessidade o reclame, pala-

---

19 Aliás isso é evidente, e dizer-se que a linguagem dos membros de uma sociedade secreta é velada, como o são todos os seus atos, é quase incorrer em tautologismo. "Como todas as sociedades secretas", atesta L. Heron Lepper, referindo-se à célebre organização criminal italiana, "a Máfia tinha sua gíria e seus sinais de reconhecimento" (*Les Sociétés secrètes de l'antiquité a nos jours*, trad. franc. de A.L. Vochele, Paris, 1936, p. 220).

20 A. Niceforo, op. cit., p. 144-147 e *passim*.

21 V. A. Bruant e L. de Bercy, *L'Argot au XXe siècle*, *Dict. français-argot*, Paris, 1901; Loredan Larchey, *Nouveau supplément du dictionnaire d'argot*, Paris, 1889, p. 261-279; M. Schwob e G. Guieysse, *Étude sur l'argot français*, in Mém. de la Soc. de Ling. de Paris, tomo VII, Paris, 1889, p. 33-56; L. Sainéan, *Le Langage parisien au XIXe siècle*, Paris, 1920, p. 203-208; Rossignol, *Dictionnaire d'argot*, Paris, 1901, p. VII-XI.

22 V.L. Gomes, *Nihil novi...*, Juiz de Fora, 1927, p. 14-15; J. Ribeiro, *Frazes Feitas*, I, Rio de Janeiro, 1908, p. 174; A. Coelho, *Os ciganos de Portugal*, Lisboa, 1892, p. 56.

23 A. Meillet, *Les Langues dans l'Europe nouvelle*, 2. ed., Paris, 1928, p. 127.

vras e frases intencionalmente mantidas na sombra, porque seu fim consiste essencialmente na defesa do grupo que a fala".[24]

E calão que será?

> *Calão*, *gira*, *gíria* ou *geringonça* [escreve Adolfo Coelho] são os termos com que em português se designa o vocabulário dos criminosos de profissão, fadistas, contrabandistas, garotos e outra gente de hábitos duvidosos, que por aquele meio buscam não ser entendidos da sociedade geral. Por extensão, dão-se ainda aqueles mesmos nomes à terminologia especial de uma classe, de uma profissão lícita, e sobretudo ao conjunto de termos particulares, muitas vezes de caráter cômico, que usam certos grupos sociais, como os estudantes, os atores, os pintores, os pedreiros, os tipógrafos, os soldados.[25]

No seu *Curso de filologia portuguesa*[26], Rodrigo de Sá Nogueira, depois de transcrever a definição da palavra, dada por Cândido de Figueiredo[27] — "linguagem baixa, peculiar a fadistas, larápios, ciganos, etc. Boêmio, gíria" —, e a etimologia que Adolfo Coelho ensina — "Cig. de esp. *caló*, que é um dos nomes com que os ciganos se designam a si próprios e com que os espanhóis designam a língua dessa raça; por extensão entre nós a gíria, germânia"[28] —, diz o seguinte:

> A acepção corrente que hoje tem o vocábulo *calão* é a que lhe atribui o Dr. Cândido de Figueiredo na primeira parte da sua definição, isto é, "linguagem baixa". É, portanto, por extensão, como diz o Dr. Adolfo Coelho, sinônimo de Gíria.[29]

E adiante, ao definir a palavra *gíria*, afirma de modo categórico: "Este vocábulo significa precisamente o mesmo que calão".[30]

Antes de apreciarmos essas definições e de precisarmos o que se deve entender por calão, façamos uma análise retrospectiva.

Já mostramos anteriormente qual o verdadeiro significado da palavra *gíria* e as características de uma língua especial. Vimos então as razões por que toda

---

[24] *Le Génie de l'argot*, p. 98.

[25] *Os ciganos de Portugal*, Lisboa, 1892, p. 55.

[26] Lisboa, 1932, p. 6.

[27] *Novo dicionário da língua portuguesa*, 3. ed. s. v. *calão*.

[28] *Dic. man. etym. da ling. port.*, 4. ed., s.v. calão. A. Nascentes, no *Dicionário Etimológico* (s.v. *calão*), remete ao *Dicionário* de A. Coelho, cuja definição e etimologia reproduz. Convém a respeito da discutida origem da palavra *gíria* ler o que diz A. Nascentes no *Dicionário etimológico* sob o verbete *jerigonza – jeringonza*.

[29] R. de Sá Nogueira, op. cit., p. 6.

[30] Id., ibid., p. 7.

gíria é uma língua especial, embora nem toda língua especial seja obrigatoriamente gíria.

Convém lembrar, entretanto, que, ao lado dessa acepção real e única admissível na terminologia científica, o vocábulo *gíria* é muitas vezes empregado ora num sentido muito largo, ora estreito demais. Ainda que lingüisticamente nenhum desses conceitos esteja certo, são freqüentes afirmativas como esta de Dauzat:

> *Au sens étroit du mot, l'argot pour le linguiste, est le langage des malfaiteurs. Par extension, il désigne aussi un certain nombre de langages spéciaux qui offrent des traits communs avec le précédent.*[31]

Não obstante estar muito enraigada essa acepção dada pelo mestre francês — que, diga-se de passagem, não a segue, pois, em seus numerosos escritos sobre o assunto, considera geralmente como *argots* linguagens especiais, que, afora certas características inatas a todas elas, nada mais possuem de comum com eles —, a gíria para o próprio lingüista tem um significado mais largo. É certo que a linguagem especial dos malfeitores constitui o tipo mais generalizado e mais curioso de gíria, mas a definição supra é omissa porque não abarca os falares intencionalmente mantidos secretos dos grupos legais, isto é, as gírias das pessoas honestas, não delinqüentes.

Ao lado, porém, de tal sentido, há um outro muito mais espalhado e muito mais errôneo. Falar gíria, na acepção corrente, é fazer uso de palavras ou expressões que não têm ingresso no linguajar das pessoas cultas, ou, então, empregar "*des langages que croissent presque en marge de la langue courante, mais que ne sont autre chose que des langages spéciaux ne présentant aucunement les stigmates caractéristiques de l'argot*"[32] .

Cientificamente é também inaceitável este significado, que não leva em conta o caráter fundamental da gíria: a premeditação, a intencionalidade, a interdição vocabular, a consciência da linguagem.

E, por esse motivo, não raro encontramos até em grandes lingüistas, como A. Issatschenko, asserções deste teor:

> *Le système des voyelles nasales dans l'argot parisien est réduit à deux voyelles que s'opposent l'une à l'autre comme voyelle vélaire et voyelle palatale, etc.*[33]

Ensinamento que absolutamente não procede, porque o autor não só confunde língua vulgar com *argot*, como mostra desconhecer que as línguas especiais, por

---

[31] A. Dauzat, *Les Argots*, p. 5.

[32] A. Niceforo, op. cit, p. 5.

[33] A propos de voyelles nasales, in *Bull. de la Soc. de Ling. de Paris*, tomo XXXVIII, n. 113, p. 275.

sua própria natureza, "*n'ont ni prononciation propre, ni grammaire propre*"[34]. Caracterizam-nas apenas vocabulário e torneios de frases próprios. Pronúncia e gramática são as das línguas ou dialetos a que estão ligados, de que sugam a seiva diríamos até, se acreditássemos ser a língua um organismo vivo e, assim, poderíamos usar a imagem bonita mas errônea de Tarde: — "*comme le champignon qui croit sur la chêne*".[35]

Se em lingüistas dos mais eminentes se acham dessas afirmações, não é justo que incriminemos a A. Bessa[36], J.T.[37] e outros lexicógrafos d'aquém e d'além-mar por terem coligido sob o rótulo de gíria centenas de termos puramente dialetais e muitas vezes da linguagem técnica. Da mesma forma não nos devemos admirar se não encontrarmos um só vocábulo acaloado no livro *Furundungo*[38], de Sousa Carneiro, embora o autor diga na capa "Romance com elucidário de mais de 800 termos do calão brasileiro" (*sic*). Desses "mais de 800 termos do calão" grande parte são palavras regionais e o restante é criação da imaginação fértil do autor...

É, contudo, necessário que se faça diferença, principalmente nas obras filológicas entre a acepção científica e vulgar da palavra.

Outra confusão freqüente, ocasionada por se tomar como principal o significado vulgar dos termos, é a que existe entre gíria e calão.

Das definições de Adolfo Coelho e Rodrigo de Sá Nogueira conclui-se que esses ilustres filólogos lusitanos conceituam de uma maneira uniforme os dois vocábulos.

O último diz até que um termo significa "precisamente" o mesmo que o outro e abona para calão a definição de Figueiredo *linguagem baixa*, que, sobre ser imprecisa, é também errônea. *Linguagem baixa* pode ter duas acepções: linguagem do vulgo, das classes mais humildes, pobres ou baixas, ou, então, o emprego de termos gravosos. No primeiro caso é uma linguagem especial, pois exprime o modo de sentir, pensar, julgar e agir de determinados grupos de indivíduos.

Niceforo, com sua dupla autoridade de profundo conhecedor das mais humildes classes sociais e de ter escrito o melhor trabalho sobre as gírias, atesta:

> *Le bas peuple a donc un language à lui, non seulement parce qu'ayant les sentiments que lui sont particuliers, il s'exprime d'une manière qui lui est propre, mais aussi à cause de l'état d'antagonisme, plus au moins conscient, ou plus ou moins réflexe, dans lequel il se trouve avec les autres classes de la société.*[39]

---

[34] A. Meillet, *Les Langues dans l'Europe nouvelle*, p. 128.

[35] *La Criminalité comparée*, 8. ed. Paris, 1924, p. 44.

[36] *A gíria portuguesa* (Esboço de um Diccionario de "calão"), Lisboa, 1901, 3ª tir., 1919.

[37] J.T(orres), *A gyria brasileira*, Baía, 1899.

[38] Rio de Janeiro, s.d. (1934?).

[39] *Les Classes pauvres*, Paris, 1905, p. 222.

Pode, entretanto, esta linguagem especial muito facilmente passar a constituir uma gíria, quando, ao invés de defensora passiva, se torna uma proteção ativa e premeditada do organismo social que a criou.

Pode transformar-se em gíria, jamais em calão.

Também o segundo significado da expressão *linguagem baixa* não explica o que se deve entender pelo termo.

Linguagem baixa no sentido de emprego de palavras impudicas provém, por metonímia, da própria natureza do falar das classes baixas, que, no dizer de Niceforo, é "*moqueur, obscène et agressif*"[40] .

E ouçamos ainda o assaz citado antropólogo:

> (...) *il possède tout un arsenal de phrases les plus horribles et les plus difformes, pour indiquer tout détail de la vie sexuelle, même en ce qu'elle peut présenter de plus dégénéré, et finalement, il a un répertoire d'insultes et d'injures qui ne le cède en rien à celui des criminels.*[41]

Ninguém ignora a verdade da afirmativa supra, pois ela, em outros termos, exprime a relação entre a linguagem e a condição social[42] , entre a língua e a vida, de que é a expressão.

Embora a palavra *calão* seja abusivamente empregada nas acepções anteriores, do ponto de vista lingüístico tais significados não estão bem. E, como mostraremos adiante, não foi do sentido de linguagem baixa que, por extensão, adquiriu o de gíria, como pensa o dr. Sá Nogueira, mas do de linguagem especial dos criminosos é que passou àquele.

Vejamos em tempo a história da palavra.

---

[40] A. Niceforo, *Les Classes pauvres*, p. 221.

[41] Id., ibid., p. 221.

[42] Sobre o importantíssimo assunto da correlação íntima existente entre a linguagem e a condição social do indivíduo, é elucidativo o inquérito a que procedeu Niceforo em 15 famílias de Roma, cujos membros eram no seu próprio dizer "*ouvriers de toute sorte, — vivant dans un état de misère chronique*" (*Les Classes pauvres*, p. 256). Aí pôde observar o sábio italiano a constância de muitos fatos, entre os quais a promiscuidade "*des familles ouvrières avec les criminels, les récidivistes et les prostituées*" (ibid., 275) e, o que mais nos importa no momento, a diversidade do sentimento do pudor sexual, que "*parait leur manquer complètement ou du moins il semble qu'il se manifeste sous des formes primitives*" (ibid., 278). Isso teria que se refletir forçosamente na linguagem deles, que "*est toujours obscène*" (ibid., 265). A propósito, lembrou-nos o distinto amigo prof. dr. José Bonifácio Rodrigues que, tendo chegado, certa vez, em suas mãos as provas de português dos alunos das escolas públicas da Prefeitura do Distrito Federal, encontrara nos exercícios de redação curiosos exemplos desta ligação estreita entre a linguagem e a condição social. Recordou-se, então, da naturalidade com que determinado menino, iniciando a descrição de um acontecimento caseiro, dissera, referindo-se ao próprio genitor: "Meu pai ontem chegou em casa de porre."

Gonçalves Viana, criticando a absurda etimologia dada pelo *Dicionário contemporâneo* (cala + ão), conclui:

> Na realidade, *calão* é o *caló* espanhol, que designa "o cigano" (plural *calés*, feminino *callí*, plural *callías*) e o dialeto deles na sua própria linguagem.[43]

Cremos ter havido um pequeno engano do sábio português na afirmativa supra, porque por mais que procurássemos não encontramos nos dicionários ciganos o vocábulo *calô* como designativo de seu próprio dialeto, ao contrário, os espanhóis é que assim denominaram a fala desses nômades.

É provável que o grande filólogo luso ao redigir o trecho tenha escrito justamente o inverso do que pretendia. Essa suposição torna-se mais plausível ainda quando vemos que três linhas abaixo ele remete o leitor às obras de Adolfo Coelho e Rafael Salillas, onde o assunto vem claramente tratado.

Calão é forma nasalada de *calô* — nome dado pelos ciganos portugueses e brasileiros, bem como pelos gitanos de Espanha a eles próprios —, abreviação, por sua vez, de *zincaló* (fem. *zin-callí*).[44]

Rebolledo dá também com o mesmo significado *calorro*, naturalmente forma derivada da primeira, como também o devem ser *calorri* (cigano) ao invés de *callí*, e *calloco* e *calloquí*, respectivamente *aciganado* e *aciganada*.[45]

Nos demais dialetos ciganos *calô* geralmente significa *negro*[46] e, segundo mostrou o sr. Oliveira China em erudito estudo[47], não há discordância entre os filólogos quanto à origem indiana da palavra. Adolfo Coelho, baseado em Pott e Miklosich, remete ao sânscrito e pali *kala*, hindustani *kala* e sindi *karo*.[48]

Cedo imiscuiu-se o vocábulo na língua espanhola e portuguesa — talvez nesta por intermédio daquela — mas para designar não o cigano e sim a sua língua. O mesmo aconteceu com outro apelativo dos zíngaros *romano*, fem. *romaní*, derivado

---

43 *Apostilas aos dicionários portugueses*, T. I, Lisboa, 1906, p. 205.

44 J.B. d'Oliveira China, Os ciganos do Brasil, sep. da *Revista do Museu Paulista*, São Paulo, 1936, p. 211s e *Revista de Língua Portuguesa*, ano XII, n. 3, Rio de Janeiro, 1932, p. 26-28 e 30-32; Melo Morais Filho (que dá a forma nasalada *Kalon*), *Os ciganos no Brasil*, Rio de Janeiro, 1886, e *Factos e Memorias*, Rio de Janeiro, 1904, p. 118 e *passim*; A. Coelho, *Os ciganos de Portugal*, Lisboa, 1892, p. 22 e 57 e *Dic. man. etym.*, s.v. *calão*; T. Rebolledo, *Diccionario gitano-español e español-gitano*, Barcelona-Buenos Aires, 1909, s.v. *caló* e *zingalo*; M. de Said Ali, in *Revista de Cultura*, v. 12, 1932, p. 243-244.

45 T. Rebolledo, op. cit., s.v.

46 C.J. Popp Serboianu, *Les Tsiganes*, Paris, 1936, p. 308. Mayo e Borrow, citados por Adolfo Coelho, op. cit., p. 21, atestam também os dois significados: *cigano* e *negro*.

47 Op. cit., p. 211 s.

48 Op. cit., p. 153-154.

de *rôm* (cigano), hoje também denominação que se dá em lugares vários ao seu dialeto, e acepção que já penetrou no próprio *chibe* deles.[49]

O termo calão adquiriu, entretanto, há muito tempo na língua portuguesa um novo significado e justamente o de que é objeto este estudo: o de linguagem, ou melhor, gíria dos malfeitores. Fato idêntico sucedeu na Espanha, onde o *calô*, outrora apenas língua dos gitanos, foi se transformando, pela infiltração de palavras na antiga *germanía*, em um *calô-jergal*. Por outro lado, aquela, que no século XVII ainda aparecia pura, foi recebendo pouco a pouco empréstimos da língua gitana até se fundir nela, dando origem ao atual *calô*, que tem a mesma acepção da forma nasalada portuguesa, ou seja, a de língua especial dos delinqüentes.

Quais as razões desse tão grande intercâmbio lingüístico é o que procuraremos esclarecer agora.

Façamos uma pequena digressão sobre os acontecimentos que originaram as íntimas relações entre os ciganos e os malfeitores profissionais, para se compreenderem melhor as influências recíprocas de suas linguagens. E restrinjamos o problema à Península Ibérica, que, além de nos interessar mais particularmente, foi a região do orbe romano — excetuada a Rumânia — onde o entrelaçamento do grupo criminal com o zíngaro tomou um caráter especial, ocasionando uma influência lingüística maior do que em outras partes do *romaní* nas gírias dos delinqüentes, que, entre centenas de termos, lhe devem a designação da própria linguagem.

Dauzat, partindo do fato de que "*l'ancien argot espagnol* (germanía) *ne renfermait aucun élément bohémien, les emprunts à la langue gitane sont au contraire nombreux dans l'argot moderne* (calô)"[50], conclui: "*ce qui prouve que les relations entre les malfaiteurs et les gitanes sont relativement récentes*".[51]

Realmente nos antigos vocabulários da *germanía*, principalmente no de Juan Hidalgo[52], não encontramos elementos do *calô*, mas essa visão unilateral não nos autoriza a deduzir que "as relações entre os malfeitores e os gitanos são relativamente recentes", como fez o mestre francês. Em sua simplista e falsa conclusão há

---

[49] Serboianu, op. cit., p. 350 e G. Esnaut, in *Bull de la soc. de ling.*, t. XXXVI, n. 107, p. XI.

[50] A. Dauzat, *La Philosophie du langage*, Paris, 1920, p. 106.

[51] Id., ibid.

[52] Romances de Germanía de vários autores, con el vocabulario por la orden del a.b.c. para declaración de sus términos y lengua. Compuesto por Juan-Hidalgo: El discurso de la expulsión de los Gitanos, que escribió el Doctor Don Sancho de Moncada, Catedratico de Sagrada Escritura en la Universidad de Toledo, y los romances de la Germanía que escrebió Don Francisco de Quevedo, Madri, 1779. A primeira edição desta obra é de 1609.

um grave erro histórico e na premissa esqueceu o professor da Escola Prática de Altos-Estudos de verificar o inverso: a influência da *germanía* no *romaní* espanhol.

Salillas diz com muita justeza:

> *En los siglos XVI e XVII la* germanía *tuvo más personalidad y más imperio que el* gitanismo, *y lo demuestra el que en su lenguaje no aparezca casi ninguna influencia caracterizada del "caló", mientras que en éste se introducen algunas voces de* germanía. *Ciento siete se mencionan más adelante.*[53]

Aliás, é claro que os zíngaros emigrados, em seu primeiro contato com os povos da Europa Ocidental, só tinham o que aprender, pois, ainda semibárbaros — Colocci afirma mesmo que nessa ocasião pouco haviam superado o homem primitivo[54] —, defrontavam uma civilização muito superior à sua. Assimilaram-na e, ao assimilarem-na, incorporaram ao seu léxico as palavras designativas das coisas novas que se lhes antolharam.

Só depois de identificados com a nova vida, já em parte ocidentalizados — sem perderem, contudo, as suas características básicas, não só físicas, mas, principalmente, morais e psíquicas —, é que, entrando em relações mais íntimas com as sociedades do oeste europeu, puderam nelas influenciar por seu turno. Logo, o primeiro movimento foi de fluxo, o que o grande número de vocábulos portugueses e, principalmente, espanhóis contidos no *chibe* peninsular prova de modo incontestável.

O refluxo é posterior.

Aliás, fato similar se processou na invasão visigótica.

Esta faceta do problema, descurada pelos filólogos, foi, entretanto, salientada com felicidade por Rafael Salillas.

Diz ele:

> *Los zingarismos que puedan señalarse en la lengua inglesa, en la francesa, en la castellana, etc., constituyen un curioso fenómeno, que se podria llamar de endósmosis y exósmosis filológica. El contacto de la lengua zíngara no se verifica immediatamente con la lengua nacional, sino con un modo particularismo de esa lengua, por la sensillísima razón de que la sociedad zíngara se puso en contacto immediato, no con la sociedad civil de cada nación, sino con una parte de esa sociedad, afine por sus costumbres y sus tendencias á las tendencias y costumbres de los zíngaros. En una palabra, los* zingarismos *hallaron su primera afinidad en las asociaciones delincuentes ó picarescas de cada país y establecieron contacto linguístico con cada jerga nacional. De aquí que los zingarismos de la lengua inglesa procedan de*

---

53 R. Salillas, *El delincuente español — el lenguaje*, Madri, 1896, p. 209.

54 A. Colocci, *Storia d'un popolo errante*, Turim, 1889.

kennick ó cant ó slang *de los ladrones ingleses; que los zingarismos de la lengua francesa procedan del* argot, *y que los zingarismos del castellano procedan de la transformación de la* germanía *en* caló-jergal. *El fenómeno de absorción se verifica por contacto de la lengua zíngara con la lengua jergal, y después, por contacto de la jerga con la lengua madre de que procede.*[55]

E continua o sábio criminalista espanhol:

El complemento del fenómeno consiste en la penetración en la lengua zíngara de abundantes palabras jergales del idioma con que se puso en contacto, y si en el argot, *por ejemplo, existen abundantes zingarismos, la tropa de zíngaros que encontró Leland en Bélgica, hablaba correctamente la* langue verte. *Si en el castellano familiar, y aun en el próprio Diccionario de la Academia, existen bastantes gitanismos, en el caló se cuentan ciento siete voces de germanía.*[56]

Dessas longas citações podemos concluir alguns fatos que interessam muito de perto ao nosso estudo.

Salillas diz — e tal afirmação é inatacável — que os ciganos eram mais afins das associações delinqüentes do que da sociedade civil de cada nação.

Realmente, os costumes e moral dos ciganos, que ainda hoje são as causas diretas da perseguição que eles padecem em todas as partes do globo, deviam apresentar no momento das primeiras imigrações um contraste ainda mais violento com a organização social européia.

Reconhece Serboianu que a aparição dos ciganos na Europa "*provoqua, non seulement la curiosité, mais aussi une sorte de peur. On en voit la preuve dans les multiples sobriquets qu'on leur donna sans retard, les uns les prirent par des Sarrazins, d'autres crurent simplement à une nouvelle invasion barbare*"[57] .

Se o roubo, o nomadismo, a mendicidade, a mentira, o dom da adivinhação, a invocação de espíritos impuros são hábitos que, como um elo, ligam os ciganos no tempo e no espaço, é evidente que eles não poderiam encontrar guarida nos grupos legais, antes teriam de provocar a repulsa dos mesmos. Alguns destes costumes contrariavam apenas dispositivos de leis, outros, porém, feriam numa tecla mais sensível: a religião.

Remontemos à Península Ibérica dos séculos XV e XVI, época das primeiras imigrações ciganas, pois, segundo atesta Serboianu, em "*1447 ils entrèrent en Espagne,*

---

[55] R. Salillas, op. cit., p. 211.

[56] Id., ibid., p. 212.

[57] Serboianu, *Les Tsiganes*, p. 35.

par l'extremité orientale des Pyrénées. Ils étaient à Barcelone le 11 juin 1447, ils se répandirent dans toute l'Espagne. Ils se trouvaient en bande nombreuse et avaient des sauf-conduits émanant du pape"[58]. Da Espanha passaram a Portugal, onde desde a segunda metade do século XV foram assinalados[59].

Aquele ambiente de religiosidade intensa, onde nos menores atos se entremostrava o misticismo que os ditara, era intempestivamente invadido por hordas de indivíduos de origem incerta e hábitos singulares, que, desprezando a organização social e ordem pública vigentes, praticavam toda espécie de sortilégios, em lugares ermos, ao largo das cidades ou entre ruínas e casas abandonadas. No entanto, é dessa época que temos notícia das perseguições movidas contra aqueles que ousavam ser ateus, ou possuíam religião diversa da que o Estado tornara obrigatória.

Coincidindo, por essas razões, o ponto de vista legal e religioso, os ciganos tiveram de padecer as sanções dos dois poderes conjugados.

Em Portugal são prova eloqüente disso as rigorosas penas com que as *Ordenações* puniam aqueles que pelos trajes ou pela língua se parecessem a "Armênios, Gregos, Arábios, Persas, ou de outras nações sujeitas ao Turco". Desconhecendo a sua origem, foram tomados como procedentes de lugares vários e seus impuros sortilégios equiparados a rituais maometanos. Tiveram, então, de arrostar, além dos males causados pelos próprios costumes, outros que advinham àqueles que não reconheciam:

.... quanto excede
A lei de Cristo à lei de Mafamede.

Havendo chamado contra si o ódio de todos, colocados em frente da lei em pé de igualdade aos malfeitores de profissão, passaram a manter com estes as relações que se tornavam impossíveis com a sociedade civil. Dentre os delinqüentes ligaram-se, sem dúvida, mais aos gatunos, que apresentavam maiores afinidades com eles, uma vez que roubo era para ambos o único meio de vida. "*Le vol*", é Serboianu quem afirma, "*est la seule et la vraie proprieté du Tsigane, et c'est le vol qui le fait vivre. Il met tant d'adresse et tant d'intelligence à voler, qu'il fait du vol un art*".[60]

Os autores costumam justificar o contato entre os malfeitores e os ciganos apenas pelas afinidades de costumes entre ambos. Sirvam de exemplo estas palavras de Salillas:

---

[58] Id., ibid., p. 32.

[59] Leite de Vasconcelos, *Opúsculos*, v. V, *Etnologia*, p. 373.

[60] Serboianu, op. cit., p. 66-67.

(...) *hubo contacto entre estas dos sociedades emancipadas de la sociedad común y atraídas por sus tendencias y modo de vivir, realizándose el fenómeno sociológico de que las sociedades extrañas á una nacionalidad ingresen en ésta, no indiferentemente por cualquier lado, sino por el grupo más afine á su índole y á sus costumbres.*[61]

Mas essa afirmação, que com ligeiras variantes vem em todos os autores, embora seja correta, é um tanto vaga e por si nada explica se não a situarmos no espaço. Contra ela poderíamos opor até a situação atual em que a influência de uns sobre outros, lingüisticamente falando, é quase nula, ainda que ambos continuem a levar o antigo modo de vida.

É que comumente não se numeram outras causas que deveriam reuni-los, além da simples afinidade de costumes.

Compreendendo a necessidade de uma explicação mais precisa das razões que levariam esses dois grupos a contato mais duradouro, sem o qual não se poderá compreender a profunda e recíproca influência vocabular de suas linguagens, foi que Salillas, depois de verificar que os "*gitanos nunca han constituído mancomunidad con los* germanes, *es decir, con la delincuencia asociada nacional*"[62], aventou a fragílima hipótese seguinte:

La música gitana y el baile gitano coincidieron seguramente con la índole de la música y del baile de los pueblos con quienes se entroncaron de este modo. Tal música y tal baile... por la representación y las tendencias de los elementos femenino y masculino que en ella toman parte, congracia elementos que no tienen que ver con la delincuencia, con la verdadera delincuencia asociada, pero que con ella se codean por participar de gustos artísticos semejantes; y de aquí que el gitano, codeándose con unos y con otros é influyendo según su personalidad en cada uno, ingiriera en el lenguage de cada agrupación palabras de su lenguaje propio, nutriendo así la jerga aflamencada, la de las prostitutas y la de los delincuentes, para formar tres ramas del caló, en que se descubre la participación correlativa de la influencia gitana en todos sus aspectos.[63]

A hipótese supra por seu próprio acanhamento não precisa ser comentada. Complica o fenômeno e não se baseia em nenhum dado concreto. E, ainda a ser verdadeira, só teria cabimento em determinado lugar, não sendo passível de generalização. Ora, é sabido — e isto basta para invalidar a tese de Salillas — que, em todos os países por onde os zíngaros passaram em sua peregrinação aasvérica, a linguagem dos criminosos se ressente da influência do *romaní*.

---

[61] Salillas, op. cit., p. 217-218.

[62] Id., ibid., p. 222.

[63] Id., ibid., p. 222-223.

É de admirar que o jurista espanhol, geralmente de grande argúcia, afirme ainda:

> *De este modo se há verificado, en mi entender, la transformación de la* germanía, y no por contacto propiamente delincuente, que no ha existido sino por excepción, ó ha existido en el hacinamiento carcelario.[64]

Para o notável criminalista, de um contato puramente delinqüente nas prisões não poderia advir um intercâmbio lingüístico, porque, para isso, seria "*preciso que la* germanía *decayese de su personalidad*".[65]

Essa linguagem biológica e moral em referência à língua não procede, porque, além de nada exprimir e fugir à essência do problema, nos leva a crer que os idiomas estão sujeitos a uma vida semelhante à humana e podem até discernir o bem do mal...

Deixaremos de lado outras suposições, baseadas em circunstâncias fortuitas e particulares a tal ou tal região, que, como a precedente, não admitem uma crítica severa — e ao simples argumento da não validade no espaço se esboroam totalmente —, para passarmos a fatos mais concretos dos quais procuraremos inferir uma explicação mais geral.

Levantemos as seguintes e incontestes premissas:

1º) a grande influência recíproca entre o *chibe* cigano e a linguagem dos malfeitores hispânicos pressupõe um longo contato entre os zíngaros e os delinqüentes;

2º) esse contato não teve origem apenas nas afinidades existentes entre os dois grupos, e isso prova sobejamente o fato de não haver documentação alguma de fusão de ambos em associações delinqüentes, quando estas pululavam em toda a Península. Sabemos até que algumas delas — haja vista o caso da *germanía* — eram tipicamente nacionalistas;

3º) as relações entre os criminosos e ciganos na península hispânica não são recentes, como já se disse, remontam, ao contrário, a vários séculos;

4º) a uma enorme influência lingüística, processada em certa época, contrapõe-se uma quase nula influência atual.

Agora às conclusões.

Se razões idênticas os condenavam, é evidente que tanto os ladrões como os ciganos teriam de cumprir penas semelhantes, ou com palavras disfêmicas, reclusos por crimes de furto ou roubo, ambos deveriam ser remetidos aos mesmos cárceres. É verdade que ainda hoje tal fato poderá acontecer, e realmente às vezes

---

[64] R. Salillas, op. cit., p. 223. O grifo é nosso.

[65] Id., ibid., p. 224.

sucede encontrarem-se na *dita* (Casa de Detenção) ou no *convento* (Casa de Correção) esses *irmãos da opa* (companheiros do crime), mas a ocorrência não se reveste da importância de outrora, porque nem o regimen penitenciário é o mesmo, nem as penas para a apropriação indébita, furto ou roubo apresentam aquele rigor de séculos passados. Acresce que a situação dos ciganos em frente da lei é muito diversa da de seiscentos, setecentos e oitocentos, tanto que em várias regiões da Península, como na Andaluzia, no Alentejo e em Trás-os-Montes, por exemplo, eles já se tornaram sedentários. E no Brasil, onde a perseguição sempre foi um tanto branda — e por isso mesmo os empréstimos do *romaní* que existem em nosso *calão* devem ter vindo na maioria por intermédio do *calô* espanhol, argentino ou do *calão* português —, eles não só se adaptaram à terra em muitos lugares, como chegaram até a exercer importantes misteres no tráfico de escravos, e a ocupar vários empregos, principalmente o de meirinho ou oficial de justiça.

Estando atualmente mais ou menos equiparados aos naturais do país, é claro que por seus crimes de apropriação indébita e furto — note-se que os ciganos da Península e do Brasil raramente roubam — só podem padecer as condenações que a lei estipula para tais crimes. Sendo a duração destas relativamente pequena, o contato entre malfeitores e ciganos também o é. Daí a mínima influência vocabular nos dias que correm.

Pela antiga legislação, porém, a situação dos ciganos e dos gatunos era muito diversa. Estavam ambos sujeitos às mais rigorosas penas. Entre as condenações aplicadas ao furto e ao roubo uma, hoje desaparecida, sobrelevava-se às demais por sua barbaridade e longa duração. Referimo-nos às galés.

Indivíduos de toda origem e profissão eram para aí remetidos e, numa promiscuidade de horda, jungidos aos ferros, tendo o ritmo de suas remadas indicado pelo ranger dos grilhões e o fustigar do açoite, iam e vinham por esse mar em fora, levando a poder de seus músculos, em viagens intermináveis, as galeras que fizeram a grandeza de muitas nações.

Embora às vezes pessoas honestas, mas desvalidas da sorte, fossem também condenadas aos "bagnes", eram, entretanto, os malfeitores de profissão que formavam aí a classe altamente predominante.

Entre as penas com que a legislação portuguesa reprimiu, em certa época, os ciganos conta-se a condenação às galés. Pelo menos, do período que vai de 1557 até a lei de 1708, só o ato de entrarem no reino de Portugal acarretava-lhes esta condenação.

Lê-se nos documentos relativos aos ciganos publicados por Adolfo Coelho em Apêndice ao seu livro tantas vezes citado[66] :

---

[66] *Os ciganos de Portugal*, Appendice I — Documentos, p. 229-269.

> Lei de 17 de Agosto de 1557, que não entrem os Ciganos nestes Reinos, em que alem do que he mandado no Cap. 138, das Cortes de 1525, e 1535, se acrescentão as penas até galés, a cuja execução se procederá, como for de justiça, dando appellação, e aggravo.[67]

Parece ter sido a lei supra a primeira que introduziu a condenação às galés para os ciganos que entrassem em Portugal.

Um documento datado de 1573 mostra que nessa época a pena estava em seu apogeu.

> Na Apostilla de 15 de Abril do mesmo anno se declarou, que como nas mulheres não podia ter lugar a pena das galés, ficassem sugeitas ás penas da dita Lei 24.[68]

Em 1574, d. Sebastião fez-nos o presente de um tal "Johão de torres, çiguano preso no lymoeyro", comutando "os cimquo anos em que foy condenado pera as gualles", "(...) em outros cimquo anos pera o brasyll, homde leuara sua molher e filhos".[69]

Como vemos ainda perdurava a condenação.

Governando o cardeal, a pena adquiriu nova violência. Um alvará datado de 1579 dava aos ciganos trinta dias para saírem do reino:

> (...) e acabados os ditos trinta dias qualquer çigano que for achado nos ditos meus Reynos por esse mesmo feito sera loguo preso e açoutado publicamente no lugar omde for achado e degradado pera sempre pera as gallees...[70]

A repressão aos ciganos vai daí em diante num crescendo, até que, em 1592, os que não saíssem do reino dentro de quatro meses seriam condenados à "morte natural".[71]

Em 1613, d. Filipe, julgando brandas as penas do famigerado Livro 5º das Ordenações, houve

> por bem, que posto que pellas ditas Ordenações senão dee aos ditos ciganos mais penas que açoutes pella primeira vez que forem achados sejão degradados alem da dita pena, em tres annos para galès, e pella segunda vez sejão outra vez açouta-

[67] Apud A. Coelho, op. cit., p. 231.

[68] Id., ibid., p. 232.

[69] Id., ibid., p. 232.

[70] Id., ibid., p. 233.

[71] Id., ibid., p. 234.

dos, (...) e no dito degredo de galès em dobro; e pella terceira vez serão açoutados, (...) e em dez annos para galès.[72]

Uma Carta Régia de 30 de junho de 1639 mandava "condemnar para Galés os Ciganos, que se acharem, (...) devendo estar *chusmadas* as Galés até 17 d'este mez (...)"[73].

Em 1708, em vista de "ter mostrado a experiência não haverem sido bastantes as disposições da Ordenação do Reino e outras Leis posteriores, e várias ordens, que em diversos tempos se passarão para os Ciganos não entrarem no Reyno", El-Rei resolveu que aquele que se parecesse a cigano "no trage, lingua, e modo de viver... ainda que outro delicto não tenha, incorrerá na pena de açoutes, e será degradado por tempo de dez annos: o qual degredo para os homens será de galés, e para as mulheres, para o Brasil."[74]

E a comparação pungente que há na primeira destas duas quadrinhas do cancioneiro cigano, coligidas por Melo Morais Filho, é bem uma reminiscência dos suplícios de outros tempos:

Como o galé deixa os ferros
Quando vai livre viver,
Assim deixarei meus dias
Quando tiver de morrer.

A morte por ser desgraça,
Não deixa de ser ventura.
Pois corta pelas raízes
Males que a vida não cura.[75]

Paremos aqui. Ainda que tudo nos leve a crer que, enquanto perdurou em Portugal a pena das galés, os ciganos foram a elas condenados, bastam os documentos citados para se concluir que durante largos anos houve aí um contato obrigatório entre os zíngaros e os malfeitores.

É certo que nas prisões também deve ter havido contato um tanto duradouro. Em Portugal, por exemplo, de épocas relativamente remotas até os tempos modernos, houve sempre regular freqüência de zíngaros no célebre presídio do Limoeiro.

---

[72] Id., ibid., p. 237.

[73] Id., ibid., p. 240.

[74] Id., ibid., p. 256-257.

[75] Melo Morais Filho, *Factos e memorias*, Rio de Janeiro, 1904, p. 100.

Mas, do nosso ponto de vista, esses contatos são secundários e deles decorreu, certamente, pequena influência lingüística.

Foi na promiscuidade das galés que pôde, segundo o nosso entender, verificar-se um maior congraçamento dos dois grupos delinqüentes, decorrente não só do nivelamento que aí havia entre os indivíduos de todas as classes sociais, mas também pelas afinidades de costumes de ambos, que em tal ambiente puderam manifestar-se à vontade.

E as linguagens deles ressentiram-se de tão prolongado contato. Perderam, por não haver razão para isso, os seus caracteres secretos, e os empréstimos se fizeram *avonde*, como dizia Gil Vicente.

A hipótese por nós aventada tem pretensões à generalização, pelo menos no que concerne à península hispânica. Baseia-se ela não só em dados históricos, que provam ter havido maior número de empréstimos vocabulares quando a pena das galés estava no seu apogeu[76], como também num fato similar ocorrido em França. A enorme influência provençal nos *argots* da *langue d'oïl* processou-se justamente quando os malfeitores de toda sorte foram enviados para os portos do sul da França a fim de cumprirem penas de galés.

Dauzat, a propósito, afirma:

(...) *précisément les emprunts provençaux apparaissent en argot aussitôt après la création de la peine des galères (embarquement à Marseille), pour cesser avec la supression du dernier bagne, celui de Toulon.*[77]

Poder-se-ia objetar que no caso dos empréstimos provençais tenha havido apenas uma influência de termos da região onde estavam localizados os portos das galeras, sem que haja existido um contato delinqüente. Mas tal objeção desaparece quando vemos que a maioria desses termos dialetais se referem aos misteres das galés, logo, adquiridos no convívio dos remos. E o próprio Dauzat em outra obra esclarece: "*un grand nombre sont des termes de forçats*."[78]

Considerados desse prisma os empréstimos ciganos no *calão* — muitos dos quais chegaram aos meliantes portugueses e brasileiros, respectivamente, por in-

---

[76] Não colhe uma possível argumentação em contrário, baseada no fato de Juan Hidalgo não inserir no seu *Vocabulario* termos agitanados: 1°) porque Hidalgo só coligiu aí os vocábulos empregados pelos membros de uma sociedade delinqüente de caráter nacional que existiu na Espanha em começos do século XVII; 2°) porque de início a atitude dos ciganos devia ser passiva, maxime na Espanha, onde a *germanía*, como associação delinqüente, havia atingido um elevado grau de especialização na arte do furto.

[77] *La Philosophie du langage*, p. 106.

[78] *Les Argots*, p. 65.

termédio do *caló* espanhol e argentino, pois, além de uma unidade fundamental no tempo, a linguagem dos malfeitores apresenta uma certa unidade no espaço[79]. Voltemos, para finalizar, às acepções que possui em português a palavra *calão*.

O significado primeiro do termo, já vimos, é o de dialeto dos ciganos portugueses, denominação que trai a influência da palavra *calô* espanhola.

Dessa acepção — ou porque a gíria dos gatunos lusitanos apresentasse grande número de termos do *romaní*, ou porque ambas as linguagens, por serem secretas, se afigurassem aos não-iniciados como semelhantes — adquiriu, por extensão, a de gíria dos malfeitores portugueses e brasileiros.

A última hipótese parece-nos mais verossímil e por ela optamos, estribados em algumas razões.

Em quase todos os documentos referentes ao *romaní* ou à gíria dos criminosos vemos que as duas linguagens eram consideradas equivalentes.

No século XVI dizia Lorencio Palmireno do *chibe* gitano: "(...) *la lengua que traen es fingida, y de ladrones para encobrir sus hurtos, como la girigonça de los ciegos*."[80]

D. Jerônimo de Argote nas *Regras de lingua portugueza*, cuja primeira edição é de 1721, faz diferença entre as duas linguagens: "Tambem em Lisboa entre os homens, a que chamão de ganhar, ha um genero de Dialecto a que chamão *Giria*, de que os taes usão algumas vezes entre si. E assim tambem os Siganos tem outra especie de *Giria*, por que se entendem huns com os outros."[81]

E Miguel Leitão d'Andrada, na *Miscellanea do sitio de Nossa Senhora da Luz do Pedrogão grande*, ao pôr na boca do Devoto estas palavras: "o não perderem nunca a sua lingua não foy por certo, pera nella se lerem e vsarem de liuros Catholicos, ou de sciencias e artes que trouxessem boas, senão para milhor inteligencia de suas malas artes, latrocinios, e embelecos, ou enganos, porque vsando tudo isto

---

[79] A. Coelho, ao afirmar que a maioria dos termos do calão do norte de Portugal se encontra ao sul, cita o seguinte trecho de Lombroso, em tradução francesa: "*Tandis que chaque région de l'Italie, a un* dialecte *propre, et qu'il serait impossible à un calabrais de comprendre un lombard, les voleurs de Calabre ont le même léxique que ceux de Lombardie. Dans les deux pays, on appelle* chiaro *le vin,* arton *le pain,* lensa *l'eau,* crea *la viande. L'argot de Marseille n'est pas autre que celui de Paris*" (*L'Homme criminel*, trad. fr., Paris, 1887, p. 465). Aliás esta certa unidade no espaço dos elementos fundamentais do calão, notada por Adolfo Coelho, quando diz: "a comparação do calão com as outras gírias européias, especialmente das dos países de línguas românticas, prova que nelas há um fundo comum antigo, a par de empréstimos mais recentes" (op. cit., p. 92) —, pode levar-nos a conclusões do mais alto valor com referência à antiguidade das relações entre os grupos de delinqüentes do mundo romano, e até a pressupor uma unidade da linguagem desses grupos em épocas remotas.

[80] *El estudioso cortesano*, fol. 35-36, apud A. Coelho, op. cit., p. 165-166.

[81] Apud A. Coelho, op. cit., p. 59.

como vsão por officio os não possamos entender"[82], atesta que o caráter enigmático do *chibe* cigano era conhecido do povo.

Essa confusão freqüente que se fazia entre a gíria dos malfeitores e o dialeto cigano da península acarretou, então, que se estendesse àquela a denominação deste.

Para o lingüista *calão* é, pois, a língua especial dos delinqüentes portugueses e brasileiros, equivalente ao *calô* e à antiga *germanía* dos espanhóis; à *lingua furbesca* ou simplesmente *furbesco* dos italianos; ao *cant* dos ingleses; ao *Rotwelsch* ou *Kokamloschen* dos alemães; ao *dieventael* ou *bargoensch* dos holandeses; ao *afinskoe* dos russos; à *hantyrka* dos xeques, etc. Em França, além das palavras *argot* e *jargon*, comumente aplicadas ao linguajar do crime, mas que hoje melhor se traduziriam por *gíria*, há nomes especiais para certas variedades e estágios da evolução da linguagem dos malfeitores, como *jobelin*, *loucherbème* ou *largonji*, etc.

E a acepção vulgar dos termos, isto é, a de linguagem das classes baixas provém naturalmente do caráter desprezível do calão. Como *boemio*, *boemia*, *ciganagem* — v. por exemplo em francês o vocábulo *romanitchel* — e outras palavras referentes à vida e atos dos ciganos adquiriram em toda parte um valor pejorativo, assim o calão, linguagem de ciganos e malfeitores, passou a indicar a fala dos vagabundos de todos os matizes. E como as linguagens especiais das mais baixas classes da sociedade, por exprimirem a vida desses grupos, são naturalmente vis, *calão* adquiriu também o significado de uso de termos chulos, disfêmicos, gravosos, vis.

Do exposto depreende-se ainda que o uso abusivo de *calão* como sinônimo de gíria e, o que é mais, até de língua especial absolutamente não está bem.

Se dissemos atrás que *toda gíria é uma língua especial, embora nem toda língua especial seja obrigatoriamente gíria*, podemos completar agora o pensamento afirmando: — *o calão é uma gíria, ainda que nem toda gíria seja obrigatoriamente calão.*

---

[82] Apud A. Coelho, op. cit., p. 267.

2
Um texto acaloado*

A inexistência de antigos textos acaloados é a primeira e insuperável dificuldade que se apresenta àquele que pretenda fazer um estudo diacrônico das linguagens especiais dos delinqüentes portugueses e brasileiros. Em verdade, ainda hoje, as gírias — e particularmente o calão — não adquiriram foros literários entre os escritores do idioma. Um ou outro autor, em circunstâncias especiais, tem colocado em boca de seus personagens termos acaloados. Mas nada que lembre, de longe ao menos, *Les Ballades en jargon*, de Villon; *La Chanson des Gueux*, de Jean Richepin; *Les Soliloques du pauvre*, *Doléances, Cantilènes de malheur* e *Le Coeur populaire*, de Jehan Rictus; nem mesmo algo equivalente a *Dans le rue* ou *Sur la route*, de Aristide Bruant, se encontra nas literaturas de língua portuguesa. E isso para citarmos apenas alguns exemplos do "*argot*" elevado à linguagem poética, e exemplos de uma literatura que tem sido imitada dos dois lados do Atlântico através de quase todos os prismas.

Antes do século XVII, ou melhor, antes da *Feira de Anexins*[1], de d. Francisco Manuel de Melo, nenhuma obra de autor português encerra termos do calão propriamente dito[2]. As formas populares que aparecem nas peças de teatrólogos do século XVI são de regra vocábulos da língua corrente ou, quando muito, da lin-

---

* Publicado na *Revista Brasileira de Filologia*, v. 2, t. I. Rio de Janeiro: Acadêmica, jun. 1956, p. 19-26.

[1] Conhecida embora por cópias manuscritas dos séculos XVII e XVIII, esta obra só foi publicada em 1875 por Inocêncio Francisco da Silva.

[2] Sobre a distinção entre *gíria* e *calão*, veja-se o nosso estudo Em torno dos conceitos de gíria e calão, in *Miscelanea de estudos em honra de Antenor Nascentes*, Rio de Janeiro, 1941, p. 65-97. Republicado em *Sob a pele das palavras*, p. 242-266.

guagem especial de profissões legais, ou semilegais. Assim, por exemplo, a fala dos matantes no *Auto do físico*, de Jerônimo Ribeiro, onde há tiradas como estas (cf. edição de Francisco Maria Esteves Pereira, Lisboa, 1918, p. 46 e 47):

Compadre, he conjunção
De ja metermos bastão.
....
Vos não vogais, vaganao.
....
Acabayme esse bargante.

Obviamente não quer isso dizer que o calão não tivesse já vida bastante intensa e extensa entre os membros dos grupos a que é pertinente. Num curioso passo da *Eufrosina*, de Jorge Ferreira de Vasconcelos, há mesmo referência à "*germania*", sem dúvida seu sinônimo perfeito, pois que era o designativo castelhano da antiga linguagem dos meliantes, extensão do nome por que se conhecia a célebre organização criminal espanhola. Este o trecho em causa:

GALINDO — Ah senhor, day ao demo. Chegaiuos para caa ajudarmeis entender esta señora que a não entendo.

PELONIA — Ajudadeo la que não pode, que azafema de tripas de bode.

CARIOPHILO — Ellas quando querem falam germania.[3]

Mas é só com a publicação do *Vocabulario portuguez e latino*[4], do pe. d. Rafael Bluteau, e do *Supplemento*[5] por ele adicionado à obra, que o calão português passa a ser dicionarizado. Na esteira do sábio teatino, frei Luis do Monte Carmelo se permitiu também inserir no seu *Compendio de orthografia*[6] uma lista de termos acaloados, que, aduzidos aos que se colhem nos *Rasgos metricos*[7], de Alexandre Antônio de Lima, e nas *Infermidades da lingua*[8], de Manuel Josef de Paiva, é todo

---

[3] *Comedia Eufrosina*, v. 2. Citamos pela edição de Eugenio Asensio, segundo o texto da edição príncipe de 1555 com as variantes de 1561 e 1566. Madri, 1951.

[4] Coimbra, 8 v., 1712-1721.

[5] Lisboa Ocidental, 2 v., 1727.

[6] Lisboa, 1767, p. 613-614.

[7] Lisboa, 1742.

[8] *Infermidades da lingua, e arte que a ensina a emmudecer para melhorar. Author Sylvestre Silverio da Silveira e Silva...* Por Manuel Joseph de Paiva. Lisboa, MDCCLIX. Entre as p. 104 e 153, insere o A. uma copiosa coleção de palavras e frases populares cujo emprego condena, para a língua "não ter borbulhas". Raros são os termos do calão que aí aparecem e, como já salientou Adolfo Coelho, não tendo dado Paiva a significação das palavras e frases que coligiu, sua lista se torna em grande parte inútil.

o material de que dispõe o estudioso para reconstruir o estágio argótico do século XVIII.

Não são de muito maior vulto os subsídios que, para o conhecimento do calão da primeira metade do século XIX, oferecem a *Istoria do cativeiro dos prezos d'Estado na Torre de s. Julião da Barra de Lisboa*[9], de João Batista da Silva Lopes; o romance *Fr. Paulo ou os doze misterios*[10] e a tradução portuguesa de *Os misterios de Paris*[11], de E. Sue, feita por José Pereira Reis.

Na segunda metade do século passado, a recolha dos elementos da gíria dos delinqüentes portugueses começa, no entanto, a despertar particular interesse. Entre 1865 e 1866 saem dos quatro tomos do romance, do padre Rabecão (João Cândido de Carvalho), *Eduardo ou os mysterios do limoeiro*; não tardam as contribuições de folcloristas e filólogos, como Cândido Landolt[12], Leite de Vasconcelos[13] e Queirós Veloso[14]. E, assim, quando Adolfo Coelho, em 1892, publicou o seu importante estudo sobre o calão, inserto em *Os ciganos de Portugal*, os materiais coligidos permitiam já uma melhor visão dos traços essenciais dessa linguagem especial.

De então para cá, surgiram — é certo — numerosos vocabulários do calão português[15], seu léxico deu origem a valiosos estudos monográficos, entre os quais se salientam as magistrais análises de Wagner[16], mas o livro de Adolfo Coe-

---

9 Lisboa, 4 t., 1833-1834. Às p. 213-214 do t. I, dá-nos o A. uma lista de mais de cem palavras do "calão, ou algaravia dos malandros".

10 Lisboa, 1844, t. I e único. Deste romance, escrito por várias mãos, entre as quais as de Corvo de Camões, extraiu Francisque-Michel, segundo confessa, o elenco de termos e frases do "calão ou argot des voleurs portugais", que publica à p. 441 de seus *Études de philologie comparée sur l'Argot*. Paris, 1856.

11 Porto, 8 v., 1843-1846. Sobre as duvidosas "aportuguesações" de termos do *argot* por parte do tradutor, leia-se A. Coelho, op. cit., p. 63.

12 Vocabulario popular de alguns termos especiais usados pelos fadistas do Porto. *Revista do Minho*, I, Barcelos, 1885, p. 54-55.

13 Giria portuguesa. I (Lembranças curiosas). *Revista do Minho*, I. Barcelos, 1885, p. 62-64. Reproduzido em *Opúsculos*, IV, p. 583-588.

14 A Giria (Vocabulário etymologia e historia). *Revista de Portugal*. Porto, nov. de 1890, p. 153-186.

15 Cf. Alberto Bessa, *A giria portugueza* (*Esboço de um diccionario de "calão"*) Lisboa, 1901; Rodolfo Xavier da Silva, *Crime e prisões*. Lisboa, 1925, p. 139-177; Alfredo Augusto Lopes. "Termos do calão e gíria popular". In *Polícia portuguesa*, 1938 e ss.; Ari dos Santos, *Como nascem, como vivem e como morrem os criminosos*, São Paulo, 1939, p. 229-284; etc.

16 Max Leopold Wagner, "Portugiesische Umgangssprache und Calão, besonders im heutigen Lissabon". In *Volkstum und Kultur der Romanen,* X, Hamburg, 1937, p. 3-41; Idem, "O elemento cigano no calão e na linguagem popular portuguesa". *Boletim de Filologia,* X, Lisboa, 1949, p. 298-319.

lho continua a ser, ainda hoje, e não obstante os erros que contém, a fonte mais segura para o conhecimento de tal forma de gíria, principalmente de suas características em fins do século XIX.

Compreendendo a relevância que, para o estudo dessa linguagem — raramente escrita e de evolução mais rápida que o idioma normal —, tem a conservação dos poucos textos nela compostos, o introdutor da filologia científica em Portugal acolheu em sua obra, e com o merecido realce, um fado acaloado, como havia feito Juan Hidalgo, ao recolher e publicar os *Romances de Germania*[17] e como faria, mais tarde, Lazare Sainéan, em *Les Sources de l'argot ancien*[18], onde enfeixou os documentos argóticos de 1455 a 1850.

O fado em apreço por ele publicado às p. 89-90 de *Os ciganos de Portugal*, consta de quatro décimas em forma de glosa à quadra

Ao fadista chamam *faia*,
Ao agiota *intrujão*.
Ao corcovado *golfinho*,
Ao valente *bogalhão*.

que lhes serve de mote. Posteriormente, reproduziram-no Alberto Bessa, em *A giria portuguesa*, p. 333-334; Hipólito Raposo, em *Aula régia*[19], p. 19-20; e Alberto Pimentel, em *A triste canção do Sul*[20], p. 92-93, onde, a seguir, transcreve mais quatro, de idêntica forma, ou seja, compostos de décimas finalizadas com os versos das seguintes quadras:

Quem se meter c'um fadista
E o ouvir falar calão,
Fica logo a ver navios,
Té perde a mastreação.[21]

Passei os butes a Anica,
Pois tinha naifa na liga:
Boas noites, meus senhores,
Vou cantar uma cantiga.[22]

---

17 *Romances de Germania de varios autores, con su vocabulario para declaracion de sus terminos y lengua...* Barcelona, 1609.

18 Paris, 2 v., 1912.

19 Porto, 1936.

20 Lisboa, 1904.

21 Op. cit., p. 93-94.

22 Ibid., p. 95-96.

Quando tenho uma carinha,
E um charuto a fumegar,
Já sou mais que o faroleiro,
E dar-lhe, toca o gimbrar.[23]

Dê-me a naifa, não se ponha
Comigo às duas por três.
Não passe os butes agora...
Que está na mão de má rês.[24]

Nos três últimos substituem-se as palavras correntes por termos do calão, ou melhor, o emprego das palavras acaloadas é natural; no primeiro, como no que coligiu Adolfo Coelho, há sempre a tradução, o sinônimo idiomático da forma acaloada. Neste dicionarizam-se 33 vocábulos, naquele 31, englobando-se no cômputo elementos verdadeiramente do calão e outros assim considerados pelos autores das duas composições, mas que pertencem de fato à linguagem popular, à língua viva corrente.

Muito mais rico em formas acaloadas e vulgares, que estudaremos no próximo número desta revista, é o monólogo *Tudo mudado*, composição que trai uma autoria erudita — como também ocorre com os anteriores — e que se encontra, esquecida dos filólogos, nas p. 113-117 de um livro de cordel editado pela Livraria Quaresma: *Mysterios do violão. Grandioso e extraordinário repertorio de modinhas brasileiras* (sic) por Eduardo das Neves, autor d'*O cantor de modinhas*, d'*O trovador da malandragem* e da marcha *Santos Dumont*. Rio de Janeiro, 1905.

Embora não traga indicação de autoria, o monólogo, com toda a evidência, não é de Eduardo das Neves nem de outro cantor ou versejador brasileiro do tempo. O vocabulário é peculiar ao calão lusitano. O colecionador possivelmente incorporou à sua antologia composição que, recitada por artista português em nossos teatros populares, teria gozado, em princípios do século, de alguma voga em certos meios do Rio de Janeiro.

Eis o seu texto:

Tudo mudado
(Monólogo)

Se ao mundo agora viessem
João de Barros e Vieira,

---

[23] Ibid., p. 96-97.

[24] Ibid., p. 97-99. Este fado traz o título *Em calão a atirar.*

Suar-lhes-ia a moleira,
Se acaso escrever quisessem.
Muitos hoje desconhecem
O idioma adotado,
E um pobre ancião, coitado,
Ficava a chuchar no dedo,
E exclamaria, com medo:
— Portugal está mudado!

Tenho um filho, um doidivanas
Um asno, um janota, um tolo,
Que tem voltado o miolo
A mim, à mãe e às manas.
Passam-se dias, semanas,
Até meses, creio eu,
Em que o maldito sandeu
Traz a família confusa,
Pois a linguagem de que usa
'Té o diabo esqueceu.

Diz que é a língua da moda,
Que hoje fala toda a gente,
Que é elegante e decente,
Finalmente, a nação toda
Eu conheço que incomoda
Tanta tolice escutar;
Mas vou-lhes sempre contar
Alguma frase melhor
De tal língua, o tal primor
Que é hoje moda falar.

Um patusquinho, um ratão,
Que sabe apanhar dinheiro,
Era d'antes um *brejeiro*.
É agora um *entrujão*.
A mentira hoje é *palão*,
À pobre da cozinheira
Dá-se o nome de *sopeira*;
Um doido diz-se *telhudo*,

Mas é pior do que tudo
Ser a cabeça *trapeira*.

Chama-se *bronze* ao pataco,
Aos cinco tostões, *carinha*;
Um tostão é uma *rodinha*;
Dinheiro em geral é *maco*;
Quem tem juízo tem *caco*;
E até chega a meter dó
Chamar-se ao frio *taró*,
E ouvir dizer das senhoras:
Está cheia de nove horas,
Vai toda coxa e liró!

Velhote de perna fina,
Que traz chapéu cheio de sebo,
Recebe o nome de *gebo*,
E disso não se amofina.
Chama-se sécia à menina;
Ao pai, *polaco* ou *patrão*;
E não conheço a razão
De ser o burro *gerico*,
O chapéu *quibumbo* ou *quico*
E a bebedeira um *pifão*.

O toleirão, deputado —
Letras gordas, um lapônio —
Que se chama *Possidônio*
Ordenou Manuel Roussado.
E também acho engraçado
Que um patusco desordeiro,
Palrador e meetingueiro,
Que em tudo mete o nariz
E mal dos governos diz,
Se chamasse um *penicheiro*.

Há dias fiquei pateta
D'ouvir (não direi a quem)
Que a moeda de vintém

Podia ser uma *cheta*,
E mais ouvi (não é peta)
Chamar *pelega* ao dinheiro
Em papel; homem useiro
A beber o seu copinho
Chamava-lhe um ratãozinho
Grande chuva *piteireiro*.

Não é palavra hoje usada
Meu namoro, meu derriço;
Mas sim *ourelo* ou *serviço*.
E para não faltar nada,
Se um sujeito dá pancada,
diz-se que *fez um banzé*;
E, se acaso esperto é
Para no meio da bulha
Poder fugir à patrulha,
Tingou-se... passou-lhe o pé.

Em vez de trem alugado,
Diz-se: *vim numa tipóia*;
Um cocheiro do Lagoia
É também *gato pingado.*
Tudo, tudo está mudado
Na linguagem de Camões,
E de certo convulsões
Teria Filinto Elísio,
Ouvindo que um olho é *clízeo*,
E as suíças *matacões*.

O que d'antes era apito
Hoje é *grilo* ou *rouxinol*;
A bela pinga é *briol*,
Cigarro é *paivo* ou *palito*.
E é sobretudo esquisito
Ser um barulho *chinfrim*,
Ou entrar num botequim
Um tipo, fraca figura,
E, em vez d'uma mistura,
Dizer: *Traga um arlequim.*

A história hoje é *batata*,
Uma libra é uma *loirinha*,
E do cigarro a pontinha
Dá-se o nome de *beata*;
O rosto é *facha* ou é lata.
Chama-se *banza* à viola,
E é cousa que desconsola,
Em vez de: gosta de mim,
Usa-se dizer assim:
Vai muito na minha bola!

Quem gosta de chalaçar
De *pândego* o nome tem:
Não possuindo vintém,
Diz-se que *está a apitar*.
A música popular
Chama-se hoje um *solidó*;
Se a gente vai ao Cocó
E come dois pastelinhos
Muito bons, muito quentinhos,
Diz-se: são de *X.P.T.O*.

Mulher que namora, *adica*,
Chama-se *tanso* ao idiota,
Casa de jogo é *batota*,
Estar com fome é ter *larica*;
Porém o que não se explica
É ser o cabelo *solho*,
Ser o vinho *breu* ou *molho*,
E mostrar que se é esperto,
Dizendo com o lúzio aberto:
O Pai Paulino tem olho!

Eu muito dizer podia,
Mas tenho certo receio
De maçar; mesmo já creio
Ter dito mais que devia.
E declaro que me ria

Se alguns a quem estou falando
Tanto ficassem gostando
Da língua do filho meu,
Que exclamassem como eu:
São horas... vou-me raspando.

3
Lingüística e pedagogia: o exemplo Mobral*

O tema escolhido para esta comunicação pede um esclarecimento prévio.

Quando recebemos o honroso convite da comissão organizadora deste Congresso para falar numa de suas sessões plenárias, pensamos de início — e o dissemos ao ilustre presidente da Alfal, o nosso querido amigo Juan M. Lope Blanch — em tratar da necessidade de uma maior colaboração entre lingüistas e filólogos nas imensas tarefas com que nos defrontamos na América Latina, colaboração tornada quase impossível no Brasil, em virtude do desprestígio das denominações *filologia* e *filólogo* e de uma hipervalorização de métodos de uma escola lingüística — sempre de uma só e da mais prestigiosa no momento —, métodos aplicados invariavelmente não à realidade brasileira pesquisada, mas a uma suposta realidade brasileira, adaptada a modelos ensaiados em outras línguas, por vezes de estruturas muito diversas das da língua portuguesa.

No fundo uma lingüística não muito difícil, de reexame, à luz de teses inovadoras, de fatos lingüísticos recolhidos em pacientes investigações por antigos estudiosos, entre os quais sobreleva, por sua presença permanente, Manuel Said Ali, uma espécie de Andrés Bello brasileiro.

Com isso, não queremos defender a filologia como tradicionalmente vem sendo praticada no Brasil, antes filologismo do que filologia, porque não histórica e sistemática, mas historicista e atomística.

Nossa comunicação visaria antes a "defender uma atitude do que a formular uma doutrina", porque, na verdade, entendemos que se trata "menos de conciliar

---

* Conferência apresentada, em sessão plenária, no IV Congresso de Alfal (Asociación de Linguística y Filología de la América Latina), realizado em Lima (Peru), entre 6 e 10 de janeiro de 1975, publicada nas *Actas* do referido Congresso em Lima, 1978.

pontos de vista contraditórios do que de superar incompreensões, menos de propor uma síntese do que de recomendar, diante da complexidade dos fatos, a mais larga abertura do espírito"[1] . Ao invés de nos deixarmos seduzir por teorias e práticas extremamente simplificadoras dos fatos idiomáticos, produtos da visão estreita e parcial de maus lingüistas e maus filólogos, tentemos o exame da língua oral no seu concreto operar e o da língua escrita nas lições realmente conservadas pelos textos, cônscios de que "os problemas", como advertia Michele Barbi, "são os que são, e não depende da nossa vontade torná-los diversos: de nós depende encontrar um modo, o melhor possível, para deslindá-los e resolvê-los. Se não pudermos chegar a resultados sempre seguros, devemo-nos contentar com o provável, que também possui o seu valor"[2] .

Os lingüistas e filólogos brasileiros — repisemos — têm diante de si tarefas ingentes que desafiam o seu saber e a sua argúcia. Quase tudo está por fazer e do que foi feito parte substancial necessita de ser refeita — obra que depende natural e principalmente do nosso comum esforço.

E esforço que precisa de ser redobrado, porque, infelizmente, o destino tem sido muito cruel com o Brasil nesta área do saber. Perdemos os mestres que criaram, no século que corre, a lingüística e a filologia científica no Brasil: Said Ali, João Ribeiro, Mário Barreto, Sousa da Silveira, Antenor Nascentes, Augusto Magne, Otoniel Mota, José Oiticica. E também se foram alguns daqueles que os deviam estar ainda substituindo em nossas universidades: Ernesto Faria, Joaquim Matoso Câmara Júnior, Ismael de Lima Coutinho, Serafim da Silva Neto, Hélcio Martins, Emanuel Pereira Filho, Maria Luísa da Costa, os quatro últimos desaparecidos entre 28 e 43 anos de idade.

Para um país que teve a sua primeira Faculdade de Filosofia, Ciências e Letras em 1934, há quarenta anos, isso representa muito.

Linguista sum...

A Roman Jakobson, o lingüista de horizontes infinitos e o filólogo da magistral edição crítica do *Slovo* (*Le Geste de Prince Igor*), agrada repetir sua paráfrase do "*Homo sum...*", de Terêncio:

"*Linguista sum; linguistici nihil a me alienum puto.*"[3]

---

[1] *La nuova filologia e l'edizone dei nostri scrittori da Dante al Manzoni*. Firenze: G.S. Sansoni, 1938, p. XXIII-XXIV.

[2] Id., ibid.

[3] *Selected Writings, II.Word and Language*. The Hague — Paris: Monton, 1971, p. 555.

Este o lema dos grandes lingüistas e dos grandes filólogos, ambos empenhados em procurar o agente das realidades palpitantes da vida, através do estudo das línguas de civilização, dos dialetos, dos mais humildes falares, da palavra conservada num texto atual ou remoto. E "o único agente da história" — disse-o lapidarmente Rafael Lapesa — "é o homem, ora como personalidade isolada, ora somando-se a outras no anonimato da comunidade"[4].

Não nos devemos esquecer dos exemplos edificantes.

Saussure é o fundador da lingüística estrutural e também o filólogo dos anagramas; Lachmann inicia a ecdótica moderna e se apóia no biologismo de Schleicher. Gilliéron inaugura a cartografia lingüística e é um excelente editor da *Claire Fontaine*. Na crítica textual de Pasquali estão presentes concepções lingüísticas de Meillet, Bartoli, Trubetzkoy e Jakobson, como demonstrou D'Arco Silvio Avalle, que, por sua vez, faz parte dessa admirável escola italiana, em que ecdótica, semiótica, lingüística e teoria literária se interpenetram, escola de Devoto, de Contini, de Folena, de Roncaglia, de Segre, de Luciana Stegagno Picchio, que, para felicidade nossa, vêm aplicando a sua acuidade e a sua erudição à língua e às literaturas de língua portuguesa.

É também essa capacidade de tratar com igual interesse e saber a lingüística e a filologia que caracteriza a escola espanhola de d. Ramón Menéndez Pidal, cujas gerações se sucedem sempre educadas dentro da macrovisão do seu fundador, esse homem-milagre, como lhe chamou Leo Spitzer.

A finalidade de Alfal

Foi quando soubemos que iriam falar, nas outras sessões plenárias deste Congresso, três membros preeminentes dessa Escola, com E maiúsculo — d. Rafael Lapesa, d. Angel Rosenblat e d. Manuel Alvar —, que nos demos conta de que não teria o menor cabimento justificarmos aquilo que era pacificamente aceito pelos organizadores do Congresso. Em verdade, a culpa era nossa. Havíamo-nos esquecido de que Alfal (o mal polimórfico e polissêmico das siglas!) pretendeu, desde o início, exatamente, coordenar, harmonizar as atividades dos lingüistas e filólogos da América Latina em busca de melhores resultados de seus esforços.

Não cabia, pois, trazer para o debate deste Congresso uma realidade particular de nosso país, para a qual de certa forma concorremos, já que fomos um dos

---

4 *Historia lingüística e historia general*. Discurso inaugural de la Sección VII del XXIV Congreso Luso-Español para el Progreso de las Ciencias, pronunciado el 14 de noviembre de 1958 en Madri. Madri: C. Bermejo Impressor, s/d, p. 176.

autores do Parecer do Conselho Federal de Educação[5], que tornou a lingüística, desde 1962, disciplina obrigatória de todos os cursos de Letras do Brasil.

Poderíamos apresentar-nos aqui como criadores de falsos problemas, ou, numa hipótese mais generosa, ou mais poética, um Stevenson a discutir com o seu boneco de palha, ou um Fernando Pessoa, com o seu Chevalier de Pas.

A razão do tema escolhido

Este o motivo que nos levou a redigir outra comunicação, de caráter puramente informativo, mas que, a nosso ver, melhor se enquadra no tema geral do Congresso, ou seja: lingüística e pedagogia.

Vamos tratar de um campo novo que se abriu à investigação lingüística no Brasil com a criação do Mobral, sigla que significa Movimento Brasileiro de Alfabetização. Subentenda-se: especialmente para adultos.

A alfabetização de adultos no Brasil

A alfabetização de adultos não representa uma experiência nova no Brasil. E cremos que em nenhuma parte do mundo.

Com relação ao Brasil houve mesmo algumas iniciativas de grande importância, com a difusão prática de novas idéias pedagógicas, entre as quais sobreleva o sistema Paulo Freire, aplicado, inicialmente, ao Movimento de Cultura Popular de Pernambuco; em seguida, à Campanha de Educação Popular da Paraíba, de Osasco, no estado de São Paulo, e, principalmente, do Rio Grande do Norte, onde contou com recursos da Usaid.

Em 1963 o Ministério da Educação e Cultura instituiu uma Comissão encarregada de elaborar um Plano Nacional de Alfabetização, mas suas atividades, com a Revolução de 1964, não tiveram seguimento.

Antes da criação do Mobral, em 1967, talvez apenas um movimento de educação de adultos deva ser ainda mencionado: a Cruzada da Ação Básica Cristã (mais conhecida por Cruzada ABC), criada fundamentalmente como "contestação dos movimentos educativos desenvolvidos no Nordeste no período anterior", numa perspectiva não só política contrária ao método Paulo Freire e ao Movimento de Cultura Popular, que o difundia, mas também aos "seus objetivos, sua maneira de interpretar o fenômeno educativo".

---

5 Parecer n. 283, de 1962. In *Documenta* n. 10, dezembro de 1962, p. 81s.

De todos esses movimentos de educação de adultos, promovidos por entidades públicas e privadas até o aparecimento do Mobral, trata a professora Vanilda Pereira Paiva, na sua excelente tese de mestrado *Educação popular e educação de adultos*[6], em que não se sabe o que mais admirar, se a minúcia das informações, se a argúcia nas interpretações, se a isenção na análise de assunto com tantas conotações políticas e ideológicas.

Criação do Mobral

O Mobral foi instituído pela Lei 5.379, de 15 de dezembro de 1967, mas só teve vida realmente ativa a partir de 1970.

Parênteses pessoal

Seja-nos lícito transcrever aqui trechos da Indicação que fizemos como membro do Conselho Federal de Educação, em 1969, quando o ministro Jarbas Passarinho, no discurso de posse, tocou em nossa chaga cultural — os quase vinte milhões de brasileiros maiores de 14 anos, que, emparedados pelo analfabetismo, povoavam então os oito milhões e meio de quilômetros quadrados do nosso país, e nos convocou a todos para a luta, em que prometeu engajar-se, de trazer à plenitude produtiva essas comunidades marginalizadas da civilização do nosso tempo.

Escrevíamos nessa Indicação, velha de cinco anos:

> Reconhece o atual ministro a preocupação que tiveram seus antecessores na pasta com iguais problemas, e afirma:
> "Ingresso, hoje, na mesma legião, o que não me apavora, mas nem por isso me tranqüiliza."

E continuávamos:

> Realmente, os insignificantes resultados obtidos com as chamadas campanhas de alfabetização não devem deixar tranqüilo o mais sereno dos educadores. Mas, se os frios dados estatísticos são, no caso, decepcionantes, é isto motivo para desesperarmos de encontrar a solução para problema de tal relevância?
> Permitimo-nos, nesta altura dos acontecimentos, a indiscrição de uma pergunta singela e inocente: será que, alguma vez, os nossos educadores, sinceramente interessados no melhor encaminhamento da questão, atentaram em que no complexo processo de alfabetização a parte básica é a aplicação de uma técnica lin-

---

[6] *Educação popular e educação de adultos. Contribuição à história da educação brasileira.* São Paulo: Edições Loyola, 1973.

güística? E mais: que a aplicação da técnica lingüística adequada ao caso brasileiro pressupõe árduas e minuciosas pesquisas sobre a nossa realidade idiomática, pesquisas que nos irão ensinar a distinguir o fundamental do acessório, as formas vitais das encanecidas ou mortas pelo tempo, o que, enfim, nos permitirá, pela eliminação da sobrecarga inoperante no ensino da língua, vencer a fundamental batalha do tempo?

Expliquemo-nos melhor.

Sendo o ensino, em última análise, a "transmissão de informações a um ser humano com a finalidade de que ele, memorizando-as, possa utilizá-las para guiar o seu comportamento", obviamente devem essas informações ser progressivas, cumulativas, e partir de elementos estruturais, básicos, gerais.

Ora, de duas maneiras podemos conceber a aprendizagem de uma língua, ou seja, o esforço para apropriar-se do seu mecanismo: a aprendizagem da primeira língua, a língua materna, que começa na infância e só termina com a morte do indivíduo, e a de uma segunda língua, a forma de linguagem que se costuma chamar *adquirida* para contrastar com a primeira, forma de linguagem *transmitida*.

É claro que o ensino tem finalidades diferentes nos dois casos e os métodos adotados serão necessariamente diversos, porque, tratando-se de uma primeira língua, seja no ensino de crianças, seja no de adultos, temos de considerar uma condição, não raro esquecida: o saber lingüístico prévio do aluno — sua competência lingüística —, inexistente no segundo caso.

Mas, se partimos de conhecimento lingüístico diverso por parte dos alunos, as etapas iniciais devem ser estabelecidas num e noutro caso. E essas etapas iniciais só nos podem ser fornecidas pela investigação pormenorizada, especialmente pela lingüística quântica, que tão grandes progressos tem feito ultimamente.

Infelizmente, força é admitirmos que os estudos lingüísticos se encontram em grande atraso no Brasil.

Reconhecendo embora o mérito da maioria dos estudos que se escreveram sobre o português do Brasil — mormente levando em conta a época e as condições em que foram elaborados —, devemos afirmar que eles não satisfazem às exigências da lingüística atual, nem mesmo da lingüística elementar, puramente descritiva.

Se quisermos ter uma idéia do complexo operar da língua portuguesa no Brasil, é necessário que nos disponhamos a realizar árduas e minuciosas pesquisas e com metodologia adequada, própria.

Os princípios — e quem o diz é Bernard Pottier — "devem ter um valor lingüístico e prático, os aspectos lingüísticos e pedagógicos não podem ser legitimamente opostos".

Quando reclamamos a necessidade de criarmos uma metodologia adequada para a pesquisa idiomática, não pensamos obviamente em construí-la peça por peça a partir do nada. Apontamos apenas os males de aderirmos sem crítica ao último *-ismo* da ciência, de aplicarmos sem discernimento métodos que nos chegam pré-fabricados de países com situação lingüística muito diversa, porque muito diversas as suas condições socioculturais.[7]

Mas voltemos ao Mobral.

O Mobral e seus objetivos prioritários

Embora criado em 1967, o Mobral só iniciou suas atividades regulares a 8 de setembro de 1970, Dia Internacional de Alfabetização, depois de prévio e cuidadoso equacionamento das necessidades educacionais, sociais e econômicas do país, da identificação do momento propício para ser desencadeado um amplo e contínuo programa de alfabetização e da garantia de um orçamento financeiro permanente, suporte de sua viabilidade.

A erradicação do analfabetismo e a educação continuada de adolescentes e adultos são, por excelência, os objetivos do Mobral, que, para atingi-los, estabeleceu linhas prioritárias:

1ª) *atendimento imediato à população urbana analfabeta*, por ser notoriamente aquela mais sensível às carências educacionais pelas solicitações da própria vida citadina, e a que podia ser beneficiada com maior rapidez e maior eficácia à vista das facilidades para a instalação dos postos de alfabetização e para o recrutamento dos professores;

2ª) *atendimento prioritário da faixa etária de 15 a 35 anos*, não só por apresentar "maior probabilidade de devolver, em termos de acréscimo de produtividade, os recursos investidos em sua formação", mas também pela maior facilidade no ajustamento social desse grupo etário, menos infenso às mudanças.

Acrescente-se que, embora tenha sido dada ênfase particular ao atendimento dessas populações mais facilmente alfabetizáveis e passíveis de alçar, de imediato, à plenitude produtiva, não descuidou o Mobral, desde a primeira hora, nem da população campesina, nem dos grupos etários abaixo ou acima da faixa de 15 a 35 anos.

Estabelecidas as prioridades, o Movimento teve de ajustar-se às dimensões dos problemas que lhe cumpria solucionar.

A propósito, escrevia em 1973 o seu então presidente, professor Mário Henrique Simonsen:

---

[7] Cf. Conselho Federal de Educação. *Documenta*, n. 109 (dezembro, 1969), p. 268-271.

O Mobral não representa um milagre, mas o resultado de um trabalho árduo e pragmático. Procuramos ser realistas e, nesse sentido, a primeira preocupação foi a de assegurar a solidez financeira do Movimento, conseguindo receitas da Loteria Esportiva e do Imposto de Renda; procuramos ser econômicos, aproveitando a capacidade ociosa das escolas e das estruturas municipais de ensino fundamental para alfabetização de adultos em cursos noturnos; procuramos ser funcionais, descentralizando os nossos critérios de ação e confiando as principais tarefas executivas da alfabetização às Comissões Municipais.[8]

O Sepes e sua recente atividade

Não iremos descrever aqui o funcionamento do sistema Mobral, mas acentuar apenas a importância que, em pouco tempo, adquiriu o Setor de Pesquisas da Instituição, e a nova abertura que passou a representar para a investigação lingüística no Brasil.

O Setor de Pesquisas (Sepes) é o mais recente do Mobral. Ainda no *Seminario Interamericano de Educación de Adultos*, patrocinado pelo Mobral e realizado no Rio de Janeiro, entre 9 e 18 de abril de 1973, se reconhecia o caráter incipiente do setor, ao afirmar-se no documento final, itens 54 e 55:

54 Mobral concede la mayor importancia al papel que en programas de esa naturaleza le corresponde a la investigación, como medio de conocer científicamente los problemas que debe enfrentar proyectando las hipótesis de trabajo correspondientes.

55 El trabajo de investigación está a cargo del Sector de Investigación de la Gerencia de Formación e Investigación. Siendo esa Gerencia la unidad más recientemente creada dentro de la estructura de Mobral, no tiene todavia listo su plan prioritario de investigaciones. No obstante, se ha procedido a la realización de algunos estudios de carácter imediato, como por ejemplo sobre características y aspiraciones de los participantes de Mobral. Las investigaciones en forma sistematizada se deben implementar en breve a la luz del plan que está siendo elaborado.[9]

De então para cá, ou seja, em menos de dois anos, o Sepes ampliou muito suas atividades, tendo desenvolvido um importante plano de pesquisas, no qual se incluem projetos que interessam diretamente, como veremos, o tema central deste IV Congresso de nossa Associação.

---

[8] In *Mobral: sua origem e evolução.* Rio de Janeiro: MEC, 1973, p. 3.

[9] Mobral — *Seminario interamericano de educación de adultos. Documento final* (Río de Janeiro, Brasil, 9 al 18 de abril de 1973). MEC [1973], p. 17.

No presente ano, as atividades do Sepes se orientarão em três sentidos:

1º) estudos básicos para pesquisas do Sistema;

2º) pesquisas, solicitadas por diversos órgãos do Mobral, cujos projetos foram aprovados e que, agora, terão início;

3º) desenvolvimento das pesquisas iniciadas.

Advirta-se que todas essas atividades estão perfeitamente integradas no Plano Geral de Pesquisas, concebido de forma suficientemente flexível, para que possa abarcar pesquisas e estudos básicos objetivamente úteis, sem prejuízo da estrutura sistêmica, que permite uma visão global e escalonamento de prioridades.

Entre os estudos básicos que terão prosseguimento em 1975 e que devem ser desenvolvidos pela própria equipe do Sepes (técnicos e consultores), com anuência das Assessorias, Gerências e Centros interessados, e com eventual participação de órgãos de pesquisa, para tarefas específicas, incluem-se os seguintes:

1. Elaboração da escala ocupacional para classificação dos alunos do Mobral.
2. Elaboração de testes padronizados para avaliar rendimento dos alunos.
3. Elaboração de testes padronizados para avaliação de hábitos e atitudes.
4. Compatibilização de instrumentos de coleta de dados utilizados pelo Mobral.
5. Revisão da codificação dos instrumentos de coleta de dados.
6. Análise preliminar de dados coletados pelo Sistema Integrado de Informações do Mobral (Siimo).
7. Estudo da implantação de um cadastro de alunos do Mobral.
8. Modelos matemáticos de otimização e avaliação.
9. Modelos matemáticos de simulação do comportamento do Sistema Mobral.

Com relação às pesquisas que devem ser continuadas ou que terão seu início no corrente ano, algumas dizem respeito à maior eficácia de partes do sistema Mobral e sua comprovação. É o caso, por exemplo, de:

a) pesquisas baseadas em *fluxos especiais* de dados internos, tais como: disponibilidade de assistência técnica, de recursos materiais, em nível municipal, bem como o levantamento de instituições que, nesse nível, possam apoiar a ação do Mobral;
b) pesquisas baseadas em *fluxos extensivos* de dados internos, completados por pesquisas amostrais, com vista à melhor caracterização do pessoal docente do Mobral ou a explicar as causas e conseqüências de sua evasão;
c) pesquisas amostrais em nível de município, que compreendem diagnóstico e prognóstico de funcionamento das Comissões Municipais, formas de mobilização utilizadas, atuação do Mobral em áreas de população rarefeita, contribuição do Mobral-Cultural ao programa pedagógico, avaliação dos graus de aditividade e de substitutividade dos programas do Mobral,

visando a conhecer até que ponto o esforço adicional do Mobral é acompanhado da retração ou da oposição de outros órgãos, ou os estimula;

d) pesquisas amostrais em nível de aluno, como o estudo das causas de resistência à alfabetização nas áreas urbana e rural, a avaliação dos efeitos, sobre o aluno ou o ex-aluno, dos programas do Mobral, em diversos intervalos de tempo. Esses efeitos serão relacionados a variáveis do aluno, do professor, da classe e do município.

Se as pesquisas até aqui mencionadas não apresentam um interesse especificamente lingüístico, embora visem a uma maior eficácia pedagógica, há, no momento, em começo de execução, em final de projeto, ou em anteprojeto, três pesquisas que vão merecer nossa atenção especial. Talvez devêssemos incluir uma quarta, que entra nos domínios da psicolingüística, e que tem por título *Percepção visual da clientela do Mobral*. Trata-se de um conjunto de 15 projetos, elaborados por uma equipe constituída dos professores Antônio Penna, Célio Ziviani, Charles Esberard e Eliane Gerk. Pelo contrato estabelecido, nove desses projetos devem estar concluídos em dezembro de 1975.

Pesquisas lingüísticas

Em final de projeto, mas com anteprojeto já aprovado, encontra-se a pesquisa intitulada *Competências básicas do português*, de que é coordenadora a lingüista Miriam Lemle, do Museu Nacional e da Faculdade de Letras da Universidade Federal do Rio de Janeiro. Com ela colaborarão outro lingüista de alto nível, o professor Antony J. Naro, e um semiólogo de renome, o professor Décio Pignatari.

Depois de frutuosos debates, de que tivemos oportunidade de participar como Consultor do Mobral, a pesquisa, por exigência de limitação no tempo, ficou restrita ao levantamento e análise de dois *corpora*, que, numa primeira fase, serão constituídos de:

a) um *corpus* de cerca de trezentas páginas, formado de uma coletânea de textos simples do português do Brasil (avisos, instruções, notícias, editoriais, crônicas, receitas de cozinha, trechos de livros didáticos, contratos, cartas comerciais);
b) um *corpus*, de vinte horas de gravação, da fala espontânea de adultos não escolarizados do Rio de Janeiro.

Essa primeira etapa, de colheita *random*, terá por finalidade permitir, através de uma preliminar análise teórico-lingüística, estabelecer áreas de contraste gramatical merecedoras de indagações mais profundas.

Só depois de cumprida essa etapa é que será elaborado o questionário, que visará a solicitar informações mais abrangentes a respeito dessas áreas.

Pela própria formação científica dos dois lingüistas participantes da pesquisa, a fundamentação teórica da metodologia empregada para a análise do material recolhido será — e repetimos palavras da coordenadora — "o esquema conceitual da análise sintática em constituintes imediatos (análise sintagmática), acrescida de índices codificadores de partes relevantes da estrutura profunda". Esses os princípios que lhes servirão de "base para a segmentação e classificação das construções gramaticais encontradas nos dois *corpora*", objetos da pesquisa, que pretende atingir um objetivo teórico e outro prático.

Teórico, o de "verificar os mecanismos gramaticais mais empregados em cada uma das variedades lingüísticas estudadas e determinar os principais pontos de discrepância entre uma e outra. Hierarquizar níveis de dificuldade lingüística com base objetiva nos dados estatísticos obtidos". E, "de acordo com os achados, estabelecer conjuntos sintáticos e lexicais de complexidade crescente".

O objetivo prático será o de fornecer subsídio para elaboração de material de ensino de português, "com base no conhecimento adquirido sobre os tipos de estruturas sintáticas e itens lexicais de freqüência baixa ou nula na variedade oral pesquisada".

Quanto à segunda etapa (a que seguirá à elaboração do questionário), reconhece a própria coordenadora que faltam à equipe "condições de quantificá-la previamente, já que muito dependerá da facilidade operacional de se obterem dados relativos às questões colocadas".

Dois outros projetos se referem ao desempenho ortográfico do pós-mobralense.

O primeiro, já em início de recolha do *corpus*, intitula-se *Nível ortográfico dos alunos do Mobral*. É coordenado pela professora Leda Bisol, da Pontifícia Universidade Católica do Rio Grande do Sul e da Universidade Federal do mesmo estado, e objetiva estudar o desempenho ortográfico de alunos bilíngües do Mobral em três áreas socioculturais do estado do Rio Grande do Sul:

1ª) zona metropolitana, representada pelo município de Porto Alegre;

2ª) colônia alemã, representada pelo município de Santo Antônio[10];

3ª) colônia italiana, representada pelo município de Caxias.

---

[10] Posteriormente à leitura de nossa comunicação (em Lima, a 9 de janeiro do corrente ano), examinamos os relatórios n. 3 e 4 da coordenadora do projeto Noam, professora Leda Bisol, apresentados ao Mobral a 28-1-75, e de sua leitura ficou-nos a mesma excelente impressão deixada pelos relatórios anteriores.

O Projeto Noam, como prevíamos, antes mesmo de sua conclusão, começa a transcender de sua finalidade primeira — o desempenho ortográfico do Mobralense bilíngue — para subsidiar dados relevantes não só à área da psicolingüística e da sociolingüística, mas à da educação

Na escolha das três áreas obedeceu-se a classificação testada por Schrader (1973) e elaborada pelo padre Lebret, conforme consta da obra *Bacia do Paraná e Uruguai*, considerando-se a diferenciação étnica e com isso a diferenciação local e econômica.

Quanto ao instrumento de coleta de dados, pressupôs-se a construção de uma escala de desempenho ortográfico para populações adultas. "Através dessa escala, foram classificadas as palavras do Português de uso corrente, quanto à freqüência de erros ortográficos numa população semelhante (Curso Supletivo)."

Para a elaboração do instrumento de testagem das hipóteses, utilizaram-se as palavras com menor número de erros.

---

lato sensu, com vista a possibilitar uma visão mais realista do complexo processo de integração racial que se vem realizando no Sul do Brasil.

A inexistência de mobralenses bilíngües na zona alemã previamente escolhida, em contraste com o resultado previsto na zona italiana, convida-nos à meditação. Até que ponto essa inexistência de falantes de português e de alemão em cursos do Mobral, insuspeitada pelos membros da equipe elaboradora da pesquisa e, mesmo, pelos da Coest, pode ser explicada simplesmente pela razão mencionada no item 8 do Relatório n. 3:

> Procurando explicação para esse fato, a equipe constatou, em suas viagens, através de contatos com as coordenadorias municipais, que a população de origem alemã afluiu em grande número às primeiras turmas de alfabetização, diminuindo consideravelmente a sua incidência a cada ano, o que leva a supor que a demanda dessa população tenha sido atendida.

Não estaria subjacente a esses resultados díspares entre os bilíngües das áreas italianas e alemãs um maior cuidado dos alemães na educação dos filhos, na escola brasileira, principalmente depois da última guerra?

De qualquer forma, temos que louvar a vocação para a pesquisa da equipe e a inestimável contribuição dos órgãos do Mobral para que ela consiga atingir as metas propostas. A localização de 98 bilíngües na zona alemã do Alto Taquari é um exemplo edificante de persistência, de seriedade na recolha dos *corpora*, que serão objeto da análise.

O atraso na recolha do material entre bilíngües da zona alemã, por motivos abundantemente justificados, não prejudicará a execução do Projeto.

No Relatório n. 4, a professora Leda Bisol, de forma sintética e precisa, nos esclarece sobre a distribuição, entre os membros da equipe, das tarefas de análise e classificação dos dados. A experiência aconselhou até aqui numerosas subclassificações com vista a um melhor exame da complexidade dos fenômenos ocorrentes.

Com as providências tomadas, espera a ilustre coordenadora que, no mês de março, possa iniciar o estudo comparativo entre:

bilíngües e monolíngües de Porto Alegre;
bilíngües e monolíngües de Caxias;
bilíngües e monolíngües do Alto Taquari.

Concluído esse, será então feito o confronto do desempenho dos bilíngües italianos com o dos bilíngües alemães, última parte do trabalho.

Cremos que nesta altura da pesquisa nenhuma dúvida pode mais permanecer quanto à importância dos ensinamentos que nos trará para alguns dos pontos mais obscuros desta realidade penumbrosa, que é o português do Brasil.

Na construção da escala foi observada a metodologia já empregada, com bons resultados, por Esteban Villarejo. Selecionaram-se, segundo amostragem sistemática, palavras isoladas, objeto de ditado.

A coordenadora explica-nos como procedeu no particular:

> De uma lista formada da última palavra de cada página do Dicionário Caldas Aulete (4ª edição, 1958), no qual existem 5.396 páginas, três juízes eliminaram as palavras raras, antiquadas, excessivamente técnicas, compostas, homófonas e de sentido pejorativo, as demasiado longas (mais de seis sílabas). As demais foram distribuídas aleatoriamente em listas de cem palavras, até perfazerem um total de mil. Este conjunto de mil palavras constitui o instrumento aplicado, para validação, a uma população semelhante ao do Mobral — aproximadamente cinco mil alunos do Curso Supletivo.

As palavras foram classificadas em níveis de dificuldade a partir do resultado da aplicação do instrumento àquela população.

Finalmente, considerando que o aluno do Mobral é apenas um iniciante na área da ortografia, a equipe resolveu tomar o nível mais baixo da escala e agrupar as palavras desse nível, segundo as três classes de dificuldades apontadas no projeto: permuta, acréscimo e apagamento de letras.

O Projeto, que leva em conta as variáveis, entre as quais as de sexo e idade, é daqueles que interessam não somente às finalidades do Mobral, mas à própria lingüística geral, onde os fenômenos ligados ao bilingüismo vêm sendo, ultimamente, objeto de atenção particular.

Outro projeto na área ortográfica, ou melhor, esboço de anteprojeto, intitula-se *Desempenho ortográfico do mobralense em fim de curso e os limites do conceito de erro em matéria ortográfica*.

Esta pesquisa, que deverá abarcar todos os municípios do país, pretende verificar a variedade e a incidência dos desvios do sistema, estudar suas causas e propor a terapêutica adequada para os erros que podem ser evitados, ou a minimização — e até mesmo o desprezo —, para aqueles que se revelarem insuperáveis.

O método adotado deverá ser de base pictórica, uma adaptação para fins ortográficos do método PLIM (Pictorial Linguistic Interview Manual)[11], ou método Sapon.

A recolha do material, através de ditado pronunciado por professoras do Mobral, pareceu aos autores do anteprojeto um método particularmente desa-

---

[11] Publicado pela American Library of Record Dialect Studies (Alcords), The Ohio State University, Columbus, Ohio. Resumido pelo autor em comunicação ao IX Congresso Internacional de Lingüística Românica. Cf. *Actas*, III, Lisboa, 1962, p. 69-77.

conselhável pelas razões já aduzidas por lingüistas que se dedicaram ao assunto, como Matoso Câmara Júnior[12].

O ideal — estamos todos de acordo — seria obter do informante uma resposta única e determinada, que representasse, de um lado, a área do seu domínio efetivo, automatizado, do sistema ortográfico vigente e, de outro, aquela em que, por variadas razões — que nos cumpre esclarecer — o seu desempenho infringe as regras do sistema.

O primeiro obstáculo que nos oferece a possibilidade da recolha de um *corpus* que se preste a uma análise monovalente (se em lingüística isso um dia for possível) é a diversidade dialetal, principalmente a geográfica, diatópica.

O polimorfismo fônico e léxico exige a elaboração de mais de um questionário do tipo PLIM para a obtenção de informações de maior fidelidade no particular.

O método Sapon, como sabemos, consiste na recolha de elementos da língua falada, especialmente de dados léxicos e fonéticos, com estimular o informante a responder a um questionário pictórico, formado de desenhos que representam objetos e situações peculiares.

Não cabe aqui rememorar as críticas e os louvores que se fizeram ao método Sapon, desde 1959. Os louvores resumem-se nas vantagens que traz a espontaneidade das respostas ao objeto observado.

As críticas, mais variadas, incidem sobre as respostas diferentes provocadas pelos desenhos: desenhos que representam objetos desconhecidos em certas regiões, a diversidade de forma do objeto de região para região, a dificuldade de identificação dos desenhos pelo falante inculto, etc.

Lembremos, a propósito, o debate havido entre Stanley Sapon, Manuel Alvar, Badía-Margarit, Diego Catalán e Manuel Companys Maldonado, no Congresso de Lingüística e Filologia Românicas, realizado em Lisboa em 1959[13].

Tudo isso está a aconselhar-nos o maior cuidado na adaptação do método Sapon a outra finalidade, à da língua escrita, e cuidado particular na elaboração do questionário pictórico, que deverá levar em linha de conta a diversidade dialetal brasileira.

A importância dessa pesquisa em face dos objetivos prioritários do Mobral é óbvia, pois que só ela nos poderá revelar os limites de desempenho ortográfico atingíveis pelo Mobralense em fim de curso, e nos aconselhar quais as medidas científicas e políticas que cabem ser tomadas para que a falta do domínio perfeito do código escrito não venha prejudicá-lo no progresso dos estudos.

---

12 Cf. *Dispersos*. Seleção e introdução por Carlos Eduardo Falcão Uchôa. Rio de Janeiro: Fundação Getúlio Vargas, 1972, p. 38.

13 Cf. *Actas do IX Congresso Internacional de Lingüística Romanica*, III, Lisboa, 1962, p. 76-77. Além dos lingüistas citados, tomaram parte no debate os professores M. Sanchis Guarner, H. Weinrich e M.L. Dufrenoy.

Com reconhecermos o caráter convencional da ortografia, não devemos subestimar a sua força social, coercitiva, sobre os usuários de um idioma.

Embora seja a língua, em sua essência, modulação oral, a forma escrita, nas sociedades cultas, costuma usurpar-lhe o primeiro papel, fato já salientado por lingüistas como Saussure[14], e que foi objeto de um livrinho delicioso, *El fetichismo de la letras*[15], do nosso querido mestre Angel Rosenblat.

Esses primeiros projetos de pesquisa lingüística que se propõe realizar o Mobral — a que certamente seguirão outros — representam algo de auspicioso no campo da lingüística aplicada ao idioma materno, sempre em grande atraso, quando comparada aos progressos daquela que se aplica ao ensino de uma segunda língua.

A propósito, cabe-nos recordar aqui as ponderações de um grande lingüista, que foi também um grande poliglota e um dos melhores conhecedores da realidade lingüística da América Latina, o nosso pranteado companheiro José Pedro Rona.

E com estas suas confiantes palavras terminaremos nossa comunicação:

> *Suele decirse, en el ámbito hispanoamericano, que la enseñanza de la lengua materna está atrasada, o insuficientemente desarrollada en la América Española.*
>
> *Se trata de un grave error. La enseñanza de la lengua materna está insuficientemente desarrollada, sí, pero no en la América Española, sino en el mundo entero.*
>
> *En los Estados Unidos, por ejemplo, se ha desarrollado una magnífica metodología para aprender a enseñar cualquier idioma del mundo, desde el español hasta el hotentote; pero la enseñanza del inglés en este país no há avanzado mucho más allá de donde estaba hace medio siglo. Lo mismo sucede, por supuesto, en otros países, incluso entre nosotros.*
>
> *En este sentido, creemos que son injustas las autocríticas que nos hacemos, injustas y provenientes de una especie de auto-menosprecio que tanto caracteriza al ambiente científico y educativo latinoamericano, siempre pronto a acudir a la admiración e imitación de lo ajeno, sin fijarse a veces en si lo ajeno realmente representa un estado más adelantado de desarrollo.*
>
> *Nuestra consciencia nos dice que la imitación de lo que sucede en otros países debe dirigirse hacia las motivaciones y preparación global del estudiante, mientras que en materia de métodos de enseñanza, en vez de imitar, en vez de adoptar o de adaptar, debemos crear.*[16]

Esta a sua mensagem. Este o nosso dever.

---

[14] Cf. *Cours de linguistique générale*. Edition critique préparée par Tullio de Mauro. Paris: Payot, 1973, p. 44-61.

[15] In *Cuadernos del Instituto de Filología* "Andres Bello", Caracas, 1963.

[16] La lingüística en la enseñanza del castellano. Separata de la *Revista de la Universidad Industrial de Santander*. Bucamaranga, Colombia [1969], p. 41-43.

4
Presença de Antenor Nascentes*

Le veritable patriotisme n'est pas l'amour du sol, c'est l'amour du passé, c'est le respect pour les générations qui nous ont précédés.
Fustel de Coulanges

Conhecemos o professor Antenor Nascentes em 1935, quando iniciávamos o magistério no Colégio Pedro II. A publicação do *Dicionário etimológico da língua portuguesa* três anos antes[1] lhe permitira o ingresso no restrito grupo dos filólogos, de que eram membros efetivos, reconhecidos pacificamente, apenas Said Ali, Augusto Magne e Sousa da Silveira.

Ao contrário do que observamos hoje, o título de filólogo representava ao tempo o maior galardão que podia almejar um estudioso do idioma em Portugal e no Brasil. Classificação pejorativa, por excelência, era a de gramático, aplicada não só aos descritivistas e aos puristas, mas — um tanto injusta e indiscriminadamente — aos oficiais do mesmo ofício que não pertenciam ao pequeno círculo de nossas admirações. Lingüistas, não os havia de nacionalidade portuguesa ou brasileira. O primeiro que recebeu o título — e justamente — foi Matoso Câmara Júnior. Mas isso na década de 1940, depois da publicação dos seus *Princípios de lingüística geral*[2].

Em 1937, quando ingressamos na inesquecível Universidade do Distrito Federal — o belo e malogrado sonho de Anísio Teixeira — apenas Ferdinand de Saussure e Antoine Meillet, entre os autores do dia-a-dia, tinham o *status* de lingüistas, porque lingüista para nós era aquele que estudava a língua como um fato

---

* Ensaio publicado em *Romanitas*, v. 12 e 13. Rio de Janeiro, 1975. Republicado, com alterações, em *Studia*, Rio de Janeiro: MEC/Colégio Pedro II, n. 10, 1980, p. 137-149.

1 Rio de Janeiro, 1932. Em 1955 o A. publicou uma segunda tiragem da primeira edição, que sempre quis considerar única.

2 Rio de Janeiro: Briguiet, 1941.

social, comparável à religião, à moral e às regras do Direito. Ensinavam-nos mesmo que o *Cours de linguistique générale*[3], de Saussure, e a *Linguistique historique et linguistique générale*[4], de Meillet, exigiam para o seu melhor entendimento a prévia leitura das *Règles de la méthode sociologique*[5], de Émile Durkheim. Também lingüistas se consideravam os neogramáticos, dos quais só conhecíamos Karl Brugmann, cuja versão francesa da *Kurze vergleichende Grammatik der indogermanischen Sprachen*[6] servia de livro-texto no ensinamento do professor José de Oiticica, titular de lingüística, ele mesmo classificado pelo grupo de seus fiéis admiradores como filólogo, e como simples gramático pelos que não se deixavam seduzir por suas idéias, não raro originais (e algumas delas de indiscutível atualidade), mas enunciadas sempre de forma um tanto dogmática.

As outras admirações que cultivávamos eram filólogos.

George Millardet, membro da notável Missão enviada pela França naquele ano decisivo de nossa formação — que também nos trouxe Eugène Albertini e Albert Cherel — foi o primeiro grande romanista que vimos de carne e osso. Antenor Nascentes, que então iniciava entre nós o ensino regular da Filologia Românica, muito emocionado, saudou-o em francês, chamando-lhe filólogo exemplar, a ele que se revelara principalmente um exímio cultor e crítico da dialectologia e que, voltando à Sorbonne, deixaria também nome e fama de sua indomável bravura na cátedra durante a ocupação alemã.

Filólogo era Leite de Vasconcelos, santo de nossa particular devoção, sábio entre os sábios, como nos inculcava Sousa da Silveira, e cujas *Lições de filologia portuguesa*[7] todos os companheiros daqueles saudosos tempos — Antônio Houaiss, Antônio de Pádua, Crisanto Martins Filgueiras e Olavo Nascentes — tínhamos por breviário, que devia ser conhecido em todas as minúcias.

Fato curioso. Livro multifário, desordenado — retrato do que parece ter sido a docência do mestre português — foi provavelmente a obra que maior influência exerceu na filologia luso-brasileira. Sousa da Silveira confessava haver nela encontrado aquelas verdades luminosas que o fizeram trocar as precisas fórmulas da

---

[3] Ferdinand de Saussure. *Cours de linguistique générale*, publié par Charles Bally et Albert Sechehaye avec la collaboration de Albert Riedlinger. Lausanne-Paris: Payot, 1916.

[4] Antoine Meillet. *Linguistique historique et linguistique générale*. I, 2. ed. Paris: Champion, 1926; II, nouveau tirage, Paris: Klincksieck, 1938.

[5] Émile Durkheim. *Règles de la méthode sociologique*. Paris, 1895.

[6] Karl Brugmann. *Abrégé de grammaire comparée*. Traduit par J. Bloch, A. Cuny et A. Ernout, sous la direction de A. Meillet et R. Gauthiot, Paris, 1905.

[7] José Leite de Vasconcelos. *Lições de filologia portuguesa*. Lisboa: Biblioteca Nacional, 1911; 2. ed. Lisboa: Biblioteca Nacional, 1926; 3. ed. Rio de Janeiro: Livros de Portugal, 1959.

linguagem matemática pelas esquivas e encantadas expressões da sua língua natural[8]. Talvez seja de creditar às *Lições* de Leite de Vasconcelos um certo gosto que continuamos a sentir pelas recheadas notas ao pé da página, confissão que reconhecemos herética dentro da doutrina bibliográfica vigente.

Do grupo excepcional que introduzira a filologia científica (hoje diríamos a lingüística) em Portugal, só ele vivia ainda. Júlio Moreira, seu mestre, falecera em 1911; Gonçalves Viana, em 1914; Epifânio Dias, em 1916; Adolfo Coelho, em 1919; Sebastião Rodolfo Dalgado, em 1922; Carolina Michaëlis de Vasconcelos, em 1925; Antônio Augusto Cortesão, em 1927; José Joaquim Nunes, em 1932. Até aquele que deveria assumir as suas responsabilidades, João da Silva Correia, o discípulo de inteligência agudíssima, morreria em 1937.

De Leite de Vasconcelos tudo nos interessava: a vasta obra, que líamos com sofreguidão; e a vida, sobre a qual tecíamos livremente a fantasia.

Particularizando. Recordo-me perfeitamente da enorme decepção que tive, quando soube, por boca do professor Urbano Canuto Soares, que d. Carolina Michaëlis de Vasconcelos não havia sido sua mulher e, sim, de um dr. Joaquim de Vasconcelos, que sofria das faculdades mentais. Só bem mais tarde o dr. Joaquim de Vasconcelos cresceria a meus olhos como o grande historiador da arte portuguesa, que realmente foi.

Leite de Vasconcelos — apuramos então — era um celibatário que vivia entre gatas.

São duas gatas toda a *domus mea*,
Não tenho neste mundo mais ninguém,

versejaria. Uma delas, *Dona Loba*, seria mesmo celebrada num artigo do conde Francesco Pellati: "*I libri, i fiori e* Donna Loba *si dividono il suo animo*."[9]

Ser filólogo era, pois, de todos nós a maior aspiração. Como Leite de Vasconcelos, nossos mestres Sousa da Silveira e Antenor Nascentes honravam-se com a titulatura, da qual também se orgulhava Unamuno, que dissera ser a filologia

---

8 Leia-se este passo de uma entrevista dada a Homero Sena: "A leitura das *Lições de filologia*, do doutor Leite de Vasconcelos, é que me veio mostrar que havia, realmente, uma ciência da linguagem que, podendo satisfazer às exigências do meu espírito, era menos seca do que a Matemática, por ter como objeto o mecanismo da produção da palavra e como importante campo de estudo os documentos da literatura, popular ou erudita, onde a alma humana individual ou coletiva se reflete ou está latente, ao alcance, porém, de uma observação penetrante. Depois dessa leitura resolvi dedicar-me ao estudo da língua portuguesa e tornar-me professor dela." (Homero Sena. *O problema da língua brasileira*. Entrevista com o prof. Sousa da Silveira. Rio de Janeiro: MEC/Serviço de Documentação, 1953, p. 7).

9 Publicado no *Giornale d'Italia*, de 10 de outubro de 1930, e reproduzido na revista *Portucale*, n. 19, v. IV, 1931, p. 50. Há no artigo mais duas referências a Donna Loba, descrita como "*una graziosa gattina nera che è la vera dispotica padrona di quella casa*".

Amor a la palabra creadora[10],

e ainda se orgulham estudiosos como Maria Corti, que assim define a sua ciência:

Visione poliedrica, pluridimensionale del documento esaminato, che se chiama filologia.[11]

Hoje talvez a denominação se aplique melhor a Sousa da Silveira. Leite de Vasconcelos e Antenor Nascentes seriam antes lingüistas pelos temas idiomáticos de sua preferência e pelo modo de enfocá-los.

Infatigável no trabalho, Nascentes estendeu a sua curiosidade por campos variados. Traduziu e editou obras consagradas, escreveu livros de viagens e de teoria musical, mas, examinando em conjunto a sua apreciável bibliografia, vemos que a parte mais valiosa corresponde às três preocupações que lhe foram permanentes na vida científica: o estudo do léxico da língua portuguesa, no seu aspecto formal, semântico e histórico; a recolha e descrição dos falares brasileiros; e a modernização do ensino do idioma.

Do ponto de vista estritamente lingüístico, o seu primeiro trabalho foi a tese de concurso para provimento da cátedra de espanhol do Colégio Pedro II — *Um ensaio de phonetica differencial luso-castelhana*; *Dos elementos gregos que se encontram no espanhol.*[12]

Relidos hoje, sessenta anos depois de publicados, os dois estudos que aí se contêm (na realidade três, já que o primeiro termina por um ensaio relativamente autônomo: a recolha e a análise de 324 empréstimos espanhóis em português), relidos hoje, dizíamos, esses estudos nos dão uma clara idéia da atualização lingüística de Nascentes ao tempo e revelam também uma das suas qualidades mestras: a capacidade de síntese.

"De fato sou sintético", admitiu numa entrevista. "É esta uma feição do meu espírito, da qual não me posso desfazer."[13]

Nesse trabalho de 1919, Nascentes discute certas questões teóricas. Entre elas os conceitos de lei fonética, de analogia e de dialeto.

Com referência à analogia, toma posição contra a dominante doutrina dos neogramáticos, em termos claros:

---

[10] Miguel de Unamuno. *Cancionero; diario poético.* Edición y prólogo de Federico de Onís. Buenos Aires: Losada, 1953, p. 300.

[11] Citada por Vittore Branca, in Vittore Branca e Jean Itarobinski. *La filologia e la critica letteraria.* Roma: Rizzoli, 1977, p. 89.

[12] Rio de Janeiro: *Jornal do Commercio*, 1919.

[13] *Jornal do Commercio*, de 10 novembro de 1929. Trecho citado por Zdenek Hampl em sua excelente biografia intelectual de Antenor Nascentes: Uma grande figura da lingüística brasileira. *Acta Universitatis Carolinae — Philologica* n. 1, 1971, p. 157.

> Com todo o respeito que nos merece a escola dos neogramáticos onde se encontram vultos como Brugmann, Osthoff, De Saussure, Victor Henry, Gustav Meyer, não podemos concordar com esta quase onipotente influência da analogia; há um exagero nisso.[14]

Essas palavras serão melhor valorizadas se levarmos em conta que a 5ª edição dos *Prinzipien der Sprachgeschichte*, de Hermann Paul, a edição "*ne varietur*" do breviário dos neogramáticos, é de 1920.

Também nessa obra já vemos um Nascentes possuído do "demônio da etimologia" e preocupado com os problemas dialetais, os campos lingüísticos que à sua vista se estendiam imensos e incultos.

Com *O linguajar carioca em 1922*[15] começa sua campanha dialectológica, pioneira e aliciadora, da qual a última contribuição de monta são os dois fascículos das *Bases para a elaboração do atlas lingüístico do Brasil*[16], obra por que, confessadamente, se orientou Nelson Rossi, na fixação do número de localidades que iriam ser objeto de estudo no seu *Atlas prévio dos falares baianos*[17].

O *Linguajar* é dedicado a Amadeu do Amaral, "que no *Dialeto caipira* mostrou a verdadeira diretriz dos estudos dialectológicos no Brasil"[18].

As duas obras divergem, contudo. Na de Amadeu Amaral o vocabulário ocupa mais de dois terços; na de Nascentes mal chega à quarta parte. Sente-se que Amadeu Amaral partiu de um léxico, que lhe serviu de *corpus* e a que acrescentou, como introdução, notas de fonética, de morfologia e de sintaxe, por sinal excelentes.

A intenção de Nascentes parece ter sido a de fazer realmente uma descrição gramatical, uma pré-elaboração do que se corporificaria anos depois na modelar *Grammaire des fautes*[19], de Henri Frey.

---

[14] Op. cit., p. 12. Note-se a simples inclusão de Saussure entre os nomes de proa dos neogramáticos. Até então a celebridade do mestre genebrino advinha principalmente de ter sido o precoce autor da *Mémoire sur le système primitif des voyelles dans les langues indo-européennes* (Leipzig, 1879), considerada "le plus beau livre de grammaire comparée qu'on ait écrit" (A. Meillet). O *Cours de Linguistique générale*, publicado por seus discípulos em 1916, durante a Primeira Grande Guerra, só teve irradiação maior, fora da Europa, depois da segunda edição (Paris: Payot, 1922).

[15] Rio de Janeiro: Livraria Scientifica Brasileira [1922].

[16] Rio de Janeiro: MEC/Casa de Rui Barbosa, 1958-1961.

[17] Nelson Rossi. *Atlas prévio dos falares baianos;* introdução, questionário comentado, elenco das respostas transcritas. Rio de Janeiro: MEC/INL, 1965, p. 21.

[18] Op. cit., p. 3.

[19] Henri Frei. *La Grammaire des fautes*. Paris: Geuthner — Genève: Kundig — Leipzig: Otto Harrassowitz, 1929.

É, aliás, o que se depreende do prefácio, documento precioso de uma época em que o purismo dominava sobranceiro e em que era motivo de espanto a simples ilustração de fatos gramaticais com passos de autores brasileiros, a exemplo do que fizera Sousa da Silveira no ano anterior.[20]

Leiamos estas palavras:

> Conhecemos bem o nosso meio; não ignoramos os remoques que nos hão de trazer os estudos de patologia lingüística que empreendemos.
> Paciência. Nosso trabalho não é para a geração atual; daqui a cem anos, os estudiosos encontrarão nela uma fotografia do estado da língua e neste ponto serão mais felizes do que nós, que nada encontramos do falar de 1822.[21]

Não foram necessários cem anos. Em 1953 o livrinho pôde ser reeditado com retificações e, principalmente, acréscimos, que, se lhe prejudicaram a harmonia da primeira versão, enriqueceram enormemente o seu conteúdo informativo.[22]

Dentro do campo dialectológico uma questão particularmente o preocupava e sobre ela externou opiniões bem diversas — a do estatuto lingüístico do português do Brasil.

Em 1922 aceitou a classificação de dialeto, dada por Leite de Vasconcelos, e admitiu a existência no país de quatro subdialetos: o nortista, o fluminense, o sertanejo e o sulista.

Na edição de 1953 retifica-se, ao afirmar: "Com o progresso da ciência, não é mais possível hoje em dia aceitar a denominação dada por Leite de Vasconcelos"[23]. E, adotando conceitos discutíveis de Paiva Boléo, passa a denominar a nossa forma expressional em seu conjunto *falar brasileiro*, que divide em seis subfalares, distribuídos por dois grandes grupos, os do norte e os do sul, os primeiros caracterizados por uma cadência especial e pela "existência de protônicas abertas em vocábulos que não sejam diminutivos nem advérbios em *-mente*"[24].

---

[20] Recorde-se que, quando da publicação das *Lições de português* (Rio de Janeiro: Revista de Língua Portuguesa, 1921), de Sousa da Silveira, ainda era tão desusada a citação de escritores brasileiros para abonar fatos idiomáticos, que o procedimento do A. mereceu o seguinte comentário de Said Ali: "Aplaudo, e muito, o citar trechos de autores brasileiros, autores a que os gramáticos da antiga escola negavam o direito de votar. Eu pessoalmente não há dúvida que pouco os tenho citado em meus trabalhos; mas é claro que estudando, como estudo, os fatos historicamente, se não tratei desenvolvidamente do falar brasileiro, é que ainda não cheguei a esta fase mais moderna da linguagem" (*Lições* cit., 5. ed. Coimbra: Atlântida — Rio de Janeiro: Livros de Portugal, 1952, p. 401).

[21] Op. cit., p. 9.

[22] Vj. *O linguajar carioca*. 2. ed., completamente refundida. Rio de Janeiro: Simões, 1953.

[23] Id., ibid., p. 16.

[24] Id., ibid., p. 25.

Com base em observações colhidas em suas viagens pelo Brasil, procura estabelecer as fronteiras dos subfalares: dois ao Norte (o amazonense e o nordestino) e quatro ao Sul (o baiano, o fluminense, o mineiro e o sulista). Exclui de sua classificação, por ser quase despovoado, portanto incaracterístico, o vasto território compreendido entre a parte da fronteira boliviana (rios Verde, Guaporé, Mamoré até o Abunã), a fronteira de Mato Grosso com Amazonas e Pará (rios Madeira, Juparaná, Uruguatás, Três Barras, Cariaí, Xingu, Fresco e Aquiqui e a serra do Estrondo).

É claro que essas demarcações rigorosas de áreas dialetais são muito difíceis de fazer, mesmo à luz de minuciosas pesquisas de campo. Valem mais como visualização didática de feixes de traços diatópicos e, por sua comodidade, todos nós, de uma maneira geral, delas nos termos servido. Mas — advirta-se — que

> a inexistência de fronteiras dialetais definidas não implica a inexistência de dialetos. Ensina-nos apenas que os dialetos, bem como os falares, não são coisas concretas, não correspondem a um território, no qual se esgotam os seus múltiplos traços lingüísticos. Não há talvez dialeto ou falar que não tenha traços comuns a outros; porém o que dá fisionomia própria a cada um não são os caracteres isolados, que podem separá-lo ou aproximá-lo de dialetos ou falares contíguos ou distantes, mas o conjunto dos traços que apresenta e que nenhum outro reproduz totalmente.[25]

Os atlas lingüísticos estão aí para mostrar o complexo emaranhado das isoglossas.

Parece que entre os anos de 1926 e 1930 a posição de Nascentes em face do problema era mais radical, pois declara em 1929:

> Refletindo bem sobre a língua que falamos, não tive coragem de chamar-lhe portuguesa. Daí o intitular a minha série *O Idioma Nacional*.[26]

Na escolha desta denominação — se assim devemos chamar a uma forma de deixar a língua inominada, pois não há nação soberana que não possua o seu idioma nacional — podemos talvez ver a presença do hispanista, do antigo catedrático de espanhol, sabedor de que no México e na Argentina, justamente para acalmar zelos patrióticos, esta expressão vem servindo, desde o século passado, de sinônimo oficial da língua castelhana, ou espanhola.

---

[25] Celso Cunha. *Língua portuguesa e realidade brasileira*. 7. ed. Rio de Janeiro: Tempo Brasileiro, 1977, p. 53.

[26] *Jornal do Commercio*, de 10 de novembro de 1929. Trecho também incluído por Zdenek Hampl no artigo citado na nota 13, p. 150.

Cumpre advertir, no entanto, que para Nascentes "idioma nacional" não era equivalente à "língua brasileira". Tanto assim que em carta a Amado Alonso, por este incorporada ao seu *Castellano, español, idioma nacional* (1938), refere-se ao episódio de ter a Câmara dos Vereadores do Rio de Janeiro aprovado, em 1935, o Projeto de Lei que mandava mudar o nome de "língua portuguesa" para "língua brasileira", e dele discorda nos seguintes termos:

> *Un concejal "jacobino" (es decir, enemigo de los colonizadores) propuso que en las escuelas de la Municipalidad de Rio de Janeiro se cambiase el nombre de "língua portuguesa" por el de "língua brasileira". El ayuntamento* (Conselho Municipal) *aprobó el proyecto. El Alcalde* (Prefeito) *lo vetó, pero el veto no prosperó porque no obtuvo los votos necesarios. Un diputado imitador presentó a la Cámara un proyecto análogo para extender el nuevo nombre a todo el país, pero felizmente hasta hoy el proyecto duerme en la cartera de una Comisión. Gran parte de la prensa se mostró contraria, y varios professores dieron entrevistas demostrando lo absurdo de la idea. Yo he sido uno de ellos.*[27]

Quanto a essa questão ainda muito controvertida do *status* lingüístico do português do Brasil, força é admitirmos que, se Nascentes nunca chegou a uma conceituação que o satisfizesse plenamente, sempre sentiu e proclamou que as variantes nacionais de nosso idioma deviam ser consideradas em nível de norma de forma paritária, tema de que tratamos no último número desta revista.[28]

Já dialectólogo eminente e autor consagrado de uma série didática em cujas páginas arejadas estudou a nossa geração[29], Nascentes vai projetar internacionalmente o seu nome com a publicação do *Dicionário etimológico da língua portuguesa*, ainda hoje uma das pedras angulares da cultura brasileira.

É bom que se recorde.

Em 1932, num Brasil sem Faculdades de Filosofia, Ciências e Letras, sem bolsas para a investigação científica, sem bibliotecas públicas especializadas e sem editoras

---

[27] Amado Alonso. *Castellano, español, idioma nacional; história espiritual de tres nombres*. Buenos Aires: Universidad de Buenos Aires, 1938, p. 173-174.

[28] Veja-se: A situação lingüística de Cabo Verde e Guiné-Bissau: português e crioulo frente a frente. *Studia*, 9, 1980, p. 39-53, particularmente p. 39-41.

[29] Referimo-nos ao *Idioma nacional*, publicado nos anos 1920 em cinco volumes correspondentes às cinco séries ginasiais. Com a reforma do ensino, que dividiu o curso médio em ginásio e colégio, o primeiro com quatro e o segundo com três anos, a matéria da obra foi reagrupada em uma gramática e uma antologia para cada um desses ciclos escolares. Posteriormente, o título *Idioma nacional* ficou restrito à gramática do Curso Ginasial. Cf. 3. ed. Rio de Janeiro: Acadêmica, 1960.

para obras de vulto[30], um professor do ensino secundário publica um dicionário etimológico de sua língua, fruto de vinte anos de ininterrupta pesquisa.

Enriquece-o com um minucioso estudo introdutório no qual narra os episódios de sua elaboração, comovente história de um rapazinho pobre que, em 1911, na impossibilidade de adquirir o Dicionário[31] de Adolfo Coelho, resolve fazer um pequeno vocabulário etimológico para uso próprio e, ao fim da aventura, descobre que havia recolhido e apresentado hipóteses sobre a origem de quarenta mil palavras da língua.

Do valor da obra, honrada com um elogioso prefácio do insigne Meyer-Lübke e compreensivamente recebida pelos romanistas, falam, com sóbria eloqüência, estas insuspeitas palavras do ilustre Professor Giacinto Manuppella, escritas 18 anos depois de sua publicação:

> Pareceu-nos oportuno fixar como *terminus a quo* a publicação do *Dicionário Etimológico da Língua Portuguesa* de Antenor Nascentes, o qual, embora não tenha recebido as elucidações do R.E.W., ainda por publicar, constitui no entanto um padrão notável na história dos estudos lingüísticos luso-brasileiros, não só por ser trabalho de vulto, como também (e talvez por isso mesmo) por ter ocasionado investigações ulteriores, suscitando críticas, discussões, correções, discordâncias e aditamentos.[32]

Infelizmente, essas críticas, discussões, correções, discordâncias e aditamentos nem sempre ficaram no terreno científico, não raro procuraram ferir o homem e muitas vezes com flagrante má-fé, como é o caso de lamentarem não haver Nascentes acolhido na obra de 1932 etimologias propostas por Meyer-Lübke na 3ª edição do R.E.W., saída em 1935.

Esqueciam-se esses críticos de salientar o fato de que, ao tempo, o espanhol e o italiano não tinham um dicionário etimológico digno desse nome e mesmo o francês vivia ainda muito na fase dos Brachet[33] e dos Clédat[34], embora desde 1928 dispusesse do *Etymologisches Wörterbuch der französischen Sprache*, de Ernst Gamillscheg[35]. Do monumento lexicográfico, que é o *Französisches etymologisches Wörterbuch*, de

---

[30] Recorde-se que para publicar o *Dicionário* Nascentes teve de hipotecar a sua casa.

[31] F. Adolfo Coelho. *Diccionario manual etymologico da lingua portugueza contendo a significação e prosodia*. Lisboa: R. Plantier, 1890.

[32] *Os estudos de filologia portuguesa de 1930 a 1949;* subsídios bibliográficos. Lisboa: Centro de Estudos Filológicos, 1950, p. 5.

[33] Auguste Brachet. *Dictionnaire étymologique de la langue française.* Paris: Hachette, s./d.

[34] L. Clédat. *Dictionnaire étymologique de la langue française*, 4. ed. Paris: Hachette, 1919.

[35] Heidelberg: Carl Winter, 1928.

Walter von Wartburg, só havia até então aparecido o tomo primeiro, correspondente às letras A-B[36]. E é do segundo trimestre do mesmo ano de 1932 a primeira edição do *Dictionnaire étymologique de la langue française*, de Oscar Bloch e Walther von Wartburg[37].

Continuando as suas investigações no campo da etimologia, o professor Antenor Nascentes acrescentou, em 1952, um segundo volume à obra, este concernente aos nomes próprios.

No prefácio que para ele escreveu, assim se expressou, quanto ao mérito, o saudoso professor Serafim da Silva Neto:

> Essa obra honra a Ciência brasileira. Dará, no estrangeiro, a certeza de que entre nós, como em campo fértil e fecundo, cresceu e se desenvolveu a semente da Ciência européia.
>
> A sua importância não se restringe aos estudos filológicos e lingüísticos, mas abarca área muitíssimo maior: interessa, igualmente, aos historiadores e aos geógrafos, pela cópia imensa de materiais e informações que aduz[38],

particularidade também salientada por Vittore Pisani, ao dizer que o Dicionário "*merita riconoscenza per la grandissima quantità di notizie da lui messe a disposizione degli studiose*"[39].

Inédito ficou o 3º tomo da obra, referente ao que chamava elementos exóticos, americanismos e africanismos do nosso léxico, tomo este que, quando publicado, trará uma introdução do professor Evanildo Bechara.

Ainda nessa área de interesse, a exemplo de outros lexicógrafos ilustres, deu-nos o professor Nascentes, em 1966, o *Dicionário etimológico resumido*[40], para o qual, a instâncias suas, escrevemos o prefácio.

Das longas e árduas pesquisas que empreendeu no campo do léxico ficaram outras contribuições importantes, como o *Dicionário de sinônimos*[41] — talvez a sua obra mais bem acabada e que está a pedir uma nova edição —, *A gíria brasileira*[42],

---

[36] Bonn: Fritz Klopp Verlag, 1928.

[37] Paris: Presses Universitaires de France, 1932.

[38] In Antenor Nascentes. *Dicionário etimológico da língua portuguesa*. Tomo II: Nomes próprios. Rio de Janeiro, 1952, p. VII.

[39] *Paideia*, 11, 6. Trecho citado por Zdenek Hampl. Três aspectos da obra de Antenor Nascentes. *Letras*, 12, 1961, Curitiba, p. 9.

[40] Rio de Janeiro: MEC/INL, 1966.

[41] Coimbra: Atlântida — Rio de Janeiro: Livros de Portugal, 1957. 2. ed. Rio de Janeiro: Livros de Portugal, 1969.

[42] Rio de Janeiro: Acadêmica, 1953.

e, principalmente, a vigorosa síntese que é o *Dicionário da língua portuguesa*[43], elaborado a convite da Academia Brasileira de Letras, obra que, estamos certos, sempre atualizada e aperfeiçoada em futuras edições (porque um dicionário é, antes do mais, uma obra "*in fieri*"), há de perpetuar o seu nome pelos tempos adiante.

Nascentes foi também quem primeiro esboçou a periodização da história da filologia portuguesa no Brasil em dois artigos enfeixados nos *Estudos filológicos* — *A filologia portuguesa no Brasil* e *O Pedro II e a filologia portuguesa*[44] —, contribuições que serviram de base para os que posteriormente escreveram sobre o assunto.

Distinguiu ele três períodos:

O primeiro, que chamou embrionário, vai "dos tempos em que começou a cultura brasileira até 1835, data da publicação do *Compêndio da gramática da língua nacional* (sic), de Antônio Álvares Pereira Coruja"[45].

O segundo, que denominou empírico, inicia-se com a obra de Coruja e se estende até 1881, quando se publica a *Gramática portuguesa* de Júlio Ribeiro.

O terceiro, que classificou de gramatical, inaugura-se com a inovadora *Gramática* de Júlio Ribeiro e chega a 1939, ano da fundação da Faculdade Nacional de Filosofia da Universidade do Brasil e da publicação dos seus *Estudos filológicos*.

Nascentes confiava às Faculdades de Filosofia, Ciências e Letras uma melhoria substancial nos estudos lingüísticos e filológicos no Brasil. Cremos que nos últimos anos de sua vida estava um pouco decepcionado com a qualidade da produção universitária.

Ao contrário de outros colegas que se contentavam de narcisicamente descrever a própria fala como se fora a norma idiomática geral[46], Nascentes sentia a necessidade de melhores instrumentos de trabalho numa língua em que quase

---

[43] Quatro tomos. Rio de Janeiro: Academia Brasileira de Letras — Imprensa Nacional, 1961-1967.

[44] *Estudos filológicos, 1ª série*. Rio de Janeiro: Civilização Brasileira, 1939, p. 21-45 e 89-96.

[45] Id., ibid., p. 22

[46] É certo que, em 1922, confessa haver estudado o falar carioca baseando-se no seu próprio desempenho. Estas as suas razões:

> Os alicerces do edifício da dialectologia brasileira estão nas variedades. Estudadas estas, pode fazer-se um estudo sintético dos subdialetos; caracterizados estes, só então, por nova síntese, poderemos chegar a conclusões seguras a respeito do dialeto brasileiro.
> Que requisitos deve preencher quem se proponha a estudar uma variedade?
> Em nossa opinião, deve ser ou uma pessoa inteiramente alheia à variedade que vai ser estudada, ou uma pessoa inteiramente alheia às demais variedades do subdialeto.
> Filho de pais cariocas, nascido e criado no Distrito Federal, de onde nunca nos retiramos por prazo excedente a um mês, achamo-nos por conseguinte na segunda hipótese e nos cremos legítimo representante da fala genuinamente carioca. (*O linguajar carioca em 1922*, p. 21).

tudo estava e ainda está por fazer. Por isso dedicou vinte anos à preparação do seu *Dicionário etimológico*, lutou para que se instalasse no Pedro II um laboratório de fonética experimental (1930) e para que se elaborasse um Atlas lingüístico do Brasil.

De certa forma, ele representa para a lingüística brasileira o que foi Mário de Andrade para a arte modernista. Fez-se brasileiro para o Brasil.

Leiam-se estas palavras de Mário:

> Resolvi trabalhar a "matéria" brasileira, especificá-la, determiná-la o quanto em mim e na complexidade dela (...) Não havia folclore musical brasileiro. Fiz folclore musical brasileiro. Não havia crítica de arte em São Paulo, e a pouca brasileira existente era mais que péssima. Fiz crítica de arte. Não havia um tratado de poética, moderno, adaptável ao tempo. Fiz um. Não havia *História da música* em nossa língua. As existentes eram simplesmente porcas. Fiz uma, bem melhor que as outras.[47]

Também Nascentes poderia dizer: Não havia uma série didática arejada, de acordo com os progressos da ciência da linguagem. Escrevi o *Idioma nacional*. Não havia um dicionário etimológico da língua e o de Adolfo Coelho o próprio autor, no fim da vida, retirava do mercado os exemplares que podia. Fiz, então, o *Dicionário etimológico* e lhe acrescentei um volume relativo aos nomes próprios. Não havia um estudo de conjunto sobre a nossa fraseologia. Publiquei o *Tesouro da fraseologia brasileira*[48]. Os dicionários de sinônimos da língua eram muito falhos e estavam todos esgotados. Editei o *Dicionário de sinônimos*. Os estudos dialectológicos só começaram no Brasil em 1920 com o *Dialeto caipira*, de Amadeu Amaral. Dois anos depois contribuí para eles com o *Linguajar carioca em 1922*. Todos reconheciam a necessidade de um atlas lingüístico do Brasil. Escrevi as *bases* para a sua elaboração.

E poderia dizer mais.

Nenhum lingüista brasileiro teve como ele o senso da oportunidade de uma obra.

Muito haveria ainda que falar da sua abundante e qualificada produção lingüística e filológica. Mas paramos por aqui. A releitura de suas obras veio avivar a saudade de alguns momentos bem vividos e fez-nos sentir fundo o que lhe ficamos a dever. Essa gratidão — agravada em nosso caso por naturais emoções que brotam do privilégio de nos havermos beneficiado longo tempo do seu afeto paternal — devemo-la todos os que puderam conhecê-lo em sua grandeza.

---

[47] Cartas de Mário de Andrade a Sousa da Silveira. *Revista do Livro*, 26, Rio de Janeiro, 1964, p. 119.

[48] Rio de Janeiro: Freitas Bastos, 1945; 2. ed. Rio de Janeiro: Freitas Bastos, 1966.

> É um sentimento muito intenso, porque uma lição permanente.
>
> Na sua área do saber ele nos servia de exemplo. Era o nosso orgulho, o nosso abrigo. Com ele todos aprendemos que não há fulgores da inteligência que possam substituir o trabalho metódico, a pesquisa minuciosa, em qualquer construção honesta no terreno científico.
>
> À pressa opunha a perseverança, à facilidade, o suor prolongado para algo firme; às notas que se perdem preferia o fichário que fica, que não se esquece que não se engana.[49]

E foi essa pertinácia que lhe permitiu, menino paupérrimo, filho de um dos mais humildes serventuários da Alfândega do Rio de Janeiro, que não lhe podia dar mais que o mínimo indispensável para o transporte do Colégio e cujo tostão da volta economizava para comprar livros, foi essa férrea vontade de vencer que o levou, aluno gratuito do Colégio Pedro II, a nunca perder o assento no banco de honra numa turma excepcional, de que faziam parte os nomes que também se aureolaram de Sousa da Silveira, de Artur Moses, de Manuel Bandeira.

Dele se poderia afirmar o que Giorgio Pasquali disse de Michele Barbi: "Foi precocemente maduro."

Ao término de uma longa vida (1886-1972), inteiramente devotada à Ciência, o professor Antenor Nascentes teria o direito de exclamar, aplicando ao seu campo de atividade a célebre frase de Herculano: "Fui um homem que quis nas coisas lingüístico-filológicas."[50]

São exemplos como este — já escrevemos uma vez — que nos fazem confiar na grandeza dos nossos destinos no hemisfério americano e no mundo de amanhã. Arquitetos que temos sido, através dos tempos, de nosso edifício interior e exterior sabemos, por larga e penosa experiência, que criar uma pátria e dar-lhe projeção é tarefa que depende principalmente, ou melhor, exclusivamente do nosso esforço. É, pois, natural que nos orgulhemos, ao alongarmos a vista pelo áspero caminho percorrido, do muito que realizamos desde que o advento da nacionalidade pôs termo àqueles séculos sombrios em que vivíamos emparedados na imensa "colônia de analfabetos", de que fala Caio Prado Júnior, sem imprensa, sem universidade, e onde os raros estabelecimentos de ensino existiam por milagre de alguns religiosos, especialmente dos jesuítas. Mas o exame da obra realizada pelo mestre em condições ainda muito precárias convida-nos a pensar no que poderia

---

[49] Vicente García de Diego. D. Ramón Menéndez Pidal. *Boletín de la Real Academia Española*, 48, Madrid, 1968, p. 347.

[50] A frase de Herculano é: "Fui um homem que quis nas coisas literárias."

ser atualmente a lingüística brasileira se tivéssemos tido mais cedo as nossas Faculdades de Letras e em cada uma delas uns poucos Antenor Nascentes, com o espírito sempre aberto aos progressos da ciência, a orientarem e a animarem os seus alunos de acordo com as inclinações pessoais, como em toda a sua vida ele invariável e exemplarmente soube fazer.[51]

A melhor homenagem ao seu magistério não será, pois, a de nos atermos a elogiar-lhe a vida e a obra, mas a de seguirmos a lição de tenacidade do seu labor e não deixarmos passar um só dia sem lermos uma página, sem escrevermos uma linha, sem reforçarmos nossa fé, aquela fé inabalável que ele possuía numa vida sempre orientada para a frente, numa ciência sempre em progresso, num mundo sempre melhor.

[51] Cf. Antenor Nascentes. *Dicionário etimológico resumido*, p. IX.

5
D. Ramón Menéndez Pidal e a Escola Lingüística Espanhola*

Cualquiera que estudie linguística española hoy en el mundo tiene que ser, quiera o no, un discípulo de Menéndez Pidal.

Dámaso Alonso

Em 1896 um jovem espanhol de 27 anos surpreendia o mundo da filologia românica com a magistral edição de *La leyenda de los infantes de Lara*[1], retirada da prosificação das crônicas medievais.

Morel-Fatio, o consagrado hispanista francês, recebeu-a nestes termos:

> Se em Espanha for lido este livro, se o compreenderem, poderá provocar um verdadeiro renascimento dos estudos filológicos e históricos. Os jovens, sobretudo, nele aprenderão que nada, nem os dotes mais brilhantes, pode substituir o trabalho metódico, a escrupulosidade nas investigações e o prurido constante da exatidão.[2]

Palavras de profeta.

Numa Espanha, onde, ao longo do século XIX, passaram quase que despercebidos os progressos dos estudos lingüístico-filológicos[3], começou então a surgir

---

* Conferência lida em sessão do Círculo Lingüístico do Rio de Janeiro, em 29 de setembro de 1979. Publicada na revista *Cultura*. Brasília: Ministério da Educação e Cultura, 10(35): 93-102, jul./dez. 1980. Republicada na revista *Cultura Lingüística*, n. 1, 2º semestre de 1982. Ano 1, p. 17-29.

[1] Madrid: Imprensa de los hijos de José M. Ducaznal, 1896. Em 1934, o Centro de Estudios Históricos inicia com este volume a coleção *Obras de R. Menéndez Pidal*.

[2] *Romania*, 26, 1897, p. 320.

[3] É justo que se abra uma exceção para d. Manuel Milá y Fontanals por seus estudos sobre os trovadores e sobre a poesia popular. Mas Milá (1818-1884) foi em vida muito mais conhecido e admirado no estrangeiro do que na Espanha. Enquanto isso na América aparecem as figuras excepcionais de Andrés Bello (1781-1864) e Rufino José Cuervo (1844-1911).

— *mirabile dictu* — uma escola da especialidade, que, hoje, se estende não só pelos países do mundo hispânico, mas, em razão de diásporas políticas, por territórios de línguas muito diversas, especialmente os Estados Unidos.

Ainda há pouco, um dos seus membros mais distintos, d. Dámaso Alonso Fernández de las Redondas, Presidente da Real Academia, exalçava-a como

> a única escola espanhola de investigação que obteve o respeito universal, a única cujos trabalhos constantemente se encontram publicados, ou citados como ponto de apoio, ou discutidos, em revistas filológicas de matéria românica de todo o mundo.[4]

E tudo isso se deve ao esforço inicial de um homem, que, durante mais de setenta anos de sua vida quase centenária, serviu de modelo permanente às gerações que se vieram sucedendo.

Recusou-se Menéndez Pidal, desde o início de sua carreira, a admitir a separação radical entre filologia e lingüística, postulada pelos positivistas de fins do século XIX e ainda aceita, passivamente, por uma pobre lingüística de segunda mão, triste e árida, que se costuma ensinar em nosso país.

A superioridade indiscutível da obra de Menéndez Pidal dentro da romanística do seu tempo é uma prova eloqüente das vantagens desse método integrativo.

Eugenio Coseriu — para só citarmos um dos mais completos lingüistas do nosso século — di-lo, sem subterfúgios:

> A escola de Menéndez Pidal é a única que tem mantido e continua a manter firme — e não só na teoria — o princípio da unidade das ciências filológicas, a única em que a lingüística sempre se cultivou conjuntamente com a história político-social e com a história e crítica literárias: por isso os lingüistas espanhóis costumam conciliar a erudição com a agudeza, e esta sua formação lhes permite ser a um tempo historiadores e críticos literários[5].

Outra característica da escola espanhola é a tolerância doutrinária, salientada por lingüistas, como Yakov Malkiel, Angel Rosenblat, Harri Meier e o já citado Coseriu, que escreve:

> Pertencer à escola de Menéndez Pidal não só constitui um título de honra e uma garantia de seriedade científica, mas implica, ao mesmo tempo, uma orientação teórica e metodológica móvel e viva, em que o velho e o novo se combinam

---

[4] Juventud, madurez y ancianidad en la obra de Menéndez Pidal. In: *Boletín de la Real Academia Española*, 84, 1968, p. 353-354.

[5] Amado Alonso (1896-1952). Separata da *Revista de la Facultad de Humanidad y Ciencias*. Montevideo, 1953, p. 32. Reproduzida em *Tradition y novedad en la ciencia del lenguaje*.

harmonicamente, sem sacudidelas violentas, em que o anquilosamento em posições superadas é coisa desconhecida e em que toda a ideologia nova se absorve e frutifica sem desvirtuar-se e sem desvirtuar a base em que se enxerta. Em verdade, a escola lingüística espanhola tem sido, talvez, a única em que não houve revoluções teóricas, nem disputas entre '*anciens et modernes*', pois que a amplitude das idéias do Mestre permitiu que tudo se fosse renovando continuamente, sem conflitos, e que toda posição teórica ou metodologicamente inovadora — da teoria do substrato à dialectologia comparada e à geografia lingüística, da estilística idealista ao mais recente estruturalismo — tudo se aceitasse e se aproveitasse plenamente, embora sem exageros nem fanatismos.[6]

É que a Escola de Menéndez Pidal nunca duvidou de uma verdade, contestada na época do fastígio estruturalista, e que, recentemente, lingüistas preocupados com os estudos diacrônicos, como Paulo Valentin, voltaram a proclamar:

É preciso ser filólogo antes de ser lingüista.[7]

Qualquer um dos seus membros mais responsáveis poderia repetir as palavras pronunciadas em 1972 pelo agudo lingüista de Bolonha, Luigi Heilmann, diretor da prestigiosa revista *Lingua e Stile* e organizador do XI Congresso Internacional de Lingüística.

Recolho aqui essas palavras para advertência dos novos lingüistas, que fazem *tabula rasa* do passado e acreditam cegamente nos postulados da Escola que seja a mais prestigiosa no momento.

Diz Luigi Heilmann:

Pessoalmente estou convencido de que não existem *lingüísticas*, mas só *problemas lingüísticos* e modos diversos de enfrentá-los. Modos determinados pela preparação do estudioso, pelo seu temperamento pessoal, pelo seu ambiente científico, mas todos legítimos quando sejam aplicados com plena consciência e com o respeito dos outros.[8]

O êxito de Menéndez Pidal como mestre de mestres, fundador de escola, deve-se em primeiro lugar ao seu labor exemplar e às suas qualidades de orientador de pesquisa. Mas deve-se também

---

6 Separata cit., p. 32; op. cit., p. 252-253. Coseriu conservou rigorosamente o texto do artigo no livro de 1977. Redigido hoje, certamente nele incluiria outras áreas lingüísticas, como a sócio e a etnolingüística, a psicolingüística, etc.

7 *Phonologie de l' allemand ancien. Les systèmes vocaliques*. Paris, 1969, p. 297.

8 Presentazió de Pavão Tekavcic. *Grammatica storica dell'italiano*. V. I: Fonematica. Il Mulino, 1972, p. 8.

> a umas circunstâncias exteriores, até então pouco freqüentes na Espanha: a fundação e vitalidade de um organismo nacional permanente, autônomo e responsável, dedicado ao desenvolvimento da educação e da pesquisa, a 'Junta para ampliación de estudios e investigaciones científicas', criada em 1907[9],

sob a presidência de Santiago Ramón y Cajal. Membro de sua comissão executiva, Menéndez Pidal pôde fundar em 1910 o Centro de Estudios Históricos, dedicado, especialmente, à pesquisa da língua, da literatura, da arte espanhola e das línguas clássicas.

Acrescente-se que em 1910 a Junta foi dotada de recursos para distribuir bolsas a estudantes e graduados que desejassem especializar-se em técnicas e métodos científicos no estrangeiro. E a instalação pouco depois de uma residência de estudantes veio melhorar consideravelmente as condições da vida universitária madrilenha.

Por essa época, Menéndez Pidal completara 41 anos e já havia publicado, além de *La leyenda de los infantes de Lara* e de numerosos artigos, uma edição anotada do *Poema del Cid* (Madri, 1898), o catálogo das *Crónicas generales de España* (Madri, 1898), o discurso de ingresso na Real Academia Española, que versou sobre *El Condenado por desconfiado*, de Tirso de Molina (Madri, 1902), o *Poema de Yúçuf. Materiales para su estudio* (Madrid, 1902), a edição de *La leyenda del abad don Juan de Montemayor* (Dresden, 1903), o clássico *Manual elemental de gramática histórica española* (Madri, 1904), síntese até hoje não superada da evolução fonética e morfológica do idioma, a *primera Crónica general de España que mandó componer Alfonso el Sabio y se continuaba bajo Sancho IV en 1289* (Madri, 1906), *L'Epopée castillane à travers la littérature espagnole* (Paris, 1910), *El Romancero español* (NovaYork, 1910) e os três alentados tomos da edição paleográfica e crítica do *Cantar de Mio Cid*, seguida de gramática e vocabulário, obra premiada pela Real Academia Española em concurso de 1894 e que, refundida, saíra em Madri entre os anos de 1908 e 1911. Essa magistral edição do *Cantar*, que em 1944 foi reproduzida, fac-similarmente, com mínimas notas finais de atualização, poderia hoje, decorridos setenta anos de seu aparecimento, vir novamente à luz com poucos acréscimos e retificações. É uma dessas edições críticas que vêm desafiando o tempo, como a do *Cancioneiro da Ajuda* (Halle, 1904), de dona Carolina Michaëlis de Vasconcelos, e que só encontram símile, na Península, em outras bem mais modernas: a da *Crónica general de España de 1344*, por Luís Filipe Lindley Cintra (em curso de publicação

---

9 Diego Catalán. *Lingüística ibero-americana*. Crítica retrospectiva. Madrid: Gredos, 1974, p. 25-26.

desde 1951)* e, fora do campo da romanística, a de *Todo Ben Quzmán*, por Emílio García Gómez (Madri, 1972).[10]

Antes de chegar a diretor do Centro de Estudios Históricos, Menéndez Pidal conquistara em 1899 a cátedra de Filologia Românica da Universidade de Madri e, com 33 anos, ingressara na Real Academia Española.

Foi, porém, no Centro de Estudios Históricos que a docência de Menéndez Pidal produziu os seus melhores frutos. E com enorme rapidez.

Como acentua Diego Catalán,

> a criação de uma verdadeira 'escola' filológica não necessitou aguardar a frutificação das primeiras semeaduras, pois Menéndez Pidal contava já ao tempo com uma primeira geração de discípulos colaboradores formada por Federico de Onís, Américo Castro e Tomás Navarro Tomás.[11]

A esta primeira geração deve acrescentar-se um filólogo de formação autônoma, d. Vicente Garcia de Diego (1878-1978), que faleceu há pouco, tendo ultrapassado os cem anos em plena produtividade.

A partir de 1914, com a fundação da *Revista de Filologia Española*, foram-se agregando ao Centro alguns filólogos mais jovens, como Antônio García Solalinde (1892-1937), Benito Sánchez Alonso (1884-1967) e o mexicano Alfonso Reyes (1889-1959).

Os primeiros e heróicos tempos do Centro, recordou-os, com indisfarçável saudade, Navarro Tomás[12], ao retratar-nos sua localização inicial nas grandes e desmanteladas salas do andar térreo da Biblioteca Nacional, onde estivera o Museo de Ciencias Naturales. Depois, sua trasladação para o exíguo edifício da Calle de Almagro, por volta de 1920, e, finalmente, para as instalações adequadas que lhe deram em 1930 na Calle de Medinaceli, onde permaneceria até a sua extinção com os começos da Guerra Civil.

---

* [Esta obra foi publicada em Lisboa: Imprensa Nacional, 1951-1961, republicada em Ed. Facsimilada em Lisboa: Imprensa Nacional/Casa da Moeda, 1983-1990.]

[10] Recentemente apareceram algumas edições críticas de vulto que merecem ser citadas. Estão neste caso: Ramón Lorenzo. *La traducción gallega de la Crónica General y de la Crónica de Castilla*. 2. v. Orense: Instituto Padre Feijoo, 1975-1977; Manuel Alvar. *Vida de Santa María Egipciaca*, 2 v. Madrid: C.S.I.C., 1970-1972; Manuel Alvar. *Libro de Apolônio*, 3 v. Valência: Fundación Juan March-Editorial Castalia, 1976; Diego Catalán. *Gran Crónica de Alfonso XI*. 2 v. Madrid: Gredos, 1977; Diego Catalán — María Soledad de Andrés. *Crónica de 1344 que ordenó el Conde de Barcelos don Pedro Alfonso*. Madrid: Gredos, 1971; Diego Catalán — María Soledad Andrés. *Crónica del moro Rasis*. Madrid: Gredos, 1974.

[11] Diego Catalán. *Lingüística ibero-americana*, p. 26.

[12] Don Ramón Menéndez Pidal en el Centro de Estudios Históricos. In: *Anuario de Letras*. México: Universidad Nacional Autónoma de México, VII, 1968-1969, p. 9-24.

Lembra ainda Navarro Tomás que, ao criá-lo, a Junta de Ampliación de Estudios não elaborou estatutos nem regulamento algum para o seu funcionamento. Cada professor escolhia livremente os alunos, cujo ingresso não estava condicionado à matrícula. Também o Centro não concedia títulos ou certificados que dessem direito a participar de concursos a cátedras ou a outros postos do serviço público. O proveito econômico ou administrativo não encontrava estímulo algum no ambiente do Centro; seus benefícios eram de ordem desinteressada e puramente cultural.

Esse ambiente de estudo pelo estudo, de ciência pela ciência, orientava-o d. Ramón "por espontâneo e comum consenso", pela eficácia reconhecida por todos de seus conselhos e observações. Não deixa de ser curioso que d. Ramón tenha criado o Centro, tenha sido o seu diretor durante os 26 anos de vida, sem que tivesse havido uma efetiva nomeação oficial. No entanto, "sua imagem e a do Centro se tornaram inseparáveis. Seu exemplo e seu ensino guiaram o trabalho coletivo e definiram o caráter e espírito da instituição".[13]

Da primeira geração de discípulos, que há poucos anos perdeu Américo Castro (1885-1972), recentemente Garcia de Diego e da qual continua vivo e laborioso[14] Navarro Tomás (1884), muito haveria de falar. Endereçou-se ela para campos variados.

Navarro Tomás tem sido principalmente um foneticista, um dialectólogo e um metricista. Encarregado da direção do laboratório de fonética experimental do Centro, foi, a partir de 1923, o coordenador dos trabalhos do *Atlas lingüístico de la Península Ibérica*, cujos materiais, recolhidos pela equipe por ele formada — Aurélio M. Espinosa (*hijo*), Lorenzo Rodríguez Castellano, Francisco de B. Moll, Manuel Sanchis Guarner, Aníbal Otero e Armando Nobre de Gusmão, este substituído, posteriormente, por Luís Filipe Lindley Cintra — sofreram uma longa peregrinação por outros países, o que se refletiu naturalmente na elaboração cartográfica, justaposição de fatos separados por vezes trinta anos em sua recolha. O primeiro volume, referente à fonética e publicado em 1962, foi duramente criticado por lingüistas contemporâneos, em especial por Manuel Alvar (1923), sem favor o mais tenaz dialectólogo a arar atualmente nos campos românicos, a quem devemos o *Atlas lingüístico y etnográfico de Andaluzía*, de que já saíram os seis volumes, o *Atlas lingüístico y etnográfico de Aragón*, o *Atlas lingüístico de las islas Canarias*,

---

13 Ibid., p. 23.

14 Ainda há pouco publicou *La voz y la entonación en los personajes literarios*. México: Colección Málaga, 1976.

El atlas de los marineros peninsulares, os três em curso de publicação, e o novo *Atlas lingüístico de España y Portugal*, em fase de recolha dos materiais.

Com a Guerra Civil (1936-1939), Navarro Tomás e Américo Castro radicaram-se nos Estados Unidos, onde já se encontravam Federico de Onis (1885-1966) e Antônio Garcia Solalinde num trabalho de difusão hispânica exemplar. Navarro Tomás publica então uma série de obras muito importantes, dentre as quais é justo se ressaltem o *Manual de entonación española* (New York, 1944), de certa forma complemento do seu afortunado *Manual de pronunciación española* (Madri, 1918), os *Estudios de fonologia española* (Syracuse, N.Y., 1946), o tratado *Métrica española* (Syracuse, N.Y., 1956), seguido na temática pelo *Repertorio de estrofas españolas* (New York, 1968) e *Los poetas en sus versos* (Barcelona, 1973). Menção particular merece a monografia *El español de Puerto Rico* (Rio Piedras, 1948), o primeiro atlas lingüístico de uma área da Romania Nova.

Américo Castro, com o tempo, foi-se afastando dos estudos lingüísticos e literários, em que tanto brilhara na mocidade, para tornar-se o apaixonado intérprete de *La realidad histórica de España* (México, 1954), a obra tão controvertida, em cuja leitura alguns se sentiram arrebatados pelas centelhas geniais, outros defraudados pelas audaciosas e nem sempre bem fundadas teses do autor. Todos os escritos posteriores de Castro a ela se ligam direta ou indiretamente.

Nunca se discutiu tanto a essência de Espanha e os seus componentes como depois de 1948, quando este afirmativo fluminense e "castellano viejo" publicou a versão proto-histórica do majestoso ensaio com o título *España en su historia*[15].

O debate, que permanece vivo, como atesta a recente publicação do livro de Eugenio Asensio sobre *La España imaginada de Américo Castro* (Barcelona, 1976)[16], iniciou-se com uma recensão de Leo Spitzer na *Nueva Revista de Filología Hispánica*, que terminava com estas palavras, duras em sua ironia:

> O homem espanhol inteiro é tão universal como peculiar (...). O livro monumental de Castro, brilhante ato de fé nos valores hispânicos particulares, visão monumental do espanhol por um grande ensaísta espanhol, passo decisivo ele próprio na ideologia hispânica, deve ser submetido à chamada 'crítica fria' da ciência, que pode também brotar de uma ardente paixão: a paixão pela verdade.[17]

---

[15] *España en su historia. Cristianos, moros y judios*. Buenos Aires: Losada, 1948. Profundamente refundida, a obra foi republicada com o título de *La realidad histórica de España*. México: Porrua, 1954. Também alteradas de uma para outra se apresentam as edições de 1962, 1965 e 1971, a última em vida do autor.

[16] O livro é reunião de três ensaios publicados anteriormente em *Modern Language Notes*, 81, 1966, p. 595-637; e no *Anuario de Estudios Medievales*. 4, 1967, p. 327-351; ibid. 8, 1972-1973, p. 349-392.

[17] *NFRH*, 3, 1949, p. 148-49.

Seguiram-se as críticas de Claúdio Sánchez-Albornoz, Menéndez Pidal, Emílio Garcia Gómez, Júlio Caro Baroja, Marcel Bataillon, I.S. Révah e outros historiadores e filólogos. Defenderam o velho mestre Rafael Lapesa e alguns discípulos americanos, por vezes com ardor a raiar pela agressividade, como é o caso de Albert A. Sicroff[18].

Federico de Onís, que, na mocidade, publicara com Américo Castro uma excelente edição de *Fueros leoneses de Zamora*, *Salamanca*, *Ledesma* y *Alba* de *Tormes* (Madri, 1916), continuou nos Estados Unidos a preparar cuidadas edições de autores espanhóis, mas aí a sua atividade maior se desenvolveu na direção do Instituto Hispánico da Universidade de Colúmbia e na de duas revistas: a *Revista de Estudios Hispánicos* (Porto Rico, 1928-1929) e a prestigiosa *Revista Hispánica Moderna*, fundada em Nova York no ano de 1934. Antonio García Solalinde encontrou em Wisconsin as condições necessárias para prosseguir, com o auxílio de dois discípulos americanos, Lloyd A. Kasten e Victor R.B. Oelschläger, a edição da *General estoria* de d. Afonso o Sábio, por ele iniciada em 1930 dentro do princípio bedieriano da preexcelência de um dos manuscritos.[19]

Dos que permaneceram na Espanha Benito Sánchez Alonso dedicou-se particularmente à bibliografia, tendo-nos deixado algumas obras fundamentais na especialidade, como as *Fuentes de historia española y hispanoamericana* (Madri, 1927-1946) e a *Historia de la historiografia española* (Madri, 1941-1950); García de Diego encaminhou-se para a etimologia, a dialectologia e a história da língua, assuntos sobre os quais escreveu copiosamente; fundou em 1944 e dirigiu até 1978 a importante *Revista de Dialectologia y Tradiciones Populares*, cujos colaboradores lhe renderam no tomo XXXII (1976) uma carinhosa homenagem aos seus fulgurantes 98 anos...

A essa geração pioneira sucedeu uma segunda, que ingressou no Centro pelos anos 20 e na qual se distinguiram Amado Alonso (1896-1952), apolíneo no físico e no pensamento; a figura polimórfica de Dámaso Alonso (1898); Samuel Gili y Gaya (1892-1976), foneticista, sintaticista e dicionarista; Salvador Fernández Ramírez (1896), renovador da gramática espanhola; Emilio Alarcos García (1895),

---

18 Cf. Albert A. Sicroff. Américo Castro and his Critics: Eugênio Asensio. In: *Hispanic Review*, 40, 1972, p. 1-30. Veja-se a réplica de Asensio. En torno a Américo Castro. Polêmica com Albert A. Sicroff. In: *Hispanic Review*. 40, 1972, p. 365-385, e posteriormente, com modificações, no *Anuario de Estudios Medievales*, 8, 1972-1973, p. 349-392, e no livro citado na nota 16. Do desenrolar da polêmica até 1975 dá conta a obra de José Luís Gómez-Martínez. *Américo Castro y el origen de los españoles: Historia de una polémica*. Madrid: Gredos, 1975.

19 Alfonso el Sabio. *General historia*. Primeira parte. Edición de Antonio G. Solalinde. Madrid: Centro de Estudios Históricos, 1930; segunda parte. Edición de Antônio G. Solalinde, Lloyd A. Kasten e Victor R.B. Oelschläger, 2 v. Madrid: C.S.I.C., 1957-1961.

especialista na literatura barroca; Manuel Garcia Blanco (1902-1966), conhecido principalmente pela mestria dos estudos unamunianos; Rafael Lapesa (1908), consagrado medievalista e historiador da língua; Carlos Clavería (1909-1974), crítico literário e filólogo, com longa docência no estrangeiro; e os dialectólogos Lorenzo Rodriguez-Castellano, Manuel Sanchís Guarner e o malogrado Pedro Sánchez Sevilla.

Com o aparecimento dessa geração surgem também algumas obras mestras de Menéndez Pidal, que desde 1914 vinha destinando parte substancial de seus trabalhos à *Revista de Filologia Española*, tornada o órgão científico da Escola. De 1919 são os *Documentos Lingüísticos de España. I. Reino de Castilla*; de 1920, os *Estudios literários*; de 1924, *El Rey Rodrigo en la literatura* e *Poesía juglaresca y juglares*, que, a partir da 6ª edição (Madri, 1957), mais abrangente, passou a chamar-se *Poesía juglaresca y orígenes de las literaturas románicas*. Este livro capital tem sido a generosa fonte, nem sempre confessada, em que os estudiosos do trovadorismo galego-português costumam haurir o melhor de sua doutrina.

Em 1925, d. Ramón aposenta-se na cátedra da Universidade de Madri e recebe os três alentados tomos da miscelânea em sua honra[20], a maior e mais importante coletânea de estudos até então oferecida a um romanista e só superada por outra, em sete volumes[21], que lhe ofertaram os discípulos e admiradores quando do seu octogésimo aniversário.

No mesmo ano sai o I tomo da *Floresta de leyendas heroicas españolas* (Madri, 1925-1928), com a qual faz a epopéia castelhana descer suas raízes à queda do reino toledano e ao começo da invasão árabe.

Um comentário particular merece a publicação de *Orígenes del español. Estado lingüístico de la Península Ibérica hasta el siglo XI* (Madri, 1926), pois com ela Menéndez Pidal eleva a ciência de seu país ao ápice da filologia românica, a relembrar-lhe os momentos mais altos com um Ascoli, um Gaston Paris, um Schuchardt, um Meyer-Lübke, um Gilliéron.

Jamais se havia feito para um idioma da família — e não sabemos se para outro do mundo — um estudo de tal envergadura sobre a sua fase proto-histórica.

Através do minucioso exame desses documentos do latim medieval hispânico, Menéndez Pidal nos deixa ver a luta encarniçada das várias formas por sua sobrevivência, tal como Gilliérion nos havia mostrado em suas geniais análises de cartas do *Atlas linguistique de la France* (Paris, 1902-1910), especialmente na modelar monografia *Génealogie des mots qui désignent l'abeille* (Paris, 1918).

---

[20] *Homenaje ofrecido a Menéndez Pidal*. 3 t. Madrid: Editorial Hernando, 1925.

[21] *Estudios dedicados a Menéndez Pidal*. 7 t. + 1 de índices. Madrid: C.S.I.C., 1950-1962.

Aliando os princípios da cartografia lingüística a uma cerrada crítica histórica e filológica, o sábio espanhol explica luminosamente o acentuado polimorfismo desses documentos pré-literários em termos que satisfariam o mais exigente dilectólogo moderno.

Debaixo das múltiplas variantes de uma mesma palavra que oferecem os documentos latinos dos séculos X e XI — até então consideradas simples efeito da ignorância do latim por parte dos copistas — Menéndez Pidal vai descobrir uma surda luta entre normas diversas ou assimétricas.

São suas palavras:

> O que mais caracteriza (as principais séries ou classes de variantes) não é a falta de uma norma lingüística como à primeira vista parece, mas a convivência de muitas normas que lutam entre si com forças bem equiparadas. O que fala segue consciente ou subconscientemente ora uma, ora outra, dessas normas em luta; prefere uma ou outra, segundo o tom e a ocasião do discurso, segundo as influências passageiras que se entrecruzam na mente enquanto se produz o ato lingüístico. Na desconcertante variedade de formas que oferecem nossos documentos não devemos ver um efeito do azar, mas um surdo combate de tendências, o qual, ainda que lenta e obscuramente, trará em definitivo uma vitória e uma derrota, e cada vitória irá afirmando com uma particularidade a mais o caráter do romance.[22]

E continua:

> Os mais variados gostos ou tendências lingüísticas solicitavam liberrimamente aqueles falantes que em suas vacilações preparavam a língua literária de amanhã. E assim se passam séculos, em meio dessa revolta fermentação e, na aparência, desorganizada, enquanto as forças que nela lutam se vão ordenando muito lentamente, segundo seus respectivos valores, para o triunfo completo da mais vital.[23]

Dentro de sua ampla visão integradora de língua e cultura, Menéndez Pidal consegue extrair desses aparentemente pobres documentos notariais

> as características de cada dialeto peninsular em relação com a personalidade histórica da região correspondente e, com extraordinária maestria, consegue pôr de manifesto a luta pela hegemonia lingüística e o auge e decadência de vários dialetos românicos.[24]

---

[22] *Orígenes del español*, 3. ed. Madrid: Espasa-Calpe, 1950, p. 526.

[23] Op. cit., p. 527.

[24] Diego Catalán, op. cit., p. 64.

Muito haveria ainda que falar desse livro, de cuja primeira edição nos separam 53 anos, e que, no entanto, continua sendo a viga mestra da lingüística diacrônica peninsular. E de propósito dissemos peninsular, pois que o seu conteúdo real se encontra não propriamente no título — *Orígenes del español* — mas no subtítulo — *Estado lingüístico de la Península Ibérica hasta el siglo XI.*

Razões de sobra assistiam, pois, ao sábio padre Augusto Magne para afirmar, como lhe ouvi algumas vezes, que esta obra poderia também chamar-se *Orígenes del portugués*. E outro romanista eminente, Serafim da Silva Neto, cuja ausência sempre nos acompanha, tinha-lhe tal apreço que, possuindo embora as duas primeiras edições, de 1926 e 1929, comprou três exemplares da 3ª, quando do seu aparecimento em 1950, o que explicava aos amigos naquele jeito muito seu de falar: "É preciso certas precauções neste mundo de imprevistos. Como poderia viver sem os *Orígenes*?"

Os produtivos anos 20, encerrou-os Menéndez Pidal com *La España del Cid* (Madri, 1929), imponente marco dos seus vigorosos sessenta anos. E nesta altura da vida podia também orgulhar-se do prestígio da Escola que fundara, cujos ensinamentos os discípulos quais novos apóstolos repartiam pelo mundo. Na América do Sul foi a Argentina o país que recebeu o maior e melhor quinhão, trazido pelo saber e pelo dinamismo de Amado Alonso.

De 1927 a 1946, Amado Alonso, auxiliado por Pedro Henríquez Ureña (1884-1946), um sábio dominicano igualmente formado no Centro de Estudios Históricos, publica, ou faz publicar por seus alunos, uma série de estudos de profundidade e agudeza desconhecidas no país. Durante alguns anos a Escola Lingüística Espanhola produz no Instituto de Filologia da Universidade de Buenos Aires os seus mais renovadores trabalhos. O mundo da ciência começa então a conhecer e a admirar os nomes de Angel Rosenblat, Maria Rosa Lida, Raimundo Lida, Angel Battistesa, Marcos A. Morínigo, Berta Elena Vidal de Battini, Enrique Anderson Imbert, Ana Maria Barrenechea, Júlio Cailet-Bois, Daniel Devoto, Fridar Weber de Kurlat, Juan Bautista Avalle Arce...[25]

Em 1953, Eugenio Coseriu, que ao tempo lecionava em Montevidéu, escreveu estas palavras, nunca por ele renegadas:

> Na história da lingüística na América, a figura de Amado Alonso poderá alcançar e, sob alguns aspectos, até superar, talvez, as grandes figuras de Bello e Cuervo, porque a atividade destes — sempre notável e valiosa e muitas vezes genial — não pôde ter toda a transcendência atingida pela sua: eles não chegaram a criar

---

[25] Veja-se, a propósito, o artigo de Frida Weber de Kurlat. Para la historia del Instituto de Filología y Literaturas Hispánicas "Dr. Amado Alonso". In: *Homenaje al Instituto de Filología y Literaturas Hispánicas "Dr. Amado Alonso" en su cincuentenario* (1923-1973). Buenos Aires, 1975, p. 1-11.

> um grande centro de estudos e não conseguiram fertilizar para a semente lingüística um terreno tão vasto como o que nos deixou Amado Alonso. Porque temos de reconhecer que, se hoje existe um 'material preparado' específico do ambiente de todos aqueles que, entre nós, se interessam pelos problemas idiomáticos e lingüísticos, isto o devemos a Amado Alonso. Se hoje nós podemos falar — com grande probabilidade de sermos compreendidos — de Humboldt ou de Saussure, de Bally, de Vossler ou Spitzer, de estilística ou de substrato, de idealismo e positivismo na lingüística, de posições psicologistas ou logicistas na gramática; se podemos tratar de focalizar com exatidão os problemas reais do espanhol da América, devemo-lo em grande parte a Amado Alonso, ainda que não o suponhamos e ainda que não o tenhamos nunca conhecido, ouvido ou lido. Da fonética à estilística, da gramática gerativa à teoria gramatical, da dialectologia à história da língua, não há, praticamente, zona da lingüística em que Amado Alonso não haja dito uma palavra essencial, não haja indicado um rumo ou precisado um método.[26]

Com razão, salienta Diego Catalán o fato de que Amado Alonso foi de todos os membros da Escola de Menéndez Pidal aquele que mais se interessou pelos grandes problemas teóricos e metodológicos da lingüística, não lhe tendo impedido o idealismo vossleriano aceitar o caráter estrutural da linguagem.[27] Não se traduz impunemente o *Cours de linguistique générale* de Saussure...[28]

Amado Alonso foi também aquele que situou melhor a questão do espanhol americano, tido por muitos como um espanhol arcaizante, anteclássico, pensamento transportado sem crítica ao Brasil por alguns estudiosos da língua e da literatura.

Mostrou ele que a confusão entre "língua" e "língua literária" tem resistido ao aclaramento dos lingüistas há quase um século, e parece imortal.

São suas palavras:

> Língua clássica é somente a das obras literárias que tenhamos por clássicas, e, como toda linguagem literária, é especial, uma elevação do idioma por elaboração artística. O idioma falado pela gente, pelos aguadeiros e pelos bispos, pelos ouvidores e pelos soldados, pelos catedráticos e pelos bedéis, não é nem nunca pode ser clássico e, portanto, nunca pode ser anteclássico nem pós-clássico.[29]

---

[26] Amado Alonso, cit., p. 38-39: *Tradición y novedad en la ciencia del lenguaje* cit., p. 261-262.

[27] Diego Catalán, op. cit., p. 118.

[28] Veja-se a sua tradução: *Curso de lingüística general*, por Ferdinand de Saussure, traducción y prólogo de Amado Alonso. Buenos Aires: Losada, 1945.

[29] Amado Alonso. *Estudios lingüísticos. Temas hispano-americanos*. Madrid: Gredos, 1953, p. 11.

Cremos com os modernos estudiosos do espanhol americano que a qualificação de inovador ou conservador dada a um sistema lingüístico qualquer é uma decisão muito importante, a que só se deve chegar depois de uma análise minuciosa de sua evolução secular. No estado atual de nossos conhecimentos é, sem dúvida, prematura.[30] A advertência endereça-se também aos estudiosos do português do Brasil.

Em 1946, quando já se fazia sentir nos centros universitários hispano-americanos, e também nos brasileiros, a salutar influência do Instituto de Filologia de Buenos Aires, produziu-se a nova diáspora, provocada pelo peronismo vitorioso e perseguidor.

Amado Alonso vai para Harvard. Angel Rosenblat para Caracas, Maria Rosa Lida, casada com Yakov Malkiel, radica-se em Berkeley, na Califórnia, Raimundo Lida segue para o México e, depois, para os Estados Unidos. Daniel Devoto, para Paris...

Pelos estatutos, a indicação do diretor do instituto cabia a d. Ramón Menéndez Pidal, que a faz então na pessoa de Alonso Zamora Vicente, um discípulo da terceira geração, hoje secretário-perpétuo da Academia Española.

Procurou Zamora Vicente, com os poucos elementos do grupo que permaneceram na Argentina e com o auxílio da esposa, a distinta foneticista e dialectóloga María Josefa Canellada de Zamora, recriar o ambiente espiritual do tempo de Amado Alonso.

A *Revista de Filología Hispánica*, que este fundara em 1939, passa a ser editada no México com o título mudado para *Nueva Revista de Filología Hispánica* (1947-). Zamora Vicente inicia então, modestamente, a publicação de *Filología* (1949-), que, com imensa dificuldade, a pertinácia de Frida Weber de Kurlat vem trazendo até nossos dias.

Com a Guerra Civil (1936-1939), alguns membros do antigo Centro de Estudios Históricos se fixaram em outros países. O próprio d. Ramón esteve algum tempo em França, em Cuba e nos Estados Unidos. Mas logo retornou àquela Espanha, que no dizer de Leopoldo Panero era "(...) *un montón de cicatrizes*".

Como ele, retornou Dámaso Alonso, que também haveria de ocupar a cátedra de Filologia Românica da Universidade de Madri, a presidência da Real Academia Española e que criaria, por sua vez, uma Escola Estilística de tanta repercussão na crítica literária de nosso tempo.

Com o desaparecimento do Centro de Estudios Históricos, de Madri, e com a vida letárgica que passou a ter o Institut d'Estudis Catalans, de Barcelona, a

---

[30] Leia-se Juan M. Lopes Blanch. El supuesto arcaísmo del español americano. In: *Anuário de Letras*. VII, México, 1963-1969. p. 85-109.

atividade lingüístico-filológica do país veio a ser coordenada pelo Consejo Superior de Investigaciones Científicas, que conseguiu em parte regionalizar a pesquisa, dotando as universidades de província de revistas e séries de publicações, especializadas nas áreas em que cada uma poderia presumivelmente trazer maior contribuição para a ciência.

Em Santiago de Compostela se concentraram os estudos sobre a Galiza, com os *Cuadernos de Estudios Gallegos* e os seus *Anejos*; em Oviedo, os estudos sobre as Astúrias, com a revista *Archivum* e as publicações do Instituto de Estudios Asturianos; em Zaragoza, os estudos sobre Aragón, com o *Archivo de Filología Aragonesa* e as publicações do Instituto de Estudios Pirenaicos; em Granada, os estudos sobre o andaluz, com as publicações do *ALEA*. E assim por diante.

Os estudos clássicos, cultivados principalmente em Salamanca e Madri, tiveram sua difusão garantida na revista *Emérita* e nos seus *Anejos*. Para as Escolas de Estudos Árabes de Madri e Granada criou-se a revista *Al-Andaluz* e para o Instituto Arias Montano, de estudos hebraicos, a revista *Sefarad*.

A Espanha voltou a ser um país em ebulição lingüístico-filológica. E para esse ressurgimento muito colaborou d. Rafael Balbín Lucas, ilustre professor universitário, com trabalhos fundamentais sobre métrica espanhola, que se prejudicou na produção da própria obra em benefício da dos colegas. Como diretor do órgão editorial do Consejo, animou e dirigiu numerosas publicações, algumas monumentais[31], e não deixou que morressem aquelas fundadas por d. Ramón Menéndez Pidal: a *Revista de Filología Española*, os seus *Anejos* e as suas *Publicaciones*[32].

Pelo árduo trabalho de coordenação de todas as publicações do Consejo Superior de Investigaciones Científicas, Diego Catalán considera Balbín Lucas "a figura mais notável da lingüística espanhola depois da Guerra Civil", e acrescenta que ele, junto com Manuel Alvar,

> são sem dúvida as personalidades que mais influíram na orientação da pesquisa lingüística num plano nacional, oficial. Nesta posição diretora, Balbín e Alvar ocupam, na Espanha das últimas décadas, o papel que havia desempenhado Menéndez Pidal na Monarquia e na República.[33]

Às atividades do Consejo Superior de Investigaciones Científicas na área filológica devem-se acrescentar as do Seminário Menéndez Pidal, criado em 1954

---

[31] O último número da *RFE* é o LVIII, correspondente ao ano de 1976, mas publicado em 1978.

[32] Dos *Anejos* da *RFE*, onde estão as principais teses da lingüística e da filologia espanhola, já saíram 92 volumes. As *Publicaciones* da *RFE*, que são manuais universitários, ascendem ao número de 16.

[33] Diego Catalán. Op. cit., p. 124.

pelo ministro Ruiz Giménez e sediado na Faculdade de Letras da Universidade de Madri. As suas publicações, impressas e distribuídas pela Editorial Gredos, são principalmente edições críticas, muito bem preparadas por Diego Catalán e sua pequena equipe[34], e textos inéditos de Menéndez Pidal, que parece não terem fim[35].

Ao longo de mais de oitenta anos de intensa vida científica a Escola de Menéndez Pidal continua altamente produtiva, como se vê da obra dos remanescentes do ensino direto do mestre, Dámaso Alonso e Rafael Lapesa, e da maioria dos atuais lingüistas e filólogos espanhóis, formada na docência destes. Seria difícil enumerá-los todos, mas na ciência do nosso tempo têm lugar de relevo os nomes de Manuel Alvar[36], Álonso Zamora Vicente, Antonio Tovar, Antonio Badia Margarit, Antonio Llorente Maldonado, Fernando Lázaro Carreter, Emilio Alarcos-Llorach, Diego Catalán Menéndez Pidal, Francisco Yndurain, Francisco López Estrada, Manuel Muñoz Cortés, Álvaro Galmés de Fuentes, José Luís Pensado, Emilio Lorenzo, María Josefa Canellada de Zamora, María Concepción, Casado Lobato, Joaquim González Muela, Guzmán Alvarez, Gonzalo Sobejano, Luís Cortés Vásquez, Félix Monge, Jesús Neira Martínez, Constantino García, Manuel Menéndez García, Manuel Criado de Val, Tomás Buesa Oliver, Gregorio Salvador, Pascual González Guzmán, Antonio Quilis, Eugenio de Bustos Tovar, Ramón Lorenzo, Germán de Granda e de tantos outros discípulos de discípulos de Menéndez Pidal.

E, para terminar, uma palavra sobre o escritor e o homem.

Sánchez Cantón, Dámaso Alonso e Julián Marías, em necrológios na Real Academia Española[37], salientaram a progressiva estilização da prosa de Menéndez Pidal.

Sánchez Cantón acha que foi por volta dos cinqüenta anos, ou melhor, a partir do discurso sobre *La primitiva lírica española*, lido no Ateneo de Madri em 1919 — que a prosa de d. Ramón começou a adquirir agilidade e beleza sempre crescentes. Dámaso Alonso e Julián Marías situam a cristalização estilística no período que se inicia em 1950, com Menéndez Pidal já octogenário, e vai até *El compromiso de Caspe*, título do longo prólogo do tomo XV da *História de España* (Madri, 1964), por ele dirigida.

---

34 Vejam-se os títulos indicados na nota 10.

35 Só do *Romancero tradicional* por ele recolhido já saíram 11 t.

36 A obra de Manuel Alvar, um discípulo da 3ª geração da Escola Pidaliana, distribui-se por áreas muito variadas e, pelo volume, pela temática e pela alta qualidade, é talvez a que melhor segue a esteira da do Mestre de todos. Sobre ela preparamos uma bibliografia crítica.

37 Cf. Francisco Javier Sánchez Cantón. Sobre el estilo de Menéndez Pidal. In: *BRAE* (= *Boletín de la Real Academia Española*), XLIX, 1969, p. 397-400; Dámaso Alonso. *Juventud, madurez y ancianidad en la obra de Menéndez Pidal*. In: *BRAE*, XLVIII, 1968, p. 351-360; Julián Marías. *Tres recuerdos de D. Ramón*. In: *BRAE*, XLIX, 1969, p. 379-381.

Em contraste com a contenção formal e a fria objetividade do seu arrazoar nas obras da juventude, deixa agora fluir livre o estilo na ardorosa defesa das teses que lhe são caras.

Consegue então melhor sistematizar a sua teoria do tradicionalismo da épica espanhola, aplicada também à épica francesa depois da feliz descoberta, por Dámaso Alonso, da *Nota Emilianense*[38], que vinha estabelecer um elo entre o desastre de Roncesvales de 778 e o texto de Oxford da *Chanson de Roland*, composto por volta do ano 1100.

Mencionem-se apenas três de suas obras mestras sobre o controvertido tema: *Reliquias de la poesía española* (Madri, 1951), *Romancero hispánico* (Madri, 1953) e *La Chanson de Roland y el neotradicionalismo* (Madri, 1959), brioso ataque ao individualismo de Bédier e seus seguidores.

A sua prosa fervilha ainda mais apaixonada no livro polêmico por excelência, em que, possuído do espírito do Quixote, tenta destruir o mito Las Casas, tornado um paranóico nas páginas de *El Padre Las Casas: su doble personalidad* (Madri, 1963).

Completara o mestre 94 anos.

Uma tarde, Julián Marías ousa dizer-lhe o que, como Dámaso Alonso, observara: que a partir dos oitenta anos ele havia passado a escrever realmente bem.

D. Ramón lhe responde um tanto constrangido: "Antes não me atrevia."

Julián Marías relembrou também outras conversas com d. Ramón dos últimos anos, especialmente sobre religião e sobre a outra vida. São suas palavras:

> Uma tarde, em sua casa da Cuesta del Zarzal, entre seus livros inumeráveis, quis falar, muito achegado a mim, de religião. Sentamo-nos juntos, de costas para a luz que feria sua vista fatigada por tantas letras, e falamos durante três horas inteiras. Escutou, sobretudo, e com infinita atenção, com suprema seriedade, com inquieta esperança. Nunca compreendi melhor o grito angustiado do pai do menino enfermo, que conta São Marcos: "Creio! Ajuda a minha incredulidade." Pouco a pouco, d. Ramón perguntava, escutava, investigava, duvidava; buscava, como sempre, a verdade que nos fará livres. Quando me despedi dele senti que naquelas horas de íntima conversa se resumia a transparência de uma vida quase centenária.[39]

Essa primeira conversa, continua Julián Marías, causou-lhe funda impressão, recordava-a com freqüência:

---

[38] Veja-se Dámaso Alonso. *La primitiva épica francesa a la luz de una "Nota Emilianense"*. In: *RFE*, XXXVII, 1953, p. 1-94.

[39] *BRAE*, XLIX, 1969, p. 380-381.

> Nunca falava da morte, mas muitas vezes da ressurreição. Perguntava-me pela outra vida, da que lhe havia sugerido uma imagem capaz de iludi-lo, com uma inocência, com uma confiança que me comoviam. Tinha tentações de dizer-lhe que nunca havia estado ali, que não voltava dela como se pode voltar da América. E um dia me perguntou timidamente: "Acredita você, Marías, que poderei ver os jograis?" Eu lhe assegurei que essa era, pelo menos, minha esperança.[40]

O relato de Julián Marías, do qual transparece a candura de um grande espírito em declínio, traz para nós um ensinamento mais profundo; vem comprovar-nos a aderência do sábio à sua obra, a sinceridade com que a concebeu, a crença nos mitos que criou, nos seus heróis, como o Cid, e, também, nos seus anti-heróis como Las Casas. Aliás, o culto à honestidade científica foi sempre o primeiro ensinamento que os discípulos dele receberam. Navarro Tomás recorda que, no Centro de Estudios Históricos, d. Ramón declarava a todo neófito: "Na investigação, como em qualquer aspecto da vida, a disciplina ética é a base de tudo; a probidade vem antes da capacidade".[41]

Mas por que desejava d. Ramón conhecer os jograis? Porque foram eles os iniciadores da tradição literária românica, ou como diz com precisão numa obra fundamental que lhe dedicou:

> Cada geração pode iludir-se com a idéia de que ela cria o idioma, porque realmente o recria e refunde em grande parte; mas uma história geral de qualquer língua românica não pode olvidar o fato de que foram os jograis primitivos aqueles que mais se empenharam na primeira batalha, penosa e decisiva, para elevar a língua artística às rasteiras expressões quotidianas, desprovidas de toda aspiração poética.[42]

Jograis foram os dois compositores do *Cantar de Mio Cid*, os anônimos de San Esteban de Gormaz e de Medinaceli, que guardaram a memória daquele que seria o seu herói, cuja biografia, embrumada de lendas pelo tempo, foi por ele reconstituída numa obra de paciente e piedosa devoção.

Jograis foram os autores, propagadores e refundidores da poesia épica de raízes hispânicas e, também, da lírica do Ocidente peninsular, sobre a qual escreveu páginas tão lúcidas.

---

[40] Ibid., p. 381.

[41] *Anuario de Letras*, VII, México, 1968-1969, p. 19.

[42] *Poesía juglaresca y juglares. Aspectos de la historia literaria y cultural de España*. Madrid: Centro de Estudios Históricos, 1924, p. 436-437.

Os jograis participam, assim, das três áreas em que se move a sua obra: a história, a literatura e a língua. Três áreas contínuas, que ele soube sempre tratar como complementares na sua afanosa atividade para uma melhor compreensão da Espanha, porque mais veraz, mais exigente. Uma Espanha vista através da dualidade estabelecida por Unamuno: do sentimento de uma "España Madre", normal e passivo, e, sobretudo, da conscientização de uma "España Hija", construída em grande parte pela vontade de seus filhos, tornados criadores no diuturno, no permanente interrogar do que ela foi e do que ela é para planejarem o que ela em verdade poderá ser.

6
A obra filológica da Academia Brasileira de Letras*

A Academia Francesa foi criada no século XVII e, em parte, serviu de modelo para a Real Academia Española, fundada no século seguinte, quando também se constituiu a Academia das Ciências de Lisboa. Os intelectuais que concretizaram o ideal de uma Academia Brasileira em fins do século passado também se miraram no padrão francês.

Ao lado do fomento e da dignificação das letras em geral, impuseram-se todas elas, desde o início, a missão de velar pela pureza idiomática.

O artigo 24 dos Estatutos da Academia Francesa, aprovados em 1634, determinava que

> A principal função da Academia será trabalhar com todo o desvelo e toda a diligência possível para estabelecer as regras de correção de nossa língua e para torná-la pura, eloqüente e capaz de expressar as artes e as ciências.

E no artigo 26 se declarava que, com tal finalidade, seriam compostos um Dicionário, uma Gramática, uma Retórica e uma Poética.

Em 1694 começou a ser publicado o Dicionário, de que se fizeram várias edições. Mas só em 1932 saiu, com o título de *Grammaire de l'Académie Française*[1], a segunda obra prevista nos Estatutos seiscentistas. Talvez por seu caráter sintético

---

* Este ensaio encontrado no arquivo pessoal de Celso Cunha, datado de setembro de 1985, traz a indicação de que deveria fazer parte de um livro intitulado *De lingüística & de filologia*. Pelas pesquisas realizadas até o momento, não se tem notícia de sua publicação. Cremos que pertença ao conjunto de trabalhos inéditos seus que só agora estão vindo a público.

[1] Paris: Firmin Didot, 1932.

e prescritivo não teve ela boa acolhida por parte da crítica especializada. Em verdade, não é um livro que honre a prestigiosa instituição.

Durante os trezentos anos que medearam entre a sua criação e o aparecimento dessa obra, a Academia Francesa não arrefeceu no esforço de ter uma gramática. Por algum tempo adotou como suas as *Remarques sur la langue française* (1647), de Claude Favre de Vaugelas, persuadida de que se tratava de "*la meilleure des grammaires*". Procurou mesmo atualizá-las e completá-las com observações de Patru e de Thomas Corneille.

Na mesma linha da obra de Vaugelas são as Remarques e Décisions que a Academia encomendou ao *abbé* Tallemant e ao *abbé* de Choisy, mas só do primeiro trabalho foi autorizada a impressão.

No século XVIII, convencida de que uma gramática deve ser "un ouvrage de système et de méthode", a Instituição incumbiu o seu secretário perpétuo, o *abbé* Regnier-Desmarais, de elaborá-la. À vista, porém, de certas considerações de Fénelon em sua *Lettre à la Académie*, esta resolveu não assumir a paternidade da obra.

No prefácio à edição da *Grammaire* de 1932, declara-se que a preocupação da Academia não variou de 1634 até o presente no sentido de enunciar apenas as "*règles certaines*" da língua. Reconhece-se que a ela não cabe a iniciativa gramatical. Sua função é ser "*le greffier de l'usage*", mas "*avec un droit de regard*". Cabe-lhe, porém, a missão superior de zelar pela integridade da língua.

Criada em 1713, a Real Academia Española de la Lengua exerceu sempre uma influência bem maior do que a Academia Francesa — se compararmos a ressonância nos respectivos mundos idiomáticos — com os seus dois instrumentos de normalização lingüística: o Dicionário e a Gramática.

No capítulo I dos seus Estatutos, que trata "*del intento y motivo de la fundatión*", vem expressamente declarado:

> Sendo o fim principal da fundação desta Academia cultivar e fixar a pureza e elegância da língua castelhana, desterrando todos os erros que em seus vocábulos, em seus modos de falar, ou em sua construção introduziu a ignorância, a vã afetação, o descuido e a demasiada liberdade de inovar (...), em conseqüência tem por conveniente iniciar suas atividades pela elaboração de um Dicionário, o mais copioso que se possa fazer[2].

E não deixa de causar a maior admiração o fato de, 13 anos após ter sido fundada, a Academia apresentar impresso o primeiro dos seis alentados tomos do

[2] Cf. Historia de la Real Academia Española. In *Diccionario de Autoridades*. Edición facsímil. A-C. Madrid: Gredos, 1963, p. XXIII.

Diccionario de autoridades, verdadeiro monumento lexicográfico, principalmente para a época.

Não se deve esquecer de que a Real Academia Española é "de la Lengua". E desde o início procurou ela manter em seus quadros um expressivo número de filólogos, que se distribuem pelas duas comissões, intituladas precisamente "de Diccionario" e "de Gramática".

O *Diccionario de la lengua española*, sempre receptivo às novas criações léxicas em todo o âmbito da língua, é pela exatidão de suas definições e pela conseqüente gradação de significados um indispensável instrumento de trabalho, mesmo para os usuários do português, dada a proximidade das duas línguas.

Foi ele que serviu de modelo para o *Dicionário da língua portuguesa*, elaborado por Antenor Nascentes e sua equipe, para a Academia Brasileira de Letras.

Ainda na área lexical, deve-se à Real Academia Española, além da publicação de numerosos glossários de falares regionais e da linguagem particular de certos autores (Berceo, Góngora, etc.), a iniciativa da elaboração do grandioso *Diccionario histórico de la lengua española*, em curso de impressão depois de 1933.

Com relação à *Gramática*, a enorme influência que exerceu deriva não só do seu valor intrínseco e do prestígio da Academia, mas, principalmente, do fato de se ter tornado, pela lei de 9 de setembro de 1857, "*el texto obligatorio y único en las escuelas de enseñanza pública*".

Cumpre reconhecer que a Academia procurou justificar o privilégio com atualizações periódicas da *Gramática*. Ainda recentemente, em 1973, quando não mais dele usufruía, submeteu ao exame dos especialistas o *Esbozo de uma nueva gramática de la lengua española*, um dos projetos mais bem fundamentados de descrição gramatical de um idioma.

A Academia das Ciências de Lisboa, fundada em 1779, menos de dez anos depois da Reforma Pombalina que tornou obrigatório o ensino da gramática portuguesa como introdutório ao da gramática latina, também cedo se interessou pela elaboração de um grande dicionário do idioma.

Em 1780, um ano decorrido de sua criação, já ela decidia entregar ao saber de três eruditos — Pedro José da Fonseca, Bartolomeu Inácio Gorge e Agostinho José da Costa de Macedo — o preparo da obra, cujo I e único tomo saiu em 1793. Ridiculizado ainda hoje — em geral por alguns que nunca o leram — por ter parado no verbete *azurrar*, o Dicionário representa um esforço enorme de recolha e análise do material lexicográfico da língua. Sob certos aspectos modelar, continua a ser consultado com proveito, principalmente no que se refere às importantes informações que se colhem no "Catálogo dos autores e obras que se leram".

Infelizmente, malograram-se todas as tentativas de prosseguimento da obra realizadas até princípios deste século.

O *Dicionário da língua portuguesa*, que a Academia começou a publicar a partir de 1976, é também obra de vulto, mas obedece a um plano diferente.

Outra atividade filológica da Academia das Ciências de Lisboa, que é por lei "o órgão consultivo do Governo Português em matéria de lingüística", não pode deixar aqui de ser lembrado: as sucessivas reformas ortográficas em que se vem empenhando desde 1911 e, a partir de 1931, em parceria com a Academia Brasileira.

Acentue-se ainda que, nos dois séculos de sua benéfica existência, a Academia publicou numerosos e valiosos trabalhos sobre o idioma — alguns avulsos, outros enfeixados nas suas *Memórias* e no seu *Boletim*. Não nos devemos esquecer de que foi a Academia que preparou e editou os *Portugaliae monumenta historica* e que, hoje, reedita os seus textos em preciosas edições críticas.

A Academia Brasileira, que desde a sua fundação contou com dois filólogos — Silva Ramos e Carlos de Laet — e que, na primeira sessão solene de recepção, deu posse a um outro — João Ribeiro —, começou no próprio ano de 1897 a preocupar-se com as questões ortográficas. A primeira, provocada por proposta de José Veríssimo, versou sobre a necessidade de fixar-se a grafia do nome *Brasil*.

No mesmo ano foi nomeada uma comissão para redigir o *Dicionário bibliográfico brasileiro.*

Em 1907, Medeiros de Albuquerque propôs uma reforma ortográfica, que um decreto do governo autorizou fosse usada nos exames de preparatórios. Cogitou-se então de um Vocabulário, que chegou a ser iniciado por João Ribeiro.

Os trabalhos lexicográficos iniciaram-se em 1910 por empenho de Mário de Alencar. Estabeleceu-se o plano de um Dicionário de brasileirismos, de que uma parte chegou a ficar em provas tipográficas, e de um Dicionário brasileiro da língua portuguesa, cuja amostra publicada em 1928 nos dá uma idéia muito concreta da grandiosidade do projeto.

Mas nessa época a atividade filológica mais meritória da Academia era, sem dúvida, a edição de textos básicos da literatura e da história do Brasil.

Data de 1923 a notável contribuição para esses estudos representada pela Biblioteca de Cultura Nacional, que, a partir de 1931, passou a chamar-se "Coleção Afrânio Peixoto" em homenagem ao seu idealizador e dinâmico realizador.

A Biblioteca em causa dividia-se em cinco seções: I — Literatura; II — Histórica; III — Biobibliografia; IV — Inédita; V — Discursos.

Entre as obras nela incluídas contam-se a *Prosopopéia*, de Bento Teixeira; as *Primeiras letras* (Cantos de Anchieta, o Diálogo, de Jean de Léry e Trovas Indígenas); *A ilha da Maré*, parte da *Música do parnaso*, de Manuel Botelho de Oliveira; *Obras*, de Gregório de Matos; a edição fac-similar da *princeps* de *O Uraguai*, de Basílio da Gama; o *Compêndio narrativo do peregrino na América*; as *Geórgicas brasileiras*, de

Prudêncio do Amaral e José Rodrigues de Melo; os três volumes das *Cartas jesuíticas*; a obra *Jesuítas do Brasil e da Índia*, de José Caeiro; a *Vida, e morte, ditos e feytos*, de El-Rey dom João IV, de d. Francisco Manuel de Melo; os *Diálogos das grandezas do Brasil*; a *Viagem ao Brasil*, de Hans Staden; o *Tratado da terra do Brasil — História da Província Santa Cruz*, de Pero de Magalhães de Gândavo; *Dispersos*, de Pedro Luís e de Artur de Oliveira; nove volumes de biobibliografias e, até a morte de Afrânio, dez volumes de *Discursos acadêmicos.*

Pode-se afirmar que algumas edições não foram feitas com o necessário apuro crítico. Mas seria uma injustiça não reconhecer que todas desempenharam um importante papel no melhor conhecimento da nossa literatura e da nossa história. Gregório de Matos, por exemplo, era um autor praticamente desconhecido antes de aparecerem os seis volumes publicados pela Academia. A edição de Vale Cabral tornara-se há muito uma raridade bibliográfica.

Passados tantos anos, os numerosos e contaminados apógrafos que conservaram os textos do satírico baiano continuam a desafiar o saber, a acuidade e a garra dos filólogos para deles extrair lições mais fidedignas do que andam em mãos dos nossos críticos e historiadores da literatura.

Mas é em 1931 que começa a série de Acordos Ortográficos entre o Brasil e Portugal, obra das duas Academias — a Brasileira e a das Ciências de Lisboa.

Não é este o lugar nem o momento adequado para dizer o que tem sido, desde então, a longa marcha das duas instituições em busca da fórmula mágica que consubstancie o ideal de uma ortografia unificada para todos os países que têm o português como primeira ou como segunda língua.

Estou certo de que a questão está hoje suficientemente madura para ser solucionada em definitivo, eliminando um dos empecilhos à difusão de nossa cultura, especialmente de nossa literatura, nos centros universitários europeus. Restrinjo-me aos europeus, porque os conheço melhor.

Outro fator que, sem dúvida, contribuirá para atingirmos o ideal da unidade ortográfica relaciona-se com os ensinamentos que se colhem dos recentes estudos lingüísticos na área da grafemática, estudos que nos mostram que, ao contrário do que pensam alguns, em nenhuma língua de cultura — ou seja, língua que tem história — há subordinação do sistema gráfico ao sistema fonológico.

Permitam-me uma ligeira digressão para explicar-me melhor.

Embora geneticamente aparentadas, a comunicação escrita deve distinguir-se claramente da comunicação oral, pois que se trata de "dois sistemas coexistentes, cujos direitos são iguais", no dizer de Louis Hjelmslev.

Se a história nos ensina que apenas um número restrito de idiomas chegou a conhecer juntamente com o oral o código escrito — e que, ainda hoje, entre os usuários das línguas que dispõem de sistema gráfico nem sempre a maioria está nele iniciada —, também a história nos diz ter havido várias línguas usadas, durante séculos, somente na forma escrita. É o caso do elâmico, do acádio e do aramaico no Império Persa; do latim medieval e moderno no Ocidente; e do italiano "*dal Quattrocento al Novecento per tutti gli utenti non viventi in Toscana e a Roma*"[3] .

Acresce salientar que há sistemas gráficos, como os sistemas pitográficos e ideográficos, que

> não fixam uma forma falada, mas à semelhança da forma fônica, estão diretamente relacionados com o significado dos signos; e mesmo onde se encontra em uso uma grafia alfabética, criada para fixar as seqüências fonemáticas, não é raro o caso de passarem os usuários da grafia ao sentido sem a intermediária produção de realizações fônicas ou endofônicas[4].

A propósito, recolhamos estas observações de André Martinet:

> Todas as vezes que o sistema gráfico alfabético conseguiu ampliar o seu emprego, tendeu a emancipar-se da tutela fônica. Não se deve esquecer que interpretar cada letra de um texto como um fonema não é ler, mas decifrar. A verdadeira leitura não consiste em reconhecer os fonemas, e sim as palavras, isto é, os signos gráficos correspondentes a noções ou a grupos de noções. A criança que silaba suas letras passa da grafia ao sentido por intermédio do som, mas quem sabe ler passa imediatamente da palavra escrita à noção.

E assim conclui o lingüista francês:

> Isso contribui poderosamente para o conservantismo das grafias. Se a forma dos signos fônicos chega a mudar, o que se produz em geral sem que os locutores disso tomem consciência, há muitas probabilidades de que os signos gráficos não se adaptem às novas fonias. Estabelece-se, então, uma ortografia, o que vale dizer uma convenção gráfica independente, em princípio, da forma falada, ainda que os usuários continuem a identificar certas letras e certos fonemas.[5]

Outro fato que deve ser lembrado é que o sistema escrito apresenta elementos de redundância superior ao sistema falado, como se depreende da aplicação à lingüística da teoria da informação.

---

3 Tullio de Mauro. Tra Thamus e Treuth; note sulla norma parlata e scritta, formale e informale nella produzione e realizzazione dei segni linguistici. Bolletino del Centro di Studi Filologici e linguistici Siciliani, 11, 1970, p. 170-171. Sobre o assunto, leia-se também do mesmo autor: *Storia linguistica dell'Italia unita,* t. 1, 2. ed. Roma — Bari: Laterza, 1979, p. 21-46, especialmente p. 27-28.

4 Veja-se Tullio de Mauro. *Bollettino* cit., p. 171.

5 *Le français sans fard*. Paris: PUF, 1974, p. 66-67.

> Não faltava, pois, razão ao velho e prestante Vendryès para afirmar: Contrariamente à opinião de muita gente, não se escreve jamais como se fala; escreve-se (ou procura-se escrever) como os outros escrevem. As pessoas menos cultas, desde que pegam da pena, têm o sentimento de que usam de uma certa linguagem, que não é idêntica à linguagem falada.[6]

Ainda que analisemos a oposição escrito/falado apenas sob o ângulo grafemático/fonemático, a diversidade dos sistemas ressalta ao primeiro. A representação gráfica de um fonema é sempre desenganadamente aproximativa. E isso não só nos sistemas ortográficos simplificados, como o nosso, o espanhol e o italiano, mas no próprio alfabeto fonético internacional, porque lhes falta o "*habitat* natural dos fonossímbolos", que é o falado, no seu concreto operar de fatores situacionais.

Vemos, pois, que o sistema alfabético não é propriamente um sistema de transcrição fônica. São dois sistemas, que, embora apresentem correspondências paralelas no que se refere à estrutura das relações entre as partes, se organizam de forma diversa quanto a diferentes substâncias sígnicas. "O único elemento comum de comparação é o fato de que ambos, o sistema falado e o sistema escrito, são sistemas convencionais de signos"[7].

Não há, por conseguinte, como bem acentua John C. Mc. Laughlin, a possibilidade de uma teoria geral das relações entre o sistema escrito e o falado.[8]

Essa a razão por que nenhum problema grave de natureza ortoépica gerou a eliminação do circunflexo como acento distintivo de timbre dos paroxítonos. Se nos proparoxítonos, como *límpido* e *pêssego*, ou nos pseudo-proparoxítonos, como Fábio e Antônio, eliminarmos os acentos agudo ou circunflexo, também nenhuma dificuldade irá surgir para os usuários do Português.

Aliás, dizer que o acento circunflexo serve para indicar que a vogal é fechada e o agudo para marcar que ela é aberta só em parte corresponde à verdade. A acentuação do *i* e do *u* — as vogais mais fechadas da língua — é indicada sempre com acento agudo. É também este acento que se sobrepõe ao ditongo [ẽy], existente em *ninguém*, *alguém*, *porém* etc., ditongo em que a vogal é nasal, portanto fechada em português.

Voltemos, porém, à linha tronco de nossas considerações.

Além das reformas do sistema de escrita — e em decorrência delas — a Academia produziu dois *Vocabulários ortográficos*, sendo que o último, elaborado sob a responsabilidade da Comissão Acadêmica do Vocabulário, constituída pelos

---

[6] Joseph Vendryès. *Le Langage*. Paris: Albin Michel, 1950, p. 389.

[7] Luigi Rosiello. Grafematica, fonematica e critica testuale. *Lingua e Stile*, I, 1966, p. 68.

[8] Veja-se J. C. Mc. Laughlin. *A Graphemic-phonemic Study of the Middle English Manuscript*. The Hague: Mouton, 1963.

Acadêmicos Pedro Calmon, Barbosa Lima Sobrinho, Abgar Renault e Antônio Houaiss (relator), representa um enorme esforço para compendiar o léxico de nossa língua, elevando-o, quantitativamente, ao nível do acervo das grandes línguas de cultura dos nossos dias.

Parece-me que nele já estão as cabeças de ficha para a elaboração dos verbetes do Grande Dicionário da Língua Portuguesa, tarefa que a Academia se propôs desde 1910, e para cuja consecução já dispõe de uma base sólida, que é o Dicionário levado a bom termo pelo professor Antenor Nascentes e sua pequena equipe.

Atualizá-lo, enriquecê-lo é mais do que uma aspiração, é uma exigência da cultura nacional.

Na minha breve e lacunosa apreciação da obra filológica da Academia, só mencionei aquela realizada ou publicada com o seu patrocínio.

Seria motivo não de um painel, mas de um longo curso, o exame da produção filológica particular dos Acadêmicos, desde os pioneiros — Rui Barbosa, Silva Ramos, Carlos de Laet, João Ribeiro, Sílvo Romero —, passando por Afrânio Peixoto, Ramiz Galvão, Xavier Marques, Alberto Faria, Amadeu Amaral, Laudelino Freire, Afonso de Taunay, Rodolfo Garcia, Manuel Bandeira, até chegar aos dias de hoje com Barbosa Lima Sobrinho, Luís Viana Filho, Abgar Renault e os cavouqueiros da profissão: Aurélio Buarque de Holanda Ferreira e Antônio Houaiss.

Parece-me até difícil apontar acadêmicos que não se tenham interessado pelos problemas da língua, de que são os usuários privilegiados.

Afinal, o que é a filologia?

Platão, a quem se atribui a criação da palavra, definiu-a como “amor pelos argumentos, pela dialética”, “admiração pela palavra”. Para Aristóteles era o “gosto pela erudição, especialmente literária”.

Cícero, que tinha a disciplina em alto apreço, considerava-a “a prática esclarecida das belas letras”, e o filólogo, a um tempo, o autor e o intérprete. Simbolizava-o em Homero:

Homerus philologiae omnis dux.

A permanente ligação da filologia com a obra literária, cuja pureza procura conservar, enquadra-a naquele conceito de poiética de Paul Valéry, ou seja, “tudo aquilo que se refere à criação de obras de que a linguagem é, simultaneamente, a substância e o meio”.

Daí Unamuno definir a Filologia como

Amor a la palabra creadora.

Qual o Acadêmico que não o possui?

Rio de Janeiro, setembro de 1985

7
Sobre a tipologia dos erros ou variantes em crítica textual*

À memória sempre querida de Ernesto Faria, cujas aulas nos despertaram o interesse pelos aspectos teóricos da crítica textual.

La vraisemblance d'une faute ne saurait être indépendante de l'explication qu'on suppose à cette faute; donc la critique est amenée non pas seulement à remplacer tel mot par tel autre mot, préférable en soi pour tel motif, mais à rechercher par quel procès ce mot, s'il était la leçon primitive, a pu donner naissance à la leçon actuelle; et aussi, la possibilité du changement admise, pourquoi le changement s'est opéré. Ainsi, outre la détermination des difficultés, sa tâche essentielle, la critique se trouve avoir encore d'autres tâches: définir les leçons primitives, retrouver une à une les alterations qu'elles ont subies, poser enfin les conditions qui ont amené ces altérations.

Louis Havet. *Manuel de critique verbale appliquée aux textes latins*. Paris: Hachette, 1911, p. 25.

Como é pelas diferenças e semelhanças que se definem uns manuscritos em relação aos outros, compreende-se a importância capital que assumem nas atividades ecdóticas os conceitos de *erro*, *variante* e *inovação*.

A noção de *erro* é antiga em crítica textual. Com base nela, os editores de todos os tempos, não raro imbuídos da melhor das intenções, qual seja a de oferecer aos leitores o seu texto apurado, têm praticado nas obras que publicam emendas de tal natureza que, antes de melhorá-las, as desfiguram.

* Publicado inicialmente com o título "Breves considerações sobre a tipologia dos erros ou variantes em crítica textual" em *Bracara Augusta*, 39: 415-427. Braga: Câmara Municipal de Braga, 1985; republicado com acréscimos com o título "Ligeiras observações sobre a tipologia dos erros ou variantes em crítica textual". In *memoriam Vandick Londres da Nóbrega*. Rio de Janeiro: Sepe, 1985, p. 47-58. Optamos por esta versão, revista pelo autor.

Em princípio, *erro* é qualquer desvio, qualquer inovação num texto original[1]. Mas à área da estemática interessam exclusivamente os *erros significativos*, também chamados *erros guias* ou *erros diretivos* (*Leitfehler*), aqueles que nos indicam as semelhanças e dissemelhanças entre os manuscritos de uma mesma obra, permitindo estabelecer-lhes o parentesco, a sua genealogia.

Segundo Paul Maas, devem eles apresentar os seguintes requisitos:

a) serem erros, próprios de dois ou mais manuscritos, que não possam ter sido eliminados por conjectura no espaço de tempo em que se elaboraram os manuscritos em exame (*erros separativos*, "*Trennfehler*");

b) serem erros, próprios de dois ou mais manuscritos, que, com todas as probabilidades, não possam ter sido cometidos por seus copistas independentemente uns dos outros (erros *conjuntivos*, "*Bindefehler*")[2].

É claro que, para o estabelecimento das relações entre os manuscritos, as variantes não têm o mesmo valor. Mas como discriminar o peso de cada uma? O próprio Maas não nos esclarece, embora reconheça que

> a maior parte dos erros conjuntivos não têm nenhum valor separativo, enquanto a maior parte dos erros separativos podem ser usados ao mesmo tempo como erros conjuntivos. Erros separativos sem valor para colacionamento são muitos dos chamados *homoeoteleuta*, de um lado por serem tão fáceis de cometer, que os copistas quase que se sentiam impelidos a cair neles, de outro por ultrapassar a capacidade dos críticos de texto medievais eliminá-los por conjectura.[3]

De uma maneira geral, mesmo depois dos progressos e dos ensinamentos da scriptologia, a maioria dos editores continua a considerar de somenos as variantes ortográficas, reflitam elas os hábitos de um escriba, de um *scriptorium* ou de uma comunidade de língua. Ainda em recente congresso, Anezka Vidmanova aconselhava-nos eliminar da colação tais variantes, que "só raramente têm por base a ortografia de um texto autêntico"[4], e considerar apenas as demais, por ela classificadas nas dez categorias seguintes:

---

[1] Nota-se uma tendência entre os filólogos contemporâneos de substituir pelo termo "inovação" qualquer alteração não-mecânica sofrida pelos textos em sua história, o que geralmente se denomina "erro de transmissão". Alguns, como dom Quentin, rejeitam a própria noção de "erro", preferindo considerar os desvios textuais como "variantes". Em nosso estudo usaremos, indiferentemente, erro ou variante para designar os chamados *erros significativos* ou *erros guias*.

[2] Cf. *Critica del testo*. Traduzione di Nello Martinelli. Presentazione di Giorgio Pasquali. 3. ed. Firenze: Le Monnier, 1975, p. 54-55.

[3] Paul Maas, op. cit., p. 58.

[4] A propos de la classification des variantes. In *La Pratique des ordinateurs dans la critique des textes*. Actes du Colloque International tenu à Paris les 29, 30 et 31 mars 1978. Paris: CNRS, 1979, p. 62-63.

I. Lacuna grave que só pode ser explicada como genealógica.
II. Adição grave (idem).
III. Variante grave (idem).
IV. Ordem das palavras alterada (idem).
V. Lacuna de copista.
VI. Adição de copista.
VII. Variante de copista.
VIII. Ordem das palavras alterada pelo copista.
IX. Contra-senso incontestável.
X. Conjectura.[5]

As quatro primeiras categorias de Anezka Vidmanova agrupam lacunas, adições, variantes e alterações profundas na ordem das palavras que normalmente um copista não poderia cometer. Pertencem, pois, à area dos erros separativos e conjuntivos, "*Trennfehler*" e "*Bindefehler*", na terminologia de Maas, e indicam as relações genealógicas entre os manuscritos.

As quatro seguintes, n^os^ V-VIII, compreendem as variantes mecânicas: haplologias, omissões de palavras e frases, principalmente de igual a igual (bordão, homeoteleuto), ditografias, adições, banalizações e toda e qualquer modificação textual que deva ou possa ser atribuída ao copista. Essas variantes assumem maior importância quando ocorrem em grande número e, particularmente, quando nos deixam ver subjacente o sistema ou subsistema lingüístico do amanuense.

A categoria IX é um tanto rara como variante de um grupo de manuscritos, caso em que exprimiria uma relação genealógica. E, quanto à categoria X, ela é normalmente um testemunho dessa relação genética, dada a dificuldade de se provar, na maior parte das vezes, que a mesma conjectura tenha ocorrido independentemente a dois ou mais escribas.

Erros dos autores e dos copistas

Até aqui tratamos conjuntamente os erros do original, portanto do autor ou a ele imputáveis, e os erros de transmissão, que correspondem a lições inautênticas, atribuíveis ao copista ou, em certos casos, a acidentes mecânicos dos manuscritos.

Com os progressos dos estudos psicológicos e psicanalíticos e os seus reflexos no campo da crítica textual, os freqüentes erros de leitura e transcrição praticados pelos copistas foram examinados em suas causas mais profundas. Lembre-se que um dos livros básicos no particular é a *Psicopatologia da vida quotidiana* de

---

[5] Id., ibid., p. 63.

Freud. Mas, como a análise da gênese desses erros, dos *lapsus* e de outros atos falhados não é o objeto desse artigo, contentamo-nos em remeter os interessados ao trabalho mais abrangente sobre a matéria, que relaciona — e principalmente critica — toda a bibliografia anterior: Sebastiano Timpanaro. *Il lapsus freudiano: psicanalisi e critica testuale*. Firenze: La Nuova Italia, 1974[6].

Aos erros do autor faremos, no entanto, breves comentários.

Quando examinamos textos de escritores modernos, podemos melhor comprovar alguns tipos de erros que certamente terão ocorrido em todos os tempos, uma vez que se documentam mesmo em originais autógrafos.

São, pois, erros do próprio autor, e podemos distribuí-los por cinco grupos:

a) erros causados por distração;

b) erros causados por defeito de memória;

c) erros causados por limites de cultura;

d) erros de tradução;

e) erros de citação.

Preliminarmente, não se deve confundir lição autêntica com lição exata ou correta. Autêntica é a lição que reproduz o original do autor; exata ou correta é a que não se presta à objeção nem quanto à forma nem quanto ao fundo. Como, porém, o autor, por qualquer motivo, pode ter-se enganado sobre algum fato ou haver mal redigido um texto, daí decorre que uma lição perfeitamente autêntica pode muito bem ser completamente errônea.

Os erros causados por distração entram na classe dos erros óbvios e devem ser emendados. Mas, mesmo neste caso, tem-se que agir com muita cautela, louvando-se no *usus scribendi* e na cultura do autor, na coerência interna do original e em outros fatos que realmente comprovem ter sido o erro ocasionado por uma momentânea distração.

Nos outros casos, no entanto, cabe respeitar os erros de fato ou de língua provocados por defeito de memória, ou limites de cultura do próprio autor. O editor — repisemos — pode e deve corrigir os descuidos da pena do autor, mas não pode e não deve em nenhuma hipótese substituir a cultura do autor pela sua. Se um autor fornece dados objetivamente inexatos, se comete erros de história ou de geografia, se não se recorda bem de um nome ou de uma data, se se engana num cálculo, se se confunde numa tradução, se é impreciso ou infiel numa citação, o editor advertirá em nota ao leitor, mas não corrigirá o texto.

---

6 Há uma reimpressão revista de 1975. Tanto a obra de Freud como a de Timpanaro tratam também dos erros dos autores.

Destes erros os exemplos abundam. Citaremos uns poucos para ilustrar nossas afirmações.

No manuscrito *D* da obra do poeta Edgard Mata conserva-se o poema *Septenário do amor*, cujo verso 12 tem a seguinte redação:

Nas solidões do Averno um Caronte que corre.

Seria de esperar *Aqueronte*, que é o nome do rio do Inferno. O poeta, no caso, a ser autêntica a lição do manuscrito, teria confundido a denominação do rio com a do barqueiro *Caronte*, justamente aquele encarregado de transportar as almas através dos pântanos fumegantes do *Aqueronte* para a outra margem do rio dos mortos. A professora Cilene da Cunha Pereira, editora de *A obra poética de Edgard Mata*, fez bem em conservar a forma *Caronte* no texto e manifestar sua estranheza no aparato crítico.[7]

Em seu artigo "Machado de Assis, o leitor do Larousse", inserto na *Miscelânea em honra de Rocha Lima*[8], o professor Olavo Nascentes documenta algumas traições de memória de frases colhidas por Machado de Assis no *Larousse*, a modelo da seguinte:

Hippocrate *dit oui, mais Galien dit non* (*Larousse*)

reproduzida por Machado sob a forma:

Aristote *dit oui et Galien dit non.*[9]

A propósito de erro de tradução, recolhamos aqui um ilustrativo exemplo bíblico, apontado por Aurelio Roncaglia, do qual se origina a tradição iconográfica que representa Moisés provido de chifres.

> No texto hebraico encontrava-se o adjetivo *qarran*, que, em sentido material, significa "cornudo", mas também, por extensão facilmente compreensível, "radioso". Este — "radioso" — era evidentemente o sentido cabível no passo onde se fala no semblante de Moisés ao descer do monte Sinai depois de haver recebido de Deus as tábuas da Lei. Mas a Vulgata (*Exodus*, 34, 35) traduziu literalmente: "*videbant* [os hebreus] *faciem egredientis Moysi esse cornutam*"; e desta expressão,

---

[7] Cf. *A obra poética de Edgard Mata*. Rio de Janeiro: Tempo Brasileiro, 1979, p. 84. Pondera-nos o nosso amigo e colega professor Antônio José Chediak, talvez com razão, que o poeta poderia no caso ter usado voluntariamente de uma metonímia, ou seja, do nome do barqueiro pelo do rio a que estava vinculado por suas funções.

[8] Rio de Janeiro: Colégio Pedro II, 1980, p. 185-195.

[9] Id., ibid., p. 192.

entendida ao pé da letra, derivou a tradicional representação de Moisés com os cornos.[10]

As citações incluídas numa obra, quando não são fiéis, trazem por vezes delicados problemas ao editor. Em princípio as citações incorporadas a textos literários são intocáveis. E intocáveis também devem ser aquelas que, em obras não literárias, servem de abono à argumentação do autor. Um caso típico é o da *Réplica* de Rui Barbosa. Se, por exemplo, confrontarmos com a melhor lição as abundantes abonações que aí se aduzem sobre o emprego de *até* seguido da preposição *a*[11], vamos verificar que, excluídas as citações de escritores do século XIX, as demais não são fidedignas: encontram-se em edições modernizadas sem nenhum respeito aos textos originais dos autores. Nas duas crônicas de Fernão Lopes mencionadas (*Crônica de d. Pedro* e *Crônica de d. João I*) não se documenta *até*, mas *atá* (escrita *ataa*), seguido de artigo em todos os passos citados por Rui[12]. O exemplo de Gil Vicente, colhido no Primeiro *Auto das barcas*, também não abona tal construção. Na folha volante de 1518, vv. 762-763, o diabo diz ao Enforcado:

entra ca gouernaras
ataa as portas do inferno.[13]

Na *Copilaçam* de 1562, vv. 757-758, são suas palavras:

Entra ca e remaras
atee as portas do inferno.[14]

Não há dúvida de que a construção *até a* é do português moderno. Camões ainda não a usa (Cf. *Lusíadas*, II, 54; III, 69; III, 73; VI, 67; VI, 80). E, a propósito, vale recordar que, com a sua autoridade de profundo conhecedor das diversas

---

10 *Principi e applicazioni di critica testuale*. Roma: Bulzoni, 1975, p. 43.

11 *Replica do senador Ruy Barbosa ás defesas da redacção do projecto da Camara dos Deputados*. Rio de Janeiro: Imprensa Nacional, 1904, n. 23, nota 2.

12 Cf. *Crónica de d. Pedro*. Edizione critica, con introduzione e glossario a cura de Giuliano Macchi. Roma: Ateneo, 1966, capítulos 14, 27, 30 e 44; *Cronica del rei dom Joham I de boa memoria e dos reis de Portugal o decimo*, parte segunda. Edição crítica de William J. Entwistle. Lisboa: Imprensa Nacional, 1968, cap. 18. A citação da primeira parte da *Cronica* não corresponde ao capítulo indicado.

13 *Auto de moralidade composto per Gil Vicẽte*, vv. 762-763. Cita-se pela edição fac-similada publicada por O Mundo do Livro, Lisboa, 1959.

14 *Copilaçam de todalas obras de Gil Vicente, a qual se reparte em cinco livros*. Lisboa: João Álvarez, 1562, fl. XLVIIIv.

fases da língua, Sousa da Silveira ensinava que o "emprego de *até* + *a* + *artigo definido* parece ter começado no século XVII com o artigo feminino, depois é que se estendeu ao masculino"[15]. Mas quanto ao único exemplo seiscentista que cita:

Da parte da Igreja até à Eça...,

colhido na *Vida do arcebispo*, de frei Luís de Sousa (1619), ele foi o primeiro a advertir ser isolado na obra do prosador, que em outros passos só apresenta a preposição *até* seguida diretamente do artigo.

Em resumo: numa revisão crítica da *Réplica* não é admissível restituir tais exemplos à sua forma genuína, pois a argumentação de Rui cairia por terra, já que toda ela se baseia nas construções modernizadas.[16]

Escolha das variantes

Desde que haja mais de uma lição para o mesmo passo do texto em preparo, a escolha entre elas se impõe. E não são raros os casos em que todas as lições conservadas apresentam vício patente, o que nos obriga a conjecturar uma emenda para o lugar em questão.

Quais os critérios para efetuarmos a escolha ou a emenda?

Ao longo dos dois últimos séculos os especialistas em crítica textual estabeleceram, em forma de adágios latinos, certos princípios operacionais que, embora elaborados com vista a edições de textos da antiguidade clássica e do Novo Testamento, se prestam a uma aplicação geral.

Eis os principais:

1. *Lectio antiquior potior* (a lição mais antiga é preferível). É lógico que um manuscrito mais antigo tem maiores probabilidades de se aproximar do original ou do arquétipo do que outro mais moderno. A regra sofre, porém, inúmeras exceções. Os helenistas, por exemplo, costumam lembrar que, em geral, os papiros são mais antigos que os manuscritos de pergaminho, fato que não nos autoriza a considerar, de plano, as suas lições melhores, estando mesmo provado que freqüentemente não o são. Advirta-se, ainda, que muitas vezes o manuscrito mais moderno deriva de um protótipo perfeito, enquanto o mais antigo pode representar uma cópia de escriba desatento. Vêm a propósito estas palavras de Gunnar Tilander em sua edição do texto latino do *Tratado de falcoaria* do rei Dancus:

---

15 *Lições de português*, 7. ed. Rio de Janeiro: Livros de Portugal, 1964, p. 230.

16 Leia-se esta sua conclusão: "Poderia citar outros exemplos sem conta. Donde se vê que a associação das duas preposições *até* e *a* não é de uso moderno. Os mais antigos clássicos a empregavam quase tão amiúde como os mestres do nosso tempo" (Op. cit., n. 23, nota 2).

De todos os manuscritos de Dancus, *C* oferece o menor número de lacunas e de lições individuais. As características de *C* encontram-se todas em *X*, que apresenta ademais lacunas e lições próprias. É *C*, copiado em 1459, que deve servir de base para a edição crítica de Dancus, embora seja um dos mais recentes manuscritos, ao lado de *X*, que dele deriva, e *N*, *O* e *P*, que também datam do século XV. Toda pessoa que tem o hábito de manusear os velhos manuscritos sabe que um manuscrito moderno pode derivar do original ou de um manuscrito muito próximo do original, ao passo que um manuscrito antigo pode estar deteriorado ou corrompido. Necessário se torna ressaltar este fato em razão da monstruosa teoria exposta por H.F. Williams: mais um manuscrito é antigo, mais ele se aproxima do original, teoria tão absurda que merece dormir num eterno esquecimento.[17]

2. *Lectio melioris codicis potior* (a lição do melhor códice é preferível). É uma regra que tem muito de verdade, mas não nos devemos esquecer de que mesmo um manuscrito excelente costuma apresentar variantes inferiores às dos outros apógrafos e, até, erros. Cite-se como exemplo o Códice j. b. 2 do Escorial (*E*), que ninguém contesta ser, do ponto de vista textual, o melhor dos quatro manuscritos que conservaram as *Cantigas de Santa Maria*, do rei d. Afonso X, o Sábio. Naturalmente só ele pode servir de base a uma edição crítica das *CSM*[18], embora em muitos casos — em particular para suprir-lhe a falta de 12 cantigas — as lições dos códices *T. j. I*, *To* e *F* lhe sejam superiores. Acresce salientar que, se levada às conseqüências naturais, esta regra nos obrigaria à reprodução pura e simples do *codex optimus*, o que chegou a ser aconselhado por Cobet, um discípulo de Lachmann, e que é, em última análise, a essência do método de Bédier.

3. *Lectio plurium codicum potior* (a lição do maior número de códices é preferível). É uma regra que na prática sofre muitas restrições. Parece aplicar-se com mais propriedade à reconstituição crítica do Novo Testamento pelo número enorme dos manuscritos em confronto, que representam variadíssimas recensões, feitas em pontos geográficos muito distantes uns dos outros. Em sua edição (1842), Lachmann baseou-se nessa diversidade para estabelecer seis graus de certeza na fixação do ancestral comum, pelos quais, quanto maior e mais diversificado geograficamente fosse o número de testemunhos, tanto mais segurança apresentaria uma lição.

---

[17] *Dancus Rex, Guillelmus Falconarius, Gerardus Falconarius. Les plus anciens traités de fauconnerie de l'Occident publiés d'après tous les manuscrits connus* par Gunnar Tilander. Lund, Carl Bloms Boktryckeri A.-B., 1963, p. 42.

[18] Assim procedeu Walter Mettmann em sua excelente edição: Afonso X, o Sábio. *Cantigas de Santa Maria*, 3 volumes de texto + 1 de glossário. Coimbra: Acta Universitatis Conimbrigensis, 1959-1972.

4. *Lectio difficilior potior* (a lição mais difícil é preferível). Esta é uma das regras básicas da ecdótica na preferência por uma das lições. A palavra ou a construção mais rara e mais obscura estão sempre à mercê de uma banalização por parte do copista, sendo muito improvável o inverso. A todo momento encontramos palavras como *colacionar*; *saciedade* e *tradição* trivializadas em *colecionar*, *sociedade* e *tradução.* Basta atentarmos nas erratas de certos livros para comprovarmos a freqüência com que os nossos tipógrafos acolhem uma *lectio facilior.*

Um interessante exemplo de *lectio facilior* encontra-se na primeira edição do *Memorial do convento*, de José Saramago, onde se lê:

> De música sabiam pouco Baltasar e Blimunda, a salmodia dos frades, raramente o *escritor operário* do *Te Deum*, toadas populares campestres e urbanas, cada qual suas, porém nada que se parecesse com estes sons que o italiano tirava do cravo, que tanto pareciam brinquedo infantil como colérica objurgação, tanto parecia divertirem-se anjos como zangar-se Deus.[19]

Em lugar de *escritor operário* o Autor havia escrito *estridor operático.*

Mas é preciso dominar a tentação de forçar a *lectio difficilior* onde ela não existe, como faz a professora Barbara Spaggiari, a mais recente editora do cancioneiro de Martin Codax[20]. Na sua faina de justificar, pela ancianidade de certas formas, a versão concordante *CV-CBN* contra a do *Pergaminho Vindel*, ora ela aceita *lectiones faciliores* dos códices italianos, como *senlheyra* e *guardas*, em lugar das formas *senheyra* e *gardas* do *PV*, ora procura convencer-nos, com exemplos dicionarizados que nada provam, de que a boa lição para o verso 5 da cantiga VII (*PV* 7 — *CBN* 1284 — *CV* 890) não é *mirar*, conforme se lê claramente no *PV*, mas *virar*, leitura depreendida do *CV* e que não tem respaldo do *CBN*, lacunoso neste passo. Ora, situando-se a palavra no seu contexto, vemos que *mirar* funciona aí como alternante sinonímico de *veer*:

Ay ondas, que eu vin *veer*,
se me saberedes dizer
porque tarda meu amigo
sen min?

Ay ondas, que eu vin *mirar*,
se me saberedes contar
porque tarda meu amigo
sen min?

---

[19] *Memorial do convento*; romance. Lisboa: Editorial Caminho, 1982, p. 177.

[20] Il canzoniere di Martím Codax. Separata dos *Studi Medievali*, 3ª série, XXI, I, 1980, p. 367- 409.

Nada, pois, mais normal numa paralelística. Para substituir esta lição esperada, e avalizada pelo *PV*, manuscrito contemporâneo dos trovadores, seria essencial um argumento de peso, que não foi apresentado. Ao revés, outras razões ponderáveis, além da de ferir a estruturação típica das paralelísticas, militam contra a leitura proposta. Em primeiro lugar, a lição do *CV* não é claramente *uirar*, pois falta ao *i* o seu pingo, que, no códice, aparece sobreposto à vogal em questão nas demais palavras da cantiga que a possuem: *uin*, *mi*, *dizer*, *amigo*. Em segundo lugar, erros paleográficos do tipo *ui* por *m*, e vice-versa, *nu* por *mi* ou *im*, *m* por *in* são comuns nos apógrafos italianos, como podem atestar todos os que estão habituados a com eles lidar. Constam até da *Tavola dei principali errori che si osservano nella scrittura del codice*, Apêndice II de *Il canzoniere porthoghese della Biblioteca Vaticana* messo a stampa da Ernesto Monaci. Halle, Niemeyer, 1875, p. XXVII-XXVIII e XXX. Em síntese: como nem ao menos ficou provada a possibilidade de uma alternância sinonímica de *virar* com *veer*, não há porque aceitar a *lectio difficilior* sugerida pela estudiosa italiana.

5. *Lectio brevior potior* (a lição mais breve é preferível). É no fundo um complemento da regra anterior que manda preferir a *lectio difficilior*, pois na maioria dos casos a amplificação de um texto visa a torná-lo mais explícito, mais claro. Na Idade Média, porém, a *amplificatio* tornou-se um recurso literário de alta importância, em relação direta com as características epocais de intertextualidade e movência (*mouvance*). Peter Dembowski dá-nos um excelente exemplo de interpolação de "clichês" piedosos numa cópia tardia da versão francesa da *Vida de santa Maria Egipcíaca*. Enquanto no manuscrito de base, que segue fielmente o texto latino, o monge Zózimo diz simplesmente à santa:

> *Non pas ma volenté, mes la divine dispensation nos fist veoir l'un l'autre*,

na tardia versão *O* as palavras do anacoreta são as seguintes:

> *Non pas ma volenté, mais par la divine volenté et dispensation de Nostre Seigneur Jhesu Crist, que lui a pleü que nous puissions ainsi veoir l'un l'autre.*[21]

6. *Lectio quae alterius originem explicat potior* (a lição que explica a origem de outra é preferível). É evidente que, se de duas lições uma se explica por má compreensão da outra, esta última deve ser a preferida. Um exemplo apenas:

[21] Vd. Peter Dembowski. Intertextualité et critique des textes. *Littérature*, n. 41, février 1981, p. 27.

No primeiro *Auto das barcas*, um judeu, com o seu bode às costas, apresenta-se ao Diabo e tenta corrompê-lo nestes termos, segundo a lição da folha volante de 1518, vv. 567-571:

ex aqui quatro testoões
e mais se os pagara
por vida do semifara
que me passeys ho cabram
queres mais outro tostam.

Na *Copilaçam* de 1562 este passo vem assim transcrito:

Eis aqui quatro tostões
e mais se vos pagaraa
por vida de se me faraa
que me passeis o cabrão,
quereis mais outro tostão.

Tanto Carl David Ley[22] quanto I.S. Révah tomam por base, para as suas edições do *Auto*, a versão de 1518 e interpretam a forma *semifara* do v. 569 como um nome próprio, "*très vraisemblablement le nom du Juif lui-même*", diz-nos Révah, que o justifica: "*Cette manière de jurer est encore courante chez les Juifs espagnols des Balkans et correspond à l'expression 'je vous le jure sur ma vie'*"[23]. Ora, ao editar as obras do pai, neste passo como em vários outros, Luís Vicente não soube ou não quis interpretar corretamente o seu pensamento e banalizou-o, pois, no caso concreto — não pode haver dúvida — é a forma *semifara* que explica *se me faraa*, e não o inverso.

Concluindo

Vemos que nenhuma dessas regras tem valor absoluto, porque a realidade costuma trazer uma série de imprevistos. Cada texto apresenta os seus problemas particulares e, como dizia o experimentado Michele Barbi, "não depende de nossa vontade fazê-los diversos: de nós depende encontrar um modo, o melhor possível, de deslindá-los e resolvê-los. Se não pudermos chegar a resultados sempre seguros, contentar-nos-emos então com o provável, que não deixa de ter o seu

---

22 Gil Vicente. *Auto da barca do inferno* (según la edición de 1517). Editado por Carl David Ley. Madrid: C.S.I.C., 1946.

23 I.S. Révah. *Recherches sur les oeuvres de Gil Vicente*. T. I: Edition critique du premier "*Auto das barcas*". Lisboa: Institut Français au Portugal, 1951, p. 28.

valor".[24] Por isso, ironicamente aconselha o helenista B.A. van Groningen no seu *Traité d'histoire et de critique des textes grecs*:

> É preciso escolher a lição que melhor corresponda ao estilo, à personalidade, à época do autor, ao gênero literário da sua obra e ao contexto; além daquela que se baseia numa investigação precisa e inteligente dos dados fornecidos pela tradição. Chegar-se-ia, assim, a formular a regra tautológica: *lectio melior potior*![25]

---

[24] *La nuova filologia e l'edizione dei nostri scrittori da Dante al Manzoni*. Firenze: Sansoni, 1938, p. XXXIII-XXXIV.

[25] Verhandelingen d. konink. Nederl: Akad. van Wetensch, Afd. Letterkund, N. R. 70. 2, 1963, p. 115.

8
O ofício de filólogo*

L'aspiration consciente à comprendre autrui, voilà l'amour qui réclame l'éthique de la philologie.

Sergueí Avérintsev

Visione poliedrica, pluridimensionale del documento esaminato, che si chiama filologia.

Maria Corti

1. *Philólogos* é uma forma composta grega que se documenta pela primeira vez em Platão, empregada como adjetivo no sentido de "admirador da palavra", "que gosta de falar", "bem falante" (cf. *Fedro* 236 e; *Leis* I, 641 e; *Laches* 188 c), e, como substantivo, na acepção de "amigo do raciocínio, da argumentação", "bom locutor" (cf. *República* IX, 582 e; *Teeteto* 161 a).

Platão aproxima *philólogos* de *polylógos* "grande falador", "tagarela" (cf. *Leis* I, 641 e) e opõe o termo a *misólogos* "inimigo dos discursos e dos arrazoados" (cf. *Laches* 188 c).

Posteriormente, a palavra passará a significar "erudito", "douto", "letrado", sentido que já se encontra em Eratóstenes de Cirene (295?-214? a.C.), que assim se qualificava, embora fosse filósofo, poeta, gramático, geógrafo, cronógrafo, matemático e astrônomo. Foi ele, como se sabe, o descobridor dos números primos, que juntos formam a tabela conhecida por *cribrum Eratosthenes*.

Essa idéia de ser o filólogo um letrado erudito vai generalizar-se não só entre escritores gregos, como Estrabão e Dionísio de Halicarnasso, mas também entre os latinos, como Cícero, Suetônio e Sêneca. Na acepção restrita de especialista em crítica textual usavam os gregos de preferência *kritikós* ou *grammatikós*.

O derivado *philologia*, que em Platão (*Teeteto* 146 a) significa "amor pelos argumentos, pela dialética", ocorre em Aristóteles com o sentido de "gosto pela erudição, especialmente literária" (cf. *Problemas* 18). E os autores subseqüentes, gregos e latinos, acentuaram cada vez mais essa relação da filologia com os estudos

---

* Texto encontrado entre os manuscritos de Celso Cunha, datado "Rio de Janeiro, julho de 1987". Pelas pesquisas realizadas até o momento, não se tem notícia de sua publicação.

literários de caráter erudito. É o que vemos em Plutarco (*Morales* 645 c), Isócrates (*Antidosis* § 316) e Cícero (*Ad Atticum* 13, 12,3). Sêneca (*Epistulae* 108, 24) chega a conceituar a filologia como a explicação, o comentário de textos dos escritores.

Se durante algum tempo a filologia grega foi um trabalho de diletantes, com os filólogos alexandrinos dos séculos III e II a.C., a disciplina tornou-se um labor fundamental para a preservação do patrimônio literário da humanidade. A famosa biblioteca do Museu de Alexandria, fundada por volta de 280 a.C., teria armazenado no primeiro século de sua existência de duzentos mil a 490 mil volumes, se nos posicionarmos entre as indicações de Eusébio e Tzetzes[1].

Dentre esses filólogos cumpre ressaltar Zenódoto de Éfeso (340?-265? a.C.), primeiro bibliotecário e editor de textos épicos e líricos por processos que a muitos, desde a Antiguidade, têm parecido censuráveis[2]; Calímaco de Cirene (310?-240 a.C.), poeta, professor e erudito de vasta obra, a quem se deve o primeiro catálogo dos escritores gregos; Eratóstenes, já referido, sempre louvado por seu saber enciclopédico; e, sobrelevando a todos, Aristófanes de Bizâncio (258?-180? a.C.) e o seu discípulo Aristarco de Samotrácia (216?-144? a.C.), com os quais a filologia helenística chega ao ápice.

Herdeiro de uma ativa tradição filológica quase secular, Aristófanes pôde, com o domínio desse saber especializado e um profundo conhecimento dos textos clássicos, levar a bom termo a obra magnífica de codificação da poesia grega[3]. Aristarco celebrizou-se como editor, especialmente dos poemas homéricos, e como exímio e fecundo comentador de várias obras do passado literário. Nas suas edições da *Ilíada* e da *Odisséia* sistematizou o uso dos sinais críticos, tendo-se valido não só do tradicional *óbelo* (–), uma pequena linha horizontal posta à margem esquerda de um verso para indicar-lhe a natureza espúria, mas de outros cinco: a) o *diplos* (>), para salientar um passo notável pela expressão ou pelo conteúdo; b) o *diplos periestígmenos* (⸖), para apontar o verso em que a sua edição diferia da de Zenódoto; c) o *asterisco* (※), para assinalar um verso erroneamente repetido em outro lugar; d) o *anti-sigma* (⊃), para marcar a inversão de versos; e) a *stigme* (.), simples ponto, para chamar a atenção sobre um verso suspeito de apócrifo.[4]

---

1 Cf. Leighton D. Reynolds e Nigel G. Wilson. *Copisti e filologi. La tradizione dei classici dall'Antichità al Rinascimento.* Traduzione di Mirella Ferrari. Padova: Antenore, 1969, p. 7.

2 Vj. Rudolf Pfeiffer. *Historia de la filología clásica.* I. *Desde los comienzos hasta el final de la época helenística.* Versión española de Justo Vicuña y Mª Rosa Lafuente. Madri: Gredos, 1981, p. 200-202.

3 Sobre a atividade filológica de Aristófanes de Bizâncio, veja-se Rudolf Pfeiffer. Op. cit., p. 309-373.

4 Vj. Leighton D. Reynolds e Nigel H. Wilson. Op. cit., p. 10-11; Wilhelm Kroll. *Historia de la filología clásica.* Traducida y ampliada por Pascual Galindo Romeo, 2. ed. Barcelona: Labor, 1941, p. 37-38. Sobre Aristarco e os fundamentos de sua interpretação, leia-se Rudolf Pfeiffer. Op. cit., p. 374-413.

2. Se em geral a atividade filológica era objeto de alto apreço na antiguidade greco-latina, não faltaram também os seus detratores, principalmente em Roma.

Embora Platão tenha admitido no *Teeteto* que o filósofo é também filólogo, ou seja "um homem inclinado a argumentar", com o tempo foi-se cristalizando a tendência de opor o amor às palavras (filologia) ao amor à sabedoria pura (filosofia).

Sêneca, por exemplo, em carta a Lucílio, lamenta haver a filosofia do seu tempo degenerado em filologia. Julgamento pejorativo, radicalmente diverso do de Cícero, para quem Homero era o símbolo do filólogo:

Homerus philologiae omnis dux.[5]

E a importância dada por Cícero à atividade filológica — entendida por ele como o culto das letras em que se harmonizavam criação e interpretação — levou-o a declarar, em carta a Ático, que um homem podia ser da mais alta nobreza, por seu nascimento ou posição, sem que atingisse a condição de filólogo:

Homines nobilis ille quidem, sed nullo modo philologi.[6]

Alguns têm visto nessa afirmação ciceroniana um dos antecedentes da distinção entre *clerezia* e *cavalaria*, entre as letras e as armas, que irá tornar-se um lugar-comum na literatura posterior — medieval, renascentista e romântica.

Regra geral que, no correr do tempo, sofreu também as suas exceções.

Camões, que costumava levar

Nũa mão sempre a espada e noutra a pena[7],

Lembra que

Octávio entre as maiores opressões
Compunha versos doutos e venustos.[8]

E de César, Cipião e Alexandre nos diz:

Vai César sojugando toda [a] França
E as armas não lhe empedem a ciência;
Mas nũa mão a pena e noutra a lança
Igualava de Cícero a eloqüência.

---

[5] Citado por Karl Uitti. A propos de philologie. *Littérature*, 41:31, Paris, février 1981.

[6] Citado por Karl Uitti. Id.,ibid.

[7] *Lusíadas*, VII, 79.

[8] *Lusíadas*, V, 95.

O que de Cipião se sabe e alcança
É nas comédias grande experiência.
Lia Alexandro a Homero de maneira
Que sempre se lhe sabe à cabeceira.[9]

Também ao nosso Castro Alves parecia que
Nem cora o livro de ombrear co'o sabre...
Nem cora o sabre de chamá-lo irmão...[10]

É certo que as antinomias conceptuais que apontamos entre Cícero e Sêneca persistiram ao longo dos vinte séculos que deles nos separam e, por outro lado, é verdade que o termo filologia nesse período assumiu acepções muito diversas, o que levou Hermann Kantarowicz a afirmar que essa disciplina é um mito, e Ionesco a emitir a conhecida "*boutade*":

La arithmétique mène à la philologie, et la philologie mène au crime.[11]

Mas, se é inegável a diversidade conceptual da palavra através do tempo, não é menos exato qûe podemos admitir uma constante: a filologia esteve sempre estreitamente ligada ao discurso literário, interessando-se não apenas pelo *poético*, mas pelo *poiético*, dentro daquela magistral definição de Paul Valéry:

A [poiética] é tudo que se refere à criação de obras de que a linguagem é, a um tempo, a substância e o meio. Isso compreende, de um lado, o estudo da invenção e da composição, o papel do acaso, o da reflexão, o da imitação, o da cultura e do ambiente; de outro lado, o exame e a análise das técnicas, processos, instrumentos, materiais, meios e suportes da ação.[12]

Essa permanente ligação da filologia com a obra literária, cuja pureza textual procura conservar, tem tido reflexos no prestígio e no desprestígio da disciplina.

Foi o que muito bem viu Karl Uitti, quando escreveu:

Todas as vezes que as formas literárias e poéticas do discurso foram tidas em alta consideração, o que nós chamamos filologia, sob este vocábulo ou outros (por exemplo, *gramática* ou *clerezia*), gozou igualmente de alta estima. Os declínios periódicos que conheceu a filologia podem ser atribuídos, no conjunto, seja à

---

9 *Lusíadas*, V, 96.

10 *Espumas fluctuantes. Poesias*. Bahia: [s.e.], 1870, p. 10.

11 *La Cantatrice chauve suivi de la leçon*. Paris: Gallimard, 1954, p. 146.

12 Jean Pommier. *Paul Valéry et la création littéraire*. Paris: Éd. de l'Encyclopédie Française, 1946, p. 7-8.

usura, seja à banalização da própria palavra (e por conseqüência a adoção de um outro termo), seja à prioridade concedida às formas não poéticas do discurso (por exemplo, à lógica nos círculos da universidade parisiense do século XIII, ao pensamento hegeliano ou à "história", na Europa do século XIX)[13].

Também ao desinteresse pela língua escrita, em geral, e pela língua literária, em particular, manifestado em meados do nosso século pela lingüística estruturalista, deve-se creditar a marginalidade a que foram relegados os estudos filológicos.

Vale a pena recordar.

Filologia e lingüística

3. Nos anos 1950, na época de fastígio do estruturalismo behaviorista, quando lingüistas e críticos neoformalistas tudo negavam de um passado em que os fatos lingüístico-literários não eram apresentados, como exigiam, *in abstracto*, dentro de fórmulas sistemáticas e interdependentes, disciplinas como a filologia e a estilística, fundadas no estudo *in praesentia* de tais fatos e na preocupação de não escamotear a sua complexidade, foram naturalmente os alvos preferidos dos seus ataques.

Lembremos aqui as críticas excessivamente cáusticas, publicadas então por dois jovens lingüistas — ambos credores de nossa gratidão pelos magistrais estudos que escreveram sobre a língua portuguesa —, o sueco Göran Hammarström e o alemão Helmudt Lüdtke.

Consubstanciando o pensamento de ambos, Hammarström, num artigo hoje clássico (*Graphème, son et phonème dans la description des vieux textes*[14]), escrevia em 1959:

> A bem dizer, há um abismo entre a descrição dos filólogos e a dos lingüistas. A primeira não faz progressos há cinqüenta anos. Ela é ainda pré-saussuriana. Quanto tempo os filólogos, eruditos e competentes em domínios outros que o da descrição lingüística, prosseguirão nas maneiras de proceder que pertencem hoje ao diletantismo? Já não seria tempo de escolher: ou a renovação, ou o silêncio?[15]

O nosso admirado amigo Hammarström generaliza à profissão de filólogo aquilo que observou na prática elementar de alguns editores de textos medievais,

---

[13] Karl Uitti. Op. cit., p. 31-32.

[14] Reprinted from *Studia Neophilologica*, 31 (1): 5-18, 1959.

[15] Ibid., p. 17-18.

especialmente franceses, que procuram explicar-lhes as formas fonéticas menos freqüentes com a simples indicação do seu provável étimo latino (o processo a que Lüdtke chama "*die lineare Deszendenz*"), sem nenhum interesse em enquadrar tais formas no sistema fonológico do tempo, passível de reconstituição, segundo ele, pela fiel observação de fatos lingüísticos documentados na época, ou em épocas imediatamente anteriores ou posteriores. Operação, como veremos, delicada, que exige uma prévia e clara distinção entre os domínios dos grafemas, dos sons e dos fonemas, por vezes muito difícil de ser estabelecida.

4. Já Martinet nos havia chamado a atenção para a conveniência de procurarmos a explicação dos fenômenos fonéticos aparentemente isolados dentro do sistema fonológico da língua de que se estuda uma fase pretérita. E considerava a hipótese de três ocorrências possíveis:

1ª) Modificações que não alteram as possibilidades distintivas do sistema.

2ª) Modificações que reduzem as possibilidades distintivas do sistema.

3ª) Modificações que acrescem o número de unidades distintivas do sistema.[16]

À classificação um tanto genérica de Martinet, que nem sempre conseguiu exemplificá-la convincentemente no seu tratado de fonologia diacrônica[17], Hammarström opõe um decálogo, prático na aparência, com pressupostos que visam a distinguir dois estados de língua sucessivos, e que hoje, decorridos quase trinta anos de sua elaboração, podemos considerar um ideal filológico, não plenamente atingido — é certo —, pela falta de descrições sincrônicas das diversas fases do passado românico, mas que devemos perseguir em nossas pesquisas para melhor acautelarmos a fidelidade do texto objeto do trabalho editorial.

Eis as dez possibilidades de mudança que o eminente lingüista sueco aponta entre dois estados idiomáticos:

1ª) *A época posterior possui um fonema a menos*. As línguas românicas, por exemplo, não conhecem o fonema [*h*], existente em latim.

2ª) *A época posterior possui um fonema a mais*. Por exemplo: o latim apresentava o mesmo fonema gutural sonoro no início das palavras *grande(m)* e *gentile(m)*. O francês, como outras línguas românicas, conservou o fonema latino em *grand*, e criou o fonema palatal [ʒ] em *gentil*.

3ª) *Um fonema em determinada época é menos freqüente que o fonema correspondente de uma época anterior*. É, por exemplo, o caso do |a| latino e do |a| francês. Se o [a]

---

16 André Martinet. *Economie des changements phonétiques. Traité de phonologie diachronique*. 2. ed. Berne: A. Francke, 1964, p. 175.

17 Cf. Op. cit., p. 176-195.

do latim *parte(m)* se conservou no francês *part*, o de *pratu(m)* alterou-se no francês *pré*. O [a] francês é, por conseguinte, menos freqüente do que o fonema que lhe corresponde em latim[18].

4ª) *Um fonema em determinada época é mais freqüente que o fonema correspondente de uma época anterior*. É o caso inverso, que pode ser exemplificado pela maior freqüência do [ɔ] em francês do que em latim, uma vez que em certas palavras a vogal em causa representa em francês a evolução do ditongo [aw] latino. Assim: *auru(m)* > *or*.

5ª) *Um fonema que corresponde a um outro de uma outra época possui, no entanto, uma posição diferente no interior do sistema fonológico*. É o caso do francês [ü] correspondente ao latim [*u*]: *muru(m)* > *mur* [mür].

6ª) *Um fonema alterou sua realização com referência à realização de um fonema correspondente de uma época anterior, sem que tenha havido modificação no sistema fonológico*. O próprio Hammarström reconhece que esta hipótese implica "alterações de sons cuja existência é difícil de comprovar e de datar com precisão". Exemplifica-a com as alternantes pronúncias algarvias [ɛ] e [ɛ'], e esclarece: "É lícito supor que a língua do Algarve possuía antes o mesmo [ɛ] não ditongado do português normal. Hoje, porém, no Algarve, uma palavra como *pé* pronuncia-se [pɛ], ou, se a vogal é longa e acentuada [pɛⁱ]. A nova pronúncia, em que [ɛ] e [ɛⁱ] se alternam, não modifica o sistema fonológico (pelo menos se se adota a maneira corrente de analisar)"[19].

7ª) *A época posterior possui uma combinação de fonemas a menos*. Em latim havia, por exemplo, a combinação de fonemas [a] + [n] +[t]. Esta combinação não mais existe em francês[20], onde o [n] nasalizou o [a] e perdeu a sua articulação. Assim *cantat* > fr. *chante* [ʃãt].

8ª) *A época posterior possui uma combinação de fonemas a mais*. Trata-se do caso inverso. A combinação [ã] + [t], que acabamos de mencionar, não existia em latim.

9ª) *Uma combinação de fonemas em uma certa época é menos freqüente que a combinação idêntica de uma época anterior*. Assim a combinação [a] + [l] implosivo é menos freqüente em francês moderno do que em francês arcaico, porque em certos ca-

---

18 Hammarström esclarece que, "*pour être un 'phonème correspondant' par rapport à un autre phonème, il faut que le phonème se trouve dans un certain nombre de mots auxquels on peut comparer des mots de l'époque de l'autre phonème qui ont une signification ressemblante et qui possèdent cet autre phonème*" (Op. cit. , p. 12).

19 Op. cit., p. 13.

20 Hammarström adverte, no entanto, que, "*dans la langue très nettement prononcée (surtout dans la poésie), un mot comme* caneton *se prononce aujourd'hui sans* [ə], *et puisque, en conséquence, on prononce maintenant* [a] + [n] + [t] *dans les mots du même type, on est tenté de penser que cette dernière combinaison existe de nouveau aujourd'hui du point de vue phonologique*" (Op. cit., p. 13, nota 1).

sos se deu a "vocalização" do [l] e a posterior monotongação do ditongo: *chevals* > *chevaux*.

10ª) *Uma combinação de fonemas de uma certa época é mais freqüente que a combinação idêntica de uma época anterior.* Exemplo: no momento em que *auru(m)*, em sua evolução, chegou ao francês *or*, a combinação [ɔ] + [r] tornou-se mais freqüente nesta língua.

5. Se reproduzimos aqui o decálogo hammarströmiano[21] com os exemplos que o ilustram, foi para ressaltar a dificuldade que o próprio autor encontrou, na altura atual de nossos conhecimentos no campo da cronologia românica, em argumentar com estágios sucessivos de uma mesma língua. Na prática, viu-se ele compelido a recorrer (como os seus criticados) não propriamente a uma progressiva descendência ou ascendência linear, mas à simples, velha e "superada" oposição: *latim vulgar/francês arcaico*.

É que, se a aplicação do conhecido e um tanto inocente modelo da crítica estruturalista não apresenta dificuldade maior, as tarefas do terra a terra filológico não raro se complicam enormemente.

A única realidade tangível de que dispõe o editor de textos antigos são manuscritos apógrafos (e, só muito raramente, autógrafos), todos com os seus complexos sistemas grafêmicos, que representam, por vezes, simples hábitos pessoais, assistemáticos. Exige-se do filólogo que, com esses parcos elementos, construa o sistema fonológico do tempo, um sistema completo, com os fonemas e seus alofones, pois que é indispensável, para que o filólogo não seja um retrógrado, que ele penetre nos meandros da *koiné* literária, domine seus graus de funcionalidade, sem perder-se na "selva selvaggia" da proliferação polimórfica de geovariantes e cronovariantes. Em síntese, deve ele reconstituir a língua do seu autor como um sistema em si, a um tempo sincrônico, sintópico, sinstrático e sinfásico e, por outro lado, deve estar em condições de observá-lo dentro de um panorama que se desenrola em sua amplitude diacrônica, diatópica, diastrática e diafásica.

Cobra-se do filólogo a aplicação à análise de textos do passado de teorias lingüísticas e literárias recentes, cuja validade não foi ainda suficientemente comprovada nem no discurso oral, nem no escrito, de nossos dias.

Não duvidamos, por exemplo — antes cada dia estamos mais convencidos —, de que o conceito de diassistema, elaborado por Uriel Weinreich, é de capital importância na crítica de textos, como já em 1967 supunha o sempre lúcido

---

[21] Reproduzimo-lo não só com os exemplos que o ilustram, mas também com a transcrição dos fonemas entre colchetes, como ele o fez, e não entre barras inclinadas, como seria de esperar.

Gianfranco Folena[22] e hoje reconhece, com o peso da sua autoridade, Cesare Segre[23].

A nova metodologia lingüística e filológica que ele pressupõe parece-nos mesmo particularmente adequada ao estudo dos textos medievais galego-portugueses, como procuramos salientar numa comunicação ao Colloque International de Critique Textuelle Portugaise, realizado em Paris entre 20 e 25 de outubro de 1981, onde também procuramos justificar a aplicação à ecdótica de outros enfoques da lingüística contemporânea, como a teoria da variação, os conceitos de norma, de níveis de língua, de registro, de geovariante, de cronovariante.[24]

Em verdade, ao contrário do que afirma Hammarström, a filologia (mesmo entendida no sentido restrito de crítica textual) sempre se beneficiou dos progressos da lingüística, sendo de admitir a recíproca, principalmente no que se refere à lingüística diacrônica.

Há quase vinte anos, Paul Valentin, na sua excelente *Phonologie de l'allemand ancien: les systèmes vocaliques*, advertia:

Il faut être philologue avant d'être linguiste[25],

já que sem textos fidedignos não se pode trabalhar com segurança em lingüística histórica. E Theodora Bynon reconhece que, por possuí-los, o inglês é uma língua privilegiada no particular.

6. Sabemos todos que Roman Jakobson, o lingüista de horizontes infinitos e o filólogo da celebrada edição crítica do *Slovo* ("Le Geste du Prince Igor"), gostava de repetir a sua paráfrase do *Homo sum*, de Terêncio:

Linguista sum; linguistici nihil a me alienum puto.

Este deve ser o lema do bom lingüista e do bom filólogo ao mirarem-se nos exemplos edificantes.

---

22 Geografia linguistica e testi medievali. In *Atti del Convegno Internazionale sul Tema: Gli Atlanti Linguisti. Problemi e Risultati* (*Roma* 20-24 ottobre 1967). Roma: Accademia Nazionale dei Licei, 1969, p. 197-229.

23 *Semiotica filologica: testo e modelli culturali*. Torino, Einaudi, 1979, p. 53-70; ____. La natura del testo e la prassi ecdotica. In *La critica del testo: problemi di metodo ed esperienze di lavoro. Atti del Convegno di Lecce (22-26 ottobre 1984)*. Roma: Salerno Editrice, 1985, p. 25-44, especialmente p. 34-42.

24 Celso Ferreira da Cunha. Sobre o texto e a interpretação das cantigas de Martin Codax. In *Critique textuelle portuguaise. Actes du Colloque (Paris, 20-24 octobre 1981)*. Paris: Centre Culturel Portugais — Fondation Calouste Gulbenkian, 1986, p. 65-83, especialmente p. 66-67.

25 Paris, 1969, p. 297.

Saussure é o fundador da moderna lingüística estruturalista e também o filólogo dos anagramas. Gilliéron inaugura a cartografia lingüística e edita excelentemente uma canção popular, a *Claire Fontaine*[26]. A Lachmann atribui-se todo um método de crítica textual tipicamente estruturalista, de um estruturalismo sem o saber, lembra Contini, tal como Monsieur Jourdan fazia a sua prosa[27]. A aceitarmos que não lhe cabe de direito o pioneirismo da estemática, método de representação genealógica que só se teria corporificado realmente em 1872, na edição de *La Vie de Saint Alexis* de G. Paris e L. Pannier[28], seria de admitir-se o relacionamento de tal método com o biologismo de Schleicher e a sua figuração arborescente[29]. Na crítica textual de Pasquali estão presentes concepções lingüísticas de Meillet, Bartoli, Trubetzkoy e Jakobson, como demonstrou D'Arco Silvio Avalle, que, por sua vez, faz parte dessa admirável Escola Italiana, em que ecdótica, semiótica, lingüística e teoria literária se interpenetram. E Gianfranco Contini vê até nessa interligação de certos princípios da crítica textual com a lingüística a possibilidade de emprego na disciplina de metáforas glotológicas do tipo: *estratigrafia ecdótica*, a lembrar a *estratigrafia lingüística* de Paul Aebischer; *substância textual*, à semelhança da *substância lingüística* de Hjelmslev; *patologia textual*, pelo modelo da *patologia verbal* de Gilliéron[30].

7. Com tais razões, não queremos negar a existência de uma filologia mesquinha, atomística, não propriamente histórica, mas historicista. Essa, porém, foram os filólogos os primeiros a criticá-la. Leo Spitzer chegou a ser irreverente e injusto com o seu mestre Meyer-Lübke, do que veio mais tarde a penitenciar-se[31].

---

26 J. Gilliéron. La Claire Fontaine, chanson populaire française. Examen critique des diverses versions. *Romania,* 12: 307-331, Paris, 1883.

27 Gianfranco Contini. *La critica testuale come studio di strutture.* In *La critica del testo. Atti del Secondo Congresso Internazionale della Società Italiana di Storia del Diritto*, t. 1. Firenze: Olschki, 1971, p. 11-23, especialmente p. 12.

28 Paris: A. Franck, 1872, especialmente p. 7-27.

29 Em verdade outros *stemmata codicum* foram feitos antes do de Gaston Paris e Léopold Pannier que vem na p. 27 da obra citada na nota anterior. Quanto à árvore genealógica das línguas indo-européias proposta por August Schleicher, escreve Sebastiano Timpanaro: "*il giovane Schleicher aveva avuto, accanto agli interesse botanici, non meno seri interessi per la filologia classica, e a Bonn era stato allievo del Ritschl, e aveva addiritura esordito come filologo testuale. Diviene, allora, verosimile che proprio dal Ritschl (uno dei primi... ad approfondire gli studi di genealogia della tradizione manoscritta e a tracciare* stemmata codicum*) lo Schleicher abbia tratto l'idea di un albero genealogico delle lingua indeuropee e di una ricostruzione della loro lingua-madre estinta*" (*La genese del metodo del Lachmann*, 2. ed., prima ristampa. Padova: Liviana, 1985, p. 84).

30 Gianfranco Contini. Op. cit., p. 19.

31 Vj. Leo Spitzer. Mes souvenirs de Meyer-Lübke. *Le Français Moderne,* 6 (3): 213-224, Paris, juin-juillet, 1938; ____. *Lingüística e historia literaria.* Madrid: Gredos, 1955, p. 9-12.

Michele Barbi sempre reconheceu como legítima a reação contra o filologismo e o historicismo exagerado. "Nada de mal que seja debelado o filologismo" — escreve ele —, "este é mesmo o desejo comum de todos os verdadeiros estudiosos; que se cultive a filologia com a largueza de critérios que as necessidades do momento requerem"[32].

O admitirmos sem rodeios a limitação de alguns filólogos, o despreparo lingüístico-literário de certos editores de textos do português arcaico e médio, o emprego abusivo do adjetivo "crítica", aplicado a edições que não obedecem a nenhum princípio de crítica textual — fato apontado por Jean Roudil[33] e, mais recentemente, por Giuseppe Tavani[34] —, nada disso impede que nos insurjamos contra uma crítica graciosa à atividade filológica, feita por lingüistas que ingenuamente acreditaram que com os métodos estruturalistas, principalmente os descritivos americanos, poderiam abarcar a totalidade dos fatos de uma língua.

Não podemos deixar sem reparo tão abstrata ortodoxia estruturalista. Um estudo completo do todo estrutural de uma variedade lingüística ainda não se fez e, provavelmente, nunca se fará.

Os métodos estruturais não são capazes de nos trazer este conhecimento completo, porque o estudo das oposições lingüísticas serve, e é necessário, "para definir as instituições lingüísticas nas suas estruturas essenciais, mas é insuficiente para observá-las no seu concreto operar".[35]

Nem os termos *completo* e *exaustivo* podem ser aplicados corretamente aos estudos feitos na área das ciências do homem. Nas próprias ciências chamadas exatas aponta-se o equívoco de Le Chatelier ao supor que, à medida que a ciência avançasse, o número de problemas e efeitos por descobrir fosse diminuindo. Pelo contrário, cada avanço da ciência abre sempre novos horizontes, e o aperfeiçoamento e ampliação dos conhecimentos fazem surgir novos efeitos. Ou, nas palavras de Apollinaire Fée: "*La science est un champ dont les limites reculent au fur et à mesure qu'on avance*"[36].

---

[32] *La nuova filologia e l'edizione dei nostri scrittori da Dante al Manzoni*. Firenze: Sansoni, 1938, p. XXXII.

[33] Pour un meilleur emploi de l'adjectif *critique* appliqué aux éditions de textes espagnols du Moyen Âge. In *Homenaje: Estudios de Filologia e Historia Literaria Lusohispanas e Iberoamericanas, publicados para celebrar el tercer lustro del Instituto de Estudios Hispánicos, Portugueses e Iberoamericanos de la Universidad Estadual de Utrecht*. La Haya: Van Goor Zonen, 1966, p. 531-568.

[34] Filologia e crítica textual na edição das cantigas medievais. In: *Critique Textuelle Portugaise* cit. na nota 24, p. 29-39.

[35] Giacomo Devoto. *Scritti minori*, t. 1. Firenze: Felice le Monnier, 1958, p. 27.

[36] Citadas por Kurt Baldinger em discurso incluído na Brochure-Programme du Centre de Philologie et de Littératures Romanes de l'Université des Sciences Humaines de Strasbourg, fascicule 23, 1978, p. 173.

Por isso, para a investigação ninguém chega tarde, os temas de pesquisa não se esgotam jamais. O que costuma haver — já o dizia Ramón y Cajal — são homens esgotados diante dos assuntos.

Parênteses saussurianos

8. Acresce salientar que a verdade científica só se obtém com limitação do campo de interesse. Com referência à análise lingüística, lembremos o ensinamento de Saussure:

> Um estado absoluto de língua define-se pela ausência de alterações, e, como apesar de tudo, por pouco que seja, a língua se transforma, estudar um estado de língua implica praticamente o abandono das modificações de pequena importância, da mesma forma que os matemáticos deixam de lado as quantidades infinitesimais em certas operações, como o cálculo de logaritmos.[37]

E o mestre suíço acrescenta:

> Em lingüística estática, como na maior parte das ciências, nenhuma demonstração é possível sem uma simplificação convencional dos dados.[38]

Aliás, esta visão realista, fundada nas naturais limitações do conhecimento humano, apanágio do genial lingüista de Genebra, nem sempre foi seguida e muito menos vivificada por seus discípulos, que transformaram em dogmas algumas de suas afirmações e, mesmo, certas tomadas de posição metodológica, necessárias justamente para simplificar a complexidade dos fatos observados. Este o caso da lingüística sincrônica e da lingüística diacrônica.

Robert Godel, um dos mais autorizados intérpretes do pensamento de Saussure, acentua que para ele

> a língua não está limitada nem no espaço nem no tempo; os limites das particularidades dialetais entrecruzam-se ao infinito; a evolução é contínua, só se podem fazer divisões arbitrárias...; e Saussure adverte que, a rigor, não se pode dizer a "língua de Roma em tal ano, a língua de Annecy em tal ano". Em verdade, já nesses exemplos há uma parte de convenção, pois se faz abstração das variedades individuais e dos diversos meios lingüísticos. Mas esta parte de convenção

---

[37] *Cours de lingüistique générale*. Edition critique préparée par Tullio de Mauro. Paris: Payot, 1973, p. 142.

[38] Ibid., p.143.

pode ser ainda ampliada, mostrou-o Saussure em seu terceiro curso. É que a noção de estado de língua é indispensável tanto em lingüística sincrônica como em lingüística diacrônica.[39]

"O estado de língua", para Saussure, "define-se exteriormente como a língua em uso numa época dada sobre um domínio geográfico determinado; interiormente, como um sistema cuja descrição constitui a *gramática*."[40]

9. Mas nem todos os lingüistas interpretam a *sincronia saussuriana* como uma visão estática de um momento da língua, como uma parada idiomática.

Giuseppe Francescato, o agudo lingüista italiano, julga necessário discernir dentro do conceito de diassistema, de Uriel Weinreich, *sincronia* de *monocronia* com a seguinte fundamentação:

> A análise lingüística, conduzida segundo um plano perpendicular ao eixo do tempo, isto é, de caráter puramente descritivo, denomina-se habitualmente *sincrônica*. Nesse tipo de investigação conta sobretudo, a meu ver, o fato de que o pesquisador procura conscientemente orientar a sua pesquisa abstraindo-se de qualquer referência de caráter histórico, que vá além dos limites do corte no tempo que desejou fazer. É claro que isso não lhe permitirá chegar à explicação de muitos fenômenos, mas é também um pressuposto de semelhante tipo de análise ser de natureza simplesmente descritiva, e não explicativa. Prevalece nela menos a idéia de uma convergência no tempo (*sin-cronos*) do que a de uma contemporaneidade absoluta e prejudicial, independentemente das causas que naquele momento produzem aqueles fatos daquele determinado modo.[41]

Para esse tipo de investigação, Francescato julga mais adequado o qualificativo *monocrônica*, preferindo reservar a designação *sincrônica* para a análise do plano convergente, cronologicamente comum a todos os sistemas monocrônicos. Também para Francescato e outros lingüistas, *diacrônica* e *histórica* não são adjetivos sinônimos, quando aplicados à lingüística. A lingüística diacrônica seria a indagação pura e simples dos fatos lingüísticos examinados no espaço e no tempo.

---

[39] Robert Godel. *Les Sources manuscrites du Cours de Linguistique Générale de F. de Saussure*. Genève-Paris: Droz-Minard, 1957, p. 185. Saussure reconhecia que "*on peut y voir une 'hypothèse de travail', peut-être insuffisante ou même gênante dans certaines enquêtes, mais justifiée aussi par le sentiment des sujets parlants*" (Ibid., p. 185-186).

[40] Idem. Ibid., p. 186.

[41] Giuseppe Francescato. Struttura linguistica e dialetto. In *Actes du Xe Congrès International de Linguistique et Philologie Romanes*, t. 3. Paris: Klincksieck, 1965, p. 1014.

A visão diacrônica desses fatos se moveria de um a outro plano monocrônico, enquanto os aspectos monocrônicos particulares se iluminariam com o seu recíproco confronto no plano sincrônico[42]. Trata-se, pois, de esboçar uma teoria da lingüística diacrônica fundada em princípios exclusivamente lingüísticos.

A lingüística histórica, para Francescato, teria os seus problemas próprios, para os quais convergiriam não só fatores lingüísticos, mas também fatores culturais, sociais, etnográficos, jurídicos, psicológicos, estilísticos e outros mais. Lingüística histórica e filologia se confundiriam assim em muitos dos seus objetivos, não havendo, pois, razão para incompatibilidades entre o lingüista e o filólogo, ambos empenhados em procurar o agente das realidades palpitantes da vida através do estudo das grandes línguas de civilização, dos dialetos, dos mais humildes falares, da palavra conservada num texto atual ou remoto. E nesse empenho visam a estudar o homem, que é o único agente da história.

Problemas textuais do passado literário

10. A um editor de textos do passado impõe-se conhecer, preliminarmente, o modo de produção, de conservação e de difusão das obras no período em que se situa a do autor escolhido.

Uma edição crítica reconstrutiva — sabemos — representa o coroamento de longo e paciente trabalho de aproximação de um original perdido.

Com relação aos textos medievais de poetas singulares, conservados geralmente em antologias (cancioneiros), o trabalho editorial pressupõe um estudo cuidadoso dessas compilações, que eram, por excelência, o livro medieval. Conhecê-las nas características de sua articulação e de sua estrutura fundamental é o caminho mais aconselhável para se saber das técnicas editoriais da época, do funcionamento dos *scriptoria*, da correlação entre os manuscritos, tudo a subsidiar dados codicológicos básicos para as edições críticas de autores individuais.[43]

11. Raríssimos são os códices que contêm a obra de um só poeta, como o *Pergaminho Vindel* das cantigas de Martin Codax.

---

[42] Id., ibid., p. 1017.

[43] Vj. Celso Cunha. *Significância e movência na poesia trovadoresca: questões de crítica textual*. Rio de Janeiro: Tempo Brasileiro, 1985, p. 45. Um estudo codicológico modelar sobre o *CBN* é o de Anna Ferrari. Formazione e struttura del Canzoniere Portoghese della Biblioteca Nazionale de Lisbona (Cod. 10991: Colocci-Brancuti); premesse codicologiche alla critica del testo (materiali e note problematiche). Separata especial do v. XIV dos *Arquivos do Centro Cultural Português*. Paris: Fondation Calouste Gulbenkian, 1979.

As próprias *Cantigas de Santa Maria*, atribuídas todas a d. Afonso X nos quatro códices magníficos que as preservaram, não seriam, dentro de um rigoroso conceito moderno de autoria, obras da exclusiva criação do rei-Sábio. Não só as miniaturas que ilustram os códices nos mostram o rei em trabalho no meio dos seus colaboradores (e um deles sabemos que foi Ayras Núnez, talvez o melhor trovador da Península), mas esta explícita declaração sua nos informa sobre o sentido em que se deve tomar a autoria das obras atribuídas a um rei:

> *(...) assi como dixiemos nos muchas uezes: el rey faze un libro, non por quel el escriua con* sus *manos, mas por que compone las razones del,* e *las emienda, et yegua,* e *endereşça,* e *muestra la manera de como se deuen fazer,* e *desi escriue las qui el manda, pero dezimos por esta razon que el rey faze el libro. Otrossi quando dezimos: el rey faze un palacio o alguna obra, non es dicho por quelo el fiziesse con* sus *manos, mas por quel mando fazer* e *dio las cosas que fueron mester pora ello;* e *qui esto cumple aquel a nombre que faze la obra,* e *nos assi ueo que usamos delo dezir.*[44]

Aliás essa prática persiste em nossos dias quanto aos discursos lidos pelos reis, presidentes, ministros, etc., que, não raro, costumam enfeixar em volume tais escritos como realmente seus.

12. Mais uma palavra sobre os códices que conservaram a nossa poesia profana medieval.

A descoberta do *Pergaminho Vindel* em 1914 trouxe à colação um manuscrito contemporâneo dos trovadores, que, além da notação musical (caso único no que se refere à poesia profana)[45], apresentava cantigas já conhecidas nos apógrafos italianos, mas numa lição textual muito mais moderna, ou seja, representante de um estágio lingüístico bem mais evolvido.

A que atribuir tal fato?

A razão se nos afigura clara, e já a expusemos em outra oportunidade.

Se o *CV* e o *CBN*, códices tardios, copiados mais de 150 anos decorridos do término do movimento trovadoresco, documentam um estágio lingüístico mais an-

---

[44] *General estoria*, primera parte, livro XVI, capítulo XIV. Edition de Antonio G. Solalinde. Madrid: Centro de Estudios Históricos, 1930, p. 477. A propósito, veja-se também Antonio G. Solalinde. Intervención de Alfonso X en la redacción de sus obras. *Revista de Filología Española,* 2: 283-288, Madrid, 1915.

[45] Vj. Manuel Pedro Ferreira. *O som de Martin Codax: sobre a dimensão musical da lírica galego-portuguesa (séculos XII-XIV)*. Prefácio de Celso Ferreira da Cunha. Lisboa: Unisys-Imprensa Nacional-Casa da Moeda, 1986. Entre as páginas 73 e 74 reproduz-se fielmente o original do *PV*, que hoje se encontra na Pierpont Morgan Library, de New York, onde tem a cota *M* 979.

tigo do que o do *PV*, manuscrito contemporâneo dos trovadores, devemos admitir que o seu antígrafo recebeu, ao incorporar os textos recolhidos da tradição ou dos rótulos dos poetas singulares, uma violenta normalização pelos padrões cultos tradicionais, com o que se neutralizaram muitas formas, tendo-se eliminado a maioria dos efeitos das variáveis inerentes a qualquer língua, os quais só uma sistemática análise filológica, precedida de minuciosos estudos scriptológicos e codicológicos, deixará um dia perceber. Então poderemos talvez ter uma segurança maior na elaboração de edições críticas das cantigas trovadorescas.[46]

13. Problemas de solução igualmente difícil encontram os filólogos que se propõem editar textos dos séculos XVI e XVII, principalmente os de natureza lírica.

Se o sermão e a peça de teatro constituíam espetáculos que movimentavam um grande e variado público, participante entusiástico do que se predicava ou se levava à cena, difusão muito diversa tinha a poesia nos séculos XVI e XVII, especialmente a poesia lírica, que, comparada à épica — o *summum opus poeseos*, para Scaligero —, era ao tempo um gênero menor, e muitas de suas formas, consideradas obras de ocasião, não dignas de serem impressas.

Basta lembrarmos o contraste entre a freqüência com que se editavam na Península Ibérica os poemas épicos, mesmo em traduções, e a raridade de textos líricos publicados nos séculos em causa.

Um exemplo edificante.

Menos de vinte anos depois da publicação de *Os lusíadas*, já havia três traduções do poema em língua espanhola: a de Benito Caldeira (ou Caldera), saída em Alcalá em 1580[47]; a de Luís Gómez de Tapia, em Salamanca, no mesmo ano de 1580[48]; e a de Enrique Garcés, dada à estampa em Madri, em 1591[49].

No entanto, até 1595, ano em que saíram as *Rythmas*, apenas três poemas líricos de Camões, em verdade prefácios às obras dos seus amigos Garcia de Orta e Pero de Magalhães de Gândavo, tinham conhecido letra de forma.

E o fato nada apresenta de insólito, se o situarmos dentro do que se passava, ao tempo, no campo editorial da Península.

---

[46] Celso Cunha. *Significância e movência na poesia trovadoresca*, p. 59-60; ____. Sobre o texto e a interpretação das cantigas de Martin Codax. In *Actes* cit., p. 79-80.

[47] *Los Lvsiadas de Lvys de Camões*. Trad. en octava rima castellana por Benito Caldera, residente en la Corte. Alcalá: Juan Gracia, 1580.

[48] *La Lvsiada de el famoso poeta Lvys de Camões*. Traduzida en verso castellano por Lvys Gómez de Tapia, vezino de Sevilla. Salamanca: Ioan Perier, 1580.

[49] *Los Lvsiadas de Lvys de Camões*. Traduzidos de portugués en castellano por Henrique Garcés. Madrid: Guillermo Drouy, 1591.

A propósito, traça-nos d. Antônio Rodríguez-Moñino este eloqüente quadro do que sucedia na Espanha em 1588, quando frei Luís de León contava 61 anos,

> 58 Baltasar del Alcázar, 54 Hernando de Herrera, 54 [?] Francisco de la Torre, 52 [?] Francisco de Figueroa, 46 San Juan de la Cruz, 41 Cervantes, 39 Rey de Artieda, 38 Vicente Espinel, 30 Barahona de Soto, 29 Lupercio Leonardo de Argensola, 28 o maestro Valdivieso, 27 don Luis de Góngora, 26 Bartolomé Leonardo de Argensola, Alonso de Ledesma, Cristóbal de Mesa e Lope de Vega, 25 o Conde de Salinas, 21 don Juan de Arguijo, e madura idade Pedro de Padilla.[50]

"Nesses vinte nomes" — continua Rodríguez-Moñino — "estão representados os mais puros valores da lírica espanhola em fins do reinado de Filipe II e durante todo o de Filipe III; aí se aliam frei Luís de León, Hernando de Herrera, San Juan de la Cruz, os Argensola, Góngora, Lope, Cervantes... Que podia conhecer da obra impressa de todos eles um contemporâneo?"[51]

E ele próprio responde:

"De Hernando de Herrera, um caderno de verso (1582); de Pedro de Padilla, cinco livros, a partir de 1580; dos demais, nada".[52]

Avança Rodríguez-Moñino pelos últimos anos do século XVI e primeira metade do século XVII e nos vai mostrando quantos eminentes poetas morreram sem ver publicado um só livro de suas inúmeras composições líricas. Assim frei Luís de León e San Juan de la Cruz, mortos em 1591; Barahona de Soto, em 1595; Baltasar de Alcázar, em 1606; Lupercio Leonardo Argensola, em 1613; Miguel de Cervantes, em 1616; Francisco de Figueroa, em 1617?; Luis de Góngora, 1627; Juan de Arquijo, em 1623; o conde de Salinas, em 1630; Francisco de Quevedo y Villegas, em 1645; Luís Vélez de Guevara, em 1644, e tantos e tantos outros.[53]

E se volvermos no tempo o mesmo sucede: Garcilaso, Boscán, Castillejo, Gregorio Silvestre, Diego Hurtado de Mendoza, Aldana, Hernando de Acuña, Sebastián de Orosco e Centina também não conheceram as suas obras impressas.

14. Tratamento igual tiveram os grandes líricos portugueses do século XVI.

---

[50] *Construcción crítica y realidad histórica en la poesía española de los siglos XVI y XVII*, 2. ed. Madrid: Castalia, 1968, p. 20.

[51] Id., ibid., p. 20-21.

[52] Id., ibid., p. 21.

[53] Id., ibid., p. 22-23, nota 6. Caberia incluir também Pedro Calderón de la Barca, morto em 1681, cujas composições líricas continuam inéditas.

De Camões sabe-se que só foram impressos em vida três poemas. A sua obra lírica saiu 15 anos depois da sua morte, em 1595, no mesmo ano em que viu a luz a de Sá de Miranda (1481-1558), morto 37 anos antes.

Os *Poemas lusitanos*, de Antônio Ferreira (1528-1569), editou-os o seu filho Miguel Leite Ferreira, postumamente, em 1598. Também póstuma é a 1ª edição conjunta (Ferrara, 1554) das églogas de Bernardim Ribeiro (1482-1552). E as poesias líricas de Pero de Andrade Caminha (1520-1589) só foram publicadas em 1791 e 1898; as de d. Manuel de Portugal (1520-1606), em 1652; as de André Falcão de Resende (1527-1599), em 1849 e 1881; as de Fernão Rodrigues Lobo Soropita (? - ?), editor das *Rhythmas* de Camões, parcialmente em 1868; as de frei Agostinho da Cruz (1540-1619), em 1771. De Diogo Bernardes (1530-1594?) saíram no provável ano da sua morte as *Várias rimas ao Bom Jesus e à Virgem Gloriosa sua mãe e a santos particulares*, mas *O Lima*, bem como as *Rimas várias: Flores do Lima* são obras póstumas, de 1596.[54]

15. Ao contrário da lírica, a épica do tempo circulou normalmente impressa.

Camões (1524?-1580) publica *Os lusíadas* em vida (1572). Também em vida do autor saem dois dos três poemas épicos de Jerônimo Corte-Real (1533-1588): *Sucesso do segundo cerco de Diu* (1574) e *Felicíssima victoria concedida del cielo al señor don Juan d'Austria en el golfo de Lepanto de la poderosa armada otomana* (1578).[55]

Conheceram igualmente as suas obras impressas: Francisco de Andrade (1540?-1614). *O primeiro cerco que os turcos puseram à fortaleza de Diu nas partes da Índia* (1589); Luís Pereira Brandão (1540?-?). *Elegíada* (1588); Francisco Rodrigues Lobo (1579?-1621). *O Condestabre de Portugal d. Nunalvres Pereira* (1609); Vasco de Mousinho de Quevedo Castelo Branco (? - ?). *Afonso Africano* (1611)[56]; Bernarda Ferreira de Lacerda (1590-1644). *España libertada, 1ª parte* (1618)[57]; Manuel Bocarro Francês (1588-1662). *Anacefaleósis de monarquia lusitana* (1624); Manuel Tomás (1585-1665). *Insulana* (1635) e *Fênix de Lusitânia* (1659); Manuel de Galhegos (1597-1665). *Gigantomaquia* (1628) e *Templo da memória* (1635); Francisco de Sá

---

[54] Seria até de supor que o sucesso da 1ª edição das *Rimas* (1595) de Camões, a que se seguiu a 2ª de 1598, teria algo a ver com o surto dessas edições de Sá de Miranda, de Diogo Bernardes e de Antônio Ferreira. Teriam descoberto os editores que a recepção da poesia lírica era compensadora?

[55] O terceiro poema épico de Jerônimo Corte-Real — o *Naufrágio e lastimoso sucesso da perdição de Manoel de Sousa Sepúlveda e Dona Lianor de Sá, sua mulher e filhos* — foi publicado em 1594, seis anos depois da sua morte.

[56] Da própria edição de 1611 infere-se que estava vivo nessa data.

[57] A 2ª parte da *España libertada* saiu postumamente, em 1673.

de Meneses (1600?-1664). *Malaca conquistada* (1634); Antônio de Sousa de Macedo (1606-1682). *Ulissipo* (1640).

Até poemas religiosos com laivos épicos encontravam editor. Assim os *Novíssimos do homem* (1623), de Francisco Child Rolim de Moura (?-1640), e os *Virgínidos* (1667), de Manuel Mendes de Barbuda e Vasconcelos (?-?).

Poucos, muito poucos, foram os poemas épicos publicados depois da morte dos seus autores, a exemplo do *Viriato trágico* (1699), de Brás Garcia de Mascarenhas (1596-1656); da *Ulisséia, ou Lisboa edificada* (1636), de Gabriel Pereira de Castro (1571-1632); e da *Prosopopéia* (1601), de Bento Teixeira, falecido no ano anterior.

16. Do exposto uma conclusão se impõe, aplicável tanto à situação espanhola como à portuguesa: em flagrante contraste com a épica, a poesia lírica só excepcionalmente era impressa no século XVI e começos do XVII. Os cancioneiros manuscritos (geralmente apógrafos) assumem assim uma relevância particular, porque, em muitos casos, são eles as únicas fontes de que se podem servir os editores para reconstruir a obra de tantos e tão importantes poetas. E, como um manuscrito só é plenamente aproveitável depois de "caracterizado"[58], de sofrer um exame minucioso do ponto de vista codicológico e diplomático, sobem de ponto a dificuldade e a responsabilidade do trabalho do filólogo na reconstituição desse acervo lírico peninsular, uma das inestimáveis riquezas do patrimônio artístico universal.

---

[58] "*Già del resto i maestri a me più cari — Barbi, Casella, Benedetto, Maggini, Schiaffini — insistevano con noi, novizi di filologia italiana a Pisa e a Firenze, sulla necessità di 'caratterizzare' i manoscritti prima di confrontarli e classificarli*" (Vittore Branca. In Vittore Branca e Jean Starobinski. *La filologia e la critica letteraria*. Milano: Rizzoli, 1977, p. 33).

9
A contribuição de Lindley Cintra aos estudos scriptológicos*

> *Le scriptologue aura nécessairement son atelier placé au point de rencontre de plusieurs disciplines plus ou moins apparentées (paléographie, diplomatique, philologie, linguistique, etc.) dont il est souvent difficile de concilier les exigences respectives.*
>
> Hans Goebl

O estudo "da evolução e das estruturas dos sistemas ortográficos medievais (*scriptae*) durante o período anterior à sua unificação sob a hegemonia sociolingüística de uma ortografia preponderante" é o objeto da disciplina lingüístico-filológica que se convencionou chamar *scriptologia*.

O termo *scripta*, no sentido em que a seguir o empregaremos, foi usado pela primeira vez por Louis Remacle, o exímio dialetólogo belga, em sua obra, hoje clássica, *Le Problème de l'ancien wallon*[1], onde o define:

> Designo a língua vulgar escrita na Idade Média pelo neologismo *scripta*. A expressão "*la scripta*" é sinônima do alemão "*die Schriftsprache*".[2]

Mas a sua vulgarização deve-se principalmente ao lingüista Carl Theodor Gossen, professor das universidades de Viena e Basiléia e autor de dois livros básicos (*Grammaire de l'ancien picard*[3] e *Französische Skriptastudien*[4]) e de vários artigos sobre a relação grafema/fonema no domínio do francês do Norte[5].

---

* Texto apresentado na homenagem ao professor doutor Luís Filipe Lindley Cintra, promovida pela Universidade de Lisboa, em novembro de 1988. A versão que ora se publica nos foi gentilmente oferecida pelo professor doutor Ivo Castro, da Universidade de Lisboa.

[1] Liège: Faculté de Philosophie et Lettres, 1948. Reprodução anastática da edição original: Bruxelles: Imprimerie Jos. Adam, 1968.

[2] Ibid., p. 24.

[3] Paris: Klincsksieck, 1970. É esta 2. edição, profundamente refundida, da *Petite grammaire de l'ancien picard: phonétique, morphologie, syntaxe, anthologie et glossaire*. Paris, 1951.

[4] *Französische Skriptastudien. Untersuchungen zu den nordfranzösischen Urkundensprachen des Mittelalters*. Wien: Hermann Böhlaus Nachf, 1967.

[5] Considérations sur le franco-picard, langue littéraire du moyan âge. *Dialectes Belgo-romans*, 13: 97-121, 1956; ——. Die Einheit der französischen Schriftsprache im 15. und 16. Jahrhundert.

Discípulo de Gossen, mas dedicado especialmente aos falares da Normandia, é o professor da Universidade de Regensburg Hans Goebl, que, desde 1970 — ano em que saiu a sua tese *Die normandische Urkundensprache*[6] —, vem publicando uma série de artigos capitais sobre a scriptologia, em alguns deles enveredando pelos aspectos teóricos da disciplina.[7]

Com relação ao galego-português, ainda há muito o que arar nesse campo, apesar dos meritórios trabalhos pioneiros de Pedro de Azevedo[8] e Leite de Vasconcelos[9] e dos mais recentes de Joseph Huber[10], Leif Sletjöe[11], Wolfgang Börner[12],

---

Zeitschrift für Romanische Philologie, 73: 427-459 e 485, 1957; ——. La langue du Livre de comptes d'un curé normand du XVe siècle. *Revue de Linguistique Romane,* 26: 101-125, 1962; ——. De l'histoire des langues écrites régionales du domaine d'oïl. Id., ibid., 26: 271-284, 1962; ——. La scripta des chartes picardes. Ibid., 26: 285-299, 1962; ——. Explication de quelques spécimens de scripta lorraine, picarde et normande. Ibid., 26: 300-308, 1962; ——. Graphème et phonème: le problème central de l'étude des langues écrites du moyen âge. Ibid., 32: 1-16, 1968; ——. Untersuchungen zur jurassischen scripta. *Vox Romanica*, 23: 321-354, 1964; ——. Les plus anciennes chartes en langue vulgaire rédigées dans l'Ajoie. *Travaux de Linguistique et de Littérature*, 4(1): 197-206, 1966; ——. L'interprétation des graphèmes et la ponétique historique de la langue française. Ibid., 6(1): 149-168, 1968; ——. L'état présent des études sur les dialectes galloromans au moyen âge. In *Actes du XIIIe Congrès International de Linguistique et Philologie Romanes*, v. 1, Quebec: Presses de l'Université Laval, 1976, p. 19-34; ——. Méditations scriptologiques. *Cahiers de Civilisation Médiévale*, 22(3): 263-283, 1979.

6 *Die normandische Urkundensprache. Ein Beitrag zur Kenntnis dernordfranzösischen Urkundensprachen des Mittelalters.* Wien: Hermann Böhlaus Nachf, 1970.

7 Cf. Moderner Dialekt und mittelalterliche Skripta in der Normandie. Ein Vergleich mit modernen Mitteln. *Vox Romanica*, 31: 287-333, 1972; ——. Le *Rey* est mort, vive le *Roy*. Nouveaux regards sur la scriptologie. *Travaux de Linguistique et de Littérature*, 13(1): 145-210, 1975; ——. Qu'est-ce que la scriptologie? *Medioevo Romanzo*, 2(1): 3-43, 1975; ——. Die Skriptologie — ein linguistisches Aschenbrödel? Vermischtes zur Methodologie einer Discipline–Carrefour. *Revue Roumaine de Linguistique*, 21(1): 65-84, 1976.

8 Entre as achegas que publicou de natureza scriptológica, veja-se principalmente, o artigo: A respeito da antiga orthographia portuguesa. *Revista Lusitana*, 6(3): 261-268, 1900.

9 Vejam-se as ligeiras observações sobre a relação grafema/fonema que faz nas *Lições de filologia portuguesa*, 2. ed. Lisboa: Biblioteca Nacional, 1926, p. 67-68, 223-224 *passim*.

10 Joseph Huber. *Altportugiesisches Elementarbuch*. Heidelberg: Carl Winter, 1933, p. 35-46.

11 Leif Sletsjöe. *Le Développement de* l *et* n *en ancien portugais. Étude fondée sur les diplômes des Portugaliae Monumenta Historica*. Oslo: Presses Universitaires d'Oslo, 1959.

12 Wolfgang Börner. *Schriftstruktur und Lautstruktur. Studien zur altgalicischen Skripta*. Tübingen: Max Niemeyer, 1976.

Ramón Lorenzo[13], Clarinda de Azevedo Maia[14] e os de Luís Filipe Lindley Cintra[15] que serão objeto desta comunicação.

A *scriptologia*, concebida como ciência da *scripta*, funda-se de preferência em textos não literários (atos públicos e privados e documentos diplomáticos de toda natureza), cujo caráter efêmero reflete com maior fidelidade as coordenadas do tempo e do espaço. Obtém-se assim um diassistema suficientemente bem marcado, não fornecido pelos textos literários, que têm, geralmente, um modo de transmissão bastante mais complexo.[16]

Em três dos seus importantes artigos, Hans Goebl expõe os princípios metodológicos indispensáveis a toda análise scriptológica, e que podemos assim resumir:

1 – Entre os documentos não literários suscetíveis de uma análise scriptológica, devem ser escolhidos de preferência originais (ORG)[17], isto é, aqueles que só tenham uma origem textual. Toda cópia com base num original leva à criação de uma segunda origem textual, pois, em termos de scriptologia, uma cópia é uma

---

[13] Ramón Lorenzo. *La traducción gallega de la Crónica General y de la crónica de Castilla*, t. 1. Orense: Instituto "Padre Feijoo", 1975, p. XXVI-XXXVI; —. Gallego y portugués. Algunas semejanzas y diferencias. In *Filología y didáctica hispánica. Homenaje al Profesor Hans-Karl Schneider*. Hamburg: Helmut Buske, 1975, p. 155-175; —. *Crónica troiana: Introducción*. Coruña: Fundación Pedro Barrié de la Maza, 1985, p. 81-167.

[14] *História do galego-português. Estado lingüístico da Galiza e do Noroeste de Portugal desde o século XIII ao século XVI (Com referência à situação do galego moderno)*. Coimbra: Inic, 1986, p. 297-507, 935-949.

[15] *A linguagem dos foros de Castelo Rodrigo; seu confronto com a dos foros de Alfaiates, Castelo Bom, Castelo Melhor, Coria, Cáceres e Usagre. Contribuição para o estudo do leonês e do galego-português do séc. XIII.* Lisboa: Centro de Estudos Filológicos, 1959, p. 145-542; —. *Observations sur l'orthographe et la langue de quelques textes non littéraires galiciens-portugais de la seconde moitié du XIIIe siècle*. In Actes du Colloque *Les Anciens Textes Romans nion Littéraires; leus apport à la connaissances de la Langue au Moyen Âge*. Paris: Klincksieck, 1963, p. 188-206; —. *Langue parlée et traditions écrites au Moyen Âge (Peninsule Ibérique)*. In Atti del *XIV Congresso Internazionale di Linguistica e Filologia* Romanza. v. I. Napoli/Amsterdam: Gaetano Macchiaroli/John Benjamins, 1978, p. 463-477.

[16] Hans Goebl. *Medioevo Romanzo*, 2 (1): 4.

[17] É evidente que a análise scriptológica deve ser feita de preferência sobre os originais. Mas não nos devemos esquecer desta advertência de Jacques Monfrin: "*Les chartes, même originales, ne sont pas toujours des témoins aussi sûrs qu'elles pourraient le paraître. Leur provenances réelle n'est jamais tout à fait assurée. On a écrit au même moment et au même endroit suivant des systèmes assez différents. Il peut leur arriver de mélanger des formes d'origine diverse. Rien de tout ceci n'est très grave, si on ne leur demande que ce qu'au fond elles peuvent donner; une géographie, tracée à grands traits, d'habitudes d'ecriture*" (*Le mode de tradition des actes écrits et les études de dialectologie*. Actes du Colloque *Les Dialectes de France au Moyen Âge et Aujourd'hui*. Paris: Klincksieck, 1972 [p. 25-57], p. 49.

espécie de original remanejado segundo as exigências de uma norma lingüística diferente daquela que havia presidido ao estabelecimento do ato original.

2 – Toda scripta é uma mescla de traços diatópicos (isto é, regionais, dialetais) e atópicos (ou seja, comuns a todo o domínio lingüístico, sem componente regional acusado).

3 – Na perspectiva diacrônica, a porcentagem de traços diatópicos conhece, num primeiro tempo, uma difusão mais ou menos marcada (fase chamada "constitutiva" da *scripta*), à qual sucede o declínio definitivo (fase dita "epurativa"), de que resultará, cedo ou tarde, o desaparecimento completo do elemento diatópico. Para a França costuma-se datar esse desaparecimento de 1539, ano da Ordonnance de Villers-Cotterêts.

4 – A fase epurativa, típica de todas as *scriptae* galo-românicas, as melhores estudadas, é uma conseqüência da concentração tanto lingüística como cultural do Hexágono em Paris. Goebl considera-a um acontecimento glotopolítico, fenômeno que Louis-Jean Calvet denomina, em sua ideologia lingüística, "glotofágico".[18]

5 – A análise fônica de uma grafia só poderá ser feita com base num *corpus* tão grande quanto possível, afirmação típica de um lingüista-filólogo europeu e contrária à preconizada pela lingüística americana, principalmente na época de fastígio das escolas estruturalista e gerativo-transformacional.

6 – A divergência tipológica entre a *scripta* e o dialeto falado subjacente pode variar de forma considerável no tempo e no espaço. Ela deve ser objeto de uma análise scriptológica.[19]

Os estudos de Goebl têm enriquecido a scriptologia em considerar os documentos não literários não só do ponto de vista diatópico, isto é, quanto ao seu local de origem, mas também do ponto de vista diastrático, ou seja, quanto ao prestígio social dos que os expediam.

Isso levou-o a incorporar o tríptico hierárquico de Coseriu (Sistema-Norma-Fala) à sua análise da scriptologia normanda. É principalmente a introdução do conceito coseriano de norma que o leva, em suas pesquisas mais recentes, a não se preocupar propriamente com o aspecto gráfico nem com a realização fônica de uma só grafia, mas com "o quadro normativo dentro do qual se inscrevem as diferentes realizações de uma 'arquigrafia'".[20]

---

[18] Cf. *Linguistique et colonialisme. Petit traité de glottophagie*. Paris: Payot, 1974.

[19] Cf. *Travaux de linguistique et de littérature*, 13(1): 147-149, *Medioevo Romanzo*, 2(1): 5-6; *Revue Roumaine de Linguistique*, 21(1): 67.

[20] *Medioevo Romanzo*, 2(1): 9. Cf. também *Travaux de linguistique et de littérature*, 13(1): 152-154; *Revue Roumaine de Linguistique*, 21(1): 69.

Nas *Meditations scriptologiques*, sua derradeira contribuição para a disciplina, Carl Theodor Gossen externa algumas reservas aos vôos ousados do seu discípulo Hans Goebl, e o faz, como veremos, servindo-se de argumentos semelhantes aos usados cinco anos antes por Lindley Cintra na resposta à crítica de Maurice Molho à sua obra *A linguagem dos foros de Castelo Rodrigo*[21], e que, na realidade, já se encontravam expressos ou latentes nessa obra[22] e numa das suas contribuições para o Congresso sobre os antigos textos românicos não literários[23].

Adverte Gossen, preliminarmente, que o método estatístico e matemático proposto por Goebl pressupõe um *corpus* muito extenso para que nos possa "dar uma língua de chancelaria digna desse nome".[24]

Ora, uma tradição scriptural sólida, como a requerida pela metodologia de Goebl, não existe em toda a França medieval.

Excetuando-se a do rei, as dos grandes feudatários, dos bispos, e de algumas oficialidades e municipalidades, o que nos resta é, no dizer do próprio Goebl, "um conjunto de cartas rurais de proveniência muito diversa, escritas fora dos centros scripturários", o que torna difícil — e são suas palavras — "senão impossível utilizá-lo para interpretações scriptológicas".[25]

Além disso, lembra Gossen, "por mais sólida que seja uma tradição scriptológica, o caráter compósito das *scriptae*, literárias ou não literárias, refletido no seu polimorfismo, é um fato que todos reconhecem".[26]

E acrescenta:

> O escriba procurava em seu trabalho chegar a uma espécie de norma. Essa norma podia pertencer-lhe individualmente; na maior parte dos casos, era a da escola na qual ele se havia formado ou, então, precisamente a de uma chancelaria existente. Nós encontramos essa norma, com variantes individuais, em outros escribas. Como varia segundo as áreas lingüísticas, é lícito crer que certos escribas conheciam várias normas, e que eram mesmo capazes de adaptar sua *scripta* às exigências regionais ou locais. A *scripta* oscila, pois, entre dois pólos: a pesquisa

---

[21] *Langue parlée et traditions écrits au Moyen Âge (Peninsule Ibérique)*. In *Atti* cit., especialmente p. 468-472.

[22] Op. cit., especialmente p. 497-542.

[23] *Observations sur l'orthographie et la langue de quelques textes non littéraires galiciens-portugais de la seconde moitié du XIIIe siècle*. In *Actes* cit., p. 188-206.

[24] *Cahiers de Civilisation Médiévale*, 22(3): 265.

[25] Hans Goebl. *Travaux de linguistique et de littérature*, 13(1): 159, nota 29. Passo citado também por Gossen na obra indicada na nota 24, p. 265.

[26] Op. cit., p. 265.

de uma norma (regional ou mesmo supra-regional) e o polimorfismo de ordem gráfica, morfológica e, algumas vezes, lexical.[27]

Ora, a scriptologia visa a estudar a relação grafema/fonema e, para o conhecimento da pronúncia do dialeto subjacente à *scripta*, os documentos mais importantes são justamente aqueles que não provêm de centros scripturários.

E é edificante comprovar que Gossen, tão preocupado em ressaltar nos trabalhos anteriores o papel dos *scriptoria*, fazendo-nos mesmo supor que menosprezava a atividade do copista, tenha chegado à conclusão de que

> Operando sobre os eixos diacrônico, diatópico e, finalmente, diastrático, o método estatístico de Hans Goebl se esquece de um dado que me parece capital: é o personagem do escriba, dado variável no mais alto grau e que é difícil, senão impossível, fazer entrar numa programação eletrônica.[28]

E nesse ponto se apóia em J. Monfrin, que, em *Le Mode de tradition des actes écrits et les études de dialectologie*, escreve:

> Em verdade, o personagem importante em todo esse trabalho é aquele que usou a pena. E esse, sejam quais forem as nossas informações sobre a elaboração do ato, não o conhecemos, a bem dizer, nunca. Podemos apenas presumir que ele provém do mesmo país que o autor do ato, mas isso não passa de uma presunção.[29]

Lindley Cintra nunca duvidou dessas verdades em seus estudos de natureza scriptológica.

Depois de minuciosa análise das peculiaridades fonéticas e morfológicas, que os distinguem de todos os outros textos da mesma família, procurou ele em *A linguagem dos foros de Castelo Rodrigo* enfrentar o delicado problema de saber qual a língua falada pelo escriba que mesclou arbitrariamente (na aparência, pelo menos) formas galego-portuguesas e formas leonesas.

E chega a algumas conclusões, a nosso ver, convincentes:

1ª) de que, além do cruzamento de sistemas lingüísticos diversos que certamente haveria na região em que foi elaborado, o texto em exame nos revela que a oscilação que transparece na escrita do notário é o efeito da superposição, no seu espírito, de um sistema a outro;

---

[27] Ibid.

[28] Ibid., p. 266.

[29] In *Les Dialectes de France au Moyen Âge et aujourd'hui*, p. 41.

2ª) de que há claramente uma norma que o escriba "pretende seguir — ou que é levado a seguir, porque o ambiente, a tradição lho impõem — e que em aspectos essenciais se afasta do seu próprio falar"[30];

3ª) de que os traços mais significativos da linguagem do texto são inequivocamente galego-portugueses ou, mais precisamente, galegos;

4ª) de que, "se a língua materna do escriba era, na essência, galega, a língua que pretendia escrever era o leonês"[31].

Essas conclusões de Lindley Cintra foram objeto de minuciosa análise na longa crítica que Maurice Molho dedicou ao seu trabalho[32], o que o levou a reexaminar-lhe as bases, acrescentando novos argumentos na comunicação *Langue parlée et traditions écrites au Moyen Âge*, que apresentou ao XIV Congresso Internacional de Lingüística e Filologia Românicas, realizado em Nápoles entre 15 e 20 de abril de 1974[33].

Aí, depois de resumir as conclusões de Louis Rémacle e Carl Theodor Gossen, hauridas do exame de textos não literários em francês do Norte — e, segundo as quais, podem-se distinguir da tradição scriptológica do francês de Paris uma tradição valona, uma picarda, uma normanda e outra lorrena —, mostra Lindley Cintra ser bastante diferente o caso da Península Ibérica, onde apenas no reino de León havia uma consolidada tradição gráfica, mais comprovável nos documentos latinos do que nos redigidos em vulgar. Tradição que se lhe afigura muito antiga, cujas raízes devem estender-se à época visigótica. Parece-lhe também que essa linguagem — na qual se mesclam, em proposições diversas, formas do latim clássico, ou próprias do latim tardio, e formas românicas primitivas — não passa de uma língua escrita, artificial.

E, nesse ponto, discorda do seu mestre d. Ramón Menendez Pidal, que, nos *Orígenes del Español*, admitia que tais documentos compósitos reproduziam fielmente, com a acirrada pugna entre normas, a linguagem falada nos séculos X e XI.[34]

---

[30] *Os foros de Castelo Rodrigo*, p. 502.

[31] Ibid., p. 503.

[32] Sobre Luís F. Lindley Cintra. *A linguagem dos foros de Castelo Rodrigo. Seu confronto com os foros de Alfaiates, Castelo Bom, Castelo Melhor, Coria, Cáceres e Usagre. Contribuição para o estudo do leonês e do galego-português do séc. XIII. Bulletin Hispanique*, 64: 268-274, 1962.

[33] In *XIV Congresso Internazionalle di Linguistica e Filologia Romanza. Atti*, v.1, p. 463-477, especialmente p. 466-472.

[34] "*Lo que más las* [as épocas pré-literárias] *caracteriza no es la falta de una norma lingüística como a primera vista parece, sino la convivencia de muchas normas que luchan entre sí con muy equiparadas fuerzas. El que habla sigue consciente o subconscientemente ora una, ora otra, de esas normas en lucha; prefiere una u otra, según el tono y la ocasión del discurso, según las influencias pasajeras que se entrecruzan*

Lindley Cintra observa ainda que, excluindo-se o reduzido número de documentos leoneses dos mencionados séculos, que atestam uma tradição scriptológica, o que os abundantes materiais recolhidos em outras regiões da Península nos revelam é não conflitos entre dialeto local e bem definidas tradições scriptológicas regionais, mas o contato direto entre a tradição latina notorial e os dialetos locais.

Só bem mais tarde é que se irão produzir o contato e o conflito entre os dialetos locais e as normas já relativamente fixadas do galego-português, do leonês, do castelhano, do aragonês e do catalão.

Esse contato e esse conflito vão encontrar um campo fértil para se desenvolverem nos *Costumes* ou *Foros*, textos de direito consuetudinário (com algumas contaminações do direito real), outorgados a diversas localidades da Península Ibérica.

Tais foros — ora redigidos em latim, ora em romance, ora traduzidos do latim em vulgar — foram aumentados, reduzidos, ou interpolados para servirem a outros lugares.

Cada texto local, cada versão de um foro é, pois, um caso particular. E, embora possamos, com relativa segurança, indicar a sua filiação, na maioria das vezes é difícil, senão impossível, como salienta Lindley Cintra, estabelecer a data de sua redação, a origem do escriba e outras circunstâncias que poderiam justificar a forma lingüística do texto.

Acolhe Lindley Cintra a ponderação de Maurice Molho de que na adaptação lingüística de um foro devemos aceitar, em princípio, que ela é feita com vista a substituir a língua do original pela da comunidade jurídica interessada.

Essa regra geral, que sofre várias exceções, como reconhece o próprio Molho, já Lindley Cintra havia admitido, nas versões da família de *Foros* ditos *de Cáceres*, para os textos das adaptações de Coria, Cáceres e Usagre, redigidos num leonês inovador, provavelmente próximo do falar de Salamanca e das regiões orientais do antigo reino de León.

Nas outras adaptações da família — nos Costumes de Alfaiates, Castelo Bom e, principalmente, nos de Castelo Rodrigo e Castelo Melhor — a mescla galego-portuguesa e leonesa, que se comprova em graus diversos, envolve de extrema complexidade o seu estudo, como ficou sobejamente demonstrado na alentada, iluminadora, mas sempre cautelosa tese de Lindley Cintra sobre a linguagem desses foros.

---

en la mente mientras se produce el acto lingüístico. En la desconcertante variedad de formas que ofrecen nuestros documentos no hemos de ver un revoltijo del azar, sino un sordo combate de tendencias, el cual, aunque lenta y oscuramente, traerá en definitiva una victoria y una derrota, y cada victoria irá afirmando con un rasgo más el carácter del romance" (*Orígenes del Español*, 3. ed. Madrid: Espasa-Calpe, 1950, p. 526).

Da crítica de Molho ele aceita que deveria ter dado maior ênfase ao fato de que a área de Castelo Rodrigo se insere numa região de bilingüismo, mas não vai a ponto de acolher a generalização do professor da Universidade de Paris-Sorbonne, para quem tudo na linguagem do Foro pode ser explicado pela língua mista de dois termos falada no local: galego ou leonês, ou uma mistura bárbara em que é difícil indicar os componentes.

Lindley Cintra, como já dissemos, prefere ver nessa língua mista do foro uma superposição da escrita oficial leonesa ao galego materno do escriba. E estende-se em provar, à luz da gramática gerativa, a impossibilidade do tipo de língua mista preconizado por Molho existir na estrutura subjacente do idioma do escriba.

Cremos que nesse ponto Lindley Cintra se antecipa no adaptar a um texto escrito a noção de diassistema de Weinreich, hoje com tanto sucesso aplicado à análise e à ecdótica dos textos literários medievais por Cesare Segre.[35]

E, quanto à língua usada pelo escriba, poderíamos talvez — e agora em termos sociolingüísticos — considerá-la, antes que o efeito de um simples bilingüismo regional, o reflexo de um bilingüismo com diglossia, em que os pólos do *continuum* seriam o galego, como basileto, e a norma leonesa como o acroleto, para ele inacessível. A língua do documento retrataria, assim, essa inatingida busca do acroleto, ou seja, o vacilante mesoleto do seu autor.

Uma outra questão que se poderia levantar é a de saber como seriam lidos esses textos, o difícil problema da leitura da *scripta*, que tanto preocupava a Rémacle. Supunha ele ser verossímil "*qu'on lisait la scripta liégeoise à la wallone*".[36]

Leria o nosso escriba as grafias galego-portuguesas à leonesa, ou vice-versa?

É uma questão que submeto a um posterior estudo do nosso homenageado de hoje.

E, agora, para concluir:

Àquela confiança dos antigos filólogos em reconstituir estados de língua pretéritos, e mesmo áreas dialetais, pela interpretação grafemática de textos da época, vem sucedendo uma prudência cada vez maior dos estudiosos das *scriptae* — os *scriptólogos* — em estabelecer relações entre os sistemas grafemáticos e os fonológico-fonéticos.

Carl Theodor Gossen é categórico:

---

[35] Cf. Critica testuale, teoria degli insiemi e diasistema. In *Semiotica filologica*. Torino: Einaudi, 1979, p. 53-64; ———. Il testo come transcrizione. Ibid., p. 64-70; ———. Testo. In *Enciclopedia*. Torino: Einaudi, v. XIV, p. 269-291; ———. La natura del testo e la prassi ecdotica. In *La Critica del Testo: Problemi di metodo ed esperienze di lavoro*. Atti del Convegno di Lecce. Roma: Salerno Editrice, 1985, p. 25-44, especialmente p. 34-42.

[36] *Le Problème de l'ancien wallon*, p. 109.

> A scripta não nos deixa ver o dialeto puro da região — como já se acreditou —, mas o seu estudo fornece dados que podem melhor esclarecê-lo.[37]

E essa dificuldade já havia sido realçada em 1952 pelo agudo lingüista norueguês, Leiv Flydal, ao escrever:

> Se a localização de uma estrutura de língua não traz maior problema, a delimitação do todo imaterial que ela forma pode ser difícil nas perspectivas espacial e social, e só é teoricamente possível na perspectiva temporal. E explica-se, pois que de um lado, uma estrutura de língua é uma grandeza variável, visto variar o número dos sistemas parciais dominados pelos indivíduos que constituem a comunidade lingüística, e de outro lado a solidariedade que liga os diferentes sistemas parciais de uma estrutura não é absoluta.[38]

E antes dos trabalhos de Weinreich e Francescato sobre o modo de agir dos subsistemas dentro de um diassistema, Flydal já mostrava que esses sistemas parciais podem ser substituídos, com maior ou menor facilidade, por outros sistemas parciais que ao falante convenha tomar de empréstimo a estruturas do idioma de diferente natureza, isto é, integrem-se elas no plano da sucessividade temporal, espacial ou social.

E esses sistemas parciais integrados, que Leiv Flydal chama "coexistências estruturais de empréstimo", não são, obviamente, fáceis de reconstituir.

Foram essas "coexistências estruturais de empréstimo" que Lindley Cintra procurou — a nosso ver com maestria — reconstituir e interpretar na sua obra pioneira, *Os foros de Castelo Rodrigo*, ainda hoje pedra angular dos estudos scriptológicos em língua portuguesa.

---

[37] Explication de quelques spécimens de scripta lorraine, picarde et normande. *Revue de Linguistique Romane*, 26: 308. Com ligeiras alterações formais, esta afirmação encontra-se em quase todos os trabalhos de Gossen.

[38] Remarques sur certains rapports entre le style et l'état de langue. *Norsk Tidsskrift for Sprogvidenskap*, 16: 255, Oslo, 1952.

MEMORIALÍSTICA

1
Sobre a evolução literária de Guerra Junqueiro*

A conclusão do curso universitário não conseguiu dispersar de todo a vigorosa geração coimbrã, que, por palavras e por atos, combatera "a iniqüidade de uma legislação educacional atrasada de três séculos" e que, impávida e pugnaz, resolutamente enfrentara os dogmas do romantismo decadente e estéril, da literatura oficializada, de temática exausta e técnica insinuante, que vicejava sob o frondoso prestígio de Antônio Feliciano de Castilho. A amizade, alicerçada na luta por ideais comuns, fez que dos antigos acadêmicos os mais chegados pelo espírito continuassem unidos e procurassem mesmo manter esse convívio. Os que se transferiram para Lisboa começaram assim a reunir-se em casa de Jaime Batalha Reis, que, não tendo vindo de Coimbra, estava ao grupo conimbricense estreitamente ligado pelas tendências socialistas que, embora difusas, seus componentes manifestavam.

Formou-se então o *Cenáculo*. À casa da esquina da travessa do Guarda-Mor para a rua dos Calafates, onde residia Batalha Reis, compareciam, com freqüência, Eça de Queirós, Lobo de Moura, Mariano Machado de Faria e Maia, Manuel de Arriaga, Santos Valente e Salomão Páragga, que, como o anfitrião, não estudara na velha e austera universidade.[1]

Em fins de 1868, Antero, a alma de geração privilegiada, voltando dos Açores, radica-se em Lisboa e, introduzido no *Cenáculo*, dá corpo orgânico e vida cons-

---

* Conferência pronunciada no Centro Transmontano do Rio de Janeiro, no centenário de nascimento do poeta, 17 de setembro de 1950. Este texto encontrado no arquivo pessoal de Celso Cunha não traz nenhuma indicação de que tenha sido publicado. Cremos que pertença ao conjunto de seus trabalhos inéditos que só agora estão vindo a público.

[1] Cf. A. Salgado Júnior, *História das conferências do Casino* (1871), Lisboa, 1930, p. 11-12.

trutiva a esse agrupamento de amigos. A entrada de Antero de Quental para a agremiação e a influência que nela exerceu são assim descritas por Eça de Queirós:

> Aí Antero apareceu numa fria manhã — e foi aclamado. Naquela viela de Lisboa ressuscitou então, por um momento, a *encantada e quase fantástica Coimbra*, de que ele sempre conservara uma saudade romântica; Antero, porém, que desembarcara em Lisboa como um Apóstolo do Socialismo, a trazer a palavra aos Gentílicos, em breve nos converteu a uma vida mais alta e fecunda. Nós fôramos até aí no Cenáculo uns quatro ou cinco demônios, cheios de incoerência e de turbulência, fazendo um tal alarido lírico-filosófico que por vezes, de noite, os dois cônegos estremunhados rompiam a berrar, o burro por baixo zurrava desoladamente, e no céu, sobre os telhados fronteiros, a lua parava, enfiada. Mas toda a nossa alma se ia nesse alarido e o vento vão da Boêmia a levava, para onde leva as almas descuidadas e as folhas de louro secas... Sob a influência de Antero logo dois de nós, que andávamos a compor uma Ópera-bufa, contendo um novo sistema do Universo, abandonamos essa obra de escandaloso delírio — e começamos à noite a estudar Proudhon, nos três tomos da *Justiça e a revolução na Igreja*, quietos à banca, com os pés em capachos, como bons estudantes.... E do Cenáculo, donde, antes da vinda de Antero (que foi como a vinda do rei Artur à confusa terra de Gales), nada poderia ter nascido além de chalaça, versos satânicos, noitadas curtidas a vinho de Torres e farrapos de Filosofia fácil, nasceram, *mirabile dictu*, as Conferências do Casino, aurora de um mundo novo, mundo puro e novo que depois, ó dor, creio que envelheceu e apodreceu.[2]

Com a chegada de Antero a concorrência aumentou. Batalha Reis e o poeta passaram a morar juntos numa sobreloja da rua de São Pedro de Alcântara. Aí acorriam os velhos e os novos amigos, todos os que se achavam imbuídos do espírito de reforma, os que lutavam pelo primado da verdade, da justiça e da liberdade na arte e na vida. Agora compareciam também José Fontana, o ardente socialista; Augusto Machado, o compositor a quem, no dizer de Batalha Reis, se incumbira o fornecimento de ideal sob forma musical; Augusto Fuschini, José Tedeschi, Filémon da Silva Avelino, Antônio Machado, Alberto Teles e dois daqueles que, mais tarde, iriam integrar o "Grupo dos Cinco" e o dos "Vencidos da Vida" — Oliveira Martins e Ramalho Ortigão.

Foi aí também que num dia do ano de 1868 apareceu um jovem poeta, de pequena estatura, magro, o nariz pronunciadamente aquilino, os olhos de uma radiação inquieta e maliciosa, que, sobraçando os originais de um poema, vinha

---

[2] *Um gênio que era um santo*. In *Antero de Quental — In Memoriam*, Porto, 1896, p. 500-501.

submeter a sua primeira versão à crítica irreverente do Cenáculo[3]. O poema intitulava-se "A morte de d. João"; o poeta chamava-se Abílio Manuel de Guerra Junqueiro. Possuía ao tempo 18 anos, e não era um desconhecido.

Nascido a 17 de setembro de 1850, em Freixo de Espada-à-Cinta, em 1864, publicara as poesias de *Duas páginas dos quatorze anos*; em 1866, o poemeto *Mysticae nuptiae* e, no ano seguinte, as *Vozes sem eco*. No correr de 1868 saíra *O século — batismo de amor*, em que o poeta, "no verdor da vida e sem a experiência das grandes dores", denotava, no dizer de Camilo, "o duplo talento de muito sentir e esplendidamente exprimir".

Embora algumas das características posteriores de Junqueiro aí apareçam em esboço — a riqueza de técnica e o emprego de comparações e imagens ao gosto de Victor Hugo, influência de que lhe custaria desvencilhar —, *Batismo de amor* é ainda um poema tipicamente romântico e, por ele, não se poderia prever a direção futura do lirismo do poeta. Os lugares-comuns dos ultra-românticos — a tristeza, torturante e ansiada; o consolo das trevas noturnas — são os temas que lhe agradam:

Eu amo a noite sombria;
Amo as trevas mais que o dia,
Pois consolam na tristeza,
E dão alívio e firmeza
A quem acolhe ao seu manto.
Ó sombras da noite escura,
Dai-me estrofes de amargura!
Ó noite, inspira meu canto.

E, se em certos passos foge dessa recriação tópica, é para cair nas fórmulas consagradas do condoreirismo, à semelhança do nosso Castro Alves:

....
Uma pedra por leito, e o firmamento
Na procela é seu único telhado.
....
A cúpula é o azul do espaço imenso,
Por colunas montanhas; e flutua
No topo do salão, a arder suspenso,
Um lustre gigantesco — o sol e a lua!

---

[3] "Foi à casa de São Pedro de Alcântara que o Guerra Junqueiro veio ler o primeiro manuscrito da *Morte de d. João*" (J. Batalha Reis, In *Memoriam* cit., p. 449).

Tapetes são as selvas variegadas,
Poltronas são mil montes de granito,
Por espelhos as águas prateadas,
Por música o concerto do infinito!

Com *A morte de d. João* surge, porém, um novo Junqueiro, o mais típico, aquele que a crítica do tempo elevou à glória e rebaixou ao charco, o Junqueiro do verso numeroso e altissonante, da adjetivação vigorosa e por vezes abusiva; o poeta cientificista a emprestar ao lirismo intenções de reformas sociais; o moralista, que ressalta a devassidão para torná-la repugnante; o vergastador terrível de dogmas e de símbolos.

Poema de tese, inorgânico, *A morte de d. João* sofreu refundições e acréscimos de 1868 a 1874, quando foi publicado na lição definitiva. Essas datas extremas revestem importância capital se se procura entender a estrutura da obra e explicar-lhe as incoerências.

Críticos, como Antônio Sérgio e Fidelino de Figueiredo, têm salientado a inconseqüência do tipo descrito e da tese defendida. D. João, órfão inocente, pobre poeta lírico, apaixona-se violentamente por Impéria, mulher perdida, que percorrera

....................as trevas do pecado
E as espirais dos vícios.

Torna-se então um cínico, e os excessos levam-no e a Impéria à degradação extrema, à miséria abjecta.

Impéria, que

...................................foi bela como as rosas
E teve a palidez das virgens de Murilo,

acaba

....................................nojenta, hidrópica, leprosa:
....
Causa nojo aos ladrões, aos párias, aos mendigos,
A lepra é sua irmã e os vermes seus amigos.

Ele, para quem as mulheres corriam

....................................loucas, apaixonadas
Como um rebanho mau de vítimas danadas,

agora, magro, descalço, sujo e fétido —

Ao pé dele é um aroma a essência do escorbuto —,
morre de frio e de fome.

Na versão primitiva a obra não deveria visar às intenções que reflete, explicitamente justificadas pelo poeta em nota final que lhe apôs e no prefácio que a acompanha, a partir da 2ª edição. Somos levados a tal inferir do fato de, ainda em 1870, Junqueiro haver publicado um poema nos moldes de *A vitória da França* e, principalmente, da forma por que aproveitou, na redação definitiva d' *A morte*, partes saídas anteriormente no periódico, de João Penha, *A Folha*.

Cinco fragmentos — mostrou-o Pierre Hourcade[4] —, que haviam aparecido entre 1868 e 1870 na revista coimbrã, foram parcial ou integralmente incorporados ao poema. E esses fragmentos se inserem justamente na parte romântica — *Vita Nuova*, *Melancolia* e *Romanticismo* —, parte que os críticos julgam incompatível com o realismo da *Introdução* e do desfecho.

Em verdade, não há uma preparação psicológica para recebermos como justa a morte miserável de d. João. É o que reconhece Fidelino de Figueiredo, ao dizer: "A idéia de Guerra Junqueiro, se foi com nitidez concebida, foi muito mal executada, porque a composição da obra é pouco lógica, pouco organizada em estreitas dependências das várias partes, não presenciamos todas as ignomínias atribuídas a d. João, não vemos bem a sua responsabilidade"[5] . E Vieira de Almeida vai mais longe, ao afirmar que o d. João de Junqueiro não é um d. João, mas um pobre-diabo qualquer que também se poderia chamar d. Tancredo.

Se é certo que o d. João de Junqueiro não é exatamente o "Burlador", de Tirso de Molina; nem o "Tenorio", de Zorilla; nem o libertino, de Shawell; nem o dissoluto, de Goldoni; nem o cínico gozador, de Molière, de Dumas pai, de d. Alonso de Córdoba Maldonado, de d. Antônio de Zamora; nem mesmo aquele que nos pinta a tradição popular, não deixa, com isso, de ser um d. João. É apenas um d. João construído sobre dois planos: o romântico e o realista. Junqueiro não soube ou não pôde ligá-los, nem conseguiu tirar da oposição os efeitos esperáveis, porque não os concebeu no mesmo momento, nem com o mesmo espírito.

Pierre Hourcade viu bem a razão da incoerência, "explicável" — diz ele — "se se admite que, tendo anteriormente planejado um longo trabalho, Junqueiro não haja querido sacrificar o que já estava escrito e se tenha esforçado, na medida do possível, para incorporá-lo a um segundo poema de inspiração satírica e moral, meses decorridos de sua estada em Coimbra".[6]

Dois fatos precisos parecem-nos corporificar a hipótese do crítico francês:

---

[4] *Guerra Junqueiro et le problème des influences françaises dans son oeuvre*. Paris, 1932, p. 108.

[5] *História da Literatura Realista*, 2. ed. Lisboa, 1924, p. 115-116.

[6] Op. cit., p. 114.

1º) Em 1868, ano em que Junqueiro ingressou na Universidade de Coimbra, o poema já estaria concluído ou, pelo menos, composto em sua maior parte. Essa versão, lida no Cenáculo, seria estruturalmente romântica, o que os fragmentos publicados então no periódico de João Penha — *A Folha* — nos autorizam a afirmar.

2º) Em 1874, quando o poema saiu em volume, Junqueiro já havia terminado o curso jurídico e se tornara fervoroso adepto do movimento realista, capitaneado por Antero de Quental. Mais. Já se tinham realizado as Conferências do Cassino Lisbonense, abruptamente encerradas por ordem do governo, e há muito começara a doutrinação das *Farpas*.

Que esses acontecimentos fizeram o poeta mudar o rumo de seu espírito e o levaram a alterar o plano primitivo de sua obra não é fácil contestar. Demonstra-o uma breve comparação da conferência de Eça de Queirós, intitulada *A literatura nova* (*O realismo como nova expressão da arte*), com o prefácio e a nota final de *A morte de d. João*.

As mesmas idéias, vulgarizadas por Antero e hauridas em Proudhon.

Partindo da premissa de que o espírito da época, o espírito revolucionário, tinha em vista três aspectos completivos — o *verdadeiro*, na ciência; o *justo*, na consciência; e o *belo*, na arte —, Eça concluía que o realismo devia ser exatamente do seu tempo, proceder pela experiência, pela fisiologia, ciência dos temperamentos e dos caracteres, e basear-se no ideal social moderno, que ele repetia como um bordão: *justiça* e *verdade*[7].

Não são outras as palavras de Junqueiro:

> O poeta tem (...) obrigação de ser um homem do seu tempo. É necessário que suas odes, isto é, que o seu sentimento esteja exatamente paralelo aos resultados científicos.
>
> A nossa época é uma época de análise, de crítica, de observação, e a poesia, como todas as artes, há-de infalivelmente obedecer a essa tendência irresistível.[8]

Em outro passo acrescenta:

> Sendo a verdade a base da poesia, segue-se que esta será tanto mais elevada quanto maior for o adiantamento das ciências.[9]

E na nota final afirma:

> Se todos os fenômenos da natureza física e da natureza moral ainda os mais apaixonados e incoercíveis, como as tempestades e o amor, são regidos por leis de

---

7 Cf. A. Salgado Júnior, op. cit., p. 49-59.

8 *A morte de d. João*, 2. ed., 1876.

9 Ibid.

harmonia e de justiça, por que é que a poesia, que vai forçosamente buscar o assunto a qualquer desses fenômenos, não há-de ser governada pelas mesmas leis que os regem?

Qual é o tema da arte? O Universo. Qual o princípio que o domina? A Justiça. Qual é, pois, o ideal artístico? A Justiça.[10]

Já em 1873, no poemeto "A Espanha livre", falando da Roma papal, diz que ela existe

Para que os nossos lábios ressequidos
Não vão comer os frutos proibidos,
Os frutos da justiça e da verdade.

Mas é a partir de *A morte de d. João* que as palavras *justiça* e *verdade* se reiteram como estribilho por toda a obra de Junqueiro, à semelhança da dos demais realistas.

Em Antero, mais que o pensador e o poeta, ele admira

a consciência de justo, cristalina, límpida, inalterável, levando, pelo cumprimento do dever, ao heroísmo e à santidade.[11]

Ao descrever a atitude de Edith Cavell, que, respondendo ao tribunal alemão, intimorata, afirmou ser verdadeiro o libelo acusatório, a sua prosa adquire tons épicos:

Miss Cavell ergueu-se naquele instante à esfera mais alta e luminosa da perfeição humana. Tocou o zênite da virtude. Os anjos sorriram-lhe, Deus admirou-a, e o tribunal, em nome do Kaiser, em nome da lei e do Império, condenou-a à morte. Ficou serena. Ia morrer pela verdade e pelo bem.[12]

No pequeno discurso em honra de Camões, pronunciado em Zurique, cita apenas um passo do Poeta, e justamente sua referência aos déspotas e aos tiranos,

............................cuja vontade
Manda mais que a justiça e que a verdade.

Para ele, o imperdoável na ação de d. Carlos, a culpa brigantina insanável é não haver cumprido o juramento, ter faltado à verdade. Processado pela incontinência de suas palavras, defende-se acusando, no libelo dramático que assim termina:

(...) a santidade tudo perdoa e tudo sofre. Perdoa todos os crimes e sofre todas as tiranias, quer dizer não resiste ao mal com o mal, à violência com a violência.

---

[10] Ibid.

> Mas o santo, que fisicamente se não revolta, é moralmente, contra os opressores, o mais audaz dos revoltados. Não lhes atenua as infâmias, porque atenuá-las é servi-las. Denuncia-as sem medo e acusa-as sem piedade. Jesus, o santo ideal, o santo misericordioso, invectivava os déspotas, os fariseus e os escribas, com palavras candentes de indignação e de rigor. Perdoou injúrias e suplícios, sacrificando-lhes o corpo, mas não perdoou a mentira, sacrificando-lhe a verdade. A verdade bradou-a inexoravelmente, e por ela morreu, de morte infame e divina, entre dous ladrões.[13]

> E, desassombrado, em face dos juízes, exclama:
> Amarga-me na boca a palavra ódio, mas articulo-a aqui, diante dos homens e de Deus, sem contrição e sem temor. Eu odeio o Senhor D. Carlos, não com ódio sangrento, com ódio de orgulho e de vingança. O meu ódio é bom, conforta-me e consola-me. Odeio o rei, porque amo a verdade e a minha Pátria.

Ocioso seria enumerar outros exemplos dessa reiteração temática, idéia-motriz obsessiva, mais de um reformador de costumes que de um poeta.

Esse culto da verdade e da justiça, a sua elevação moral, fê-lo retificar até os últimos momentos muitos de seus juízos. Mas a palinódia, sincera embora, jamais conseguiu limitar-lhe as devastações do erro, agigantado e vulgarizado pelo seu raro poder verbal. As opiniões só as sabia expender de forma incisiva e polar. Seus elogios atingiam os páramos celestes; suas críticas, as profundezas do mal. Sua justiça era inexorável; sua verdade, absoluta.

D. João morre de fome. E o poeta justifica:

> (...) na sua qualidade de parasita, morre como deve morrer: de fome. Quem não trabalha não tem direito à vida. Apelar para a justiça de Deus, como no quinto ato dos dramas *morais*, é o supremo cinismo, porque é negar a justiça dos homens, mostrando que a sociedade é impotente para castigar os culpados.

É esta a fala de um realista, de um socialista doutrinado no *Cenáculo*, não é a do lírico do *Batismo de amor*. É a do Junqueiro panfletário, já dominador da adjetivação superlativa, não raro cáustica e por vezes disfêmica. É a linguagem do orador a versejar, admirado pela eloqüência, pela retórica, pelo antipoético. Não é evidentemente a do Junqueiro que compôs a parte romântica, a parte substancial, por mais orgânica e natural do poema.

É certo que o prefácio e a nota final que acompanham *A morte de d. João* apresentam, também, unidade de espírito e se conformam, *grosso modo*, com a *introdução* e o *desfecho*. Mas a essa relativa unidade se contrapõe, como dissemos, outra mais sólida, mais profunda, que se observa na parte romântica. Nesta chegamos a ver os contornos do plano inicial: um d. João herói romântico, um poeta vítima das cortesãs, "segundo as puras tradições de Musset, readaptadas por João Penha"[14].

Para enquadrar as desventuras desse órfão lírico num poema de fundo moral, ou melhor, para transformar esse inocente em d. João culpado, Junqueiro se viu compelido a inventar a complicada e inverossímil cena do furto da guitarra e da morte do outro d. João, o autêntico d. João Tenório. Antes, pois, não tínhamos d. João algum, nem mesmo no nome, já que Junqueiro só o chamava então "o poeta".

D. João devasso do poema-tese nasce da cena da Igreja. E com ele nasce também outro Junqueiro — do ponto de vista estilístico. O tom da linguagem, especialmente o que lhe advém da adjetivação, muda por completo. Basta atentar no emprego do adjetivo *pálida*, um dos mais usados na obra. Epíteto por excelência do ideal feminino romântico — *a pálida Elvira* — designativo dessa beleza ideal na parte anteriormente composta, a colorir-se, na parte realista, de matizes por vezes pejorativos.

Aliás, o processo de incorporar a novos poemas — novos, aqui, no sentido de concluídos no plano sincrônico de suas idéias estéticas e sociais — fragmentos de obras concebidas em outra época e com outro espírito não é fato observável apenas em *A morte de d. João*. Parece-nos até um recurso característico do poeta e sugestivo tema para uma pesquisa maior. Recurso sem dúvida de economia para quem sempre desejou ser homem do tempo, voz da vanguarda dos movimentos literários e políticos.

Lembremos mais um exemplo, particularmente curioso por documentar o processo em caráter embrionário. Referimo-nos aos fragmentos do *Prometeu libertado*, publicados postumamente por Luís de Magalhães.

Deste poema, que idealizou ao tempo d'*A morte de d. João*, pois que aí o anunciava, restam apenas fragmentos do 1° canto, datados de 1879; uma quadra, que seria o término do 2° canto; cerca de quarenta versos do canto 3°, e o plano minucioso dos cinco cantos que deveriam compô-lo.

O plano é completo e uno e, ao contrário do que geralmente se aceita, posterior às partes conservadas.

Senão, vejamos.

Em 1923, pouco antes de sua morte, Junqueiro dissera a Luís de Magalhães, referindo-se à obra:

---

[14] Hourcade, op. cit., p. 115.

E, se não fosse a infernal política, eu teria feito com ele um dos maiores poemas contemporâneos. Porque, creia Você, a minha idéia era genial e eu havia atingido a onipotência da forma.[15]

Junqueiro deixou autorização de próprio punho para que Luís de Magalhães publicasse tais fragmentos, o que nos leva à convicção de que estes cento e tantos alexandrinos pertenceriam realmente ao poema, se lhe fora dada forma completa e definitiva.

Ora, na *Nota final* de *Os simples*, datada de 14 de maio de 1892, Junqueiro ainda nos diz: "A forma poética *encaminha-se* à evolução final. Horizonte imenso."[16]

Foi, portanto, n'*Os simples*, ou, se dermos o valor exato à palavra *encaminha-se*, empregada pelo poeta, foi depois desta obra — talvez na *Oração ao pão* (1902) ou na *Oração à luz* (1904) —, que ele considerou haver atingido a "*onipotência da forma*".

Logo, os fragmentos compostos anteriormente a 1892, pelo menos, não estavam no caso.

Entretanto, pertenceriam ao poema.

Uma rápida leitura de alguns versos dos três cantos fragmentários mostra-nos à saciedade a diferença de espírito que os ditou.

No 1º canto — *O infinito* — é o Junqueiro de 1879, ainda o poeta da parte realista de *A morte de d. João*, d'*A musa em férias* e o próximo autor d'*A velhice do Padre Eterno*. Estilisticamente, o discípulo de Victor Hugo e, talvez, também do nosso Castro Alves. Esta é uma influência não suficientemente estudada, mas de todo provável, para não dizermos quase certa, à vista do alto apreço em que os realistas portugueses tinham o romântico brasileiro.

Mas deixemos por ora tão sugestivo tema e voltemos ao *Prometeu libertado*. Leiamos os seus quatro versos iniciais:

A ciência vê na frente um monte alcantilado:
Tem pressa, quer andar; fura-o de lado a lado.
Sobe aonde não sobem as asas dos condores,
E, onde os raios não vão, vão os mergulhadores.[17]

Não há neles diferença apreciável de forma expressiva para a quadra que devia terminar o *Sermão de são Pedro*, tema do 2º canto:

---

[15] In: *Vibrações Líricas*, 1945, p. 104.

[16] Cf. p.

[17] Id., ibid., p. 123.

Cruzes, cruzes sem fim, de cedro ou de granito,
De topo em topo e monte em monte e serra em serra,
Como braços de angústia abraçando o infinito,
Como punhais de dor apunhalando a terra...[18]

Comparem-se, porém, estes versos aos que iniciam o 3º canto — *A ressurreição pagã*:

O luar silente, o luar fulgente, o luar dormente,
Vaporosa, maviosa, harmoniosamente,
Submerge em sonho, alaga em leitoso esplendor,
Em fluido, em nupcial, balsâmico torpor
A terra que amamenta as florestas vorazes.[19]

E aos dois que o terminam:

Ó, lirial, virginal, sinfônico esplendor!...
O azul todo em noivado e a terra toda em flor!...[20]

Aqui é o simbolista, orquestral querendo trasladar ao verso o *Clair de Lune*, de Beethoven. Tão longe do poeta da *Morte* e da *Velhice*, tão perto do autor daquela deliciosa *Canção perdida* e daquele sinfônico *Campo santo*, obras-primas do simbolismo português, simbolismo conformado ao doutrinal poético de Verlaine:

De la musique avant tout chose...
....
Rien de plus cher que la chanson grise
Ou l'Indécis au Précis se joint.
....
Pas la Couleur, rien que la nuance!
....
De la musique encore et toujours![21]

Doutrinal poético de Verlaine e... também de Eugênio de Castro — o que mais importa, como veremos adiante.

---

[18] Id., ibid., p. 130.

[19] Id., ibid., p. 131.

[20] Id., ibid., p. 132.

[21] *Art poétique*, in *Jadis et Naguère* (Oeuvres Poétiques completes, Paris: La Pleiade, 1954, p. 206-207).

O contraste dos fragmentos conservados com o plano harmonioso do *Prometeu libertado* leva-nos a crer que, se concluída, a obra exigiria do poeta notas prévias esclarecedoras das *interpolationes*, à semelhança do que fez na postiça introdução à *Vita nuova* de *A morte de d. João*.

Às suas idéias poderia aplicar-se o que ele próprio disse das de Antero: "As teorias duravam-lhe meses ou semanas, mas, aniquilada uma, arquitetava outra."[22] Antero, porém, destruía geralmente os produtos da teoria superada; Junqueiro, não. Incorporava, mascaradas, suas antigas às novas verdades, ou melhor, ao *dernier-cri* literário-filosófico, falto que era de pensamento original e sistemático, embora pretendesse e afirmasse exatamente o contrário.

A morte de d. João deixava antever *A velhice do Padre Eterno*, pois na Introdução o poeta assim diagnosticara os males da sociedade:

> E a causa disto tudo é o velho Padre Eterno
> E o velho D. João:
> Um fez o lupanar, o outro fez o inferno:
> Um fez a tirania, o outro a devassidão,

e acrescentara, em nota final:

> Tudo o que hoje se opõe à realização da justiça pode sintetizar-se em duas grandes figuras, em dois símbolos: — d. João e Jeová.
> D. João resume em si tudo quanto há de doentio na sociedade moderna: o idealismo, o tédio, as nevroses, a indiferença, a dúvida, os paradoxos, a falta de caráter.
> Jeová representa a tirania, o direito divino... Com o despotismo nega a liberdade; com a transmissão do pecado nega a responsabilidade. Anda nos espíritos: é o dogma. Anda na natureza: é o milagre. Anda nos códigos: é o privilégio.

A velhice era, pois, a crítica a outra série de males sociais e deveria constituir a segunda parte de uma trilogia, ideada pelo poeta, cujo fecho seria o *Prometeu libertado*, contraparte das anteriores. Infelizmente, os fragmentos que chegou a compor, postumamente publicados por Luís de Magalhães, não deixam entrever a grandiosidade do poema em que Junqueiro procuraria encarnar a justiça nas duas figuras sublimes de Prometeu e de Cristo, a ciência e a consciência, a liberdade e a fé, a razão e o sentimento.

Não lhe coube a sorte a que tanto aspirara de terminar a trilogia com o "hino de esperança", a epopéia do trabalho, que, ainda na idéia, considerava a melhor de suas obras, aquela que o redimiria dos sarcasmos das anteriores pela concepção genial e cristã.

A velhice do Padre Eterno, sátira cruel à Igreja, não apresenta também unidade de concepção. No próprio dizer do poeta, são "balas que, partindo de diversos pontos, vão todas bater no mesmo alvo". Embora algumas das poesias que aí se contêm, como *Aos simples*, *O melro*, *A caridade e a justiça* e *A sesta do abade*, fortes de imaginação e ricas de colorido, valham por si, independentemente da tese que encerram, a obra, em conjunto, se ressente da contingência do tema. Foi dos livros de Junqueiro o que mais se vulgarizou pela ousadia e violência dos conceitos; foi também aquele que o poeta mais tarde repugnou, nestas palavras textuais:

> Eu tenho sido, devo declará-lo, muito injusto com a Igreja. *A velhice do Padre Eterno* é um livro da mocidade. Não o escreveria já aos quarenta anos. Animou-o e ditou-o o meu espírito cristão, mas cheio ainda d' um racionalismo desvairador, um racionalismo de ignorância, estreito e superficial. Contendo belas coisas, é um livro mau, e muitas vezes abominável. Há na grandiosa história do Catolicismo páginas de horror, mas a Igreja com os Evangelhos cristianizou e salvou o mundo. No Catolicismo existem absurdos, mas no âmago de sua doutrina resplandecem verdades fundamentais, verdades eternas, as verdades de Deus.

Sem derivar o rumo de nossas considerações para o terreno controverso da evolução religiosa de Junqueiro, não podemos calar duas palavras sobre o texto que acabamos de citar, apêndice ao artigo *O Sacré-Coeur*, inserto em 1921 nas *Prosas dispersas*, mas escrito em 1888, corrigido em 1904 e publicado em 1910 na revista *Alma Nacional* de Antônio José de Almeida, conforme declaração do poeta. Essas datas revestem importância no caso, como mostrou o professor Costa Pimpão.

Não se conhecem as redações primitivas do artigo *O Sacré-Coeur*. A versão de 1910 é, no entanto, substancialmente diversa da de 1921. Aliás, Junqueiro o confessa, de forma atenuada: "Agora (diz ele, em relação ao texto das *Prosas dispersas*) emendei-o de novo, eliminando várias passagens, umas inúteis e deficientes, outras condenadas hoje pelo meu espírito."

Em verdade, Junqueiro refundiu completamente o artigo. Mais, deu-lhe sentido muito diverso do que tinha na redação de 1910, tudo a documentar que, ao contrário do que afirmou, por esse tempo, não aos quarenta, mas aos sessenta anos, ainda pensava, em matéria religiosa, com a irreverência dos 35 da *Velhice*.

"Naquele artigo (o de 1910) a Igreja é ainda o poder tenebroso que urde na sombra a sua teia de domínio, e forja, sempre na sombra, as cadeias que hão-de jugular a Revolução." Estes propósitos começavam por se evidenciarem na arquitetura da igreja do Sacré-Coeur: "topografia simbólica, desafio abrupto da igreja negra à revolução vermelha" — diz a lição de 1910; "topografia simbólica, desafio da Igreja à Revolução" — diz a lição de 1921; "o templo, monstruoso, é de arquitetura bizantina" — diz a primeira; "o templo, enorme, é de arquitectura bizantina" — emenda a segunda; "levantada provocadoramente no alto de Paris..." — diz a primeira; "levantada ousadamente no alto de Paris..." — corrige a segunda.

Deste longo parágrafo:

Os muros são duma espessura indestrutível de monumento egípcio. Dir-se-ia que os alicerces vão ao centro do globo. Não sei porquê, nos subterrâneos profundos adivinham-se cisternas de água benta. Para os hissopes? Não: para as labaredas do petróleo. Sente-se que o templo, como os cofres-fortes, é construído à prova de fogo. A gente pergunta a si mesmo quem irá ali viver: se um Deus, se um Czar, se um banqueiro. Por fora, um cárcere. Por dentro, um sepulcro.

deste parágrafo o Autor deixou apenas: "Os muros são duma espessura de monumento egípcio."

E agora alguns trechos totalmente suprimidos:

Pobre turba iludida e fanática, que não via que o tecto do verdadeiro templo era o azul lá de cima, o azul radiante sem nódoa e sem limites. Não viam que o infinito não cabe num sarcófago de pedra, e que há mais Deus e mais revelação na asa livre duma borboleta ou no gorjeio alado duma cotovia que em muitos desses dogmas incompreensíveis e sinistros, bandada lôbrega de morcegos, entrechocando-se às escuras num pesadelo tumular.

Não viam que o Evangelho, interpretado pela consciência à clara luz do sol, é bem mais divino que interpretado por um bonzo à luz remelosa duma lâmpada. Não viam que o Catolicismo de hoje é apenas a exploração da moral de Cristo pela imoralidade de Roma, da candura dum santo pela doblez dum jesuíta, e que, se essa religião de morte e de niilismo lhes dava ainda um consolo e uma esperança, nada disso era dela, mas de Jesus, o mártir sublime, cujo cadáver a Igreja transformou em tabuleta hipócrita para o seu comércio sepulcral.

Outros trechos foram eliminados, como este: "Oh, sim! Cristo é da Igreja, como o prisioneiro é da enxovia. Não mora na Igreja; não é a Igreja a sua casa — é o seu cárcere."

Na versão das *Prosas dispersas* há este período: "A Igreja vive e viverá, *senti-o nesta hora*, do Cristianismo eterno que tem dentro." O que o poeta realmente sentiu em 1888, na hora em que visitou a igreja do *Sacré-Coeur*, foi isto:

A Igreja vive, na verdade, da sombra de Cristianismo que tem dentro. Mas é um Cristianismo sacrílego, porque realiza o bem em proveito do mal, porque converte Jesus, o amigos dos pobres e plebeus, em guarda-nocturno, mercenário, de aristocratas e banqueiros. A ruína da Igreja vem de duas causas: tornou-se incompatível com a inteligência, pelo dogma, e com a moral, pelos seus actos.

O período de 1921 exprime, não o que o visitante sentiu, mas o que então desejaria ter sentido.

Onde escrevera: "A púrpura da Igreja é a lepra da Igreja; o seu fausto, o seu crime: e o seu oiro, a sua morte" — escreveu agora: "A opulência pagã da Igreja foi o crime da Igreja." Entretanto, o poeta descobrira são Francisco de Assis.

O seguinte trecho de 1910 sofreu modificações substanciais, que denotam o esforço doloroso do poeta para uma superação do seu racionalismo estreito: "Houve cristãos sem conta antes de Cristo, e depois da morte de Cristo já muitos cristãos têm morrido. Cada santo que surge é um Cristo novo que aparece. E todo o homem, apenas se eleva a um certo grau de moralidade, torna-se por esse facto, e sem batismo, um cristão verdadeiro." Em 1921, cada santo que surge já não é "um Cristo novo", mas "um continuador de Cristo"; depois de "todo o homem", intercalou-se "que, sendo deísta", e suprimiu-se a expressão "sem batismo".

E, para terminar (na realidade, todo o artigo merecia confronto...), mais este trecho, de que o Autor conservou apenas o último período:

> Só destruiremos o catolicismo, roubando Cristo à Igreja, o Gólgota ao Vaticano, o Evangelho ao Syllabus. Só o destruiremos, opondo ao seu Cristo, encarcerado e torturado, um Cristo liberto e universal, um Cristo unificador da vida inteira, que logicamente harmonize coração e razão, ciência e crença, espírito e matéria, natureza e Deus.
>
> Só destruiremos as religiões, com uma nova religião e um novo altar. Os Deuses morrem, mas Deus é eterno, por essência.
>
> Não basta, para vencer a Igreja, secularizar a escola. Só a exterminaremos, secularizando o Cristianismo. A escola sem Deus é o infinito sem rumo, é o universo morto e decapitado.

Retornemos, porém, à linha tronco de nossas considerações.

Entre *A morte de d. João* e o aparecimento de *A velhice do Padre Eterno* medearam 11 anos e, durante esse tempo, Guerra Junqueiro publicou, em plaquete, algumas poesias, que, em 1879, veio a enfeixar no volume *A musa em férias*. Aí se encontram certas obras-primas do lirismo do poeta, como a *Dedicatória*, *Tragédia infantil*, *Fiel* e *A fome no Ceará*, movido pelo sentimento de solidariedade que une os homens das "terras da tarde".

Depois da *Velhice* a sua musa deu mostras de volver à serenidade, segundo se infere dos poemas de *Os simples* datados de 1888 e 1889.

Mas a 11 de janeiro de 1890, a Inglaterra apresenta o humilhante *ultimatum*.

> É negra a terra, é negra a noite, é negro o luar.
> Na escuridão, ouvi! há sombras a falar.[23]

---

[23] *Finis Patriae*, 7. ed. Porto, 1945, p. 1.

O patriotismo ofendido de um povo heróico e agora inerme diante da aliada poderosa aspirou, por um momento, à sublimidade do mártir. Ninguém demonstrou sentir mais alto a afronta do que o poeta; ninguém a repeliu com maior vigor. *Finis Patriae* é a maldição cristalizada em poesia. É também o retrato de um país moribundo, em que os responsáveis falharam no cumprimento do dever e que tudo espera da mocidade:

Por terra, a túnica em pedaços,
Agonizando a Pátria está.
Ó mocidade, oiço os teus passos!
Beija-a na fronte, ergue-a nos braços
  Não morrerá!
....
Rasga o teu peito sem cautela,
Dá-lhe o teu sangue todo, vá!
Ó mocidade heróica e bela,
Morre a cantar!... morre... porque ela
  Reviverá![24]

A *Finis Patriae* ligam-se, pelo espírito, *Pátria* e o poemeto *Marcha do ódio*. Em todos a forma precisa a avivar a cólera incontida, as repetições voluntárias, a adjetivação cáustica, o ritmo pausado, o tom bíblico.

Mas até aqui Junqueiro é mais retórico do que poeta, na conceituação aristotélico-crociana.

Com *Os simples*, porém, o seu lirismo apura-se. Não mais o ímpeto da sátira destrutiva, não mais o ódio, nem o desalento. Uma serenidade toda nova, um compreensivo amor da vida elementar, um halo de ternura aliciante envolvem agora as cenas descritas — a *Moleirinha*, octogenária e sorridente; o "pastor grandioso e asceta"; o cavador trágico; os mendigos bíblicos; os bois; o castanheiro...

"Quis" — diz ele — "mentalmente viver a vida singela e primitiva de boas e santas criaturas, que atravessam um mundo de misérias e de injustiças, de vícios e de crimes, de fomes e de tormentos, sem um olhar de maldição para a natureza, sem uma palavra de queixume para o destino".[25]

E acrescenta: "É claro que essas figuras não são inteiramente reais, da realidade estrita, efêmera e tangível. Criei-as, ou antes completei-as com a minha alma, com o meu próprio ideal" (...) "É o livro muito mais uma autobiografia psicológica que uma série de quadros campestres e bucólicos".[26]

---

[24] Id., ibid., p. 37-38.

[25] *Os simples*, Porto, 1892, p. 124.

[26] Id., ibid., p. 125.

Para nenhuma de suas obras, Junqueiro reivindica mais o caráter original do que para *Os simples*. São ainda palavras suas: "tentei uma obra d'arte, que fosse ao mesmo tempo absolutamente individual, ingenitamente portuguesa e vasta e fundamentalmente humana." E também esta afirmação categórica: "O pouco que fiz de novo, em tal sentido, não deve nada a ninguém. É meu, pertence-me"[27].

A importância dessa ostensiva e reiterada afirmação da originalidade de *Os simples*, que Junqueiro faz em Nota com que finaliza o livro, não passou despercebida à agudeza de Hourcade.

É que *Os simples* contêm alguns processos literários até então desusados por Junqueiro e que aparecem também no *Só*, de Antônio Nobre, e em *Oaristos* e *Horas*, de Eugênio de Castro.

Há, pois, mais uma vez, que solucionar previamente uma questão de cronologia.

Os simples incluem poemas datados de 1888 a 1891, mas foram publicados em 1892, semanas depois do aparecimento do *Só*, de Antônio Nobre, e mais de um ano após a saída de *Oaristos* e *Horas*, de Eugênio do Castro.

À primeira vista poder-se-ia pensar que homem preocupado em sincronizar-se com o tempo, Guerra Junqueiro se houvesse abeberado nos dois poetas. Da acusação de plagiário do *Só* sabemos, porém, que se defendeu asperamente em carta a Xavier de Carvalho, que vivia então em Paris, e ao próprio Antônio Nobre, na qual declara "Que o *Só* alguma coisa deve aos *Simples* é inegável. Que os *Simples* nada devem ao *Só* inegável é também."[28]

Ademais, na tão citada nota d'*Os simples*, antevendo talvez qualquer crítica, já advertira: "Este livro, só hoje dado a público, é de há muito conhecido entre homens de letras e poetas. E valha a verdade exerceu, aqui e além, ainda inédito, uma certa influência, que embora leve é inegável e manifesta. Podia apontar, citar. Inútil. Desejo apenas estabelecer o fato, mais nada."[29]

Se Junqueiro não imitou Nobre, nem Nobre a Junqueiro; se nenhum conheceu em manuscrito a obra do outro[30], como explicar as palpáveis semelhanças existentes entre *Os simples* e o *Só* ?

Os simples e o *Só* são duas obras memorialistas. A primeira de memória voluntária, uma autobiografia psicológica, na conceituação do próprio Junqueiro. O *Só*, revivescência da infância e da juventude feliz de um poeta cedo acabrunhado pelo presente, é antes uma autobiografia emotivo-imaginativa, raiando por vezes pelos terrenos da memória involuntária.

---

[27] Id., ibid., p. 126.

[30] "Junqueiro vivia no Porto e Antônio Nobre havia bastantes meses já em Paris, não tendo voltado ainda a Portugal, depois que partira, e não tendo, portanto, falado com Junqueiro" (Guilherme de Castilho, *Antônio Nobre*, Lisboa, 1950, p. 289).

O Junqueiro de *Os simples* é o poeta adulto, o orquestrador do verso que, desencantado de uma temática antipoética, procura na simplicidade dos seres e das coisas nova fonte de inspiração. Descreve, com amor piedoso, cenas campestres e tipos humildes, colhidos e mentados em províncias portuguesas, mas sente-se que o poeta não pertence a esse mundo, não o convive, diríamos. Nobre, ao contrário, é parte integrante do seu mundo poético, oscilante entre a velha Carlota e a Torre de Anto, pois que a vida de homem não a podia recriar. Não a tivera. As pessoas e as coisas lhe vinham à memória com a concepção infanto-juvenil que delas possuía:

Vejo passar a minha vida
Como num grande cosmorama:
Homem feito, pálida Ermida,
Infante pela mão da ama.[31]

Obras de memória, não raro *Os simples* e o *Só* confluem no uso de processos estilísticos peculiares ao gênero, mas em outros pontos se distanciam irremediavelmente pela atitude diversa ao tratá-lo.

Assemelham-se — e é o que nos interessa no momento — pelo tom afetivo da linguagem, pelo emprego de certas formas típicas do gênero.

Faremos menção apenas de dois recursos expressivos, responsáveis em parte pelo caráter emotivo das duas obras — o largo emprego dos diminutivos e das repetições, este último processo que nos vai mostrar, por outro lado, certas relações d'*Os simples* com os *Oaristos* e *Horas*, de Eugênio de Castro.

Pela freqüência no uso e pelos variados matizes afetivos que, a todo instante, lhe emprestamos, o diminutivo reveste em português particular interesse e rara complexidade no seu estudo. Fatos análogos, é certo, observam-se em outras línguas, mas nenhuma apresenta a mesma fertilidade nos processos de formação nem a multiplicidade de valores estilísticos que, por exemplo, ocorre em nosso idioma com os derivados em -INHO. Alguns filólogos, entre os quais Leo Spitzer e Holger Sten, vêem até nessa riqueza idiomática uma clara manifestação do sentimentalismo do povo português e, naturalmente, também do brasileiro e do galego.

Ressalta ao primeiro exame a importância da função que desempenha na linguagem poética de Antônio Nobre e na de Junqueiro de *Os simples*. Convém, no entanto, previamente advertir que nelas, como, aliás, na de outros mestres no seu emprego — um Eça de Queirós, um Fialho de Almeida, um Aquilino Ribeiro, um Camilo Peçanha, um Miguel Torga, um Raul Bopp — o diminutivo só esporadicamente indica pequenez. Seu valor é, de regra, afetivo, ou melhor, envolve sempre a representação afetivo-imaginativa do objeto, para nos servirmos de uma terminologia do agrado de Amado Alonso.

A propósito, devemos lembrar que os estudos sobre o diminutivo em português e em outros idiomas — como os de Wagner, *Das Diminutiv im Portugiesischen*[32]; de Holger Sten, *Les Particularités de la langue portugaise*[33]; de Wrede, *Die Deminutiva im Deutschen*[34]; de Conrad, *Die Deminutiva im Altlatein*[35]; e principalmente, de Amado Alonso, *Noción, emoción, acción y fantasía en los diminutivos*[36] — nos levam até a repelir a crença vulgarizada pelas gramáticas, de que foi da significação de pequenez que se derivou a afetiva.

O diminutivo, diz Wrede, nada tem que ver com o grande e o pequeno. "Os diminutivos alemães", acrescenta, "não são por sua natureza palavras diminuidoras, mas originariamente, assim como os hipocorísticos, são individualizações destacadas[37]." Este também o pensamento de Amado Alonso, ao afirmar que o diminutivo era de origem o sinal de um afeto. O diminutivo destaca seu objeto no plano primeiro da consciência. E isto se consegue, não com a mera referência lógica ao objeto ou ao seu valor, mas com a representação afetivo-imaginativa do objeto. Preponderam as representações da fantasia. E, como a fantasia só se apresenta aguçadamente provocada pela emoção, pelo afeto ou pela valorização do objeto, convergem aqui a interpretação do diminutivo originário como uma individualização interessada do objeto e a que vê nele o sinal de um afeto.

Temos, pois, estabelecido: o diminutivo salienta uma palavra capital. É esse caráter afetivo que se empresta à palavra fundamental de uma frase que, de regra, se transmite à própria frase, determinando-lhe o tom. E a insistência no emprego — tal como a observamos na poesia do *Só* — pode ocasionar até que todo o contexto adquira uma tonalidade de ternura infantil, de doçura, de intimidade acarinhante do poeta com os objetos que retrata.

Pelas razões atrás aduzidas, a valorização dos diminutivos é a característica estilística mais saliente na poesia de Antônio Nobre.

A relação, já salientada por Wrede, entre os hipocorísticos e os diminutivos — ambos individualizações destacadas e afetivas do objeto — encontra em sua poesia exemplos concludentes.

De um poeta que reduzia hipocoristicamente *Antônio* a *Anto*, o que vale dizer, que acarinhava o próprio nome, era de esperar — dentro dessa ordem de idéias — que ternamente se caracterizasse também por diminutivos. E não é outro o seu comportamento.

Basta ler-se a autobiografia emotivo-imaginativa, o poema intitulado *Antônio*:

E Antônio crescendo *sãozinho* e perfeito,
Feliz que vivia!
Mas foi a uma festa, vestido de *anjinho*,
Que fado cruel!
E Antônio calhou-lhe levar, *coitadinho*,
A esponja do fel.

Quando a mãe-madrinha o levava ao confesso:
Santinho como ia, *santinho* voltava
Pecados? Nem um.

Todo o seu mundo de recordações infantis é retratado com diminutivos. São os parentes.

O pai:
Aquele santo, que é *velhinho* e já corcova.

O avô:
E o avô que dormia, *quietinho* na sala,
Entrava, Jesus!
....
Ó choupo magro e *velhinho*,
Corcundinha, todo aos nós,
És tal qual meu *Avozinho*
Falta-te apenas a voz.

A avó:
Pedi-lhe, tremendo, fizesse recados
À *alminha* da Avó...

A tia paterna:
A tia Delfina, *velhinha* tão pura,
Dormia a meu lado.

A prima paterna:
Aninhas da Eira

A prima Antônia:
A Prima *doidinha* por montes andava,
À lua, em vigília.

E, finalmente, *Purinha*, a amada, a "Admirável *Joaninha* d'Arc", cujos olhos eram "*estrelinhas* da manhã".

Tudo que então o cercava recebe agora a carga afetiva que emana do diminutivo. Ao Moleiro aconselha *cautelinha*, fazem-lhe pena os *ceguinhos* que via, revê na imaginação as figueiras *cheiinhas* de figos, enterros de *anjinhos*, a *capelinha* do Senhor d'Areia...

Para ele
A Lua é hóstia *branquinha*,
Onde está Nosso Senhor,

que invoca neste admirável achado poético:

Ó Lua encantada no fundo do poço,
Moirinha da Mágoa.

E assim, vai revivendo as suas
Visões enterradas no adro da Igreja
Branquinha da Infância

Junqueiro não tem porque tratar-se com ternura. Recria um universo ideal, mas não se recria neste universo. Sua afetividade se endereça aos seres humildes, seus diminutivos a eles se aplicam:

A Moleirinha
Pela estrada plana, toc, toc, toc,
Guia o *jumentinho* uma *velhinha* errante.
....
A *velhinha* atrás, o *jumentito* adiante.
....
Vendo esta *velhita*, encarquilhada e benta,
....
Minha avó *ceguinha* se me representa...

À boieirinha
Oh, que donairosa, linda *boieirinha*,
Grandes olhos garços, *sorrisinho* arisco...
....
Na *boquita* rósea três canções vermelhas,
Na aguilhada, ao alto, uma *estrelinha* a arder!
Descalcinha e pobre, mas sem ar mendigo,
....
À saíta é linho inda há bem pouco em flor!

À *velhinha* santa, que:
..............reza afervorada...
Tão *velhinha* e branca, branca de jasmins.

À *ceguinha* débil, vagabunda, errante
....
Branca e pequenina, *ligeirinha* e leve,
....
Com o *bordãozinho* que a amparou na estrada
Bate as portas d'oiro da feliz morada,
Presbitério d'Almas, onde está Jesus !...

Às
Alvas *ermidinhas* sob azuis maguados...

Sua visão afetiva incide:
Numa *igrejinha* que é como um pombal.

Em
Almas de *velhinhas*, do palor silente

que
Vão buscar alívios p'ro *netinho* doente.

Em
Chocalhinhos d'astros, velos de luar...

Na Virgem da Amargura a baixar:
....................do *altarzinho* toda afadigada

Nos *Pobrezinhos*
Pobres de pobres são *pobrezinhos*
Almas sem lares, aves sem ninhos

Se o emprego abusivo dos diminutivos aproxima *Os simples* do *Só,* uma reiteração fônica e vocabular de natureza musical vai aparentá-los aos *Oaristos*, de Eugênio de Castro.

Não que Junqueiro desdenhasse anteriormente das repetições. Em sua obra satírica, e mesmo em certas peças líricas de outros tempos, múltiplos efeitos expressivos soube tirar dos processos de reiteração vocabular e ideológica. Mas em *Os simples* as repetições assumem caráter especial, em funções peculiares à técnica simbolista.

Expliquemo-nos melhor.

A repetição — latamente compreendida — é quase que pertinente à poesia, ou melhor à estrutura poemática, que, em última análise, é um permanente retorno à linha de segmentos da massa sonora.

Em sua tentativa de isolar os elementos próprios do verso, Jean Royère chegou mesmo à conclusão de que a repetição e a catacrese são os que o distinguem do enunciado prosístico. Da primeira — *bis repetita placent* — lhe advém o equilíbrio das consoantes, das vogais, das sílabas, das palavras — as *unidades contrapúncticas* de Krafft. Da catacrese, o esvaecimento do sentido da palavra, a dissolução da idéia, ou, mais precisamente, da voz chamada idéia na expressão, a impropriedade poética fundamental, "quelque méprise", de Verlaine.

A prosa seria, portanto, a redução ao mínimo no emprego desses caracteres poéticos; ou, para nos servirmos das palavras de Krafft: "A verdadeira prosa tornar-se-ia assim, teoricamente ao menos, a imagem mais desverbalizada, mais dessonorizada, mais abstrata da idéia, o coágulo ou 'caillot' de pensamento mais tênue." Em síntese, para ele, na prosa é o conceito que dá a forma; na poesia, é a forma que sugere a idéia.

Embora reconheçamos o muito que há de verdade nas observações de Royère e Krafft, apresentam elas, a nosso ver, o defeito básico de reduzirem e separarem fatos, cujas complexidade e interdependência não se prestam a tais simplificações. Mas, elemento essencial ou secundário da forma poemática, não se pode negar que a repetição, nos seus múltiplos aspectos, assume importância capital na obra de certos poetas, principalmente naquelas de acentuada musicalidade expressiva. Assim na poesia dos simbolistas, em que, de um modo geral, essa musicalidade se alia à riqueza de imaginação; assim também na poesia dos trovadores, em que praticamente dela dimana a carga eufórica, sintética que era então a gama dos sentimentos poetizáveis, restrita às idéias motrizes, e todas a se moverem na mesma esfera.

E compreende-se. Processo eminentemente sensorial, a reiteração vocabular rítmica terá de revestir importância maior nas formas poéticas elementares, que não passam em geral de verbalizações melódicas de motivos estereotipados. Este o caso, por exemplo, das litanias lúdicas da linguagem infantil e dos ensaios rudimentares da lírica popular, como os cantares paralelísticos, iterações de poucos temas consagrados.

É certo que a repetição transcende não raro o aspecto puramente material de eco. Como recurso de insistência ideológica, encontramo-la empregada na poesia erudita de todos os tempos, e a velha retórica já lhe distinguia cinco variedades — a *repetitio*, a *conuersio*, a *complexio*, a *traductio* e a *gradatio* —, conforme o modo por que se dispusesse no enunciado a palavra repetida. Mas ainda aqui, ou mesmo quando, na série, se substituem palavras idênticas por sinônimas, isto é, quando a repetição assume caráter mais complexo, o essencial continua a ser, como salienta

Bally: "as batidas sucessivas que martelam a idéia: o efeito rítmico está em primeiro plano, e todo ritmo vocal tem o seu ponto de partida na sensação acústica."

Os simbolistas, particularmente, levariam esse recurso estilístico às últimas conseqüências — repetições de fonemas, de palavras e de frases — para se conformarem à doutrina mallarméana — o verso tornado flauta ou viola do poeta.

Se compararmos Nobre, Eugênio de Castro e Junqueiro, na utilização dos processos reiterativos, verificamos, ao primeiro relance, que as repetições fônicas — assonâncias e aliterações — não apresentam particularidades apreciáveis na poesia do primeiro. Nobre prefere a reiteração vocabular, fraseológica e, principalmente, ideológica. A sua temática é tipicamente reiterativa. E isso se explica, pois, como Baudelaire, é ele um artista "obcecado por idéias fixas, preso do *spleen*, debruçado incessantemente sobre si-próprio, incessantemente perdido nos seus sonhos".

Já em Eugênio de Castro, que, no prefácio de *Oaristos*, com certo exagero, reivindicava para si a introdução do "desconhecido processo da aliteração" (palavras suas), as repetições fônicas têm importância capital. Procurou ele, como o nosso Cruz e Sousa, dentro das limitadas possibilidades impressionistas da língua, atingir a sinfonia pura. Assim nos versos de *Um sonho*:

Na messe, que enlourece, estremece a quermesse...
O sol, o celestial girassol, esmorece...
E as cantilenas de serenos sons amenos
Fogem fluidas, fluindo à fina flor dos fenos...
As estrelas em seus halos
Brilham com brilhos sinistros...
Cornamusas e crotalos,
Cítolas, cítaras, sistros,
Soam suaves, sonolentos,
Sonolentos e suaves,
Em suaves,
Suaves, lentos lamentos
De acentos
Graves,
Suaves...

Em Junqueiro, ou melhor, n'*Os simples*, vamos encontrar predominância dos processos reiterativos fônicos e vocabulares justamente nos poemas simbolistas que nele se incluem — *Canção perdida* e *Campo santo*, em particular. E curioso. Todos esses poemas simbolistas, embora espacejados entre composições anteriores, são datados de 1891, posteriores por conseguinte à publicação de *Oaristos*.

Vemos que:
as diferentes peças d'*Os simples* foram compostas à parte e correspondem a inspirações momentâneas, embora sob um mesmo elan espiritual. Não são de forma alguma episódios de uma introdução que lhes é posterior. Por que Junqueiro tanto se preocupou em dar-lhe determinado encadeamento, e em justificar esse encadeamento, quando a unidade de tom podia deixar despercebida qualquer discordância maior?

Para encurtar razões: o simbolismo de *Os simples* deve muito ao de *Oaristos*. Nem parece que Junqueiro haja conhecido em primeira mão os simbolistas franceses.

Mas — valha a verdade — Junqueiro foi um simbolista ocasional. E quanto ao processo reiterativo de que vimos tratando, isto é, a repetição como recurso para sugerir uma atmosfera de vaga recriação lírica, dele só encontramos exemplos concludentes na *Canção perdida* e no *Campo santo*. E, posteriormente, na *Oração à luz*.

Por sobre as divergências estilísticas que uma crítica minuciosa possa estabelecer, há porém n'*Os simples* uma unidade profunda, unidade de estado moral, uma certa aura de felicidade na "vida singela e primitiva dessas boas e santas criaturas, que atravessam um mundo de misérias e de injustiças, de vícios e de crimes, de fomes e de tormentos, sem um olhar de maldição para a natureza, sem uma palavra de queixume para o destino".

Obra de sentimento, de amor piedoso, de justiça e de verdade.

"Obra de gênio", no dizer do crítico, "porque muito nitidamente traduz um sentimento verdadeiro, porque muito unissonamente a alma do poeta palpita com a da humanidade pensante e porque muito exatamente conseguiu expor d'uma maneira emocional esse sentimento."

Depois de *Os simples*, Junqueiro ainda publicou outros poemas, escalas de sua evolução para o sereno misticismo de que o fragmentário *Caminho do céu* é o término.

Mas a obra de Junqueiro mais duradoura, a que enfrentará os séculos, é *Os simples*, o que, no caso, é uma advertência e um exemplo:

O poeta restringiu-se quando cantou os grandiosos temas, que supunha universais, e cresceu, quando, desiludido das preocupações científicas e históricas, volveu à serenidade, e cantou a sua terra e a sua gente, espiritualizando no verso o que viu e sentiu na vida simples das províncias portuguesas, onde estava, enfim, o que tanto procurava: a verdade da terra, a beleza poética, a justiça de Deus.

2
Jornalismo e universidade*

Tendo estudado convosco, durante três anos, os recursos expressivos de nosso opulento idioma, não encontro agora, por estranho paradoxo, a fórmula exata que possa traduzir todo o meu reconhecimento pelas provas de afeto com que me cumulastes desde os começos de nosso convívio universitário e que, sem sofrerem solução de continuidade, atingiram o seu clímax com a escolha de meu nome para vosso paraninfo, a mais alta deferência que, como alunos, a um professor podíeis manifestar.

Bem dizia o grande Martí que a verdade e a ternura não são coisas inúteis neste mundo. Na tábua rasa da memória não me lembra o registro de outros motivos que justifiquem a honrosa incumbência de vos falar nesta solenidade.

Mestres, tivestes os mais sabedores e dedicados, os mais brilhantes e experimentados; em mim, debalde procuraríeis mais que a fé inquebrantável na relevância do novo curso, a humildade na ciência e o interesse pela verdade nua e objetiva, sem os adornos do estilo e os encantos da oratória.

Fui apenas um companheiro de vossos estudos. De mim nunca ouvistes uma afirmação dogmática, porque sempre entendi que a ciência não tem dogmas; o seu fim é demandar a "clara certidom da verdade", de que fala o cronista, mas a possível iminência do erro deve acautelar os juízos daqueles que desejam servi-la, e, não, dela servir-se.

---

* Discurso de paraninfo da 1ª turma de Bacharéis em Jornalismo, da Faculdade Nacional de Filosofia da Universidade do Brasil, pronunciado no Teatro Municipal do Rio de Janeiro, em 16 de dezembro de 1950. Publicado, em forma de plaqueta, pelo Serviço de Documentação do MEC, Rio de Janeiro, 1954.

Trabalhamos em conjunto e, dando o balanço final, não seria fácil dizer quem mais se aproveitou desse longo e agradável contacto. Devo confessar-vos, no entanto, que o ensaio me convenceu da praticabilidade, no país, do ideal universitário do estudo desinteressado, ou, melhor, "interessado sobretudo no progresso cultural da coletividade".

Ao contrário do que apregoam alguns, não viestes buscar na universidade um pergaminho nobilitante, o *abre-te, Sésamo!* da profissão.

Não podíeis, no entanto, abrir mão do direito de receberdes um diploma semelhante ao que conferem os demais cursos da Faculdade Nacional de Filosofia, porque isso implicava uma *capitis deminutio*, equivaleria a reconhecerdes a inferioridade da profissão de que tanto se orgulhava Chateaubriand.

Quando nela ingressastes, muitos de vós já possuíam outros títulos, portadores de maiores privilégios, e conheciam a advertência do poeta de que

... essas honras vãs, esse ouro puro
Verdadeiro valor não dão à gente;
Melhor é merecê-los sem os ter,
que possuí-los sem os merecer.

Sabíeis também, pelo exemplo estrangeiro, que alguns anos seriam necessários para comprovar a eficiência do curso e que, largo tempo, iríeis arrostar toda a sorte de dificuldades em vossa carreira, desde a chalaça dos baldos de argumento à incompreensão dos que só acreditam no instinto e no improviso.

Não obstante, abertas as inscrições, às centenas acorrestes à matrícula, numa demonstração inequívoca de que a iniciativa do governo vinha ao encontro da aspiração latente de muitos e se efetivava em hora propícia.

E como éreis diferentes!

Alguns, mal saídos dos bancos ginasiais; outros, já no outono da vida, encanecidos na profissão. A todos irmanava, porém, a vontade de ampliar os conhecimentos, de suprir as lacunas com a experiência alheia.

Lembro-me bem.

Foi comovido e orgulhoso da terra em que nasci que vos dei a primeira aula, e o quadro que então meus olhos viram ensinou-me a confiar no idealismo do brasileiro e fez-me adquirir aquela confiança, do segundo Rio-Branco, na grandeza de nossos destinos no hemisfério americano.

Essa a lição que convosco aprendi e que não podia ocultar no momento de nossa despedida.

Permiti-me recordar também, em poucas palavras, o que, juntos, pudemos realizar na cadeira, cuja orientação me foi confiada.

Procuramos estudar a língua não do ponto de vista negativo, mas no seu aspecto criador; os meios de expressão de que ela dispõe, não um código de impedimentos. Tentamos ligar sempre à vida os fatos lingüísticos, e, não, analisar um idioma morto e frio, fundado numa gramática inexistente ou retrógrada, cujas leis, dissociadas da realidade, são infringidas pela força do hábito no momento de execução, única forma concreta da linguagem. Deixamos de lado os exageros dos puristas, mas não nos esquecemos, no estudo das formas e das fórmulas expressivas, de dar o merecido realce ao fator estético. Forcejamos, enfim, sem preocupações iconoclastas, por aplicar ao nosso idioma o ensino sadio dos lingüistas saussurianos, como Bally, Séchehaye e Frey; dos estruturalistas de Copenhague, como Viggo Bröndal e Louis Hjelmslev; e dos idealistas, como Vossler, Spitzer, Bertoni e Lerch. Além disso, examinamos, através das obras-primas, os grandes movimentos literários de Portugal e do Brasil.

A exigüidade do tempo obrigou-nos a fixar a atenção somente nos pontos essenciais das questões, mas consola-nos a certeza de que o pouco que plantamos dará seu fruto: não caiu na pedra hostil, como a semente da parábola.

Nos outros professores do curso notastes, certamente, a mesma preocupação de vos dar, ainda que em resumo, o estágio atual, teórico e prático, dos conhecimentos de sua especialidade.

Infelizmente — é doloroso confessar — o trabalho que realizamos não tem sido compreendido pela maioria de nossas autoridades do ensino.

É claro que não se pode exigir de todos o idealismo de Pulitzer, personificado, ainda hoje, nesta figura, que nos veio honrar e animar com a sua presença, o eminente professor Karl Ackerman, diretor da Escola de Jornalismo da Universidade de Colúmbia.

O que se pede aos responsáveis pelo ensino superior, porque a lei já o confere; o que se reclama dessas autoridades é que, em vez de fazer coro com os detratores do curso, cumpram o texto legal que o criou. Não pretendemos alterar suas opiniões particulares, que não interessam ao feito; queremos tão-somente que promovam a execução plena do artigo 1º do decreto-lei n. 5.480, de 13 de maio de 1943, que declara:

> Fica instituído, no sistema de ensino superior do país, o curso de jornalismo.

Será esta a verdade? Estará o curso de jornalismo entrosado no sistema de ensino superior do país?

Desculpai-me, senhores, que, neste dia de festas, quando as palavras dos oradores deviam conformar-se à alegria ambiente, eu vos venha chamar à realidade, e demorar-me na análise de certos fatos que impediram que o curso produzisse o rendimento completo.

Mas seria covardia calar, e crime assentir com o silêncio, quando estão em jogo os mais altos interesses do país, quais os do ensino; quando se vê a esperança duma nação prejudicada justamente por aqueles que deviam realizá-la e incentivá-la até.

A verdade cristalina é a seguinte:

Há três anos o Curso de Jornalismo vem funcionando na Universidade do Brasil, mas não é ainda um curso da universidade; há três anos existe de fato, agregado à Faculdade Nacional de Filosofia, sem autonomia departamental e numa subordinação humilhante e danosa a órgãos com os quais apresenta, quando muito, relações remotas. Seus professores são contratados "com deveres e atribuições de Professores Catedráticos"; o regimento, porém, lhes nega o direito de voz e voto em congregação e, até nas reuniões departamentais a que assistem, as suas sugestões são ouvidas e acatadas mais por complacência dos colegas do que por força legal. A professores das mais variadas disciplinas — e não àqueles que estão "...vendo, tratando e pelejando" — se confere o direito de deliberar sobre as necessidades pertinentes ao curso, que vive, assim, sob o regime de curatela desde a sua criação.

Por que lhe impõem tal penitência, quando a outros sempre se dispensou qualquer interstício comprobatório de resultados positivos? Qual o motivo de só agora — e assim mesmo por interferência dos interessados e pela alta compreensão de alguns professores idealistas, de que se orgulha o país — lhe haver sido dado um estatuto que em parte, pelo menos, reconhece sua legitimidade universitária.

Seriam, porventura, os alunos faltos de base? Seriam os professores incompetentes, ou a causa dessa procrastinação voluntária estaria na inanidade do próprio curso?

Razões invocadas de boca, mas não provadas, pelo contrário, facilmente destrutíveis.

Os alunos nele ingressaram ou pelo processo normal dos exames vestibulares, ou por trazerem "um saber de experiências feito", que o próprio governo, acertadamente, julgou suprir as provas de admissão.

Os professores, estes, ou foram indicados pela universidade, ou aceitos com sua aprovação, quando sugeridos pelo governo.

Não se culpem, pois, os alunos, que a ele vêm acorrendo em número cada vez maior, e que nunca pediram facilidades — e se as desejaram, não as obtiveram —, antes se submeteram a todas as provas e trabalhos de estágio que lhes foram exigidos.

Não se culpem também os professores, que se têm desvelado em suas atividades, embora com sacrifícios materiais, que souberam silenciar.

Quem então o grande culpado?

O curso, talvez.

É o que parece depreender-se de certa crítica solerte que lhe fazem. Não sabem porque — ou, se o sabem, não o dizem de forma inteligível —, mas alguns acham, ou melhor, sentem que há excesso em se elevar o jornalismo à categoria universitária. Outros, mais objetivos, procuram carrear razões em favor dessa tese e — como não as há de monta — fundam-se em alegações as mais especiosas. Chegam a julgar absurdo o conceder-se, num país de doutores, o título de bacharel a alunos regularmente matriculados e aprovados em três anos de curso intensivo, esquecendo-se de que a Universidade de Zurique, tão avara em conceder diplomas, permite aos que terminam o seu curso de Jornalismo atingir o grau de doutor em Filosofia.

Não será injúria dizer-se que os que assim pensam mostram desconhecer as finalidades de um curso de jornalismo e — o que é mais — as de um organismo universitário.

Respondendo a opiniões semelhantes, oriundas de superados preconceitos historicistas, escreve Fidelino de Figueiredo estas palavras lúcidas:

> Inútil toda essa dialética de nossos países sobre o que seja universidade e qual o seu âmbito. A solução norte-americana, liberta de sarros históricos, é a melhor: é universitário todo o ensino fundado sobre a "high school" e subordinado à direção dum pensamento de ação social.
>
> A função da universidade é destacar da turba assimilada pelos graus inferiores do ensino o escol condutor ou o pessoal diretivo, e exerce-a de três formas: ministrando o ensino profissional, com que prepara o alto pessoal técnico; fomentando a investigação científica, com a qual aumenta o domínio do homem sobre a natureza e amplia o seu conhecimento do universo; e organizando em sistema de valores e juízos a experiência humana e a explicação científica, ou seja, promovendo cultura.
>
> Portanto, portas da escola francas a quantos avançam da multidão indiferenciada a profissionalizar-se intelectualmente, a seguir impulsos de curiosidade mental no laboratório, no museu, na biblioteca e no arquivo; a quantos lhe pedem o evangelho condutor. Um regime de livre e espontânea seleção, ao qual corresponde na vida a concorrência livre, sem o temor sofístico do "proletariado intelectual, porque o saber não dá privilégios, dá ou deve dar aptidões".

E, atingindo o ponto nodal da questão, acrescenta o eminente crítico português:

> O jornalismo é a grande universidade popular, uma universidade difusa, forja de generalizações e juízos de cada hora. Ainda não constitui, nos países do sul, uma profissão especializada, com sua preparação universitária, seu código ético e, sobretudo, seu sentido privativo da atualidade, a sua matéria própria.
> Um organismo universitário serve à *contemporaneidade* — uma época relativamente uniforme e contínua —; o jornalismo serve à *atualidade*, seqüência de momentos contíguos e de vibração coletiva, noticia-os, historia-os e julga-os. Necessita, pois, dum critério objetivo de avaliação do que é atual e primacial, e de servir escopos ideais, sendo o primeiro promover a capilaridade ou o esforço ascensivo da multidão.

Meus senhores, assim compreendida, a atividade jornalística passa a exigir forte preparação teórica e prática, exata aquisição de várias formas de conhecimento, para que, ao transmitir em miniatura a imagem do mundo, a redução não venha deformá-la.

Tal preparação só um organismo universitário, onde se conserva o saber vivo, pode facilitar.

É o que, ainda ontem, salientava um de nossos companheiros, o professor Tude de Sousa, ao afirmar que "os jornalistas levam a universidade ao povo".

Inegável a importância da aprendizagem metódica e especializada, não é fácil, porém, fixar um currículo das disciplinas necessárias à formação profissional do jornalista.

Em outros cursos o problema não reveste a mesma complexidade, pois a especialização tem seus limites mais ou menos definidos, e o currículo, no caso, é geralmente constituído pelas disciplinas específicas e as matérias afins. Já ao jornalismo, em certo sentido, tudo interessa. Sua originalidade, sua especialidade está na própria generalidade.

Daí a divergência apreciável entre os currículos das numerosas escolas existentes em outros países.

Mas generalidade nem sempre é sinônimo de rebaixamento de nível. Não fossem do grande Lyautey as palavras: "*Moi, je suis un spécialiste en généralistés!*"

Essa dificuldade, sentida por todos, na seleção das matérias básicas que devem constituir um curso de jornalismo, fruto das necessidades complexas da profissão, é o índice mais seguro da relevância dele, porque ninguém nasce sabendo, e o instinto muitas vezes só alcança das coisas as aparências falazes.

Pode-se pôr em dúvida se as escolas conseguem formar jornalistas melhores, na acepção de mais aptos para interessar ao público, mas não se pode contestar, como observa Georges Weill, que elas têm a vantagem de eliminar um certo número de ignorantes e de incapazes, e de aumentar os conhecimentos, elevando assim, o nível intelectual dos futuros jornalistas. E isso basta para justificar-lhes a utilidade da existência.

O saber, porém, não é tudo e, às vezes, nem é o mais.

É necessário que aquele que possua determinados conhecimentos queira trazê-los a público, partilhá-los com os seus semelhantes, e que o possa fazer.

Aqui, como em nenhum outro ponto, a atividade jornalística se confunde com a universitária. Se não existe a intenção, o anseio da verdade, e a liberdade de dizê-la sem rebuços, não há imprensa e deserta a ciência. O culto da verdade é o apanágio do cientista e do jornalismo, e a luta pela liberdade, o seu canitar de glórias.

Lembrai-vos das palavras de Hostos:

> Dai-me a verdade e eu vos darei o mundo. Sem a verdade, destruireis o mundo, ao passo que eu, com a verdade, e só com a verdade, reconstruirei o mundo, tantas vezes quantas o houverdes destruído. E dar-vos-ei não somente o mundo da matéria, mas também o mundo que o espírito humano perpetuamente constrói acima do mundo material.

Lembrai-vos também, nesta hora de graves apreensões, da tradição heróica da imprensa brasileira. Segui os exemplos edificantes de vossa profissão, em que abundam mártires, e abominai os tímidos e os corruptos, que fraquejam ante os desmandos da força e o ouro dos potentados. Inspirai-vos na vida construtiva de Gustavo de Lacerda, o vosso patrono. Mirai-vos em frei Caneca, e não vos faltará o ardor na batalha contra o despotismo. Fazei que os detentores do mando compreendam que, "se é difícil governar com a imprensa livre, sem ela é impossível", porque a imprensa não é, propriamente, a fábrica da opinião pública, mas o seu eco; não a forma, quando muito traz à tona o que já vivia latente no espírito do povo.

E assim, harmonizando o saber, a verdade e a liberdade, podereis corporificar a idéia que José Martí, honra da imprensa cubana e do continente, fazia do bom jornal:

> Que não haja uma manifestação da vida, cujos diários acidentes não surpreendam o jornalista... Dizer o que a todos convém e não deixar de dizer nada que a alguém possa convir. Que todos encontrem no jornal o que possam necessitar saber. E dizê-lo com uma linguagem especial para cada espécie: escrevendo em todos os gêneros, menos no fastidioso de Boileau... O jornal deve estar sempre como os correios antigos, com o cavalo ajaezado, na mão o relho, a espora no tacão. À menor ocorrência, deve saltar sobre a sela, brandir a fusta e dar rédeas ao cavalo para que ninguém chegue antes que ele... Deve desobedecer os apetites do bem pessoal, e atender imparcialmente ao bem público. Deve ser coquete

para seduzir, catedrático para ensinar, filósofo para melhorar, astuto para penetrar, guerreiro para combater. Deve ser útil, são, elegante, oportuno, valente. Em cada artigo deve ver-se a mão enluvada que o escreve, e os lábios sem mácula que o ditam.

Meus queridos afilhados:
Os compêndios medievais começavam não raro com o tópus: "Três coisas são necessárias para fazer uma obra: querer, saber e poder."

Lugar-comum... Verdade proverbial...

Querer é o fundamento, e desse requisito se ufanava o grave Herculano, ao dizer:

"Fui um homem que quis nas coisas literárias."

Vós também quisestes, e quisestes adquirir saber. Haveis de poder realizar o vosso ideal na carreira que abraçastes. Haveis de lutar por uma imprensa vigilante e sadia, respeitada e não temida, que, intimorata diante dos abusos da força e intemerata nas épocas de corrupção, seja a trombeta da opinião pública, a sentinela avançada e atenta da democracia preconizada por Balmes:

"O maior bem para o maior número."

3
O ensino do português*

Guilherme de Molinier, o sábio chanceler do Consistório da Gaia Ciência de Toulouse, inicia com estas palavras o seu magistral compêndio de poética *Las Leys d'amors*:

> Três requisitos são necessários, em qualquer tempo, para fazer uma obra; e, se um deles falta, a obra não pode chegar a seu fim, nem à sua perfeição: querer é o primeiro, o que lhe deita os fundamentos; saber, o segundo, o que a dispõe como deve; poder, o terceiro, o que lhe dá execução. E quando este falta, os outros dois de pouco servem.

Vem-me nesta hora ao pensamento a advertência tópica do tratadista medieval, porque, ao assumir esta cátedra, me lembra na memória como se iniciou em mim o desejo de possuí-la, o que fiz para conquistá-la e como a consegui.

É uma história longa, que me ensinou a melhor conhecer os homens, suas nobrezas e suas fraquezas, e as dificuldades não raro insuperáveis que encontram aqueles que não cedem em suas convicções; que não cortejam os poderosos, antes resistem aos seus caprichos; que, de fronte erecta, procuram abrir por si o seu caminho; que saem em demanda da verdade na ciência sem macular a justiça e a pureza na consciência.

Para estes o poder sempre tarda, quando vem, mas o pouco que conquistam sobeja para dar-lhes a alegria interior que o muito não traz quando conseguido sem altivez e dignidade. Em seus corações, apesar das injustiças que sofrem, não

---

* Discurso de posse na cadeira de português do Externato do Colégio Pedro II, pronunciado no salão nobre do Colégio em 22 de novembro de 1952. Publicado pelo Serviço de Documentação do MEC, no Rio de Janeiro, 1954.

ficam as engelhas do ressentimento. Como ao poeta, amarga-lhes na boca a palavra ódio, e procuram justificar a fraqueza de alguns homens pela fragilidade do próprio barro com que foram feitos.

"No peito dos outros", dou a palavra a Antero,

> dos que andam de capela em capela na lida afanosa de incensar cada dia todos os ídolos, dos que fazem da glória uma bastilha para aventureiros levarem de assalto, e não púlpito aonde se suba com respeito e amor, no peito desses não habita mais do que ambição, vaidade, endurecimento e miséria. Esses lisonjeiam os grandes; e os grandes dão-lhes a mão para que subam, e desprezam-nos depois. Lisonjeiam as maiorias; e as maiorias inconstantes lançam-lhes no regaço um pouco de ouro e algum aplauso de momento, e depois passam e esquecem. Afagam todas as vaidades; e têm em cada vício humano um capital, cujo juro dissipam enquanto vivos, porque essa moeda corrompida para mais ninguém serve. Para os outros a obscuridade, e a miséria muita vez — mas a estima dos melhores entre os homens pelo espírito, e, o que excede tudo, a posse duma consciência superior a quanto não seja a verdade, a justiça e a formosura. As idéias serenas brilham-lhes na escuridão do isolamento e alumiam-lhes com uma luz doce mas imensa toda a sua obscuridade. Dão-se a desbaratar o mal dos outros homens, como muitos se dão a aumentar o seu bem próprio.
>
> Morrem; mas morrem nobres e puros. Tudo isto porque foram independentes. Não pertenceram a corrilhos; não elogiaram ninguém para que os elogiassem a eles; não incensaram os fetiches dos ridículos pagodes literários. Foram honrados. Foram simples.

Nesta Casa centenária entrei aos 17 anos.

Menino e moço, como diziam os antigos, vinha substituir, numa turma suplementar, um professor que se licenciara. Não era a primeira vez que lecionava, pois que, desde a conclusão do curso secundário, para o magistério me enderecei, guiado por uma vocação ancestral, mas era como se o fosse. Durante dias, senti-me oprimido pelas tradições destas paredes, destas salas, destes corredores, que então me pareciam gigantescos, pelos professores de nomes míticos, símbolos que conhecera encimando meus livros ginasiais, e que supunha estarem escutando, e criticando, cada palavra, cada frase que pronunciava. Terminada a aula, saía imediatamente do Colégio, temeroso de encontrar um dos catedráticos da matéria, que de ambos sabia histórias de dificuldade no trato e de rigorismo nas inquirições de apavorar um neófito.

Foi nesse momento de difícil adaptação que de mim se aproximou uma alma pura, a bondade personificada.

Talvez denunciasse eu, sem o querer, as atribulações que me iam no espírito. O certo é que um dia, à saída, procurou iniciar comigo uma conversa, e convidou-me para tomar café. Data de então, a mais sólida, a mais fraterna amizade que a dois homens pode unir, a que me liga, desde essa época, ao professor Pedro do Couto Júnior.

Aos poucos, e por seu intermédio, fui conhecendo outros colegas, logo transformados em amigos, como o professor Hugo Segadas Viana. Passei a ter mais convivência com o povo miúdo da Casa, e comprovei — o que muitos já notaram — que a sinceridade mora nos humildes. Desde o porteiro até os serventes, dos bedéis aos inspetores, só contei e conto ainda com amigos. E é com orgulho e sensibilizado que o digo: se em momentos difíceis, nas árduas provas de concurso, não tive a simpatia das bancas examinadoras ou o apoio dos que nelas podiam influenciar, nunca me faltou o conforto da solidariedade absoluta e desinteressada dos funcionários e dos professores extranumerários desta Casa. Jamais o esquecerei. Participaram de minhas provas e meus anseios — e de alguns, como Carlos Potsch, Mozart Florin, Isaac Volchan, Israel de Matos, João Goston Neto e Paulo da Silveira Ramos, permiti-me lembrar-lhes os nomes, porque, amigos em todas as horas, principalmente nas horas incertas, tiveram reações de alegria e de revolta diante dos acontecimentos, que eu próprio, que era a parte, não tive, ou me esqueci de ter.

No ano seguinte ao do meu ingresso, o professor Raja Gabaglia, ao tempo diretor, me confiava a regência de três turmas da disciplina e, já ambientado, foi pesaroso que me retirei do colégio, quando, instituído o concurso de títulos para o exercício da função de professor suplementar, nele não pude inscrever-me por falta de idade.

Ascende a essa época o desejo, que se tornou plano de vida — depois que, em 1939, aqui volvi, e para sempre —, de ser um dia titular de uma das cátedras de português desta casa. Comecei então a preparar-me, com método, para conquistá-la e tornar-me digno dela. Matriculei-me, por isso, na Faculdade de Letras da Universidade do Distrito Federal, a grande realização de Anísio Teixeira, a fim de sistematizar e aperfeiçoar os conhecimentos que possuía. Mas o que essa universidade representou para mim foi a mudança radical de vida. Sua influência exerceu-se não apenas nos métodos de estudo. Despertou-me uma ânsia de saber, que não me excitara o curso de Direito, e ensinou-me a tirar do estudo prazeres não suspeitados. Aí aprendi que "a cultura e seus trabalhos não são carga nem pena, ganha-pão nem lucro, nem passageiro dever de algumas horas em nossas existências. Que é a cultura manancial de gozo", no dizer de Salinas, "alegria original, razão de ser, ser mesmo do homem."

Para isso, quero confessar-vos, concorria, em primeiro lugar a figura do diretor. Era o contrário do formalismo distante, que em outros encontrara. Vivia em meio dos alunos, orientando-os, sempre conversando com eles naquela prosa calma e minuciosa, de que, ainda hoje, às vezes sinto falta. O dr. Prudente de Morais Neto foi o mais perfeito, o mais capaz e o mais humano dos dirigentes do ensino que conheci. A ele devo muito. Com ele aprendi, na prática, o que pode produzir o ensino baseado na verdade pedagógica de que não é propriamente o professor que ensina, mas o aluno que aprende. Por isso, na UDF, como acrossemicamente a chamávamos, havia, antes do mais, a reabilitação da personalidade do aluno, o que lhe possibilitava a eclosão plena das aptidões.

Os professores, lembram-me todos e de alguns não posso aqui omitir o nome, porque sinto a cada momento o que lhes devo.

Álvaro Ferdinando de Sousa da Silveira, didata notável e conhecedor profundo do idioma, foi meu mestre de filologia portuguesa. Com ele fiz todo o curso de bacharelado e, posteriormente, na Faculdade Nacional de Filosofia, o de doutorado. Ainda hoje, decorridos dez anos do último contacto entre o professor e o aluno, em que leituras e pesquisas diversas dele em parte me separaram, vejo a sua presença em hábitos e conhecimentos que não mais me abandonaram.

Antenor Nascentes, a quem, com outra propriedade, se poderia aplicar o título de "mestre de mestres e mestre de todos", de que tanto se jactava aquele serralheiro Gamain, que instalou a frágua de Luís XVI, iniciou-me nos estudos românicos e abriu-me ao conhecimento regiões lingüísticas por mim desconhecidas. Que diferença encontraria entre a figura ríspida da história lendária do colégio e aquele professor exigente mas bondoso, que fui encontrar na universidade, que facultava sua biblioteca particular aos que desejavam realmente aprender, que saía de seus hábitos morigerados para ficar, até altas horas da madrugada, a debater os complexos fatos românicos com jovens ainda inexperientes, que iam tirá-lo de suas comodidades! Foi por excelência "*lo mio maestro e lo mio autore*", porque soube orientar-me aproveitando minhas inclinações naturais, ainda quando o terreno lingüístico que palmilhava não era do seu agrado especial. Humilde, sem dúvida, na falange em que se conta um Ernesto Faria, um Serafim Silva Neto, sou — e o digo com orgulho — um dos seus discípulos mais devotados. Se um dia aspirei à honra de substituí-lo na cátedra, que elevou, nunca supus que o destino me reservara outra maior, qual a de ser por ele recebido nesta Congregação, a que voltou pelo mérito excepcional, que lhe reconheceram os colegas.

Lá — e depois de transferido para a Faculdade Nacional de Filosofia — conheci outros mestres que vincaram fortemente minha personalidade: meus professores de latim, Antônio dos Santos Jacinto Guedes, portador de um caráter que, infelizmente, vai escasseando nos dias de hoje, e Ernesto Faria, este renovador de métodos, a quem desde o primeiro contacto me uniu uma amizade fraterna, que o tempo só tem concorrido para solidificar; minha professora de francês e, mais do que isso, minha professora de gosto literário — Madelaine Manuel, a quem dois governos estão devendo um público reconhecimento, pelo muito que tem feito pela cultura francesa no Brasil e pela brasileira na França; meus mestres de outras disciplinas, todos meus amigos, não poderia também olvidá-los na hora em que assumo as responsabilidades desta cátedra de tão nobres tradições.

Por aqui passaram algumas das glórias da ciência filológica do país. Neste colégio sempre houve professores que primaram por adaptar ao ensino da língua os métodos mais modernos e a súmula conclusiva da ciência do seu tempo. Assim foi no passado, com Pacheco Júnior, Fausto Barreto, Aureliano Pimentel, Silva Ramos, Vicente de Sousa e João Ribeiro, para só falar dos mortos. Assim há de ser no presente e pelos tempos vindouros, enquanto nos mirarmos nos exemplos edificantes que nos dá a história desta Casa.

Daqui devem continuar a sair — como no passado — os trabalhos que renovaram o nosso ensino secundário. Daqui devem partir — como partiam — as advertências contra o ensino da ciência superada e contra os métodos inoperantes.

Permiti-me, por isso, senhores, que vos apresente, sumariadas, algumas causas da crise por que passa atualmente o ensino da língua, que julgo refletidas, de forma direta, no ensino em geral. Não vejais em minhas palavras intenções que elas não contêm. Critico um sistema que já provou sobejamente sua ineficácia. Não viso a pessoas, mas a métodos.

Examinemos, primeiramente, o estudo do idioma.

Que se fez até hoje no Brasil, diante do que está por fazer?

Reelabora-se geralmente o que já foi feito — e malfeito —, sem, ao menos, apresentá-lo melhor do ponto de vista metodológico. Zela-se com fervor a ciência alheia, murcha pelo tempo, e deixa-se de colher a seiva virgem dos aspectos lingüísticos intocados. Em todos os domínios, na fonética e na fonemática, na morfologia e na sintaxe, na semântica e na estilística, na dialectologia e na crítica de textos, "os horizontes abrem-se-nos tão largos e tão vazios, que quase nos chegam a intimidar".

Herdamos um idioma riquíssimo e másculo de um povo heróico, matizado de sonoridades, plástico de flexões e de rítmica, mas estereotipado no ensino em poucas fórmulas consagradas pelos antigos. O seu potencial de meios expressivos não é sequer examinado, quanto menos utilizado. Os que o ensinam, sob a alegação de o terem estudado, salvas sempre as honrosas exceções, dão-nos apenas licença de usar, com extrema parcimônia, de formas e de enunciados que, por acaso, se encontrem nos Barros e nos Vieiras, nos Camões e nos Bernardes, nos Sousas e nos Herculanos, como se todas as possibilidades lingüísticas do tempo estivessem contidas em suas obras, como se a língua fosse um produto estável e não uma atividade criadora, *érgon* e não *enérgeia*, como diria Humboldt.

Os responsáveis diretos por este estado de coisas, por esta redução do idioma à pobreza paralítica, são, sem dúvida, nossos gramáticos e filólogos, pela concepção estreita que têm dos fatos lingüísticos.

Apesar dos serviços prestados, é preciso ter cautela com alguns filólogos, adverte Rodrigues Lapa.

> Homens do passado, divinamente ingênuos e quase sempre teimosos, são levados, por força do seu mister, a refrear o passo à língua, julgando-se potentes e competentes para corrigir algumas das suas demasias e liberdades. Trabalho quase sempre inútil; e inútil, porque se há aí alguém que escreva mal, são precisamente os filólogos, que nos aconselham a escrever bem.

E continua:

> Estes respeitabilíssimos senhores estão quase sempre a falar-nos de "purismo" gramatical e a indicar-nos que o bom caminho é volvermos aos tempos vernáculos de João de Barros ou frei Luís de Sousa. No fundo, de tanto lidarem no passado, não têm uma clara compreensão das exigências do presente. Toda inovação os escandaliza. E quando aparece um divino artista como Eça, escrevendo um português de lei, aqui e ali atravessado como propositadamente por um estrangeirismo, lançam sobre ele a filológica maldição de afrancesado, tal como os súditos da senhora dona Maria I, que Deus haja, alcunhavam os pedreiros-livres, em nome de um nacionalismo, que nos atrasava de Europa um século.

Dificilmente se poderia dizer melhor.

Chegamos a esta conclusão absurda. Os nossos gramáticos são os que pior se utilizam do idioma, numa recriação de fórmulas tópicas e infantis, quando não tendem, pela carência de gosto, a exibir a enganosa riqueza estilística das construções arrevesadas, colhidas em escritores de épocas diversas, mortas e frias de séculos, incapazes de reviver como o Lázaro bíblico pela falta de um novo Cristo. Como poderiam, pois, ensinar o funcionamento de um mecanismo que eles próprios não manejam com habilidade?

É evidente, é intuitivo que esta situação deriva de preconceitos falazes, de não distinguirem eles, com a necessária nitidez, o caráter abstrato da língua como sistema da forma concreta que ela reveste na fala, a estrutura lingüística do ato lingüístico; de não discernirem os fatos sincrônicos dos diacrônicos; de condicionarem, enfim, a seleção dos meios expressivos a infundados conceitos do certo e do errado, do puro e do impuro.

E pensar-se que há dezenas de anos, desde a publicação do *Cours de linguistique générale*, de Ferdinand de Saussure, algumas verdades rolam pelos campos da ciência, que, se incorporadas a nossas gramáticas expositivas, evitariam que continuassem a misturar, sem distinção, o geral com o particular, o presente com o passado, o morto com o vivo, e a legitimar apenas formas e construções de autores de outras épocas, que não pensavam como nós e, por conseqüência, como nós não podiam falar nem escrever.

Não sou iconoclasta, mas diante de tais anacronismos, *difficile est satiram non scribere*! O passado deve ser pesquisado, julgo mesmo indispensável o seu estudo, e o tenho feito. Muitos dos fatos presentes só se explicam satisfatoriamente quando descemos a cadeia dos estágios lingüísticos e vamos apreciá-los em sua gênese. Mas o condenável é transplantar o pretérito para a atualidade, eliminar as épocas históricas e confundir tudo num mosaico ideal inexistente. Foi este, *mutatis mutandis*, o erro estrutural do humanismo renascentista, que pretendeu reviver nos velhos moldes lingüísticos e literários uma cultura que se distanciara 15 séculos de seus padrões. Ficou, por conseguinte, na imitação. Faltou-lhe a vida que pulsava, e pulsa ainda, nos versos de Homero e de Vergílio e na prosa de Cícero e Xenofonte. Estes, porque sentiram verdadeiramente, insuflaram na expressão os ideais do seu tempo e, por isso, ainda hoje e pelos séculos em fora, conseguem recriar nos que os lêem o estado emocional primitivo, que originou a eclosão artística.

Danosa também é a confusão que comumente se faz entre a estrutura da língua e o seu uso individual e artístico, entre a *langue* e a *parole* saussurianas.

A língua é um conjunto de sinais que exprimem idéias, sistema de ações e meio pelo qual uma dada sociedade concebe e expressa o mundo que a cerca, é a utilização social da faculdade da linguagem. Criação da sociedade, o seu sistema está a salvo da ingerência do indivíduo, antes age de maneira coercitiva sobre ele. Não é, porém, imutável; ao contrário, vive em perpétua evolução, paralela à do organismo social que a criou. Em sua história o indivíduo desempenha papel modesto. Sua influência se exerce através dos grupos, de forma indireta.

É, porém, na execução individual que a língua se concretiza. E, como cada indivíduo tem em si um ideal lingüístico, procura extrair do sistema idiomático de que se serve as formas de enunciado que melhor lhe exprimam o gosto e o pensamento. Essa escolha é sempre uma operação artística. É a fala individual, o estilo, o próprio indivíduo a expressar suas alegrias e suas angústias. Alguns, melhor dotados, conseguem captar a frescura lírica ou o calor épico do quotidiano, a vibração da época, transpô-los em caracteres e fazê-los reviver pelos tempos adiante. Por isso a obra de arte é intangível.

"Contra a arte, ó morte, em vão teu ódio exerces!" disse o poeta. Mas, por expressarem os ideais artísticos da época, soaria falso um Vergílio quinhentista ou um Camões novecentista, e, porque foram grandes e porque foram gênios, certamente eles seriam os autores, se em outros séculos vivessem, não da *Eneida* e de *Os Lusíadas*, mas de poemas muito diversos no espírito e na forma.

Além disso, o passado é sempre fragmentário. Jamais o podemos reconstituir em suas minúcias, pois, como lembra Goethe, "do que foi feito ou dito, uma ínfima parte foi escrita; do que foi escrito, uma ínfima parte foi conservada".

É, assim, um erro ver o presente com os olhos do passado, como o é o inverso, examinar épocas antigas com preconceitos modernos. Ao historiador é necessária certa dose de despersonalização, deve ele seguir o conselho de Anatole France e ser, por estranho desdobramento, homem antigo e homem moderno, e viver sobre dois planos diferentes. Mas aos nossos historiadores da língua e da literatura — não há injúria em dizer-se — falta de regra esta elementar capacidade dramática: não conseguem despegar-se de velhos e cansados processos, e, temerosos da vida perigosa sobre planos distintos, procuram fundi-los, para sua comodidade, num só. É a tragicomédia do historismo, a que se refere Leo Spitzer, "que parte para a conquista da verdade histórica 'objetiva' e traz apenas, como fruto da pilhagem, uma *indigesta moles* viscosa do subjetivismo do historiador, que, decapitando as épocas históricas e desconhecendo-lhes a *forma mentis*, relaciona tudo, exceto os *a priori* da própria época".

Um fato, narrado por Mussafia, demonstra a que exageros pode também chegar o historismo inverso, que vigorou, com preponderância, em fins do século passado, quando Hermann Paul enfaticamente afirmava não haver outro estudo científico da língua senão o histórico.

Mandara Mussafia um examinando à pedra e pedira-lhe que escrevesse em francês a frase: *O imperador chamou Rolando.* O jovem prontamente redigiu: *"Li emperere at apélet Rollant."*

— Muito bem! — redarguiu. — Escreva agora em francês moderno.

A resposta foi também pronta:

— Ah! senhor professor, o francês moderno ainda não aprendemos...

Fixar no tempo e no espaço, examinar cronológica e geograficamente os fatos, eis a tarefa preliminar do historiador, em cuja classe se inclui o filólogo.

Mas o mais grave, o que está a matar o estudo do idioma em nossas escolas é que todo o ensino se faz na base do certo e do errado, do que é e do que não é vernáculo.

É natural que se evitem os erros, isto é, as formas lingüísticas que transgridem a norma coletiva ou que são inadequadas à determinada função, mas não se deve nem se pode agir no caso com demasiado rigor, pois, como salienta Frei, a maioria das incorreções servem geralmente para prevenir e reparar os *déficits* da linguagem correta. Melhor que os filólogos, os escritores sentem isso, e fazem até da impropriedade uso consciente, empregando-a como recurso de estilo de rara expressividade. E aqueles de linguagem predominantemente afetiva são os que mais fogem aos padrões coercitivos. Alguns procuram mesmo justificar suas incorreções, e às vezes se aproximam das causas que as geram, à semelhança de Jean-Jacques Rousseau, na *Lettre sur une nouvelle réfutation*:

"Minha primeira regra, pois que não me preocupa em absoluto o que se possa pensar de meu estilo", escreve ele com certo exagero, "é de me fazer compreender. Todas as vezes que, por meio de dez solecismos, puder exprimir-me de modo mais forte ou mais claro, não hesitarei jamais."

Evitem-se os erros, os erros verdadeiros. Mas para isso só há o remédio já preconizado por Jespersen: "Nada de listas e de regras, repita-se o bom muitas e muitas vezes."

Deixemos de lado as regras e as exceções. Estudemos a língua. Que não se repita em nosso ensino o que se conta de um professor dinamarquês, que, tendo perguntado a um aluno qual o gênero do substantivo francês *mort* — e acrescentado, em seguida, *por quê?* —, obteve a resposta: "porque vem do latim *mors*, que é feminino"; com o que não se satisfez e corrigiu assim: "nada disso, é porque é exceção".

Sejamos mais clementes com os estrangeirismos, mesmo porque não podemos evitá-los, pois nos vêm com os progressos da civilização: a palavra a acompanhar a coisa, indicando-lhe a origem.

Em relação ao purismo, recordemo-nos do que já foi luminosamente dito por Ortega y Gasset:

> O castiço, precisamente porque significa o espontâneo, a profunda e inapreensível substância de uma raça, não pode converter-se em uma norma. As normas são sempre abstrações, rígidas fórmulas provisionais que não podem aspirar a incluir as ilimitadas possibilidades do ser. Por amor à Espanha de hoje e de amanhã, não nos queiram reduzir à Espanha de um século ou de dois séculos que passaram! A psicologia de uma raça deve entender-se como uma fluência dinâmica sempre variável, jamais conclusa.
>
> Um escritor castiço é, pois, um escritor que se atém a formas de poesia inventadas por outros artistas de seu país; o que quer dizer que é um imitador, não um poeta.

Não proponho a anarquia lingüística, sugiro apenas que se ensine a língua como é e não como alguns supõem que seja. Por isso não vejo razão para um teorismo abusivo, fundado em conceitos abstratos e duvidosos, nem tampouco para uma prática, baseada em processos analíticos, que decompõem a tal ponto a expressão sintética que a fazem irreconhecível, qual a Mosca azul do conhecido poema de Machado de Assis. Seu refulgir mais parecia um sonho; dissecada pelo poleá, perdeu, no entanto, aquela

"Visão fantástica e sutil"

e sucumbiu

"Rota, baixa, nojenta, vil."

Examinemos tão-somente a expressão realizada. Não queiramos repor o que os autores desejaram omitir. Não completemos aquilo a que nada falta, o que está perfeito e concluso.

A língua de nossos dias reflete a civilização atual, rápida no enunciado, em virtude da própria rapidez vertiginosa do desenvolvimento material, científico e técnico: processos acrossêmicos, reduções às iniciais de longos títulos, interferências de vocabulários técnicos, intercomunicação de linguagens especiais, tudo vulgarizado imediatamente pelo jornal, pelo rádio, auxiliado pela televisão. Impossível ao estudioso do idioma manter a quimera do purismo lingüístico, querer forçar a jovens, que pertencem aos mais diversos grupos sociais, um padrão idiomático dissociado da vida, mosaico de formas e construções de épocas várias, encanecidas ou mortas pelo tempo.

Há por aí uma geração nova, desiludida dos falsos profetas, dos "*archisuppôts de la langue*", dos que se comprazem em fabricar palavras que não vivem, que procuram evitar a entrada de vocábulos das línguas de civilização atuais e, em nome de um purismo *soi-disant* eterno, só admitem a pilhagem ao latim e ao grego, esquecendo-se, como já disse alguém, de que é essa a pior espécie de furto, porque feito a cadáveres.

Ela um dia terá a sua hora. E como creio nos destinos do Brasil, estou certo de que a verdade científica predominará ao fim.

Dia virá em que os diversos aspectos do nosso opulento e harmonioso idioma serão examinados de forma concreta, em que questões de fato venham a ser estudadas como tais e em que disporemos de meios para isso.

Não possuímos um laboratório de fonética experimental. Nossos falares regionais se alteram sem que ninguém os possa colher, nossas línguas indígenas são estudadas por leigos, estudo esse que consiste ainda em reproduzir o ensinamento de velhas gramáticas jesuíticas, anteriores de séculos ao advento da ciência da linguagem.

Ao atual ministro da Educação e Saúde, dr. Ernesto Simões Filho, devemos um ato que pode alterar este estado de coisas, removendo alguns dos empecilhos que o provocam. O Centro de Pesquisas Filológicas, por ele instalado na Casa Rui Barbosa, está fadado a desempenhar, de futuro, um papel relevante na renovação dos estudos do idioma. Deve congregar todos os de boa vontade, que aí certamente encontrarão os meios necessários para as pesquisas lingüísticas que quiserem realizar. E confiante no idealismo e na capacidade organizadora do seu diretor, meu prezado amigo Américo Jacobina Lacombe, tenho esperanças de que brevemente possamos louvar os frutos desta feliz iniciativa.

Permiti-me, senhores, que, nesta hora em que um dos ideais de minha vida se concretiza, deixe falar também a linguagem do sentimento, evocar em palavras simples e puras os que mais me animaram nos estudos que me trouxeram a esta cátedra.

Meu pai, cuja vida de homem e de estudioso me tem servido sempre de modelo, minha mãe e minha esposa, meus irmãos e minhas filhas, que me ensinaram que a ternura não é coisa inútil neste mundo; meus amigos e meus alunos, que todos neles se incluem, constituís o patrimônio inestimável que possuo neste país em que a amizade é condição de sobrevivência, como observou Saint-Hilaire.

Meus colegas de congregação — entre os quais conto velhos amigos, como Waldemiro Potsch, que sempre foi, a meu favor, a *vox clamantis*, e Álvaro Lins, cuja amizade, posta à prova no jogo de interesses, que é um concurso, saiu mais fortalecida —, de vós também não esquecerei a vontade expressa que manifestastes de trazer-me a vosso convívio.

Deixei para o fim, propositalmente, um agradecimento particular. Dos três requisitos necessários à obtenção desta cátedra, dois, o querer e o saber, exigiam o meu esforço e tenho a certeza de que, no caso, segui o lema de Herculano: "Fui um homem que quis."

Sinto também que não deslustrei o ensino dos mestres nem as tradições desta Casa nos dois concursos que aqui realizei.

Mas o poder independia de mim. Estava em mãos de outros e a história nos ensina que tudo o que depende de outro homem é problemático.

Ao sr. ministro da Educação — cujo estado de saúde impediu de prestigiar esta sessão com sua presença — devo um agradecimento especial, por ter submetido à assinatura do senhor Presidente da República, depois de consultadas as autoridades competentes, o decreto de minha nomeação, que se fundava no fato de haver empatado em 1º lugar com outro candidato nas indicações preliminares, em concurso recente e de acorrência numerosa.

Confiante na Providência Divina, espero não poupar esforços para que S. Exª. possa um dia desse ato se orgulhar.

4
Filologia e vida*

Magnífico reitor da Universidade Federal do Rio de Janeiro, professor Horácio Macedo, decana do Centro de Letras e Artes, professora Samira Nahid de Mesquita, diretor da Faculdade de Letras, professor Edwaldo Cafezeiro, minhas senhoras, meus senhores, meus colegas.

Pretendia dedicar o meu último seminário do curso de doutorado que versa sobre "conservação e inovação do português do Brasil" a um debate sobre o conceito de brasileirismo. O caráter da homenagem e a publicidade que o Departamento de Letras Vernáculas, a direção da Faculdade de Letras e o decanato do Centro de Letras e Artes quiseram dar a esta despedida, aconselharam-me a tratar de um tema de interesse mais geral, de experiência de vida, apresentado em tópicos desenvolvidos e que iria constituir o ideário de um estudioso da Filologia que viveu numa universidade dita autárquica, mas que sofreu os distúrbios arbitrários e que esteve dezenas de anos sob liberdade vigiada.

Ao assumir em 1957, depois de árduo concurso, a cátedra de Língua Portuguesa da Faculdade Nacional de Filosofia, lembrei os versos de Saint-Evremont:

Nos biens sont en idée, en espoir, en désir;
Posseder ce qu'on veut, est la fin du plaisir.

---

* Última aula ministrada na Faculdade de Letras da Universidade Federal do Rio de Janeiro por ocasião da sua aposentadoria compulsória, em maio de 1987. O texto encontrado no arquivo pessoal de Celso Cunha foi confrontado com a respectiva gravação. Cremos que pertença ao conjunto de seus trabalhos inéditos que só agora estão vindo a público.

E afirmei, então, que a Providência Divina nos excessos de sua liberalidade para comigo poderia cumular-me ainda com outros e honrosos cargos, mas que nenhum me renovaria o prazer daquela hora em que considerava plenamente atingido o ideal de minha vida, concluso o plano que me traçara quando freqüentava os bancos universitários — e que acabava de cumprir sem desfalecimento —, plano cuja meta era simplesmente a conquista, pelas estradas largas e democráticas da competição pública, de duas das cátedras de maior responsabilidade do ensino da língua do país: a do Colégio Pedro II, a representar a tradição centenária enobrecida pelos filólogos do passado; a da Faculdade Nacional de Filosofia, a esperança, o destino dos estudos do idioma na Universidade do Brasil, hoje Universidade Federal do Rio de Janeiro.

Realmente, nos trinta anos que levei entre aquela tarde inesquecível e este momento — "*noche escura del alma*", no verso do meu admirável amigo Narciso Yepes —, fui alçado a altos postos no país e no estrangeiro, mas nunca mais senti igual plenitude e felicidade.

Mas a minha ligação com esta universidade não se esgota nos últimos trinta anos. Sou — ou melhor, era até o dia 10 — dos seus professores, provavelmente de vinculação mais antiga com ela, pois já em março de 1933 (há 55 anos portanto) estava matriculado no curso Pré-Jurídico da sua Faculdade de Direito onde me bacharelei em 1938.

Desta faculdade, guardo principalmente desilusões. Se nela pude conhecer a rara competência de um Hermes Lima, de um Arnoldo de Medeiros, de um Roberto Lira, de um Júlio Portocarreiro, de um Haroldo Valadão, também aí tive de assistir a aulas de alguns professores, certamente dos piores que existiram no Rio de Janeiro, no Brasil e no mundo, professores esses nomeados para substituir, em 1935, quatro eminentes mestres destituídos de suas cátedras sob acusação de comunistas: Edgardo de Castro Rebello, Hermes Lima, Leônidas de Resende e Luís Carpenter.

Foi essa arbitrariedade — presenciaria outras ainda mais desumanas e mais nocivas ao desenvolvimento cultural do país — que fez ruir a minha crença na força do direito contra o direito da força. E mais. Levou-me a seguir o rumo das Letras e a ingressar, em 1937, na Universidade do Distrito Federal, a inesquecível UDF, o belo e malogrado sonho de Anísio Teixeira.

Em contraste com a Faculdade de Direito, a UDF abriu-se-me como um vislumbramento.

Não caberia discorrer aqui sobre as suas peculiaridades, sobre a harmoniosa e intensa convivência de alunos, professores e direção. O diretor Prudente de Morais Neto era o menos burocrata dos administradores e o mais interessado participante dos anseios da comunidade, um precursor do nosso Edwaldo Cafezeiro. Sim, formávamos uma verdadeira comunidade de sentimento e de ação. Nela aprendíamos todos aquela verdade enunciada por Pedro Salinas, de que a cultura não é carga nem pena, ganha-pão nem lucro, nem passageiro dever de umas horas em nossas existências. Que é a cultura manancial de gozo, alegria original, razão de ser mesmo do homem. Que ela e à vida se igualam, e viver uma é consagrar-se a outra, viver deleitosamente a outra.

Dos mestres que ali conheci dois vincaram fortemente a minha formação científica: Antenor Nascentes e Sousa da Silveira.

Antenor Nascentes iniciou-me nos estudos românicos e abriu-me ao conhecimento novas regiões lingüísticas. Que diferença encontraria entre a figura ríspida da história lendária do Colégio Pedro II e aquele professor exigente mas bondoso que fui encontrar na universidade; que facultava sua biblioteca particular aos que desejavam realmente aprender; que saía de seus hábitos morigerados para ficar, até altas horas da madrugada, a debater os complexos fatos românicos com jovens ainda inexperientes que iam tirá-lo de suas comodidades. Com ele aprendemos todos que não há fulgores da inteligência que possam substituir o trabalho metódico, a pesquisa minuciosa, em qualquer construção honesta no terreno científico.

À pressa opunha a perseverança, à facilidade, o suor prolongado para algo firme; às notas que se perdem preferia o fichário que fica, que não se esquece e que não se engana.

E foi essa pertinácia que lhe permitiu, menino pobre, filho de um humilde serventuário da Alfândega do Rio de Janeiro, que não lhe podia dar mais que o mínimo indispensável para o transporte do colégio e cujo tostão da volta economizava para comprar livros, foi essa férrea vontade de vencer que o levou, aluno gratuito do Colégio Pedro II, a nunca perder o assento no banco de honra numa turma excepcional, de que faziam parte os nomes que também se aureolaram de Sousa da Silveira, de Artur Moses, de Manuel Bandeira.

Dele se poderia afirmar o que Giorgio Pasquali disse de Michele Barbi: "Foi precocemente maduro."

Álvaro Ferdinando de Sousa da Silveira, didata notável e conhecedor profundo do idioma, foi meu mestre de filologia portuguesa. No estabelecimento de grau médio e que gostaríamos de ver alcançado em nossas atuais Faculdades de Letras. Mas Sousa da Silveira, como outros professores secundários do seu tempo — um Said Ali, um Antenor Nascentes, um Mário Barreto — exerciam o magistério na Escola Normal (hoje Instituto de Educação), no Colégio Pedro II e no Colégio Militar, simplesmente porque não havia no país faculdades de Letras, criadas a partir de 1934. O seu preparo, no entanto, era de professor de nível superior. E a prova está nas obras de alta pesquisa e erudição que nos deixou, em muitos casos ainda não superadas. Tive o privilégio de ser aluno de Sousa da Silveira durante cinco anos: três do bacharelado e dois do doutorado. Como fui o único aluno que com ele fez o curso de doutorado, pude conhecer e aproveitar o seu saber durante dois anos de aulas (de seminários) particulares.

E desse convívio me ficou uma certeza. Sousa da Silveira era, em primeiro lugar, um homem de bem, na mais absoluta acepção do termo. Daí a seriedade que punha em tudo o que fazia, e que procurava transmitir a todos o seu alunos. Uma inteligência aguda e precisa do matemático que nunca deixou de ser, forrada de uma sólida base de humanidades; uma memória privilegiada que armazenava obras inteiras, não só em verso como *Os lusíadas*, o *Crisfal*, a *Castro*, mas também em prosa como a *Menina e moça*, de Bernardim Ribeiro, e os *Trabalhos de Jesus*, de Tomé de Jesus, livro de cabeceira e do qual acalentou largo tempo a idéia de fazer uma edição comentada. Seria talvez a sua obra-prima no campo da crítica textual, dada a perfeita integração ao editado do editor intérprete. Um raro sentimento da língua, que conhecia em suas diversas fases; uma timidez no afirmar, a dúvida permanente do verdadeiro sábio, tudo cercado com uma grande simpatia humana, eis mais alguns de seus predicados.

Era, pois, natural que Sousa da Silveira exercesse influência enorme nos seus alunos, influência que cremos, todos conservamos em hábitos e conhecimentos que não mais nos abandonaram. O destino não me poderia reservar maior honra do que lhe suceder na cadeira que tanto enobreceu.

Ao contrário do que observamos hoje, o título de filólogo representava naquele tempo o maior galardão que podia almejar um estudioso do idioma em Portugal e no Brasil. Classificação pejorativa, por excelência, era a de gramático, aplicada não só aos descritivistas e aos puristas, mas — um tanto injusta e indiscriminadamente — aos oficiais que não pertenciam ao pequeno círculo de nossas admirações. Lingüistas não os havia de nacionalidade portuguesa ou brasileira. O primeiro que recebeu o título — e justamente — foi Matoso Câmara Júnior. Mas isso na década de 1940, depois da publicação dos seus *Princípios de lingüística geral*.

Na UDF, apenas Ferdinad de Saussure e Antoine Meillet, entre os autores do dia a dia, tinham o *status* de lingüistas, porque lingüista para nós era aquele que estudava a língua como um fato social, comparável à religião, à moral e às regras do Direito. Ensinavam-nos mesmo que o *Cours de linguistique général*, de Saussure, e a *Linguistique historique et linguistique générale*, de Meillet, exigiam para seu melhor entendimento a prévia leitura das *Règles de la méthode sociologique*, de Emile Durkheim. Também lingüistas se consideravam os neogramáticos, dos quais só conhecíamos Karl Brugmann, cuja versão francesa da *Kurze vergleichende Grammatik der indogermanischen Sprachen* servia de livro texto no ensinamento do professor

José de Oiticica, titular de lingüística, ele mesmo classificado pelo grupo de seus fiéis admiradores como filólogo, e como simples gramático pelos que não se deixavam seduzir por suas idéias, não raro originais (e algumas delas de indiscutível atualidade), mas enunciadas sempre de forma um tanto (ou mesmo excessivamente) dogmática.

As outras admirações que cultivávamos eram filólogos.

George Millardet, membro da notável Missão enviada pela França naquele ano decisivo de nossa formação — que também nos trouxe Eugène Albertini e Albert Cherel — foi o primeiro grande romanista que vimos de carne e osso. Antenor Nascentes, que então iniciava entre nós o ensino regular da filologia românica, muito emocionado, saudou-o em francês, chamando-lhe filólogo exemplar, a ele que se revelara principalmente um exímio cultor e crítico da dialectologia e que, voltando à Sorbonne, deixaria também nome e fama de sua indomável bravura na cátedra durante a ocupação alemã.

Filólogo era Leite de Vasconcelos, santo de nossa particular devoção, sábio entre os sábios, como nos inculcava Sousa da Silveira, e cujas *Lições de filologia portuguesa* todos os companheiros daqueles saudosos tempos — Antônio Houaiss, Antônio de Pádua, Crisanto Martins Filgueiras e Olavo Nascentes — tínhamos por breviário, que devia ser conhecido em todas as minúcias.

Fato curioso. Livro multifário, desordenado — retrato do que parece ter sido a docência do Mestre português — foi provavelmente a obra que maior influência exerceu na filologia luso-brasileira. Sousa da Silveira confessava haver nela encontrado aquelas verdades luminosas que o fizeram trocar as precisas fórmulas da linguagem matemática pelas esquivas e encantadas expressões da sua língua natural. Talvez seja de creditar às *Lições* de Leite de Vasconcelos de um certo gosto que continuamos a sentir pelas recheadas notas ao pé da página, confissão que reconhecemos herética dentro da doutrina bibliológica vigente.

Do grupo excepcional que introduzira a filologia científica (hoje diríamos a lingüística) em Portugal, só ele vivia ainda. Júlio Moreira, seu mestre, falecera em 1911; Gonçalves Viana, em 1914; Epifânio Dias, em 1916; Adolfo Coelho, em 1919; Sebastião Rodolfo Dalgado, em 1922; Carolina Michaëlis de Vasconcelos, em 1925; Antônio Augusto Cortesão, em 1927; José Joaquim Nunes, em 1932. Até aquele que deveria assumir as suas responsabilidades, João da Silva Correia, o discípulo de inteligência agudíssima, morreria naquele ano, 1937.

De Leite de Vasconcelos tudo nos interessava: a vasta obra, que líamos com sofreguidão; e a vida, sobre a qual tecíamos livremente a fantasia.

Particularizando. Recordo-me perfeitamente da enorme decepção que tive, quando soube, por boca do professor Urbano Canuto Soares, que dona Carolina Michaëlis de Vasconcelos não havia sido sua mulher e, sim, de um dr. Joaquim de

Vasconcelos, que sofria das faculdades mentais. Só bem mais tarde o dr. Joaquim de Vasconcelos cresceria a meus olhos como o grande historiador da arte portuguesa, que realmente foi.

Leite de Vasconcelos — apuramos então — era um celibatário que vivia entre gatas.

São duas gatas toda a *domus mea*,
Não tenho neste mundo mais ninguém,

versejaria. Uma delas, *Donna Loba*, seria mesmo celebrada num artigo do conde Francesco Pellati: "*I libri, i fiori e* Donna Loba *si dividono il suo animo*."

Ser filólogo era, pois, de todos nós a maior aspiração. Como Leite de Vasconcelos, nossos mestres Sousa da Silveira e Antenor Nascentes honravam-se com a titulatura, da qual também se orgulhava Unamuno, que dissera ser a filologia

Amor a la palabra creadora,

e ainda se orgulham estudiosos como Maria Corti, que assim define a especialidade em que é mestra consumada:

Visione poliedrica, pluridimensionale del documento esaminato, che se chiama filologia.

Hoje talvez a denominação se aplique melhor a Sousa da Silveira. Leite de Vasconcelos e Antenor Nascentes seriam antes lingüistas pelos temas idiomáticos de sua preferência e pelo modo de enfocá-los.

Nesse ponto, permitam-me uma ligeira digressão.

A filologia é a serva das ciências históricas, disse um dia Ernst Robert Curtius. É a guardiã da fidelidade dos textos do passado. Com seus métodos rigorosos, procura eliminar-lhe as erosões sofridas pelo tempo e reconstituí-los de sua pureza original.

Etimologicamente, o filólogo é o amigo do saber, em particular do saber lingüístico. Platão, o introdutor do termo, usou-o como adjetivo no sentido de "admirador da palavra", "que gosta de falar", "bem falante"; e, como substantivo, na acepção de "amigo do raciocínio", "da argumentação", "bom locutor".

Posteriormente, a palavra assumirá a acepção de "erudito", "douto", "letrado", sentido que já se documenta no século III a.C. e que vai generalizar-se não só entre os escritores gregos, como Estrabão e Dionísio de Halicarnasso, mas também entre os latinos, como Cícero, Suetônio e Sêneca.

Também o derivado filologia, que em Platão significa "amor pelos argumentos, pela dialética", foi usado por Aristóteles no sentido de "gosto pela erudição, especialmente literária". E os autores subseqüentes, gregos e latinos, acentuaram cada vez mais essa relação da filologia com os estudos literários de caráter erudito. Com os filólogos alexandrinos dos séculos III e II a.C., a disciplina veio a tornar-se mesmo um labor fundamental para a preservação do patrimônio literário da humanidade.

Pertenço a uma geração que acreditou ver auroras de mundos novos, e cujos remanescentes não raro ainda se agitam por viver à miragem dos ideais inatingidos. Uma geração que começou a amoldar o seu pensamento nos generosos conceitos de liberdade, de igualdade, de justiça, bordões de propaganda de uma revolução vitoriosa que prometia a reforma radical dos viciosos costumes políticos e administrativos que nos atrasavam um século dos países civilizados; que viu o nascimento, a luta, o florescimento e a morte de grandes e antagônicas ideologias, e por elas devotadamente se distribuiu nos arroubos de sua sinceridade. Geração educada no espírito de reforma, sequiosa de igualdade e de justiça na vida, de verdade na ciência, de autenticidade na arte, e que esbarrou, nas primeiras horas da idade adulta, quando ia pôr em prática o que aprendera, com um regime exatamente contrário ao que idealizara. Preparada para libertar, e emparedada; dominada, mas inconformada, demonstrou esse inconformismo principalmente depois que a restauração da ordem legal em 1945 permitiu que ele aflorasse à larga. Os temperamentos ardentes, os que tinham vocação de líderes e talento para o serem, saíram então a cobrar, numa linguagem insuspeitada dos colecionadores de disfemismos e agravos, os anos de participação efetiva nos destinos do país, que lhes negaram.

Drama particular viveram os que se endereçaram para as ciências do espírito e as da cultura.

Restringindo o campo de observação às que me são menos estranhas, não temo afirmar que a esse inconformismo com a opressiva realidade, a um impulso de fuga no tempo e no espaço, se deve o fervoroso cultivo de especialidades até então quase desconhecidas no país e, sobretudo, o emprego de métodos mais rigorosos na comprovação dos fatos.

A criação das Faculdades de Filosofia veio propiciar aos que se interessavam pelas Letras a aquisição dos novos métodos de trabalho, de uma seriedade que faltava aos estudos lingüísticos e literários, onde, com poucas e honrosas exceções de alguns pioneiros sem seguidores, o que havia era dogmatismo, verbosidade e vaguidão. Era o prestígio da autoridade infalível, dos proprietários de temas incomensuráveis, em que não se podia penetrar sem a lisonja, sem afagar as vaidades, sem corromper o espírito, sem aviltar a inteligência. Não havia discípulos, mas devotos. Cultuava-se nesses estudos aquela impostura de que fala Lecomte de Noüy em *L'Homme devant la science:*

> O sábio sincero, em seu laboratório, trabalhava dia e noite com o exclusivo desejo de compreender a natureza. Mas havia também um sábio filósofo que fazia poucas pesquisas e delas tirava as conclusões tanto mais impressionantes quanto mais fantasistas e largamente desenvolvidas. E havia o filósofo puro, sempre imbuído da importância da ciência que ele não conhecia e sobre a qual dissertava copiosamente.

Aquela rebeldia geracional pôde então acalmar-se num campo onde havia trabalho para todos onde, em verdade, tudo estava por fazer, e o pouco que fora feito precisava de ser refeito. E a pesquisa séria cada dia nos confirmava aquela advertência do sábio Santiago Ramón y Cajal de que não há grandes e pequenos assuntos e muito menos assuntos esgotados. O que há são homens esgotados diante dos assuntos.

Adquiríamos assim uma visão mais concreta dos fatos lingüísticos e literários. A pesquisa em profundidade dava-nos a certeza de que nenhuma época se equivoca esteticamente e começávamos a perceber a grandeza daquela literatura que se formava a nossa volta, ainda desacreditada no ensino secundário e universitário — e às vezes fonte de chalaça —, mas que trazia uma mensagem nova, a mais autenticamente brasileira e por isso a contribuição que nos competia realmente dar à literatura universal.

Era um nacionalismo sadio que nos movia — a valorização das nossas coisas, da nossa terra e da nossa gente.

Devo, porém, reconhecer que, de lá para os dias que correm, o mundo sofreu grandes transformações, algumas imprevisíveis. Acentuou-se a predominância do instável, do inseguro, do paradoxal, do inusitado, do desmedido, do excessivo em estímulos, do heterogêneo.

A juventude não podia ontem, como não pode hoje, deixar de refletir com autenticidade o mundo que a cerca, de compromissar-se com as ideologias do tempo, de participar, com o ardor e as imprevisões da idade, de todas as manifestações de vida do país nos seus diários acidentes.

Infelizmente alguns não compreendem os moços. Nascem velhos e rancorosos. Julgam que, atando-lhes as mãos e amordaçando-lhes a boca, hão de impedir que ajam mal. Mas, em verdade, ou se enganam, ou tentam enganar-nos.

Uma nação não pode descrer de sua juventude porque seria descrer de sua continuidade e a ninguém é lícito, numa democracia, ser indiferente em política porque é não zelar pela própria liberdade, não assumir a responsabilidade que lhe cabe na fiscalização dos atos do governo, que é conseguir como emanação da vontade popular de todos e para todos.

São palavras de um pensador que foi também grande poeta.

Um dos piores sintomas de desorganização social que num povo livre se pode manifestar é a indiferença da parte dos governados para o que diz respeito aos homens e às coisas do governo porque num povo livre, esses homens e essas coisas são os símbolos da atividade, das energias, da vida social, são os depositários da vontade e da soberania nacional.

Que um povo de escravos folgue indiferente, ou durma o sono solto, enquanto em cima se forjam as algemas servis, enquanto sobre o seu mesmo peito, como em bigorna insensível se bate a espada que lho há de trespassar, é triste, mas compreende-se porque esse sono é o da abjeção e da ignomínia.

Mas quando é livre esse povo, quando a paz lhe é ainda convalescença para as feridas ganhadas em defesa dessa liberdade, quando começa a ter consciência de si e da sua soberania... então, como tomado de vertigem, desvie os olhos do norte que tanto lhe custara a avistar e deixe correr indiferente, a sabor do vento e da onda o navio que tanto risco lhe dera a lançar do porto; para esse povo é como de morte este sintoma, porque é o olvido da idéia que há pouco ainda lhe custara tanto suor..., porque é renegar da bandeira de sua fé, porque é uma nação apóstata da religião das nações — a liberdade!

Não! uma nação não pode, como um indivíduo alucinado, tornar-se céptica a ponto de descrer da própria vida!

Mas um povo que possui a liberdade sem instrução dela não pode participar efetivamente, nem se iniciar nos sagrados direitos e deveres o que o seu usufruto obriga. Conservá-la será difícil, e mais difícil ainda conservá-la sem dela abusar, ou seja, sem prejudicar a liberdade dos outros.

Passando a outra ordem de idéia, temos de convir que o conhecimento do mundo poderá não solucionar para nós o problema crucial, que é o anelo pelo nosso verdadeiro bem. O que ao mundo nos é dado oferecer pode parecer-nos vão uma vez que o tenhamos provado. Há, porém, outra esfera de bens, "a dos bens potenciais, que cada homem pode evocar de acordo com a qualidade e riqueza de sua imaginação" e que lhe permite elevar os olhos um pouco acima da realidade contingente.

O importante é que haja sinceridade, fidelidade a um ideal, compromisso com a obra, sonhada embora irrealizável que seja neste mundo.

Ou nas palavras do poeta:

Quem for homem de carne tenha um sonho,
Tenha um sonho
Da brancura do leite que bebeu.
Vista-se de quimera e tenha um sonho
Com raízes na terra onde nasceu.

E tudo que tiver seja do sonho:
Quanta cega razão, quanta loucura,
Quanto no poço houver de sujo e de medonho,
E quanta peregrina formosura.

Dê-lhe o seu nome, dê-lhe a sua herança
E fique nu aos olhos do luar,
Puro e perfeito como uma criança
A sonhar.

"Quem acampa nos arraiais longínquos e desertos do futuro, e o aguarda sereno e firme na sua fé, tem uma nobre missão — a de abrir e esclarecer, sentinela do porvir, a estrada da nova era, que outros, vagarosos de prudentes só mais tarde pisarão." Palavras de Antero de Quental, que continua "quando o século aperta o passo, não há face de verdadeiro democrata, que deva pejar-se de o acompanhar neste caminhar providencial".

Agora, como jamais, a atividade de educador assume uma importância capital.

Numa época em que o Brasil — de olhos abertos para o mundo — volta-se para si, em busca de soluções nacionais para os seus problemas, é preciso que o nacionalismo, sentimento nobre e natural, não nos cegue, e não prejudique o envolver da ciência.

Queremos — e devemos — participar efetivamente do mundo atual, sem renegarmos o passado; renovar-nos com a eficiência exterior, sem violentarmos o caráter nacional; incorporar formas de cultura, não copiá-las. Fazer exatamente o que nos ensinam as nações que comandam o mundo de hoje. Conservar um Espírito Nacional forte, que, ao receber o elemento cultural estrangeiro, seja capaz de dissolvê-lo, de assimilá-lo e, principalmente, de usá-lo como força estimulante, isto é, de servir-se dele menos para alterar do que para revitalizar os elementos tipicamente nacionais.

Permitam-me também lembrar-lhes que não se renega impunemente o passado, pois o presente só faz sentido em função dele, e contém um mínimo de atualidade a apoiar-se num lastro substancial de formas culturais legado por nossos maiores. Tradição não é imobilidade. Ao contrário, é o continuar de vida, é adaptação, é um processo *in fieri*, sempre variável, jamais concluso, porque a sua conclusão, a estagnação, é a morte.

É justo que confiemos numa vida melhor e na grandeza dos nossos destinos no hemisfério americano e no mundo de amanhã. Mas para concretizarmos este desejo de um bem-estar mais amplo, de um maior conhecimento do cosmos, das coisas e do homem, precisamos ter não o globo mundo em nossas mãos, como o poeta visualizou a figura do Infante que descobriu "novas terras e novos ares". Para concretizarmos esse anelo, precisamos — isso sim — ter previamente o controle de nós mesmos, a nossa vida em nossa mão. E para que possamos ter a nossa vida em nossa mão, "é necessário percebê-la no caminho para uma meta determinada, e não existe caminho, nem meta, se não há resolução ou compromisso que, como uma luz, ilumine a vigilância do nosso comportamento, permita-nos ajustar nossas paixões e desejos, e esclareça nossos esquemas intelectuais. Tudo isso constitui o trabalho de conformar-se a um ideal superior de formação e educação".

Formação e educação que nos ensinam também a cordialidade no trato, a humildade na ciência, o antidogmatismo nas opiniões, a possibilidade, enfim, da convivência social. Dessa convivência que parece periclitar em nossos dias, com os homens atribulados, a alçarem vozes angustiadas de revolta, bocas de almas desertas de ternura, sentimento que tem sido uma constante de nosso povo, um apanágio desta civilização que, sem ele, dificilmente poderíamos haver criado na rude zona tropical.

A devoção aos mestres tem sido, topicamente, comparada à devoção transpersonal aos pais, que os latinos chamavam *pietas*, "piedade". E pensavam que sem ela não poderia haver cidade, estado, convivência, o que vale dizer pátria. "Com os pais" — escreve Julián Marías — "não se tem que estar de acordo, não se está nunca de acordo. O que se deve ter com eles é concórdia, e esta só nasce da cordialidade. Quando uma e outra faltam, sobrevém a discórdia; então, nada mais se recorda, pretende-se apagar com mão torpe e rancorosa o passado, renega-se dos pais, e tudo isso quer dizer que se perdeu a cordura. E não se esqueça que a impiedade (*impietas*) costuma ser a máscara cínica com que o nada encobre o seu medo ao real."

5
Posse na Academia Brasileira de Letras*

Senhores acadêmicos:

Sejam as minhas primeiras palavras de agradecimento pela prova de apreço com que me cumulastes ao trazer-me para o vosso sábio convívio.

Recebo-a com humildade, não como uma consagração pela obra produzida, mas como um estímulo para realizar tarefas mais ambiciosas no campo do saber filológico.

Minhas relações com esta Casa são antigas. Mal saído dos bancos da Faculdade Nacional de Filosofia, aqui trabalhei três anos na preparação do *Dicionário da língua portuguesa*, projetado e coordenado por meu inesquecível mestre Antenor Nascentes. Em 1956 fui galardoado com o Prêmio José Veríssimo, de ensaio e erudição, pela monografia *O cancioneiro de Martin Codax*. E, depois, durante anos, participei ativamente dos trabalhos da Comissão Machado de Assis, que foi desativada em má hora, justamente quando os seus membros haviam adquirido uma experiência — difícil de ser renovada — na editoração crítica de textos modernos. Poderíamos ter-nos antecipado em suas finalidades ao Institut des Textes et Manuscrits Modernes, criado pelo saber e clarividência do professor Louis Hay e que, com o desenvolvimento da crítica genética, revolucionou a própria noção de texto.

Agora, senhores acadêmicos, me recebeis como um dos vossos, e numa cadeira que me é particularmente cara.

---

* Discurso de posse na Academia Brasileira de Letras, em 4 de dezembro de 1987, publicado, em forma de plaqueta, no Rio de Janeiro, pela Editora Nova Fronteira.

Filho de um liberal sem fissuras, que nunca sacrificou suas idéias aos interesses menores da política, nascido como ele na cidade que conserva a tradição e o nome glorioso de Teófilo Otôni, cedo aprendi a admirar esse exemplo paradigmático do liberalismo, que foi Tavares Bastos, patrono da cadeira 35, escolhido pelo fundador Rodrigo Octávio, por ter sido o maior amigo do seu pai.

Rodrigo Octávio Filho, que lhe sucedeu, foi colega de turma de meu pai na Faculdade Livre de Ciências Jurídicas e Sociais e, enquanto viveu, coordenou sempre uma reunião anual dos colegas, rememorativa da data da formatura em 1914. Lamento hoje que uma insuperada timidez não me tenha permitido freqüentá-lo como devia. Dele, no entanto, recebi sempre palavras amigas de estímulo na carreira que abracei.

José Honório Rodrigues, conheci-o na Faculdade de Direito da Universidade do Brasil numa época de ardentes debates políticos, que estremavam uma esquerda de idéias um tanto difusas de uma direita, integralista, mais organizada nos seus propósitos.

Formava ele entre os estudantes de esquerda, por influência, mais tarde confessada, da doutrinação de linha marxista do professor Edgardo de Castro Rebello, real e merecidamente o mestre mais prestigioso da Faculdade, que só vim a conhecer, a admirar, e de cuja intimidade participei, a partir de 1953, quando assisti a uma conferência sua na Faculdade de Direito de Paris, conferência magistral, coroada pelo vivo e alto debate com o sábio professor Rippert. Quando devia ser seu aluno de Direito Comercial no terceiro ano, estava ele preso a bordo do navio *Pedro I*.

Na Faculdade de Direito tive, porém, o privilégio de ser colega, desde o pré-jurídico, de Leda Boechat.

Foi ela a primeira classificada no vestibular e assim continuou por todo o curso, razão do alto apreço que lhe tinham os professores. A sua devotada colaboração à pesquisa histórica de José Honório Rodrigues, mesmo antes do casamento, fazia-me lembrar o exemplo admirável de dona María Goyri, que, depois de produzir alguns estudos eruditos de rara agudeza crítica, resolveu dedicar-se exclusivamente à obra do seu esposo, d. Ramón Menéndez Pidal, tendo chegado à perfeição de ler todas as revistas relacionadas com o vasto campo dos seus interesses, marcando os pontos de que, pela contribuição inovadora, ele deveria tomar conhecimento.

A longevidade de d. Ramón (que por quatro meses não chegou aos cem anos) impediu que dona María Goyri lhe sobrevivesse e se encarregasse da publicação póstuma de suas obras, o que Leda começa a fazer com renovada dedicação relativamente ao marido. Teremos, assim, brevemente, em dois volumes, a segunda parte da *História da história do Brasil*. Pela Editora Ática sairão duas obras há muito esperadas: *Capítulos da história do açúcar no Brasil* e *Capítulos das relações internacionais do Brasil*. Finalmente, a Companhia Editora Nacional publicará os seus *Ensaios livres*.

Senhores acadêmicos, esta cadeira viveu sempre sob a égide do liberalismo político. O patrono era também convicto liberal na área econômica, o que sabia harmonizar com a ampla visão dos graves problemas sociais com que se debatia o país.

É realmente admirável que em tão curta vida se tenha distinguido pela firmeza no desenvolver de tantas idéias, algumas consubstanciadas em lei no seu tempo; outras, depois da sua morte.

Rui Barbosa, tão comedido no elogiar, considerou-o "alma de gigante", "cabeça que comensurava todas as questões do nosso futuro". E Evaristo de Moraes Filho na breve, mas penetrante, análise do seu ideário, escreve:

> espírito livre, adversário dos preconceitos e do atraso, viveu e consumiu-se Tavares Bastos num só ideal: tirar o Brasil do subdesenvolvimento em que se encontrava, trazendo-lhe uma ideologia de renovação e de esperança (...). Queria uma sociedade mais justa, com a fortuna pública mais bem dividida entre todas as camadas sociais, com iguais oportunidades para todos, no pleno gozo das liberdades e das franquias constitucionais, livres do medo, da violência e das necessidades. (...) Publicista do nosso tempo, de todos os tempos, talvez tenha sido o maior pensador político do Império, pelo conjunto de sua mensagem, pelos métodos realistas de análise, pela sua brasilidade universalista.

José Honório Rodrigues vai além, ao reputá-lo "o mais orgânico, o mais sistemático e o mais lúcido pensador político que o Brasil já produziu".

Tavares Bastos atribuía quase todos os males do Brasil do seu tempo à colonização portuguesa e ao modelo econômico nela adotado. José Honório Rodrigues também critica a antiga Metrópole por seu processo colonizador de base extrativista, de exploração comercial, complementar e não concorrencial de produtos.

Eu mesmo, em estudos sobre o português do Brasil, tenho enumerado certos aspectos deficientes do domínio português, em particular na área cultural.

Estender, porém, as restrições ao modelo de colonização (e a história nos mostra que para o colonizado não há, nem nunca houve, bom colonizador), estender essas restrições, como faz Tavares Bastos, ao estágio sociocultural português na época do Descobrimento do Brasil é cometer grave injustiça histórica.

O Portugal que descobriu ao mundo novos mundos não o fez por acaso, mas porque estava realmente na vanguarda da ciência experimental do tempo. Basta lembrarmos alguns nomes cimeiros da cultura universal de Quinhentos, como o do matemático Pedro Nunes, o do cosmógrafo d. João de Castro, o do cartógrafo Fernando Álvares Seco e o dos botânicos Garcia de Orta e Cristóvão da Costa.

Foi esse "saber de experiências feito", que para si reivindicava o próprio Camões, e que tanta importância teve no progresso ulterior da ciência, que permitiu o domínio paulatino do "mar tenebroso" e deu à façanha de Vasco da Gama não o caráter de aventura da de Colombo, mas o de uma "viagem de cabotagem de alto estilo", como já se escreveu.

E, do ponto de vista humanístico, a criação por d. João II do sistema de bolsas para especialização no exterior permitiu que os beneficiados, "os bolseiros d'el-Rei", ingressassem nas grandes universidades da Europa, onde chegaram aos mais altos postos do ensino e da administração, como Diogo de Gouveia e André de Gouveia, reitores dos Colégios de Santa Bárbara e de Bordéus e mestres de Rabelais, de Montaigne, de Calvino e de Inácio de Loyola. Mais de cem professores portugueses lecionaram, no século XVI, nas mais prestigiosas universidades européias do tempo: de Paris a Salamanca, de Oxford a Praga, de Louvain a Bolonha. E, nessa época, em que se vivia "em signo de latim", a língua das artes e das ciências era ensinada — e o foi durante duzentos anos, do extremo da Europa ao extremo da Ásia — pela Gramática de um modesto jesuíta madeirense, o padre Manuel Álvares. Ainda em 1869 saía em Xangai uma edição desse livro afortunado.

A literatura portuguesa — disse-o o insuspeito Aubrey Bell — é a mais importante literatura elaborada por um pequeno povo depois da grega. E, quanto à atividade comercial, não nos devemos esquecer de que a Lisboa dos séculos XVI e XVII era cognominada "empório do mundo e princesa do mar oceano".

Não faz honra, portanto, a um pensador político e social dos mais eminentes que possuiu o Brasil em qualquer época, afirmar que "Portugal brilhou um dia, no século XV, e morreu para sempre".

De Rodrigo Octávio, o preclaro brasileiro que foi o fundador da cadeira e que tanto serviu à Academia nos seus primeiros e difíceis momentos, muito haveria que dizer pelos relevantes serviços que prestou ao país, particularmente nas áreas do direito e da diplomacia, e pela alta qualificação de sua obra poligráfica. O seu elogio no entanto já foi feito, e por quem tinha credenciais especialíssimas para fazê-lo: o ilustre filho, que levou o seu nome, que lhe sucedeu na cadeira e que desde a infância lhe acompanhou, orgulhoso, a modelar existência.

Rodrigo Octávio Filho foi também um vitorioso no campo de batalha da vida, e conseguiu-o sem deixar de ser bom. Essa qualidade, ligada à sua cortesia, à devoção à amizade, ao seu porte elegante e a outros dotes que lhe ornavam o físico e o espírito, por numerosos e raros, lançaram a segundo plano a obra seleta que realizou nas áreas da história e da literatura, como criador e como crítico. Ainda hoje não foi superada a sua monografia sobre o penumbrismo na literatura brasileira, nem tampouco o foi o seu estudo sobre Mário Pederneiras, onde reclama da crítica o tratamento menor dado ao grande poeta carioca, para o qual reivindica o lugar que verdadeiramente lhe compete em nossa literatura como inovador no verso, na rima e no temário poético.

Rodrigo Octávio Filho esteve sempre de bem com a vida e legou-nos um auto-retrato espiritual na página *Confissão*, que inicia o seu livro *Simbolismo e penumbrismo*, onde se lê:

> O que eu gosto é de falar do que me agrada. Procuro, apenas, o lado bonito, o lado bom da vida. Não falo mal dos outros, nem dos livros que escreveram, nem do mal que me fizeram. Só leio o que me interessa, ensina ou consola. Costumo dizer que para não se ver uma mulher feia basta não olhar... As outras passam, em revoada, por nossa lembrança... Assim aconteceu com os livros que li, e com as criaturas do meu convívio. A verdade é que grande parte de minha modesta obra literária é de evocações. Síntese das emoções da minha memória.

A ninguém poderiam aplicar-se, com mais propriedade, os versos de *Una rosa blanca* de José Martí:

Cultivo una rosa blanca
En junio como en enero
Para el amigo sincero
Que me dá su mano franca.

Y, para el cruel que me arranca
El corazón con que vivo,
Cardos ni urtiga cultivo:
Cultivo una rosa blanca!

Ao contrário dos dois Rodrigo Octávio, que acreditavam não ser a ternura coisa inútil neste mundo, antes procuravam com ela envolver todos os seus atos e os seus gestos, Tavares Bastos e José Honório Rodrigues não cultivaram com a mesma devoção a rosa branca de que fala o grande Martí. Por vezes, o ardor na defesa das suas teses levava-os às raias da agressividade.

Algumas das características mais salientes da personalidade de José Honório Rodrigues, que naturalmente se refletem em sua obra, devem ser creditadas à sua sofrida geração, que é também a minha.

Pertencemos a uma geração que acreditou ver auroras de mundos novos, e cujos remanescentes não raro ainda se agitam por viver à miragem dos ideais inatingidos. Uma geração que começou a amoldar o seu pensamento nos generosos conceitos de liberdade, de igualdade, de justiça, bordões de propaganda de uma revolução vitoriosa que prometia a reforma radical dos viciosos costumes políticos e administrativos que nos atrasavam um século dos países civilizados; que viu o nascimento, a luta, o florescimento e o declínio de grandes e antagônicas ideologias, e por elas devotadamente se distribuiu nos arroubos de sua sinceridade. Geração educada no espírito de reforma, sequiosa de igualdade e de justiça na vida, de verdade na ciência, de autenticidade na arte, e que esbarrou, nas primeiras horas da idade adulta, quando ia pôr em prática o que aprendera, com um regime exatamente contrário ao que idealizara. Preparada para libertar, e emparedada; dominada, mas inconformada, demonstrou esse inconformismo principalmente depois que a restauração da ordem legal em 1945 permitiu que ele aflorasse à larga. Os temperamentos ardentes, os que tinham vocação de líderes e talento para o serem, como um Carlos Lacerda, saíram a cobrar, numa linguagem insuspeitada dos colecionadores de disfemismos e agravos, os anos de participação efetiva nos destinos do país, que lhes negaram.

Savonarolas, a exigirem reformas dos costumes, a reorganização do Estado, a renovação dos valores e, como o frade de San Marco, a enfrentarem toda oposição a suas idéias, oposição de adversários e de partidários, do poder civil e do religioso e, até, do orgulho humano.

Drama particular viveram os que se endereçaram para as ciências do espírito e da cultura. Restringindo o campo de observação às que me são menos estranhas, não temo afirmar que a esse inconformismo com a opressiva realidade, a um impulso de fuga no tempo e no espaço, se deve o fervoroso cultivo de especialidades até então quase desconhecidas no país e, sobretudo, o emprego de métodos mais rigorosos na comprovação dos fatos.

A criação das Faculdades de Filosofia, Ciências e Letras veio propiciar aos que se interessavam pelas humanidades em geral a aquisição dos novos métodos de trabalho, de uma seriedade que faltava a esses estudos, onde, com poucas e honrosas exceções de alguns pioneiros sem seguidores, o que havia era dogmatismo, verbosidade e vaguidão. Cultuava-se nessas áreas do saber aquela impostura de que fala Lecomte de Noüy em *L'Homme devant la science:*

> O sábio sincero, em seu laboratório, trabalhava dia e noite com o exclusivo desejo de compreender a natureza. Mas havia também o sábio filósofo, que fazia poucas pesquisas e delas tirava conclusões tanto mais impressionantes quanto mais fantasistas e largamente desenvolvidas. E havia também o filósofo puro, sempre imbuído da importância da ciência, que ele não conhecia, mas sobre a qual dissertava copiosamente.

José Honório Rodrigues não seguiu regularmente nossos cursos superiores de História, mas pôde fazê-lo durante um semestre intensivo na Universidade de Colúmbia, sob a direção do professor Frank Tannenbaun, que, ao fim desse período, lhe assegurou ser manifesta a sua vocação de historiador e que, daí por diante, o que tinha de fazer era pesquisar e publicar.

Faculdade nenhuma, certamente, por mais qualificada que seja, pode criar um verdadeiro especialista, que é produto do próprio esforço, o que vale dizer — um autodidata.

No particular, José Honório deveria ter presente o exemplo dos seus ilustres contemporâneos Sérgio Buarque de Holanda, Caio Prado Júnior e Pedro Calmon, que, como ele, não se licenciaram em história. E mais. Lembrar-se-ia sem dúvida da célebre afirmação, de Mommsen, de que o historiador nasce feito. E, provavelmente, do seu tão admirado Benedetto Croce, de quem se dizia que "nenhum mestre o formou e nenhuma escola o deformou".

A permanência nos Estados Unidos no ano letivo de 1943/1944 foi decisiva na formação do historiador, que se volta inteiramente para a alta erudição histórica e planeja o tríptico monumental que iria consagrá-lo:

a) a *Teoria da história do Brasil* (*Introdução metodológica*);

b) a *Pesquisa histórica do Brasil*;

c) a *História da história do Brasil*.

Essa fase da obra de José Honório Rodrigues, de sólida preparação para a seguinte, mais interpretativa, caracteriza-se pelo trabalho paciente, austero, fundado na dura realidade dos textos. Poderíamos denominá-la fase beneditina e contrapô-la à fase dominicana, representada pelas obras de história viva, combatente.

Com a *Teoria da história do Brasil* surge, em verdade, o José Honório renovador, aquele que iria causar a admiração dos colegas nacionais e estrangeiros pelo tratamento erudito, pelo domínio atualizado da bibliografia, da metodologia e das ciências auxiliares da história.

Foi enorme e benéfica a influência dessa obra desde a primeira edição de 1949, e não somente na área dos estudos históricos.

É, por isso, estranho que tenha passado quase despercebida aos filólogos brasileiros, que até hoje não costumam citá-la. E, no entanto, ela deve ser considerada o guia imprescindível de quem se dedique, no Brasil e em Portugal, à diplomática, à autenticidade e forjicação de documentos, à crítica de atribuição, à crítica interna, à crítica de textos e à editoração — tudo com indicações bibliográficas precisas e análises dos exemplos mais importantes e complexos de textos básicos da nossa história. É aí também que se encontra o primeiro esboço de um estudo evolutivo da crítica textual no Brasil, com ênfase naturalmente nos textos históricos.

Aliás, no particular, os historiadores anteciparam-se de muito aos filólogos. Cabe a Varnhagen, de inteira justiça, o pioneirismo nessa área com suas *Reflexões críticas*, de 1839, muito anteriores à renovação lachmanniana, e nas quais revela o conhecimento do método utilizado pelos editores dos *Monumenta Germaniae Historica* e do que se praticava na École de Chartes.

José Honório Rodrigues faz, como sempre, justiça a Varnhagen, não só pelas *Reflexões críticas* mas também pelas edições do *Tratado descritivo do Brasil*, em 1587, de Gabriel Soares de Sousa; do *Diário de navegação* de Pero Lopes de Sousa, posteriormente objeto de uma das melhores edições críticas elaboradas no Brasil, a do comandante Eugênio de Castro.

Ressalta ainda a importância da edição da *História do Brasil* de frei Vicente do Salvador, preparada por Capistrano de Abreu, segundo ele "o exemplo mais alto de edição crítica no Brasil dificilmente superado".

De Varnhagen caberia relembrar a extensão de sua pioneira atividade crítica à literatura medieval galego-portuguesa, que lhe deve, entre outras contribuições relevantes, a edição de *Trovas e cantares*, de 1849, o texto do *Cancioneiro da Ajuda* que durante 55 anos — ou seja, até o aparecimento da admirável edição crítica de dona Carolina Michaëlis de Vasconcelos —, serviu os romanistas de todo o mundo; também o *Cancioneirinho de trovas antigas*, de 1870, foi a primeira antologia do *Cancioneiro da Vaticana* e precedeu de cinco anos a edição diplomática de Ernesto Monaci.

José Honório reconhecia a importância, para os estudos históricos, não só da filologia, mas também da lingüística, tendo chegado a afirmar que "só a Lingüística Histórica pode libertar a História do uso das imprecisões vocabulares".

Em seu discurso de posse na Academia inseriu pertinentes considerações sobre a origem da palavra *liberal* e o seu desenvolvimento semântico, e em outra oportunidade declarou que "gostaria de fazer considerações similares sobre o uso das palavras *pátria* e *patriota*, *social*, *nacionalismo*, *liberalismo*, *democracia*, todas nascidas durante e após a Revolução Francesa".

Em verdade, com a Revolução Francesa, algumas palavras, até então neutras, coloriram-se de sentidos novos, mágicos, que se propagaram às línguas cultas do mundo. *Pátria*, *nação*, *liberdade*, *igualdade*, *fraternidade*, *revolução*, *glória* e seus derivados passaram, em sua polissemia, a expressar idéias nem sempre claras, mas cujo fascínio raiava pela religiosidade. Falou-se, então, muito dos *altares da pátria*, do *templo da liberdade*, da *santa causa da revolução*, do *direito sagrado das nações*.

Angel Rosenblat observa que na América recém-libertada essas palavras-temas eram não só escritas, mas também pronunciadas com maiúsculas. Se excluirmos Belgrano, cuja voz aflautada lhe trouxe não poucos dissabores, os próceres da emancipação americana tinham todos voz de baixo-profundo e, segundo nos diz Mansilla em suas *Memórias*, demoravam em regra o dobro do que se gastaria depois na emissão de uma frase.

A preocupação de José Honório com a história das palavras e suas relações com as coisas designadas, objeto da Escola Lingüística das *Wörter und Sachen*, é, hoje, um tanto geral entre os filósofos e historiadores, que, sob esse aspecto, poderiam ser considerados cratilistas.

Ortega y Gasset reconhece que "as etimologias não são de interesse meramente lingüístico, antes nos permitem descobrir situações 'vividas' efetivamente pelo homem".

Situações por vezes insuspeitadas, como nos mostra a história da palavra *povo*, na qual Ortega descobre este paradoxo: "o verdadeiro sentido de *populus* foi originariamente o de corpo armado (...) a palavra mais mansa e civil de todas, *povo*, aquela a que recorrem os pacifistas, tem uma inquietante origem bélica."

Contribuição lingüística de José Honório Rodrigues, fundamental para o conhecimento das condições sociopolíticas e socioculturais em que se desenvolveu a língua portuguesa na América, é a sua comunicação *A vitória da língua portuguesa no Brasil colonial*, escrita em 1980 para a conferência sobre "O mundo português no tempo de Camões", realizada na Universidade da Flórida, em Gainsville.

Estuda aí os idiomas nativos: o tupi e as línguas "travadas"; a criação da língua geral e sua difusão no Brasil; o longo predomínio do tupi sobre o português em São Paulo e, principalmente, no Maranhão, Pará e Amazonas; a multiplicidade das línguas africanas introduzidas com os escravos como política para facilitar o domínio dos senhores; a situação de polilingüismo ainda no século XVIII e a coercitiva legislação pombalina; finalmente, as condições que propiciaram a vitória da língua portuguesa.

Esse ensaio é típico da segunda fase do historiador, em que procura mostrar o caráter cruento da história do Brasil. Partindo do pressuposto de que não podia haver paz cultural, nem paz lingüística, durante os três séculos de combate das várias línguas indígenas e negras contra uma branca, José Honório conclui que o processo que levou à imposição da língua finalmente vitoriosa "não foi assim tão pacífico, nem tão fácil. Custou esforços inauditos, custou sangue de rebelados, custou suicídios, custou vidas".

E argumenta, com razão, que os índios e negros eram compelidos a aprender a língua portuguesa para sobreviver. "O vitorioso tinha superioridade total das armas militares, políticas, econômicas. Não se tratava de discutir o valor e a excelência da cultura e da língua branca ocidental, que era imposta, mas de se ver degradado a romper com seus laços de continuidade cultural."

Esse ensaio de José Honório Rodrigues é não só altamente revelador da sua derradeira visão da história do Brasil, mas vem ao encontro de uma das preocupações da sociolingüística atual: a de estudar as relações glóssicas entre colonizador e colonizado, o invariável menosprezo pela língua deste, estigmatizada, como todas as suas outras formas socioculturais.

Infelizmente temos de convir em que a lingüística foi, durante largo tempo, uma fonte de argumentos pseudocientíficos para negar as virtualidades das línguas de outros povos. Essa negação constituiu sempre parte do fundamento ideológico da superioridade européia sobre os povos exóticos. "O discurso do lingüista sobre as línguas preparou assim a dos políticos anexionistas, dos teóricos do colonialismo."

É também este o pensamento subjacente à doutrina da Língua Companheira do Império, enunciada por Antonio Nebrija, em 1492, defendida por João de Barros em 1540, e que vamos encontrar claramente expressa na criação dos Diretórios pelo marquês de Pombal, golpe de morte dado na "língua geral" em nosso país.

Com razão escreve Roland Barthes, a propósito dos malefícios do colonialismo glotofágico na África e na América:

> *Voler son langage à un homme au nom même du langage, tous les meurtres légaux commencent par là.*

O amor de José Honório Rodrigues pelo Brasil era crítico e exigente.

Repugnava-lhe viver num país de conformistas, abdicatários e adesistas. Dizia ter ódio à conciliação, para ele "arte política finória da minoria", "sempre personalista", que impediu as reformas de base necessárias ao nosso progresso e sufocou no nascedouro as legítimas aspirações nacionais. Esse ódio no entanto abrandava-se a ponto de nele reconhecer o papel fundamental no evitar as soluções extremadas e violentas e no resguardo dos superiores interesses da União.

Dentro desse pensamento, via naturalmente na mestiçagem valores negativos e positivos. Considerava-a "o fator mais importante de abrandamento das relações raciais e sociais", que tornou menos cruenta a nossa história, mas, por outro lado, acentuava os seus efeitos amolentadores das qualidades viris, de resistência e rebeldia, causas de serem demoradas e ao cabo mais sofridas as vitórias do povo.

À mestiçagem atribuía também o aparecimento do "complexo de caiação", que vai colocar "setores mestiços a serviço de interesses dominantes". Lembraria apenas que o fenômeno não é peculiar ao Brasil. Os romances de Castro Soromenho retratam igual procedimento dos mestiços em Angola.

O "complexo de caiação" assume importância capital na historiografia sociopolítica de José Honório Rodrigues, o que foi muito bem realçado por Raquel Glezer em sua tese, que vê nos livros dessa fase participante um certo ecletismo, uma atitude por vezes dúbia.

Tal acusação foi repelida pelo historiador com argumentos veementes, em que procurou mostrar que a sua obra obedece a um fio condutor coerente e lógico, em perfeita consonância com um pensamento político e social que já se havia corporificado nos bancos acadêmicos e que sempre foi, segundo suas palavras, "de uma esquerda moderada, e nunca de uma esquerda extremada".

No marxismo via apenas uma hipótese de trabalho. Nunca o aceitaria em sua totalidade e, muito menos, como um dogma. E, para justificar tal posição ideológica, reitera a sua filiação a certas correntes filosóficas alemães e ressalta sua dívida para com Dilthey, Rickert e Weber.

É certo que, a partir de 1955, quando ingressa na Escola Superior de Guerra, o historiador passa a sofrer clara influência das doutrinas aí difundidas e, praticamente, arrefece o seu elã de concluir o monumento de obras de alta erudição sobre a história do Brasil, que havia planejado. Continua a atualizar a *Teoria* até a quarta edição de 1977 e a *Pesquisa histórica* até a terceira edição de 1978. Publica a primeira parte, relativa à época colonial, da *História da história do Brasil*, e deixa em provas a segunda parte, que o zelo de Leda Boechat Rodrigues está levando a bom termo. Não chegou, porém, a preparar os três volumes que completariam a obra: um, referente à *Historiografia liberal*; outro, dedicado à *Historiografia católica, republicana e positivista*; e, finalmente, um quinto volume, que se intitularia *Do realismo ao socialismo*.

Com as *Aspirações nacionais*, saídas em 1963, transmudam-se os interesses do historiador, que se volve para o tempo presente, para uma história mais crítica da realidade nacional.

Pretendia ele que tão violenta mudança de área temática fosse apenas o efeito de uma atitude mais prática que teórica, interpretação da qual discorda a maioria de seus críticos, que têm apontado uma alteração substancial nos postulados teóricos que informavam os livros anteriormente publicados.

Sustenta, desde então, cada vez com mais ardor, teses que constituem a parte mais atual — e também mais controvertida — do seu ideário crítico. São elas:

1ª) A importância do presente e a importância dos vivos, abonando-se freqüentemente na afirmação de Benedetto Croce de que toda história é sempre história contemporânea.

2ª) O caráter bem mais cruento da história do Brasil do que nos relata a historiografia tradicional, que ele prefere chamar "oficial".

3ª) O Brasil não conheceu revolução, que significa ruptura com o passado, nova estrutura econômica e nova relação social. A contra-revolução saiu invariavelmente vitoriosa em decorrência do peso do conservadorismo no país.

4ª) O povo brasileiro vem sendo sempre mais derrotado do que vitorioso em suas legítimas aspirações.

5ª) A conveniência de se ver a história do Brasil na *longue durée*, pois que, sendo ela extremamente conservadora, o exame restrito a períodos curtos pode levar a erros capitais.

6ª) A importância, raramente enfatizada por outros historiadores, das rebeliões negras e da revolta permanente dos povos oprimidos, negros e índios, sempre esmagadas.

7ª) A história do Brasil tem sido escrita por mãos brancas, "com a maioria do seu povo marginalizado".

José Honório Rodrigues procurou facilitar o conhecimento do seu ideário nas reflexões críticas de caráter dialético que faz no capítulo *Teses e antíteses na história do Brasil* do livro *Conciliação e reforma*.

Aí vemos o historiador preocupado não com a especialização, mas com uma sempre maior abertura de horizontes, com interesse por problemas aparentemente laterais, tudo "com a finalidade de sintonizar o próprio método às exigências não só mais contemporâneas, senão mais futuras".

Aquelas qualidades mestras que encontrava na obra de Capistrano — "claridade e crítica, sobriedade e competência, probidade e erudição" — podem também servir para caracterizar o legado historiográfico que nos deixou, no qual pretendeu, segundo suas palavras, "não só interpretar de novo a história do Brasil, mas transformá-la. Para que ela seja, como deve ser, um instrumento de formação da consciência nacional, de identificação e integração nacional e social, um fator decisivo do progresso e desenvolvimento".

José Honório Rodrigues conseguiu, com a sua obra e a sua pregação, colocar a historiografia brasileira "num plano científico mais rigoroso, eliminando numerosos lugares-comuns banalizantes, repetidos acriticamente ou, pelo menos, tornando clara a necessidade de uma mais correta impostação dos problemas".

Seria fastidioso enumerar os altos elogios de que os seus livros foram objeto em resenhas críticas dos mais qualificados especialistas. A importância de sua obra costuma ser correlacionada às de Varnhagen e Capistrano de Abreu. Robert Conrad chega a considerá-la superior a desses mestres, ao escrever: "O intervalo entre Varnhagen e José Honório Rodrigues é amplo e foi preenchido por Capistrano de Abreu. É talvez significativo que Rodrigues, o maior dos três, embora menos crítico do que Capistrano o foi de Varnhagen, revele hoje a mesma devoção profissional a seu predecessor que Capistrano manifestava em relação a Varnhagen."

Realmente, José Honório Rodrigues fez-se discípulo de Capistrano e de Varnhagen, especialmente do primeiro, a cuja memória dedicou um carinho fronteiriço da adoração. E desse seu gesto podemos tirar um ensinamento exemplar.

A devoção aos mestres tem sido, topicamente, comparada à devoção transpersonal aos pais, que os latinos chamavam *pietas*, "piedade". E pensavam que sem ela não poderia haver cidade, Estado, convivência, o que vale dizer pátria. "Com os pais" — escreve Julián Marías —

não se tem que estar de acordo, não se está nunca de acordo. O que se deve ter com eles é concórdia, e esta só nasce da cordialidade. Quando uma e outra faltam, sobrevém a discórdia; então, nada mais se recorda, pretende-se apagar com mão torpe e rancorosa o passado, renega-se dos pais, e tudo isso quer dizer que se perdeu a cordura. E não se esqueça de que a impiedade costuma ser a máscara cínica com que o nada encobre o seu medo ao real.

Senhores acadêmicos:

É para mim uma grande honra ser recebido nesta Casa pelo acadêmico Abgar Renault, esse mineiro ilustre, a quem o nosso estado e o país devem serviços inestimáveis, especialmente na área da educação. Poeta dos melhores do nosso tempo e lingüista com domínio efetivo de idiomas — o que, paradoxalmente, é coisa rara —, os seus admiradores lamentam no entanto que o seu discreto culto ao deus Harpócrates venha restringindo a produção de obras de tão alta qualidade.

Sinto-me também profundamente honrado de que o colar de membro desta Academia me seja aposto por meu amigo Eduardo Portella, colega da Faculdade de Letras da Universidade Federal do Rio de Janeiro, cuja fulgurante carreira de ensaísta pude acompanhar e aplaudir desde os seus começos.

E, agora, para finalizar:

Entre os costumes ingleses introduzidos em Portugal pelo casamento de d. João I com dona Filipa de Lencastre, generalizou-se a moda das divisas e motes simbólicos, geralmente expressos em francês, a língua que acompanhou o feudalismo levado pelos normandos à Inglaterra.

O rei reservou para si o mote *Il me plaît*, e com razão, comenta Oliveira Martins, "porque raríssimos viveram mais a seu gosto". A severa rainha escolheu o lema que foi um programa de vida: *Pour bien*, "para o bem". E o filho d. Henrique, a divisa predestinada: *Talent de bien faire*.

Ao ingressar nesta Casa — e conhecendo as minhas limitações —, senhores acadêmicos, não me proponho proceder sempre com acerto, como o infante que descobriu "novos climas, novos ares", mas vos prometo adotar como comportamento a divisa de seu irmão, o mártir de Alfarrobeira, que se resumia na simples palavra *désir*. Desejo de acertar — *désir de bien faire* —, preocupação que tem sido uma constante em minha vida.

Índice onomástico

A

Abreu, Capistrano de, 438, 442
Ackerman, Karl, 401
Acuña, Hernando de, 357
Aebischer, Paul, 40, 350
Afonso X, o Sábio, 44, 52, 61, 62, 73, 82, 88, 89, 110, 112, 127, 128, 140, 142, 189, 310, 336, 355
Afonso XI, 85
Agostinho, santo, 229, 230
Aimeric, de Belenoi, 37
Akehurst, F.R.P., 116
Alarcos García, Emilio, 310
Alarcos-Llorach, Emilio, 317
Albertini, Eugène, 290, 423
Albuquerque, Medeiros de, 324
Alcázar, Baltasar del, 357
Aldana, 357
Alegret, 37, 119
Alencar, Mário de, 324
Alighieri, Dante, 68, 69, 180
Ali, Manuel Said, 273, 274, 289, 294
Almeida, Anrique d', 145
Almeida, Antônio José de, 385
Almeida, Fialho de, 390
Almeida, Vieira de, 377
Alonso, Amado, 296, 310, 313, 314, 315, 390, 391
Alonso, Dámaso, 304, 310, 315, 317, 318
Álvares, João, frei, 131
Álvares, Manuel, padre, 434
Alvar, Manuel, 275, 286, 308, 316, 317
Alves, Castro, 375, 382
Amaral, Amadeu, 293, 300, 328
Amaral, Prudêncio do, 325
Ambrósio, santo, 230
Ambros, W., 62
Anchieta, José de, padre, 148, 149
Anderson Imbert, Enrique, 313
Andrada, Miguel Leitão d', 261
Andrade, Carlos Drummond de, 212, 213, 217
Andrade, Francisco de, 358
Andrade, Mário de, 300
Andrade, Rodrigo Melo Franco de, 160
Anglade, Joseph, 37

Anglés, Higinio, 103
Anônimo de Erfurt, 115
Anríquez, Luís, 144, 166, 182
Appel, Carl, 33, 36, 37
Argensola, Bartolomé Leonardo de, 357
Argensola, Lupercio Leonardo de, 357
Argote, Jerônimo Contador de, 261
Arguijo, Juan de, 357
Ariosto, Ludovico, 163
Aristarco, de Samotrácia, 173, 342
Aristófanes, de Bizâncio, 342
Aristóteles, 159, 328, 341, 424
Arquijo, Juan de, 357
Arriaga, Manuel de, 373
Ascoli, Graziadio, 311
Asensio, Eugenio, 55, 74, 106, 160, 264, 309, 310
Assis, Joaquim Maria Machado de, 333, 416
At de Mons, 37
Ático, 343
Audiau, Jean, 37
Avalle Arce, Juan Bautista, 313
Avalle, D'Arco Silvio, 40, 80, 81,82, 275, 350
Avelino, Filémon da Silva, 374
Azevedo Filho, Leodegário A. de, 125, 149
Azevedo, Pedro de, 94, 198, 362

B

Badía Margarit, Antonio María, 286, 317
Balbín Lucas, Rafael, 316
Baldaya, Afonso Gonçalves, 200
Baldensperger, 239
Baldinger, Kurt, 351
Bally, Charles, 314, 396, 401
Balmes, Jaime Luciano, 406
Balzac, Honoré de, 209, 210
Bandeira, Manuel, 212, 213, 233, 240, 301, 328, 421
Barahona de Soto, Luis, 357
Barbi, Michele, 274, 301, 339, 351, 359, 421
Barbosa, Rui, 328, 334, 335, 433
Barcelos, conde de, 85
Barjols, Elias de, 37
Barrenechea, Ana Maria, 313
Barreto, Fausto, 411
Barreto, Mário, 274
Barros, Henrique da Gama, 199
Barros, João de, 87, 88, 123, 132, 134, 144, 147, 149, 412, 440
Barthes, Roland, 72, 121, 440
Bartoli, Matteo, 40, 275, 350
Bastos, Aureliano Cândido Tavares, 432, 433, 435
Bataillon, Marcel, 71, 310
Battaglia, Salvatore, 78
Battistesa, Angel, 313
Baudelaire, Charles, 240, 396
Bechara, Evanildo, 298
Bédier, Joseph, 82, 83, 318, 336
Beethoven, Ludwig van, 383
Belgrano, Manuel, 438
Bell, Aubrey, 35, 110, 196, 434
Bello, Andrés, 273, 303, 313
Belperron, Pierre, 119
Bénichou, Paul, 89
Bento, são, 230
Benveniste, Emile, 176, 177
Berardinelli, Cleonice, 149
Berceo, Gonzalo de, 70, 128, 323

Bernardes, Diogo, 123, 132, 135, 151, 157, 163, 172, 180, 183, 358
Bernardo, são, 112
Bernhart, W., 37
Bertoni, Giulio, 38, 401
Bertran, d'Alamanon, 37
Bessa, Alberto, 248, 266
Bilac, Olavo, 239
Bismut, Roger, 174
Bisol, Leda, 283, 284
Bloch, Oscar, 298
Bluteau, Rafael, padre, 167, 184, 186, 264
Boileau, Nicolas, 405
Boniface, de Castellane, 37
Bopp, Raul, 390
Born, Bertrand de, 37
Bornecque, Henri, 228
Börner, Wolfgang, 94, 362
Borrow, George, 250
Boscán, Juan, 357
Boutière, J., 37
Brachet, Auguste, 297
Braga, Ney, 17
Braga, Teófilo, 46, 59, 63, 81
Brandão, Luís Pereira, 358
Braunschvig, Marcel, 210
Bréal, Michel, 207, 242, 243
Brito, Antônio de, 201, 202
Brochado, José da Cunha, 167, 186
Bröndal, Viggo, 401
Bruant, Aristide, 263
Brugmann, Karl, 290, 293, 422
Buesa Oliver, Tomás, 317
Busnelli, G., 69
Bustos Tovar, Eugenio de, 317
Bynon, Theodora, 97, 349

C

Cabestanh, Guilhem de, 37
Cabral, Pedro Álvares, 201
Cabral, Vale, 325
Cadenet, 37
Caeiro, José, 325
Cafezeiro, Edwaldo, 419, 421
Cailet-Bois, Júlio, 313
Caldeira (ou Caldera), Benito, 356
Calderón de la Barca, Pedro, 180, 357
Calheyros, Fernan Rodríguez de, 126
Calímaco, de Cirene, 342
Calmon, Pedro, 437
Calvet, Louis-Jean, 364
Calvino, João, 434
Calvo, Bonifacio, 37
Câmara Júnior, Joaquim Matoso, 274, 286, 289, 422
Caminha, Pero de Andrade, 34, 358
Camões, Corvo de, 265
Camões, Luís de, 34, 58, 76, 92, 125, 134, 135, 149, 151, 155, 156, 157, 161, 162, 163, 164, 165, 166, 167, 169, 171, 174, 175, 177, 179, 180, 183, 184, 185, 186, 212, 226, 229, 270, 334, 356, 358, 379, 434
Campos, Haroldo de, 48
Camproux, Charles, 119
Caneca, frei, 405
Canellada de Zamora, María Josefa, 215, 216, 315, 317
Canério, Nicolau, 167
Cannello, Ugo Angelo, 37
Cantino, Alberto, 167
Cappellanus, Andreas (dito), 115, 122
Cardenal, Ernesto, 35

Cardoso, Wilton, 162
Carmelo, Luís do Monte, frei, 136, 264
Carneiro, Sousa, 248
Caro Baroja, Júlio, 310
Carpeaux, Otto Maria, 34
Carpenter, Luís, 420
Carter, Henry H., 81
Carvajo, João, 202
Carvalho, Joaquim Barradas de, 174, 175
Carvalho, Xavier de, 389
Casado Lobato, María Concepción, 317
Casal, Aires do, 203
Casella, Mario, 78, 119, 359
Castanheda, Fernão Lopes de, 167
Castelo Branco, Vasco de Mousinho de Quevedo, 358
Castilho, António Feliciano de, 185, 373
Castillejo, Cristóbal de, 357
Castro, Américo, 307, 308, 309, 310
Castro, Eugênio de, 383, 389, 390, 394, 396, 438
Castro, Gabriel Pereira de, 359
Castro, Ivo, 111, 361
Castro, João de, 167, 433
Catalán Menéndez Pidal, Diego, 286, 307, 314, 316, 317
Cavell, Edith, 379
Centina, 357
Cercamon, 37, 117
Cerquiglini, Bernard, 83
Cervantes, Miguel de, 357
Cerveri, de Girona, 37
Chapelain, 156
Charinho, Paay Gómez, 72, 73, 92
Chateaubriand, Francisco de Assis, 400
Chaurand, Jacques, 96
Chaytor, H.J., 37
Chediak, Antônio José, 162, 333
Cherel, Albert, 290, 423
Chiari, Alberto, 172, 173
China, J.B. d'Oliveira, 250
Choisy, *abbé* de, 322
Chrétien, de Troyes, 113
Cícero, 44, 47, 220, 223, 228, 230, 328, 341, 342, 343, 344, 413, 424
Cidade, Hernâni, 159, 177
Cina, 228
Cintra, Luís Filipe Lindley, 81, 94, 306, 308, 361, 363, 365, 366, 367, 368, 369, 370
Cipião, 226
Clavería, Carlos, 311
Clédat, L., 297
Cluzel, Irénée-Marcel, 116
Cobet, Carel Gabriel, 336
Codax, Martin, 38, 39, 42, 44, 45, 46, 48, 49, 53, 55, 78, 99, 100, 101, 102, 105, 106, 107, 110, 194, 337, 354
Coelho, Adolfo, 246, 248, 250, 257, 261, 264, 265, 266, 267, 291, 297, 300, 423
Coelho, Estêvan, 90, 110, 196
Coelho, Joan Soárez, 118, 125
Colocci, Angelo, 252
Colombo, Cristóvão, 175, 434
Companys Maldonado, Manuel, 286
Concepción, María, 317
Conrad, 391
Conrad, Robert, 442
Contini, Gianfranco, 40, 83, 275, 350
Conway, R.S., 229

Córdoba Maldonado, Alonso de, 377
Corneille, Thomas, 322
Cornélio, 228
Cornu, Jules, 93, 164
Corominas, Joan, 125, 128, 134, 189, 193, 195
Correia, João da Silva, 291, 423
Corte-Real, Jerônimo, 180, 358
Cortesão, Antônio Augusto, 291, 423
Cortés Vásquez, Luís, 317
Corti, Maria, 292, 424
Coruja, Antônio Álvares Pereira, 299
Coseriu, Eugenio, 161, 304, 305, 313, 364
Costa, Avelino de Jesus da, padre, 94
Costa, Cláudio Manuel da, 184
Costa, Cristóvão da, 433
Costa, Maria Luísa da, 274
Costa, Uriel da, 34
Coulet, J., 37
Cousin, Jean, 228
Coutinho, Ismael de Lima, 274
Couto Júnior, Pedro do, 409
Covarrubias, Alonso de, 196
Crátilo, 227
Criado de Val, Manuel, 317
Croce, Benedetto, 359, 437, 441
Cropp, Glynnis M., 120
Crujada Villaamil, 64
Cruls, Gastão, 201
Cruz, Agostinho da, frei, 358
Cruz, António, 94
Cuervo, Rufino José, 183, 303, 313
Cunha, A.G., 172
Cunha, Júlia Versiani da, 15
Cunha, Rodrigo da, 198
Cunha, Tristão Ferreira da, 15
Curtius, Ernst Robert, 42, 229, 424
Cuvelier, 63

D

Dalgado, Sebastião Rodolfo, 291, 423
Dancus, rei, 335, 336
Daniel, Arnaut, 37
Daude de Pradas, 37
Daudet, Alphonse, 209
Dauzat, A., 247, 251, 260
Dejeanne, J.-M.-L., 37
Delbouille, Paul, 225
Dembowski, Peter, 338
Denis, dom, 120
Denis, Ferdinand, 57
Denomy, 119
Deus, Gaspar da Madre de, frei, 203
Devoto, Daniel, 313, 315
Devoto, Giacomo, 275
Dias, André, 190
Dias, Augusto Epifânio da Silva, 149, 162, 165, 166, 171, 180, 181, 198, 291, 423
Dias, Baltasar, 147, 148
Díaz Rengifo, Juan, 185
Dilthey, Wilhelm, 441
Dionísio, de Halicarnasso, 223, 341, 424
Domincovich, Ruth, 94
Doubrovsky, Serge, 71
Doutrepont, Georges, 208, 210
Dragonetti, Roger, 71, 120
Dronke, Peter, 122
Duarte, dom, 85
Dubois, Claude-Gilbert, 217
Duby, Georges, 111

Dufrenoy, M.L., 286
Dumas (filho), Alexandre, 208, 209, 210
Dumas (pai), Alexandre, 377
Dumitrescu, 37
Dupin, Henri, 116
Durkheim, Émile, 238, 290, 422
Durval, Carlos, 148, 171

E

Eble (trovador), 37
El Cid (Rodrigo Diaz, conde de Bivar, dito), 319
Elia, Sílvio, 125, 162
Eliot, T.S., 72
Ellis, A.B., 206
Encina, Juan del, 180
Ennio, 183
Eratóstenes, de Cirene, 341, 342
Esberard, Charles, 282
Espinel, Vicente, 357
Espinosa (*hijo*), Aurélio M., 308
Ésquilo, 227
Esquio, Fernand', 126
Estêvan da Guarda, 143
Estrabão, 167, 186, 223, 341, 424
Eusébio, 342
Evtuchenko, Ievguêni, 177

F

Falcão, Cristóvão, 34
Faria, Alberto, 328
Faria, Ernesto, 274, 410
Fée, Apollinaire, 351
Feijó, Madureira, 136
Fénelon, 322
Fernandes, Carlos Roma, 94
Fernández de la Cuesta, Ismael, 102, 103
Fernández Ramírez, Salvador, 310
Fernández, Roi, 90
Fernando II, rei, 195
Ferrara, 133
Ferrari, Anna, 79, 80, 85, 354
Ferreira, Antônio, 151, 358
Ferreira, Aurélio Buarque de Holanda, 328
Ferreira, Manuel Pedro, 100, 102, 103, 104, 105, 106, 107
Ferreira, Miguel Leite, 358
Ficalho, conde de, 162, 174
Figueira, Guilhem, 37
Figueiredo, Cândido de, 246, 248
Figueiredo, Fidelino de, 376, 377, 403
Figueroa, Francisco de, 357
Filgueiras, Crisanto Martins, 159, 162, 290, 423
Filgueira Valverde, Xosé, 74, 81, 196, 197
Filipe, rei de Portugal, 258
Filipe II, rei da Espanha, 357
Filipe III, rei da Espanha, 357
Florin, Mozart, 409
Flydal, Leiv, 370
Folena, Gianfranco, 40, 41, 275, 349
Folquet, de Marseille, 37, 118
Fónagy, Ivan, 176
Fonseca, Pedro José da, 323
Fontana, José, 374
Foulet, Alfred, 33
France, Anatole, 33, 177, 414
France, Marie de, 70
Francescato, Giuseppe, 353, 354, 370
Francês, Manuel Bocarro, 358

Francisco, de Assis, santo, 387
Francisque-Michel, 265
Frank, Grace, 33
Frappier, Jean, 116
Frei, Henri, 293, 401, 414
Freire, Laudelino, 328
Freud, Sigmund, 332
Fuschini, Augusto, 374

G

Gabaglia, Raja, 409
Galhegos, Manuel de, 358
Galmés de Fuentes, Álvaro, 317
Galvão, Jesus Belo, 162
Gama, Basílio da, 324
Gamain, 410
Gama, Vasco da, 175, 434
Gamillscheg, Ernst, 297
Gândavo, Pero de Magalhães de, 325, 356
Garcés, Enrique, 356
Garcia Blanco, Manuel, 311
García, Constantino, 137, 317
Garcia de Diego, Vicente, 307, 308, 310
García Gómez, Emilio, 307, 310
Garcia, Rodolfo, 328
García Solalinde, Antonio, 82, 128, 307, 309, 310
Gavaudan, 37
Gerk, Eliane, 282
Giinzo, Martin de, 42
Gili y Gaya, Samuel, 310
Gilliéron, Jules, 39, 40, 164, 275, 311, 350
Giménez, Ruiz, 317
Glezer, Raquel, 440
Godel, Robert, 352
Goebl, Hans, 95, 362, 363, 364, 365, 366
Goethe, Johann Wolfgang, 206, 207, 224, 233, 414
Goldoni, Carlo, 377
Gómez de Tapia, Luís, 356
Gonçalves, André, 201
Gonçalves, Elsa, 85
Góngora, Luis de, 323, 357
Gonzaga, Tomás Antônio, 166, 183
González Guzmán, Pascual, 317
González Muela, Joaquim, 317
Gordo, Monsenhor, 64
Gorge, Bartolomeu Inácio, 323
Gossen, Carl Theodor, 95, 361, 362, 365, 366, 367, 369, 370
Goston Neto, João, 409
Gouveia, André de, 434
Gouveia, Diogo de, 434
Goyri, María, 432
Grammont, Maurice, 225
Granda, Germán de, 317
Granet, 37
Grave, Jean-Jacques Salverda de, 37
Gröber, Gustav, 86
Groningen, B.A. van, 340
Gruzmacher, W., 99
Guedes, Antônio dos Santos Jacinto, 410
Guerreiro, Miguel do Couto, 137, 184, 185, 186
Guerrero Lovillo, José, 81
Gui, 37
Guiette, Robert, 121
Guilhem' de Montanhagol, 37
Guilherme IX, duque d'Aquitânia, 36, 119
Guiraud, Pierre, 207, 225
Guiraut, de Borneil, 37
Guiraut, de Calanson, 37

Gusmão, Armando Nobre de, 308
Guzmán Alvarez, 317

H

Hammarström, Göran, 345, 346, 347, 349
Hampl, Zdenek, 292, 295, 298
Hay, Louis, 76, 431
Heilmann, Luigi, 305
Henrique, infante de Portugal (dito o Navegador), 443
Henríquez Ureña, Pedro, 86, 313
Henry, Victor, 293
Heráclito, 218
Herculano (de Carvalho), José Gonçalo, 41, 301, 406, 417
Herder, Johann Gottfried, 206, 224
Hermógenes, 227
Herrera, Hernando de, 202, 357
Heur, Jean-Marie d', 79
Hidalgo, Juan, 251, 260, 266
Hjelmslev, Louis, 40, 229, 230, 325, 350, 401
Hoepffner, E., 37
Holanda, Sérgio Buarque de, 437
Holmes, U.T., 87
Homero, 173, 226, 227, 328, 343, 413
Horácio, 165, 180, 230, 242
Hostos, Eugenio María de, 405
Houaiss, Antônio, 16, 162, 290, 328, 423
Hourcade, Pierre, 377, 389
Huber, Joseph, 94, 362
Hugo, Victor, 33, 375, 382
Humboldt, Wilhelm von, 233, 314, 412
Hurtado de Mendoza, Diego, 357

I

Ionesco, Eugène, 344
Irigaray, Luce, 121, 122
Isidoro de Sevilha, santo, 166, 185, 229
Isócrates, 342
Issatschenko, A., 247

J

Jaboatão, Antônio de Santa Maria, frei, 203
Jakobson, Roman, 39, 40, 48, 101, 107, 171, 229, 274, 275, 349, 350
Jeanroy, Alfred, 33, 36, 37, 78, 79, 119
Jespersen, Otto, 207, 225, 415
Jesus, Tomé de, 422
João, são, 218
João I, rei de Portugal, 443
João II, rei de Portugal, 434
João III, rei de Portugal, 150, 202
João V, rei de Portugal, 198
Johão de Torres, 258
Johnston, R.C., 37
Juan de la Cruz, santo, 76, 357
Junqueiro, (Abílio Manuel de) Guerra, 373, 375, 376, 377, 378, 379, 380, 381, 382, 384, 385, 387, 388, 389, 390, 393, 394, 396, 397
Juvenal, 165, 180

K

Kalligas, Célia Motta, 179
Kantarowicz, Hermann, 344

Karr, Alphonse, 209
Kasten, Lloyd A., 310
Kjelmann, H., 37
Klebnikov, Vielímir, 233
Klein, C., 37
Kolsen, A., 37
Krafft, 395

L

Lacan, Jacques, 121, 122
Lacerda, Armando de, 215, 216
Lacerda, Bernarda Ferreira de, 358
Lacerda, Carlos, 436
Lacerda, Gustavo de, 405
Lachmann, Karl, 39, 275, 336, 350
Lacombe, Américo Jacobina, 417
Laet, Carlos de, 324, 328
Lamartine, Alphonse de, 209
Landolt, Cândido, 265
Längfors, A., 37
Lapa, Manuel Rodrigues, 35, 36, 38, 53, 93, 110, 126, 127, 140, 412
Lapesa, Rafael, 275, 310, 311, 317
Larock, V., 205, 206
Las Casas, Bartolomé de, frei, 318, 319
Lavaud, R., 37
Lazar, Moshe, 113, 116, 117, 120
Lázaro Carreter, Fernando, 317
Leal, Pinho, 198
Leão, Duarte Nunes de, 171
Learned, Erma, 139
Lebret, padre, 284
Le Chatelier, Henri Louis, 351
Lecomte du Noüy, Pierre, 425, 436
Ledesma, Alonso de, 357
Le Festut, 202
Leite, Duarte, 203, 204
Leland, 253
Lemle, Miriam, 282
Lencastre, Filipa de, rainha de Portugal, 443
Lentini, Giacomo da, 77
Lepper, L. Heron, 245
Lerch, 401
Léry, Jean de, 202
Lévy-Bruhl, Lucien, 206
Levy, E., 37
Ley, Charles David, 339
Lida, Maria Rosa, 76, 313, 315
Lida, Raimundo, 313, 315
Lima, Alexandre Antônio de, 264
Lima, Hermes, 420
Lima, Luís Caetano de, 136
Lima, Rocha, 162
Lima Sobrinho, A.J. Barbosa, 328
Lins, Álvaro, 417
Lloréns Cisteró, José Maria, padre, 81
Llorente Maldonado de Guevara, Antonio, 317
Lobo, Francisco Rodrigues, 358
Lollis, Cesare de, 35
Lombroso, Cesare, 261
Lope Blanch, Juan M., 273
Lope de Vega, Félix, 184, 357
Lopes, Fernão, 35, 197, 334
Lopes, João Batista da Silva, 265
López Estrada, Francisco, 317
López Serrano, Matilde, 81
Lorenzo, Emilio, 317
Lorenzo, Ramón, 81, 94, 138, 317, 363
Lotman, Michael, 121
Loyola, Inácio de, 434
Lucílio, 343

Lüdtke, Helmut, 345, 346
Luís de León, frei, 357
Luís, Pedro, 325
Luís XVI, rei de França, 410
Lyautey, 404

M

Maas, Paul, 330, 331
Macedo, Agostinho José da Costa de, 323
Macedo, Antônio de Sousa de, 359
Macedo, Horácio, 419
Machado, Antônio, 374
Machado, Augusto, 374
Machado, Diogo Barbosa, 198
Machado, Elza Pacheco, 36, 81
Machado, José Pedro, 36, 81, 189, 190, 191
Machaut, Guillaume, 91, 107
Mafamede (ou Maomé), 254
Magalhães, Fernão de, 202, 203
Magalhães, Luís de, 381, 382, 384
Maggini, 359
Magne, Augusto, 125, 190, 274, 289, 313
Magret, Guilhem, 37
Maia, Clarinda de Azevedo, 363
Maia, Mariano Machado de Faria e, 373
Malinowski, Bronislaw, 239
Malkiel, Yakov, 304, 315
Mallarmé, Stéphane, 241
Mancini, Mario, 114
Mansilla, 438
Manuel, Madelaine, 411
Manuel, Nuno, 201
Manuel, rei de Portugal, dom, 199, 201, 358
Manuppella, Giacinto, 297
Marcabru, 35, 37, 69, 118, 119
Marcoat, 37
Marcos, santo, 318
Mareuil, Arnaut de, 37
Maria Egipcíaca, santa, 338
Maria I, rainha de Portugal, 412
Marías, Julián, 317, 318, 319, 429, 442
Marouzeau, Jules, 229
Marques, Xavier, 328
Marti, Bernart, 37, 119
Martí, José, 399, 405, 435
Martinet, André, 231, 326, 346
Martínez Salazar, 94
Martins, Hélcio, 274
Martins, José V. de Pina, 228
Martins, Oliveira, 157, 374, 443
Mascarenhas, Brás Garcia de, 359
Massa, Eugenio, 122
Mata, Edgard, 333
Matos, Gregório de, 160, 324, 325
Matos, Israel de, 409
Matoso, José, 111
Mayo, 250
McLaughlin, John C., 232, 327
Meier, Harri, 304
Meillet, Antoine, 40, 229, 238, 244, 245, 275, 289, 290, 293, 350, 422
Melo, Francisco Manuel de, 151, 172, 196, 263, 325
Melo, Gladstone Chaves de, 162
Melo, José Rodrigues de, 325
Ménage, Gilles, 229
Menagier, de Paris (dito), 112
Mena, Juan de, 180
Méndez Ferrín, Xosé Luís, 74, 75
Menéndez García, Manuel, 317
Menéndez Pidal, Ramón, 46, 86, 90, 275,

303, 304, 305, 306, 307, 308, 310, 311, 312, 313, 314, 315, 316, 317, 318, 319, 367, 432
Meneses, Francisco de Sá de, 359
Meogo, Pero, 74, 76, 77, 110
Méridier, Louis, 227
Merleau-Ponty, Maurice, 233
Mesa, Cristóbal de, 357
Mesquita, Samira Nahid de, 419
Mettmann, Walter, 126, 142, 336
Meyer, Augusto, 159, 162, 164
Meyer-Eppler, 176
Meyer, Gustav, 293
Meyer-Lübke, Wilhelm, 297, 311, 350
Meylach, Michael, 121
Migliorini, Bruno, 206
Miklosich, Franz von, 250
Milá y Fontanals, Manuel, 303
Millardet, George, 290, 423
Miranda, Francisco de Sá de, 34, 129, 132, 151, 182, 358
Mitjana y Gordón, Rafael de, 46, 47, 102
Moles, Abraham, 176
Molho, Maurice, 365, 367, 368, 369
Molière, 377
Molina, Tirso de, 306, 377
Molinier, Guilherme de, 407
Moll, Francisco de B., 308
Molteni, Enrico, 59, 81
Mommsen, Theodor, 437
Monaci, Ernesto, 59, 60, 78, 81, 99, 438
Monfrin, Jacques, 363, 366
Monge, Félix, 317
Montaigne, Michel de, 434
Montaudon, monge de, 37
Monteiro, Clovis, 240
Montesino, Fray Ambrósio, 180
Moraes Filho, Evaristo de, 433
Morais Filho, Melo, 259
Morais Neto, Prudente de, 410, 420
Moreira, Júlio, 291, 423
Morel-Fatio, Alfred, 303
Morínigo, Marcos A., 313
Moses, Artur, 301, 421
Mota, Otoniel, 274
Moura, Francisco Child Rolim de, 359
Moura, Lobo de, 373
Moya, Martín, 118
Müller, Theodor Max, 222
Muñoz Cortés, Manuel, 317
Mussafia, Adolfo, 414
Musset, Alfred de, 381

N

Naro, Antony J., 282
Nascentes, Antenor, 160, 195, 246, 274, 289, 290, 291, 292, 293, 295, 296, 297, 298, 299, 300, 301, 302, 323, 410, 421, 423, 424, 431
Nascentes, Olavo, 162, 290, 333, 423
Naudieth, Fritz, 37
Navarro Tomás, Tomás, 307, 308, 309, 319
Nebrija, Antonio de, 90, 181, 195, 440
Neira Martínez, Jesús, 317
Nelli, René, 115
Neuville, Alphonse de, 209
Neves, Eduardo das, 267
Niceforo, A., 241, 243, 244, 245, 248, 249
Niemeyer, Max, 60
Niestroy, E., 37
Nobiling, Oskar, 37, 93, 164
Nobre, Antônio, 211, 212, 214, 215, 216, 389, 390, 391, 396

Nogueira, Rodrigo de Sá, 246, 248, 249
Nostradamus, 229
Noüy, Leconte de, 161
Nunes, José Joaquim, 93, 94, 110, 196, 291, 423
Nunes, Pedro, 167, 433
Núnez, Ayras, 93, 189, 355

O

Octávio Filho, Rodrigo, 432, 434, 435
Octávio, Rodrigo, 432, 434
Oelschläger, Victor R.B., 310
Oiticica, José, 274, 290, 423
Oliveira, Artur de, 325
Oliveira, Fernão de, 146, 150
Oliveira, Manuel Botelho de, 324
Onís, Federico de, 307, 309, 310
Orléans, Charles d', 91, 107
Orosco, Sebatián de, 357
Orta, Garcia de, 175, 356, 433
Ortega y Gasset, José, 223, 415, 439
Ortigão, José Duarte Ramalho, 374
Osthoff, 293
Otero, Aníbal, 308
Otôni, Teófilo, 432
Ovídio, 68, 166, 167, 185, 186, 229, 230
Oviedo y Arce, Eladio, 45, 46, 50, 52, 195

P

Pacheco Júnior, 411
Paden, William D., 114
Padilla, Pedro de, 357
Pádua, Antônio de, 162, 240, 290, 423
Páez, Ayras, 42
Paiva, Manuel Joseph de, 264
Paiva, Vanilda Pereira, 277
Palaez, M., 37
Palmireno, Lorencio, 261
Panero, Leopoldo, 315
Pannier, Léopold, 40, 350
Parducci, A., 37
Paris, Gaston, 40, 113, 311, 350
Pascual, José A., 128, 134
Pasquali, Giorgio, 40, 275, 301, 350, 421
Passarinho, Jarbas, 277
Patru, 322
Paul, Hermann, 293, 414
Paulo, são, 112
Peçanha, Camilo, 390
Pederneiras, Mário, 434
Peire Bremon, de Ricas Novas, 37
Peire, d'Auvergne, 37, 113, 119
Peire, d'Ussel, 37
Peixoto, Afrânio, 159, 160, 174, 201, 203, 325, 328
Pellati, Francesco, conde, 291, 424
Pellegrini, Silvio, 46
Penha, João, 377, 378, 381
Penna, Antônio, 282
Pensado, José Luís, 317
Perdigon, 37
Pereira, Carlos de Assis, 162
Pereira, Duarte Pacheco, 198, 199
Pereira Filho, Emanuel, 92, 149, 274
Pereira, Gabriel, 198
Pessoa, Fernando, 74
Petrarca, Francesco, 180
Pfaff, H., 37
Pfeiffer, Rudolf, 342

Philippson, E., 37
Picandon, 118
Picão, José da Silva, 190
Picard, Raymond, 72
Picchio, Luciana Stegagno, 74, 75, 275
Pickens, Rupert T., 78, 79
Piel, Joseph M., 125, 193, 194, 195
Pigafetta, Antonio, 202
Pignatari, Décio, 282
Pimentel, Alberto, 266
Pimentel, Aureliano, 411
Pimpão, Álvaro Júlio da Costa, 73, 74, 110, 133, 177, 181, 385
Pisani, Vittore, 298
Pistoleta, 37
Platão, 174, 207, 223, 227, 228, 230, 328, 341, 343, 424
Plauto, 183
Plínio, 166, 167, 185, 186, 223, 230
Plutarco, 342
Poirion, Daniel, 91, 92, 107
Pombal, marquês de, 440
Portella, Eduardo, 443
Potsch, Carlos, 409
Potsch, Waldemiro, 417
Pott, 250
Pottier, Bernard, 278
Prado Júnior, Caio, 301, 437
Prisciano, 70
Proença, M. Cavalcanti, 170
Propércio, 165, 180
Proudhon, Pierre-Joseph, 374, 378
Proust, Marcel, 76, 210, 211
Ptolomeu, 167, 186
Pulitzer, Joseph, 401
Puycibot, Jausbert de, 37

Q

Queirós, Eça de, 373, 374, 378, 390, 412
Quental, Antero de, 34, 373, 374, 378, 379, 384, 408, 428
Quentin, dom Henri, monge, 330
Quevedo (y Villegas), Francisco de, 357
Quilis, Antonio, 317
Quintiliano, 228

R

Rabecão, padre (João Cândido de Carvalho, dito), 265
Rabelais, François, 229, 434
Rabelo, Manuel Pereira, 160
Raimon, de Miraval, 115, 116
Raimon Jordan, 37
Ramiz Galvão, barão de, 155, 328
Ramón y Cajal, Santiago, 306, 352, 426
Ramos, Maria Ana, 80
Ramos, Paulo da Silveira, 409
Ramos, Silva, 324, 328, 411
Raposo, Hipólito, 266
Rebello, Edgardo de Castro, 420, 432
Rebolledo, T., 250
Regnier-Desmarais, *abbé*, 322
Reis, Jaime Batalha, 373, 374
Reis, José Pereira, 265
Remacle, Louis, 95, 361, 367, 369
Renault, Abgar, 328, 443
Resende, André Falcão de, 358
Resende, Garcia de, 123, 130, 139, 143, 145
Resende, Leônidas de, 420
Révah, I.S., 148, 171, 179, 310, 339

Rey de Artieda, Andrés, 357
Reyes, Alfonso, 193, 307
Ribeiro, Aquilino, 193, 390
Ribeiro, Bernardim, 34, 133, 164, 358, 422
Ribeiro, Jerônimo, 264
Ribeiro, João, 202, 274, 324, 328, 411
Ribeiro, Júlio, 299
Ribera, Julián, 38
Richepin, Jean, 263
Rickert, Heinrich, 441
Rictus, Jehan, 263
Rigaud, Lucien, 208
Rigaut, de Barbezieux, 37
Rio Branco, José Maria da Silva Paranhos, barão do, 200, 400
Rippert, 432
Riquier, Guiraut, 37
Riquier, Martín de, 37
Robles Dégano, Felipe, 184
Rochemaure, De la Salle de, 37
Rodrigues, José Bonifácio, 249
Rodrigues, José Honório, 432, 433, 435, 436, 437, 438, 439, 440, 442
Rodrigues, José Maria, 105, 162, 172
Rodrigues, Leda Boechat, 432, 441
Rodríguez-Castellano, Lorenzo, 308, 311
Rodríguez, José Luís, 95, 137
Rodríguez-Moñino, Antonio, 357
Romero, Sílvio, 328
Rona, José Pedro, 161, 287
Roncaglia, Aurelio, 275, 333
Rosenblat, Angel, 171, 222, 229, 275, 287, 304, 313, 315, 438
Rossi, Nelson, 293
Rothschild, Alphonse de, 209
Roudil, Jean, 173, 351
Rousseau, Jean-Jacques, 415
Roussel, P., 226
Royère, Jean, 395
Rudel, Jaufré, 33, 36, 78, 79, 114
Ruggieri, Jole, 79
Ruiz, Juan, arcipreste de Hita, 70, 71, 77

S

Sá, Franco de, 184
Sá, João Roiz de, 166, 182
Said Armesto, Victor, 44, 103
Sainéan, Lazare, 266
Saint-Evremont, 419
Saint-Hilaire, 417
Salgado, Clóvis, 16
Salillas, Rafael, 250, 252, 253, 254, 255
Salinas, conde de, 357
Salinas, Francisco, 90
Salinas, Pedro, 409, 421
Salvador, Gregorio, 317
Salvador, Vicente do, frei, 438
Sánchez-Albornoz, Claúdio, 310
Sánchez Alonso, Benito, 307, 310
Sánchez Cantón, 317
Sánchez Sevilla, Pedro, 311
Sanchis Guarner, Manuel, 286, 308, 311
Sancho IV, rei de Castela e Leão, 44, 72
Santalha, José Martinho Montero, 138
Sapon, Stanley, 286
Sáragga, Salomão, 373
Saramago, José, 337
Saussure, Ferdinand de, 39, 226, 228, 229, 238, 244, 275, 287, 289, 290, 293, 314, 350, 352, 353, 413, 422
Savonarola, Girolamo, frade, 436
Scaligero, Justo, 356

Schiaffini, 359
Schleicher, August, 40, 275, 350
Schrader, 284
Schuchardt, Hugo, 311
Schutz, A.H., 37
Sebastião, rei de Portugal, 258
Séchehaye, Albert, 401
Seco, Fernando Álvares, 433
Segre, Cesare, 55, 82, 275, 349, 369
Sena, Homero, 291
Sena, Jorge de, 177
Sêneca, 223, 341, 342, 343, 344, 424
Seppili, Anita, 219
Serboianu, C.J. Popp, 253, 254
Sérgio, Antônio, 376
Settegast, 119
Shakespeare, William, 233
Shawell, 377
Shepard, William P., 37
Sicroff, Albert A., 310
Silva, Antonio de Moraes, 192, 196
Silva, Carlos Eugênio Correia da, 171, 179
Silva, Inocêncio Francisco da, 263
Silva, Luciano Pereira da, 162
Silva Neto, Serafim da, 162, 274, 298, 313
Silveira, Álvaro Ferdinando de Sousa da, 160, 161, 164, 274, 289, 290, 291, 292, 294, 301, 335, 410, 421, 422, 423, 424
Silveira, Fernão da, 144
Silvestre, Gregorio, 15, 357
Simões Filho, Ernesto, 15, 416
Simões, Manuel, 101
Simonsen, Mário Henrique, 279
Sletsjöe, Leif, 94, 362
Soares, Urbano Canuto, 291, 423
Soárez, Fernán, 90
Soárez, Martin, 87
Sobejano, Gonzalo, 317
Sócrates, 223, 227, 230
Sola-Solé, J.M., 74
Sollis, C. de, 37
Sommerfelt, Alf, 238
Sordelo, 37
Soromenho, Castro, 440
Soropita, Fernão Rodrigues Lobo, 358
Sousa, Gabriel Soares de, 438
Sousa, João da Cruz e, 396
Sousa, Luís de, frei, 335, 412
Sousa, Martim Afonso de, 201, 203
Sousa, Pero Lopes de, 438
Sousa, Tude de, 404
Sousa, Vicente de, 411
Spaggiari, Barbara, 46, 47, 48, 49, 50, 51, 53, 55, 102, 107, 337
Spitzer, Leo, 33, 34, 36, 71, 173, 275, 309, 314, 350, 390, 401, 414
Staden, Hans, 325
Stengel, Edmund, 86, 94
Sten, Holger, 390, 391
Stern, Samuel M., 75
Stimming, A., 37
Strönski, S., 37
Stuart, Carlos, 58, 60, 63, 80
Sue, E., 265
Suetônio, 223, 230, 341, 424
Sula, 228

T

T(orres), J., 248
Tallemant, *abbé*, 322
Tannenbaum, Frank, 436

Tarde, Gabriel, 248
Taunay, Afonso de, 328
Tavani, Giuseppe, 48, 49, 79, 85, 93, 101, 102, 106, 351
Taveirós, Pai Soares de, 35, 87
Tedeschi, José, 374
Teixeira, Anísio, 289, 409, 420
Teixeira, Bento, 139, 146, 148, 151, 165, 171, 186, 324, 359
Teles, Alberto, 374
Terêncio, 274, 349
Terreros, Estevan de, 62
Teyssier, Paul, 150, 179
Thomas, A., 37
Tilander, Gunnar, 335
Timpanaro, Sebastiano, 332, 350
Tomás, Manuel, 184, 358
Torga, Miguel, 390
Torre, Francisco de la, 357
Torres, T. Vesteiro, 101
Tovar, Antonio, 317
Trubetzkoy, Nikolay S., 40, 275, 350
Tubino, 64
Tzetzes, 342

U

Uc de Saint-Circ, 37
Ugolini, F.A., 37
Uitti, Karl, 343, 344
Unamuno, Miguel de, 98, 291, 320, 328, 424

V

Valdivieso, maestro, 357
Valente, Santos, 373
Valentin, Paul, 39, 97, 305, 349
Valéry, Paul, 71, 222, 328, 344
Valmar, marquês de, 59
Vandelli, G., 69
Varga, A. Kibédy, 179
Varnhagen, Francisco Adolfo de, 41, 58, 60, 63, 81, 99, 203, 204, 437, 438, 442
Varrón Vallejo, E., 183
Vàrvaro, Alberto, 84
Vasconcelos, Carolina Michaëlis de, 34, 35, 45, 52, 53, 57, 58, 60, 81, 93, 110, 164, 291, 306, 423, 438
Vasconcelos, Joaquim de, 57, 58, 60, 291, 424
Vasconcelos, Jorge Ferreira de, 264
Vasconcelos, José Leite de, 52, 94, 190, 206, 265, 290, 291, 292, 294, 362, 423, 424
Vasconcelos, Manuel Mendes de Barbuda e, 359
Vaugelas, Claude Favre de, 322
Vega, Garcilaso de la, 76, 357
Vélez de Guevara, Luís, 357
Velho, Diogo, 166, 182
Veloso, Queirós, 265
Vendryès, Joseph, 41, 211, 241, 327
Ventadorn, Bernart de, 35, 36
Veríssimo, José, 324
Verlaine, Paul, 383, 395
Vespúcio, Américo, 201
Viana, Aniceto dos Reis Gonçalves, 189, 190, 250, 291, 423
Viana Filho, Luís, 328
Viana, Hugo Segadas, 409
Vicente, Gil, 22, 34, 89, 123, 132, 139, 146, 148, 150, 151, 161, 171, 179, 197, 212, 260, 334

Vicente, Luís, 339
Vidal de Battini, Berta Elena, 313
Vidal (dito Judeu de Elvas), 78, 110
Vidal, Peire, 37
Vidmanova, Anezka, 330, 331
Villarejo, Esteban, 285
Villedieu, Alexandre de, 181
Villegaignon, Nicolas Durand de, 202
Villon, François de, 263
Vimioso, conde do, 166, 182
Vindel, Francisco (dito Paco Vindel), 47
Vindel, Pedro, 44, 47, 55, 96, 100, 102, 103
Virgílio (ou Vergílio), 75, 221, 229, 413
Volchan, Isaac, 409
Voltaire, 156, 243
Voretzsch, Karl, 33
Vossler, Karl, 35, 226, 233, 314, 401
Vuyturon, Ayras Pérez, 126

W

Wagner, 391
Wagner, Max Leopold, 265
Wartburg, Walther von, 193, 298
Weber, Max, 441
Weber de Kurlat, Frida, 313, 315
Wechssler, Eduard, 119
Weill, Georges, 404
Weinreich, Uriel, 40, 348, 353, 369, 370
Weinrich, H., 286
Wettstein, Jacques, 116, 119
Williams, H.F., 125, 336
Wrede, Ferdinand, 391

X

Xenofonte, 413

Y

Yepes, Narciso, 420
Yndurain, Francisco, 317
Yosef ibn Saddiq, 74

Z

Zamora, Antônio de, 377
Zamora Vicente, Alonso, 315, 317
Zenker, R., 37
Zenódoto, de Éfeso, 342
Ziviani, Célio, 282
Zola, Émile, 76
Zorilla, José, 377
Zorro, Joan, 90, 92, 93, 196
Zorzi, Bartolomé, 37
Zózimo, monge, 338
Zumthor, Paul, 77

Editora Nova Fronteira

Edição
Izabel Aleixo
Daniele Cajueiro

Preparação de originais
Ana Lúcia Kronemberger

Revisão
Ana Julia Cury
Cláudia Ajúz
Wendell Setúbal

Indexação
Isabel Grau

Projeto gráfico
Fatima Agra

Diagramação
FA Editoração

Produção gráfica
Ligia Barreto Gonçalves

Capa
João Baptista da Costa Aguiar

Academia Brasileira de Letras

Diretoria de 2004

Presidente
Ivan Junqueira

Secretário-geral
Evanildo Bechara

Primeira-secretária
Ana Maria Machado

Segundo-secretário
Marcos Vinicios Vilaça

Tesoureiro
Cícero Sandroni

Diretor da Comissão de Publicações
Alberto Venancio Filho

Este livro foi impresso no Rio de Janeiro, em março de 2009,
pela Ediouro Gráfica, para a Editora Nova Fronteira
e Academia Brasileira de Letras. A fonte usada no miolo é Perpétua 12/14.
O papel do miolo é offset 75g/m², e o da capa é cartão 250 g/m².

Visite nossos *sites*: www.novafronteira.com.br
www.academia.org.br